21世纪**信息管理与信息系统**系列教材

企业资源规划（第2版）

黄卫东　主编
陆骥　洪小娟　刘影　刘长贤　副主编

Enterprise Resources Planning

人民邮电出版社
北京

图书在版编目（CIP）数据

企业资源规划 / 黄卫东主编. -- 2版. -- 北京 : 人民邮电出版社, 2016.8（2020.1重印）
21世纪信息管理与信息系统系列教材
ISBN 978-7-115-42997-1

Ⅰ. ①企… Ⅱ. ①黄… Ⅲ. ①企业管理－计算机管理系统－高等学校－教材 Ⅳ. ①F270.7

中国版本图书馆CIP数据核字(2016)第154905号

内 容 提 要

本书共分 9 章，以“理论、体系、运用”为架构，从 ERP 用户、ERP 咨询顾问公司、技术开发公司、项目监理公司等角度阐述企业成功实施 ERP 的过程方法。第 1 章概述了 ERP 的管理思想、发展历程、国内外主流产品的特性，以及我国 ERP 应用状况。第 2 章阐述了 ERP 的基本原理，按照企业内部物资流、资金流组织信息管理流程，从企业的销售与预测管理开始，进行主生产计划、能力需求计划、物料需求计划、采购与库存及仓库等的管理，最后以财务管理来反映企业经营成果。第 3 章介绍了 ERP 的业务流体系，主要介绍企业外部的可独立执行的信息系统以及与 ERP 的集成关系。第 4 章～第 8 章以成功实施 ERP 为目标驱动，分析了 ERP 成功实施的关键因素、不同角色的职责作用及工作方法，以及 ERP 项目绩效评价等。第 9 章设计了一个综合实验，包括 ERP 沙盘模拟对抗演练和 ERP 软件流程操作。另外，本书每章开头都有教学知识点和导入案例，每章末尾都有小结、中英文对照的关键词、思考题和参考文献。

本书可以作为高等院校经管专业本、专科学生的教材或参考书，也可以作为相关从业人员的自学用书。

◆ 主　　编　黄卫东
　副 主 编　陆　骥　洪小娟　刘　影　刘长贤
　责任编辑　武恩玉
　责任印制　沈　蓉　彭志环

◆ 人民邮电出版社出版发行　　北京市丰台区成寿寺路 11 号
　邮编　100164　　电子邮件　315@ptpress.com.cn
　网址　http://www.ptpress.com.cn
　北京隆昌伟业印刷有限公司印刷

◆ 开本：787×1092　1/16
　印张：17.75　　　　2016 年 8 月第 2 版
　字数：408 千字　　　2020 年 1 月北京第 6 次印刷

定价：45.00 元

读者服务热线：(010)81055256　印装质量热线：(010)81055316
反盗版热线：(010)81055315

前 言 FOREWORD

我国正处于大力推行企业信息化管理的浪潮中，掌握 ERP 原理、体系和实施方法是企业信息化从业人员的必备技能，也是相关管理人员的必备素养之一。ERP 课程是管理类专业的一门重要的专业核心课程。

本书以平实的笔触，着力剖析 ERP 基本知识点的内在联系，详细阐述 ERP 的基本概念、理论、实施体系和应用方法。在编写过程中，本书按照认识—理解—实践的逻辑思维过程来编排章节顺序，共分三部分 9 章。第一部分以 ERP 理论介绍为主，包括第 1 章 ERP 概述、第 2 章 ERP 基本原理、第 3 章 ERP 系统的业务集成。第二部分从实施角度介绍 ERP 的实施与运行，包括第 4 章～第 8 章，分别从用户视角、咨询顾问视角、开发商视角、监理视角厘清 ERP 参与方的实施要点。第三部分（第 9 章）介绍了 ERP 综合实验，包括 ERP 沙盘模拟对抗演练和 ERP 软件流程操作。

通过 ERP 理论的学习和各实践项目的训练，读者不仅能够掌握 ERP 理论体系、选型依据和实施方法，而且能够具备 ERP 软件的操作技能。

本书的参考学时为 32～48 学时，建议采用理论实践一体化教学模式，各章的参考学时见下面的学时分配表。

学时分配表

项目	课程内容	学时
第 1 章	ERP 概述	2
第 2 章	ERP 基本原理	4
第 3 章	ERP 系统的业务集成	4～6
第 4 章	ERP 实施与运行	2～4
第 5 章	用户视角：需求驱动与规划实施	2～4
第 6 章	顾问视角：管理诊断与 ERP 导入	2～4
第 7 章	开发商视角：ERP 设计与定制	2～4
第 8 章	监理视角：ERP 项目管控与评价	2～4
第 9 章	ERP 综合实验	12～16
课时总计		32～48

本书由南京邮电大学黄卫东教授编写和统稿，陆骥、洪小娟、刘影、刘长贤老师参与编写了教材的不同章节。此外，在编写过程中，本书得到了南京邮电大学管理学院管理工程系老师的大力支持和帮助，在此深表感谢。

由于时间仓促，编者水平和经验有限，书中难免有欠妥和错误之处，恳请读者批评指正。

编者

2016 年 5 月

目录 CONTENTS

第1章 ERP概述

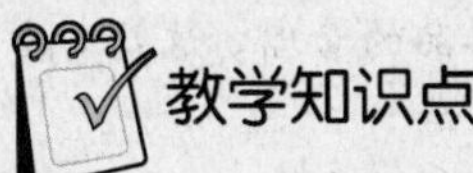

教学知识点

- ERP 的发展历程。
- ERP 的基本功能和管理思想。
- ERP 的应用状况和发展趋势。
- ERP 内涵以及演化拓展的理论脉络。

导入案例

苏宁电器 ERP 应用历程

据说，非洲羚羊天天要想的事情就是如何比狮子跑得快，因为这样自己才能生存下来。而狮子要想的是，如何比羚羊跑得快，因为这样自己才不会饿死。因此只要太阳一出来，羚羊与狮子的赛跑就开始了。在企业的竞争中，不论企业扮演的角色是羚羊还是狮子，都一样面临着赛跑的命运。对于苏宁电器而言，ERP（企业资源计划）可以说是这场生存赛跑的加速器。苏宁电器 ERP 发展历程如下。

第一阶段：自主研发企业管理信息系统

苏宁创建于 1990 年，从空调专卖店起家。1993 年在经历南京空调大战之后，苏宁销售额突破 3 亿元。面对夏季空调业务“大忙”、苏宁售后服务信息量猛增的情况，苏宁率先建立了一套基于 DOS 系统下的售后服务管理系统，以做好空调客户服务管理工作。苏宁将客户的送货信息、安装信息、维修记录等数据录入数据库，实行 100%客户回访制度，全面实现信息化管理。

1995 年，苏宁销售额达 11.4 亿元，业务总量增加，为了适应快速增长的空调业务需求，1996 年苏宁将销售与财务系统信息化，建立了商场、物流配送、仓库、售后服务中心等局域网络系统。同时在 1996 年，苏宁成为全国率先实现零售计算机开票的商业零售企业。建立了这个初步的客户关系管理系统和财务电算化系统后，苏宁电器成为业内信息化的开路先锋。

第二阶段：初试 ERP

当其他零售企业还只能手工填写发票时，苏宁已能用计算机打印发票。随着规模的扩大，2000 年成为苏宁发展史上的一个分水岭，它由偏居一隅转为布局全国，并和武汉金力合作，正式上马了 ERP 系统。实施 ERP 后，各子公司、门店通过自动取款机（ATM）与总部直接相连，网络覆盖各销售门店、仓库、售后服务中心及售后网点，商品编码、各类信息、账务等高度统一，保证了系统的安全性，成本也大大降低。2001 年，基于企业到企业的电子商务模式（B2B）的中国电器网以及基于企业到用户的电子商务模式（B2C）的苏宁电器网先后上线运营。2003 年，苏宁实施集中式办公自动化系统，实现各项工作流程化及电子化。

2006 年，随着苏宁发展加速，管理方面暴露出一些核心问题，而原有 ERP 系统很难解决这些问题，这就意味着，原有系统已无法再支撑苏宁业务急剧增长的脚步。这些问题概括为 3 个方面。

首先是营销，苏宁原来更多地考虑品牌的营销以及与供应商的合作，现在则要着重考虑单品的营销，追踪每一个产品型号的销售状态，从供应商管理过渡到单品的管理。这就需要系统有非常强的管理、分析、数据挖掘能力。

其次，从客户方面来讲，以前更多是对总体的客户数据进行分析，现在则要向个性化消费、个性化服务和个性化营销过渡，即通过会员卡的销售、全会员制的推行来提供一对一的营销服务。这已经超出了原有系统的能力。

此外，还有一个供应链和服务链的时序问题。苏宁想知道自己什么时候该干什么事，比如客户何时需要配送、安装、维修，供应商何时能到货，这不仅取决于对供应商订单状态的管理，还需要把整个环节串联起来。以前是盲目的，承诺送货后却发现漏洞，就会造成拖延，服务不到位。因此，苏宁需要相对稳定、安全、可扩展的系统。

反观原有的系统，本是公司级系统，而苏宁已发展到需要集团型的管理系统；金力软件更多地表现为一种流程软件，而苏宁需要在流程中提高业务管理能力，无论是系统的组织结构或岗位职责的设置，还是流程管理，金力软件已不再适合；苏宁越来越需要一个明确的财务目标，需要把业务和财务紧密结合在一起，从而掌控业务的运营。而包括金力在内的国内软件开发企业基本上把业务和财务做成了两套软件，标准和口径各不相同，影响企业数据的一致性和运营的稳定性。

第三阶段：引入 SAP-ERP 软件

2006 年，历经半年的慎重选型，苏宁最终摘下了 SAP 信息系统管理平台这颗“果子”。由于项目庞杂，耗资近亿元。苏宁每一步都显得小心翼翼。成型后的系统并没有立刻全面推广，而是选择分期实施的模式，首先在山东和江苏的少数门店试验效果，一试就是一个半月，直到确认系统运行稳定。

接下来，项目部继续考察系统的细节是否适应苏宁的业务流程。如 SAP 系统对输入的信息要求很细，界面上需要填写的内容较多，比较复杂，但门店销售、开票、登记等过程要求速度快，不能让顾客久等，因此需要简化前台的系统操作。最后，项目部开发了界面更简洁的前台 POS 系统。

2006 年 4 月上旬，苏宁所有门店切换到新系统，SAP 的 ERP 项目实施完毕。鉴于以往分散型数据中心难以管理，苏宁这次上 ERP 系统采用了全国大集中的形式，所有 300 家门店的 24 000 台终端统一连接到南京的机房。新的 ERP 系统把全国的数据汇总在一个数据库里，财务和业务系统更好地集成到了一起。

苏宁在信息化方面的投入带来了巨大的收益。

（1）企业管理更上一层楼。SAP-ERP 系统成功实施，苏宁管理实现了集中管理、跨公司管理、跨地区运营等三项突破。

（2）苏宁的国际化之路。苏宁国际化既不是到国外开店设立分公司那么简单，也不仅仅是理念国际化、品牌标识国际化和店铺形象国际化；只有拥有国际化管理平台，才能成为国际化企业。事实上，苏宁项目成功上线后不久，SAP 公司即签下了物美集团。

（3）显著增强苏宁的竞争优势。苏宁 SAP-ERP 系统竞争优势开始体现，运营管理有更大的自由空间，组织设计在信息系统上调整和设置，总部做到跨地区、跨部门，事先对人、对部门进行成本核算和控制，节省费用，创造价值。

（4）战略合作。苏宁与索尼、三星等世界家电巨头率先建立了战略合作模式，供应链管理（SCM）实现了网络化和集中化。

讨论：

（1）实施 ERP 系统是一个创造性的专业项目，需要结合企业需求与企业状况制定总体蓝图和阶段性实施目标，这一点 CIO（首席信息官）如何把握好？

（2）ERP 集团管控如何设计才能满足企业快速扩张和发展的需求？如何保证系统的可靠性、延展性和稳定性？

（案例改编自：中小企业在线 http://news.xmsme.gov.cn/）

企业资源规划（Enterprise Resource Planning，ERP），是由美国著名管理咨询公司加特纳集团（Gartner Group Inc.）于 1990 年提出来的。它最初被定义为应用软件，但迅速被全世界商业企业所接受，现已经发展成为现代企业管理理论之一，也是实施企业流程再造的重要工具之一。本章主要介绍 ERP 的基本概念、发展历程、主要产品和应用状况。

1.1 ERP 的概念与功能

20 世纪 90 年代初，美国著名的管理咨询公司 Gartner Group Inc.根据当时计算机信息处理技术（Information Technology，IT）的发展和企业对供应链管理的需要，对技术创新背景下的制造业管理信息系统的发展趋势和即将发生的变革做了预测，提出了企业资源计划（Enterprise Resources Planning，ERP）的概念。

1.1.1 ERP 概念

最初 Gartner Group Inc.是通过一系列的功能对 ERP 进行界定，具体如下：

（1）超越 MRP Ⅱ（Manufacturing Resource Planning，制造资源计划）范围的集成功能，包括质量管理、试验管理、流程作业管理、配方管理、产品数据管理、维护管理、管制报告和仓库管理。

（2）支持混合方式的制造环境，包括既可支持离散又可支持流程的制造环境；提供了按照面向对象的业务模型来组合业务过程的能力，并可支持国际范围的企业应用。

（3）支持能动的监控能力，提高业务绩效，包括在整个企业内采用控制和工程方法，提供模拟决策的功能，借助图形化的界面进行生产及运营状况的分析。

（4）支持开放的客户机/服务器计算环境，包括客户机/服务器体系结构，图形用户界面

（Graphical User Interface，GUI），计算机辅助设计工程（Computer Aided Design Engineering，CADE），面向对象设计技术（Object-oriented Design，OOD），使用结构化查询语言（Structured Query Language，SQL）对关系数据库进行查询，内部集成的工程系统、商业系统、数据采集和外部集成（Electronic Data Interchange，EDI）。

上述 4 个方面分别从软件功能范围、软件应用环境、软件功能增强和软件支持技术上对ERP 进行评价，但仅从功能上衡量并不足以把握 ERP 的实质，还需把握其功能特点。

我们可以从管理思想、软件产品、管理系统 3 个层面理解 ERP，具体如下：

（1）ERP 是一整套企业管理系统体系标准，其实质是在 MRP Ⅱ基础上进一步发展而成的面向供应链（Supply Chain）的管理思想。

（2）ERP 是综合应用了客户机/服务器体系、关系数据库结构、面向对象技术、图形用户界面、第四代语言（4GL）、网络通信等信息产业成果，以管理企业整体资源的管理思想为灵魂的软件产品。

（3）ERP 是整合了企业管理理念、业务流程、基础数据、人力物力、计算机硬件和软件于一体的企业资源管理系统。

1.1.2 ERP 的功能

ERP 作为系统包含新的管理理念，给企业带来的不仅是效率，也体现为管理能力和管理模式的变革，即为实现企业的核心目标而带来的竞争优势。具体而言，ERP 的功能包含基本功能和发展功能，其中基本功能包括以下 4 个方面：

1．管理整个供应链资源

在知识经济时代，企业仅靠自己的资源不可能有效地参与市场竞争，还必须把经营过程中的有关各方（如供应商、制造工厂、分销网络、客户等）纳入一个紧密的供应链中，才能有效地安排企业的产、供、销活动，满足企业利用全社会一切市场资源快速高效地进行生产经营的需求，以期进一步提高效率和在市场上获得竞争优势。换句话说，现代企业竞争不再是单一企业与单一企业间的竞争，而是一个企业供应链与另一个企业供应链之间的竞争。ERP系统实现了对整个企业供应链的管理，适应了企业在知识经济时代市场竞争的需要。

2．提升生产工艺和水平

ERP 系统支持对混合型生产方式的管理，其管理思想表现在两个方面：其一是“精益生产（Lean Production，LP）”的思想。它是由美国麻省理工学院（MIT）提出的一种企业经营战略体系。即企业按大批量生产方式组织生产时，把客户、销售代理商、供应商、协作单位纳入生产体系，企业同其销售代理、客户和供应商的关系，已不再是简单的业务往来关系，而是利益共享的合作伙伴关系，这种合作伙伴关系组成了一个企业的供应链，这即是精益生产的核心思想。其二是“敏捷制造（Agile Manufacturing，AM）”的思想。当市场发生变化，企业遇有特定的市场和产品需求时，企业的基本合作伙伴不一定能满足新产品开发生产的要求，这时，企业会组织一个由特定的供应商和销售渠道组成的短期或一次性供应链，形成“虚拟工厂”，把供应和协作单位看成企业的一个组成部分，运用“同步工程（SE）”，组织生产，用最短的时间将新产品打入市场，时刻保持产品的高质量、多样化和灵活性，这即是

"敏捷制造"的核心思想。

3．实现事先计划与事中控制

ERP 系统中的计划体系主要包括：主生产计划、物料需求计划、能力计划、采购计划、销售执行计划、利润计划、财务预算和人力资源计划等。这些计划功能与价值控制功能已完全集成到整个供应链系统中。一方面，ERP 系统通过定义事务处理（Transaction）相关的会计核算科目与核算方式，在事务处理发生的同时能够自动生成会计核算分录，保证了资金流与物流的同步记录和数据一致性，从而可以依据财务资金现状，追溯资金来龙去脉，并进而追溯所发生的相关业务活动，改变了传统企业资金信息滞后于物料信息的状况，实现了有效的事中控制。另一方面，计划、事务处理、控制与决策功能都在整个供应链的业务处理流程中进行，要求在每个流程业务处理过程中最大限度地发挥每个人的工作潜能并体现其责任心。流程与流程之间强调人与人之间的合作精神，便利于在组织中充分发挥每个人的主观能动性与潜能，提高企业对市场动态变化的响应速度，实现了计划和控制的协同融合。

4．改善成本效率和财务状况

由于应收账款管理混乱、采购计划安排不合理、业务流程重叠而造成的资金运营效率低下、成本控制能力差等原因，我国企业（尤其是中小型企业）普遍存在财务状况较差的现象。ERP 不仅可以根据企业内不同部门各自的需求提供多层次的财务管理支持，还可以为企业的最高决策层提供一体化财务管理支持，即实现不同业务部门财务信息的高度交汇。正是由于 ERP 系统的实施能够完成物流、信息流以及资金流三者的统一，企业财务状况才可以得到有效改善。代表性的案例就是 ERP 系统中实时生产计划引起的库存管理的优化，能够有效降低企业不必要的库存投资，提高企业的库存周转率，减少因库存而占用的资金，提升资金的使用效率，增加企业利润。

总之，借助 IT 技术的飞速发展与应用，ERP 系统得以将企业管理功能在可实施的计算机软件系统中实现。更进一步，也引入了更多更新的管理思想付诸管理理论和管理实践，ERP 的发展功能可以给企业带来的竞争优势体现在以下 3 个方面。

（1）有利于企业可持续发展。21 世纪的现代化企业不仅面临着来自外部的激烈竞争，也面临着企业内部需求的严酷挑战，不能再单纯依靠加大投入增加收益的粗放型模式实现企业的经营与发展，而应将侧重点放在如何提高企业资源利用效率以及如何精简企业运作流程的可持续性发展模式上。ERP 系统的主要宗旨就是充分协调和运作企业内部的人力资本、物料资源、生产设备以及信息，使得各要素能够充分发挥效用，为企业的可持续发展提供重要保障。

（2）有利于促进学习型组织的形成。实施 ERP 系统的一个重要目的就是使企业内部每一个节点处所产生或存储的信息能够实时地在企业内部和外部之间准确地传递，这为构建学习型组织奠定了技术基础。在 ERP 系统构建的网络化、扁平化组织中，信息传递的渠道更为多样化，而且信息在层级之间的耗散比传统的企业架构更小，这更能够有效保证员工之间的信息共享，形成互相学习交流的浓厚氛围。每个员工对于企业的贡献都会因为网络化而被放大，这能够增强其组织认同感和组织承诺，从而获得一个高效的职业发展平台。

（3）有利于提高客户满意度。以人为本的企业经营理念正在被越来越多的管理者所接受，而以人力资本和客户为中心的管理方式也正在受到越来越多企业家的推崇。ERP 系统的实施正是以更好地满足客户需求为目标，试图构建以市场为导向的全新运营模式，其核心思想之一的“敏捷制造”——时刻保持产品的高质量、多样化和灵活性就充分说明了这一点。应用 ERP 系统对于产品多样化明显的企业更为有利，企业可以将整个生产计划详细地安排到从获取订单至物流发货的所有环节，在合理利用企业产能的前提下，保证企业能够按时、按量、按质交货，以满足不同类型客户的需求。

1.1.3 ERP 的管理思想

ERP 的核心管理思想就是实现对整个供应链的有效管理，主要体现在以下 3 个方面：

1．体现供应链协同管理的思想

现代企业的竞争已不再是单一企业的竞争，而是企业供应链的竞争。供应链协同管理要求供应链中各节点企业为了提高供应链的整体竞争力而进行彼此协调和相互努力。各节点企业通过公司协议或联合组织等方式结成一种网络式联合体，在这一协同网络中，供应商、制造商、分销商和客户可动态地共享信息，紧密协作，向着共同的目标发展。要实现协同，要求进行协同的节点企业进行供应链的重新整合，应以信息的自由交流、知识创新成果的共享、相互信任、协同决策、无缝连接的生产流程和共同的战略目标为基础。ERP 为针对供应链网络内各职能成员间合作所进行的管理提供基础支撑。

2．体现先进制造的管理理念和思想

先进制造不断吸收电子信息、计算机、机械、材料以及现代管理技术等方面的高新技术成果，并将这些先进制造技术综合应用于制造业产品的研发设计、生产制造、在线检测、营销服务和管理的全过程，实现优质、高效、低耗、清洁、灵活生产，即实现信息化、自动化、智能化、柔性化、生态化生产。ERP 系统为此提供有力支持，引入精益生产、同步工程和敏捷制造等新的制造理念和管理思想，进而对接工业 4.0 和制造业 2025 行动计划，提升制造业创新发展能力。

3．体现全面质量管理的理念和思想

全面质量管理是指一个组织以质量为中心，以全员参与为基础，目的在于通过顾客满意和本组织所有成员及社会满意而达到长期成功的管理途径。ERP 系统中的计划体系包括主生产计划、物流需求计划、能力计划、采购计划、销售执行计划、利润计划、财务预算和人力资源计划等，而 ERP 系统的事务控制包括设计过程、制造过程、辅助过程、使用过程等，企业要能够生产满足用户要求的产品，单纯依靠数理统计方法对生产工序进行控制是很不够的，ERP 系统从产品设计开始，直到产品到达用户手中，使用户满意为止，包括市场调查、设计、研制、制造、检验、包装、销售、服务等各个环节，实现计划和控制的协同融合，为实现全面质量管理提供支持。

1.2 ERP 理论的发展历程

ERP 是一个庞大的管理信息系统，要讲清楚 ERP 原理，必须了解 ERP 发展的几个主要阶段：20世纪40年代的库存控制订货点法→60～70年代的物料需求计划（MRP）→ 80年代的制造资源计划（MRPⅡ）→90 年代的企业资源计划（ERP）→21 世纪提出的下一代企业资源计划（ERPⅡ）。

1.2.1 库存控制订货点法

在计算机出现之前，发出订单和催货是一个库存管理系统在当时所能做的一切。库存管理系统发出生产订单和采购订单，但是，确定对物料的真实需求却是靠缺料表。这种表上所列的是马上要用但却发现没有库存的物料。然后，派人根据缺料表进行订货、催货。

订货点法是在当时的条件下，为改变这种被动的状况而提出的一种按过去的经验预测未来的物料需求的方法。这种方法有各种不同的形式，但其实质都是着眼于“库存补充”的原则。“补充”的意思是把库存填满到某个原来的状态。库存补充的原则是保证在任何时候仓库里都有一定数量的存货，以便需要时随时取用。当时人们希望用这种做法来弥补由于不能确定近期内准确的必要库存储备数量和需求时间所造成的缺陷。订货点法依据对库存补充周期内的需求量预测，并保留一定的安全库存储备，来确定订货点。安全库存的设置是为了应对需求的波动。一旦库存储备低于预先规定的数量，即订货点，则立即进行订货来补充库存。

订货点的基本公式如下：

$$订货点 = 单位时区的需求量 \times 订货提前期 + 安全库存量$$

如果某项物料的需求量为每周 100 件，提前期为 6 周，并保持 2 周的安全库存量，那么，该项物料的订货点可如下计算：

$$100 \times 6 + 200 = 800$$

当某项物料的现有库存和已发出的订货之和低于订货点时，则必须进行新的订货，以保持足够的库存来支持新的需求。订货点法的处理逻辑如图 1-1 所示。

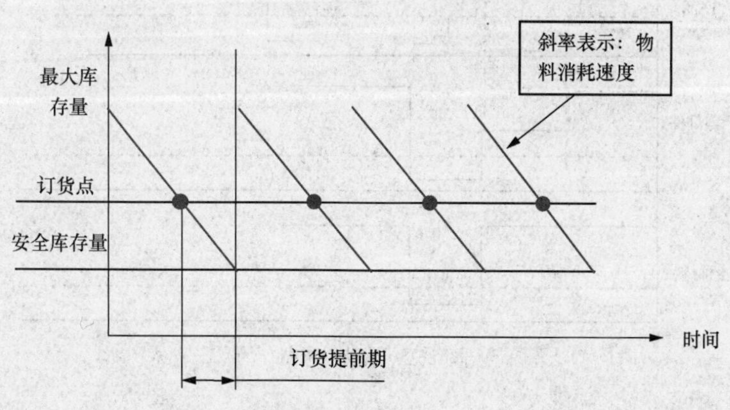

图 1-1 订货点法

订货点法曾引起人们广泛的关注，对它进行讨论的文章也很多，按这种方法建立的库存模型曾被称为“科学的库存模型”。然而，在实际应用中却是面目全非。其原因在于订货点法是在某些假设之下，追求数学模型的完美。以下是订货点的4个基本假设，我们将逐一分析。

1．对各种物料的需求是相互独立的

订货点法不考虑物料项目之间的关系，每项物料的订货点分别独立地加以确定。因此，订货点法是面向零件的，而不是面向产品的。但是，在制造业中有一个很重要的要求，那就是各项物料的数量必须配套，以便能装配成产品。由于对各项物料分别独立地进行预测和订货，就会在装配时发生各项物料数量不匹配的情况。这样，虽然单项物料的供货率提高了，但总的供货率却降低了。因为不可能每项物料的预测都很准确，所以积累起来的误差反映在总供货率上将是相当大的。

例如，用 10 个零件装配成一件产品，每个零件的供货率都是 90%，而联合供货率却降到 34.8%。一件产品由二三十个甚至更多个零件组成的情况是常有的。如果这些零件的库存量是根据订货点法分别确定的，那么，要想在总装配时不发生零件短缺，则只能是碰巧的事。

应当注意，上述这种零件短缺并非由于预测精度不高引起，而是由于这种库存管理模型本身的缺陷造成的。

2．物料需求是连续发生的

按照这种假定，必须认为需求相对均匀，库存消耗率稳定。而在制造业中，对产品零部件的需求恰恰是不均匀、不稳定的，库存消耗是间断的。这往往是由于下道工序的批量要求引起的。

我们假定最终产品是活动扳手，零件是扳手柄，原材料是扳手毛坯。活动扳手不是单件生产的，当工厂接到一批订货时就在仓库中取出一批相应数量的扳手柄投入批量生产。这样一来，扳手柄的库存量就要突然减少，有时会降到订货点以下。这时就要立即下达扳手柄的生产指令，于是又会引起扳手柄毛坯的库存大幅度下降。如果因此引起原材料库存也低于订货点，则对扳手毛坯也要进行采购订货，如图 1-2 所示。

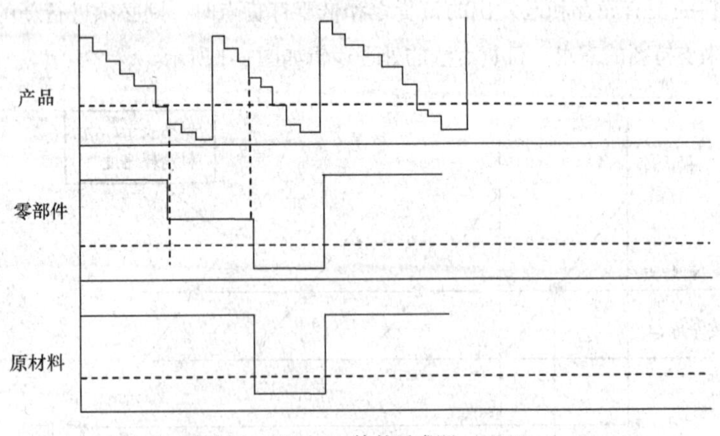

图 1-2　块状需求图

由此可见，即使对最终产品的需求是连续的，由于生产过程中的批量需求，引起对零部件和原材料的需求也是不连续的。需求不连续的现象提出了一个如何确定需求时间的问题。订货点法是根据以往的平均消耗来间接地指出需要时间，但是对于不连续的非独立需求来说，这种平均消耗率的概念是毫无意义的。事实上，采用订货点法的系统下达订货的时间常常偏早，在实际需求发生之前就有大批存货放在库里造成积压。而另一方面，却又会由于需求不均衡和库存管理模型本身的缺陷造成库存短缺。

3．库存消耗之后，应被重新填满

按照这种假定，当物料库存量低于订货点时，则必须发出订货，以重新填满库存。但如果需求是间断的，那么这样做不但没有必要，而且也不合理。因为很可能因此而造成库存积压。例如，某种产品一年中可以得到客户的两次订货，那么，制造此种产品所需的材料则不必因库存量低于订货点而立即填满。

4．“何时订货”是一个大问题

“何时订货”被认为是库存管理的一个大问题。这并不奇怪，因为库存管理正是订货并催货这一过程的自然产物。然而真正重要的问题却是“何时需要物料”，这个问题解决以后，“何时订货”的问题也就迎刃而解了。订货点法通过触发订货点来确定订货时间，再通过提前期来确定需求日期，其实是本末倒置的。

从以上讨论可以看出，订货点库存控制模型是围绕一些不成立的假设建立起来的。今天看来，订货点法作为一个库存控制模型是那个时代的理论错误，因此不再具有重要的实用价值。但它提出了许多在新的条件下应当解决的问题，从而引发了物料需求计划的出现。

1.2.2 MRP阶段

在MRP阶段，企业的信息管理系统对产品构成进行管理，借助计算机的运算能力及系统对客户订单、在库物料、产品构成的管理能力，实现依据客户订单，按照产品结构清单展开并计算物料需求，从而实现减少库存，优化库存的管理目标。

1．开环MRP阶段

最初的MRP仅仅以制定物料需求计划为目标，并没有考虑这个计划是否有可能按时完成，因此称之为开环的MRP。

按需求的来源不同，IBM公司的约瑟夫·奥利佛博士将企业内部的物料分为独立需求和相关需求两种类型。独立需求是指需求量和需求时间由企业外部的需求来决定，例如，客户订购的产品、科研试制需要的样品及售后维修需要的备品、备件等；相关需求是指根据物料之间的结构组成关系由独立需求的物料所产生的需求，例如，半成品、零部件、原材料等的需求。

MRP的基本任务有2个。

（1）从最终产品的生产计划（独立需求）导出相关物料（原材料、零部件等）的需求量和需求时间（相关需求）。

（2）根据物料的需求时间和生产（订货）周期来确定其开始生产（订货）的时间。

MRP的基本内容是编制零件的生产计划和采购计划。然而，要正确编制零件计划，首先必须落实最终产品（在MRP中称为成品）的出产进度计划，即主生产计划（Master Production Schedule，MPS），这是MRP展开的依据；其次需要知道产品的零件结构，即物料清单（Bill of Material，BOM），把主生产计划展开成零件计划，同时需要知道库存数量才能准确计算出零件的采购数量。

因此，基本MRP的依据包含以下3个方面。

（1）主生产计划：确定每一具体的最终产品在每一具体时间段内生产数量的计划。

（2）物料清单：用规范的数据格式来描述产品结构的文件。

（3）库存信息：保存企业所有产品、零部件、在制品、原材料等存在状态的数据库。

它们之间的逻辑流程关系如图 1-3 所示。

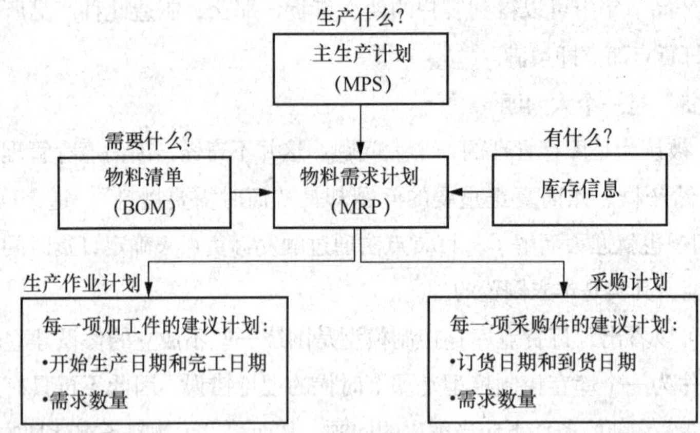

图 1-3　MRP 的逻辑流程图

2．闭环 MRP 阶段

20 世纪 60 年代，开环的 MRP 能根据有关数据计算出相关物料需求的准确时间与数量，但其缺陷是没有考虑到生产企业现有生产能力和采购的有关条件的约束。因此，计算出来的物料需求的数量和日期有可能因设备和工时的不足而无法实现，或者因原料的不足而无法实现。同时，它也缺乏根据计划实施情况的反馈信息对计划进行调整的功能。

为解决以上问题，MRP 系统在 20 世纪 70 年代发展为闭环 MRP 系统。闭环 MRP 系统除了物料需求计划外，还将生产能力需求计划、车间作业计划和采购作业计划纳入 MRP，形成一个封闭的系统。

MRP 系统的正常运行，需要有一个切实可行的主生产计划。它除了要反映市场需求和合同订单外，还必须满足企业的生产能力约束条件。因此，除了要编制资源需求计划外，还要制订能力需求计划（Capacity Requirement Planning，CRP），同各个工作中心的能力进行平衡。只有在能力与资源均满足负荷需求或采取了措施时，才能开始执行计划。在能力需求计划中，生产通知单是按照它们对设备产生的负荷而进行评估的；采购通知单的过程与之类似，是检查它们对分包商和经销商所产生的工作量。执行 MRP 时要用生产通知单来控制加工的优先级，用采购通知单来控制采购的优先级。这样，基本 MRP 系统进一步发展，把能力需求计划和执行及控制计划的功能也包括进来，形成一个环形回路，称为闭环 MRP，如图 1-4 所示。

因此，闭环 MRP 则成为一个完整的生产计划与控制系统。

1.2.3　MRPⅡ阶段

闭环 MRP 系统的出现，使生产活动方面的各种子系统得到了统一。但是生产管理只是一个方面，而企业管理是人财物和信息等资源，产、供、销等活动组成的综合系统，其中还有动态的彼此紧密相关的物流、资金流和信息流。于是，在 20 世纪 80 年代，人们把销售、采购、生产、财务、工程技术、信息等各个子系统进行集成，并称该集成系统为制造资源计划（Manufacturing Resource Planning，MRP）系统，为了区别物料需求计划（也缩写为 MRP）而记为 MRPⅡ。

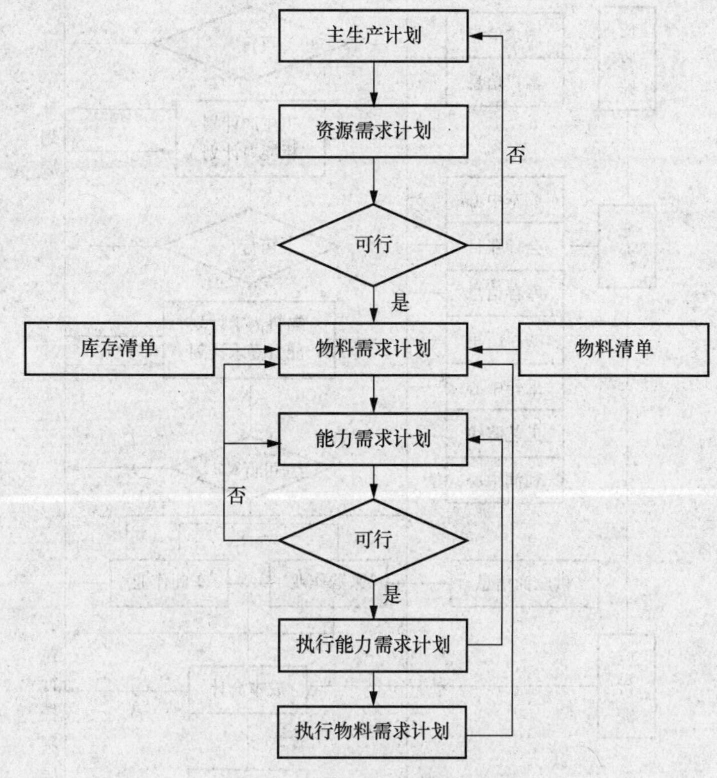

图 1-4　闭环 MRP 逻辑流程图

1．MRPⅡ的概念

在 MRP 管理系统的基础上，MRPⅡ系统围绕着“在正确的时间制造和销售正确的产品”这样一个中心，增加了对企业生产中心、加工工时、生产能力等方面的管理，以实现计算机进行生产排程的功能，同时也将财务的功能囊括进来，在企业中形成以计算机为核心的闭环管理系统。这种管理系统已能动态监察到产、供、销的全部生产过程。逻辑流程图如图 1-5 所示。

2．MRPⅡ的特点

MRPⅡ的特点可以从以下几个方面来说明。每一项特点都含有管理模式的变革和人员素质或行为变革两方面，这些特点是相辅相成的。

（1）计划的一贯性与可行性。MRPⅡ是一种计划主导型管理模式，计划层次从宏观到微观、从战略到技术、由粗到细逐层优化，但始终保证与企业经营战略目标一致。它把通常的多级计划管理统一起来，计划编制工作集中在企业级（或集团级）职能部门，车间班组只能执行计划、调度和反馈信息。计划下达前反复验证和平衡生产能力，并根据反馈信息及时调整，处理好供需矛盾，保证计划的一贯性、有效性和可执行性。

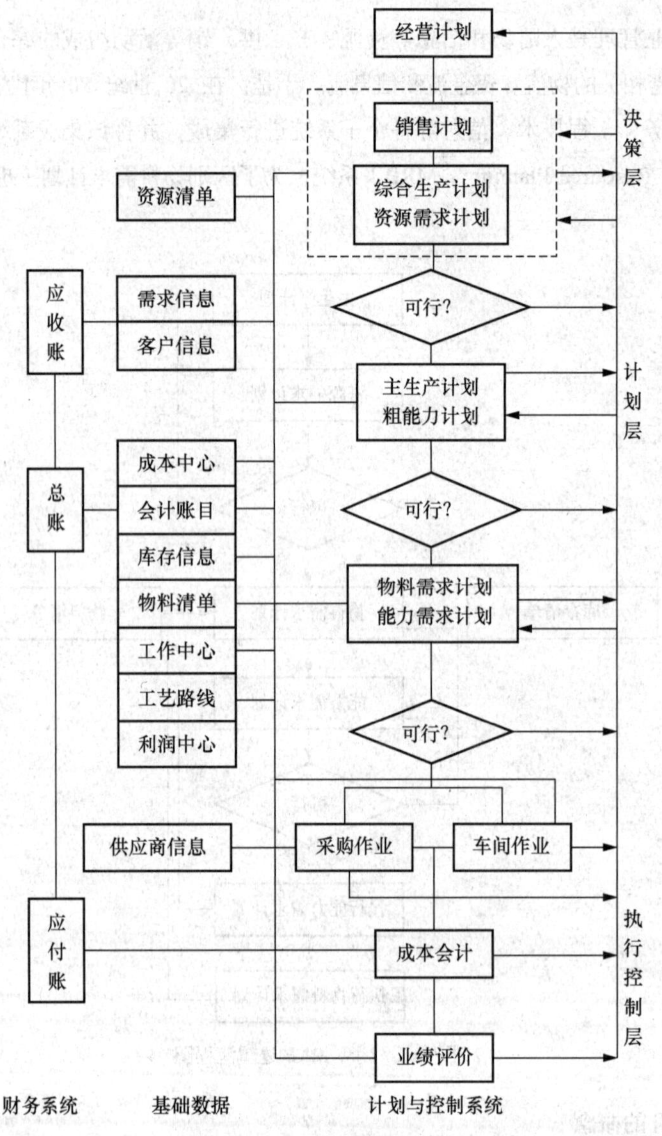

图1-5 MRPⅡ逻辑流程图

（2）管理的系统性。MRPⅡ是一项系统工程，它把企业所有与生产经营直接相关部门的工作联结成一个整体，各部门都从系统整体出发做好本职工作，每个员工都知道自己的工作质量同其他职能的关系。这只有在“一个计划”下才能成为系统，条块分割、各行其是的局面应被团队精神所取代。

（3）数据共享性。MRPⅡ是一种制造企业管理信息系统，企业各部门都依据同一数据信息进行管理，任何一种数据变动都能及时地反映给所有部门，做到数据共享。在统一的数据库支持下，按照规范化的处理程序进行管理和决策。改变了过去那种信息不通、情况不明、盲目决策、相互矛盾的现象。

（4）动态应变性。MRPⅡ是一个闭环系统，它要求跟踪、控制和反馈瞬息万变的实际情况，管理人员可随时根据企业内外环境条件的变化迅速做出响应，及时决策调整，保证生产正常进行。它可以及时掌握各种动态信息，保持较短的生产周期，因而有较强的应变能力。

（5）模拟预见性。MRPⅡ具有模拟功能，它可以解决“如果怎样……将会怎样”的问题，可以预见在相当长的计划期内可能发生的问题，事先采取措施消除隐患，而不是等问题已经发生了再花几倍的精力去处理。这将使管理人员从忙碌的事务堆里解脱出来，致力于实质性的分析研究，提供多个可行方案供领导决策。

（6）物流、资金流的统一。MRPⅡ包含了成本会计和财务功能，可以由生产活动直接产生财务数据，把实物形态的物料流动直接转换为价值形态的资金流动，保证生产和财务数据一致。财务部门及时得到资金信息用于控制成本，通过资金流动状况反映物料和经营情况，随时分析企业的经济效益，参与决策，指导和控制经营和生产活动。

以上几个方面的特点表明，MRPⅡ是一个比较完整的生产经营管理计划体系，是实现制造业企业整体效益的有效管理模式。

3．MRPⅡ的缺陷

（1）MRPⅡ是以面向企业内部业务为主的管理系统，不能适应市场竞争全球化、管理整个供需链的需求。

（2）MRPⅡ软件主要是按管理功能开发设计的，不能按业务流程变化的需求灵活调整。

（3）MRPⅡ的一些假定（批量、提前期）不灵活。

（4）运算效率低（MRP/CRP）不能满足实时应答。

1.2.4 ERP阶段

从20世纪80年代末到90年代初，随着MRPⅡ系统的普遍应用，以及市场竞争的日趋激烈，制造业也发生了翻天覆地的变化：制造业的环境急剧变化——全球化、供需链制造；需要重新定义同供应商、分销商的关系以快速响应；能迅速产出最优质量、最低成本、最快交付产品的企业才能生存；制造业需要更大的灵活性、多样化；实时、能动地实现监控、管理和优化；重组设计和业务解决方案，实现业务流程同步。一些企业开始感觉到传统的 MRPⅡ软件所包含的功能已不能满足上述变化的要求，ERP理论应运而生。

ERP 对传统的 MRPⅡ系统来讲是一次大的飞跃。它着眼于供应链上各个环节的信息管理，能满足同时具有多种生产类型企业的需要，扩大了软件的应用范围：除财务、分销和生产管理以外，还集成了企业的其他管理功能，如人力资源、质量管理、决策支持等多种功能，并支持国际互联网（Internet）、企业内部网（Intranet）和外部网（Extranet）、电子商务（E- Business）等。ERP与MRPⅡ的主要区别在于以下几个方面：

（1）在资源管理范围方面的差别。MRPⅡ主要侧重对企业内部人、财、物等资源的管理，ERP 系统在 MRPⅡ的基础上扩展了管理范围，它把客户需求和企业内部的制造活动以及供应商的制造资源整合在一起，形成企业一个完整的供应链并对供应链上所有环节（如订单、采购、库存、计划、生产制造、质量控制、运输、分销、服务与维护、财务管理、人事管理、实验室管理、项目管理、配方管理等）进行有效管理。

（2）在生产方式管理方面的差别。MRPⅡ系统把企业归类为几种典型的生产方式进行管理，如重复制造、批量生产、按订单生产、按订单装配、按库存生产等，对每一种类型都有一套管理标准。而在20世纪80年代末至90年代初，为了紧跟市场的变化，多品种、小批量生产以及看板式生产等则是企业主要采用的生产方式，由单一的生产方式向混合型生产发展，ERP 则能很好地支持和管理混合型制造环境，满足了企业的这种多元化经营需求。

（3）在管理功能方面的差别。ERP 除了 MRPⅡ系统的制造、分销、财务管理功能外，还增加了支持整个供应链上物料流通体系中供、产、需各个环节之间的运输管理和仓库管理；支持生产保障体系的质量管理、实验室管理、设备维修和备品备件管理；支持对工作流（业务处理流程）的管理。

（4）在事务处理控制方面的差别。MRPⅡ是通过计划的及时滚动来控制整个生产过程，它的实时性较差，一般只能实现事中控制。而 ERP 系统支持在线分析处理（Online Analytical Processing，OLAP）、售后服务（即质量反馈），强调企业的事前控制能力，它可以将设计、制造、销售、运输等通过集成来并行地进行各种相关的作业，为企业提供了对质量、适应变化、客户满意、绩效等关键问题的实时分析能力。

此外，在 MRPⅡ中，财务系统只是一个信息的归结者，它的功能是将供、产、销中的数量信息转变为价值信息，是物流的价值反映。而 ERP 系统则将财务计划和价值控制功能集成到了整个供应链上。

（5）在跨国（或地区）经营事务处理方面的差别。现在企业的发展，使得企业内部各个组织单元之间、企业与外部的业务单元之间的协调变得越来越多和越来越重要，ERP 系统应有完整的组织架构，从而可以支持跨国经营的多国家地区、多工厂、多语种、多币制应用需求。

（6）在计算机信息处理技术方面的差别。随着 IT 技术的飞速发展，网络通信技术的应用，使得 ERP 系统得以实现对整个供应链信息进行集成管理。ERP 系统采用客户/服务器（C/S）体系结构和分布式数据处理技术，支持 Internet/Intranet/Extranet、电子商务（E-business、E-commerce）、电子数据交换（EDI）。此外，还能实现在不同平台上的互操作。

在接下来的章节里我们将详细介绍 ERP 的相关内容。

1.2.5 ERPⅡ阶段

在 ERP 概念提出 10 年之后的 2000 年，美国权威咨询公司加特纳集团在原有 ERP 的基础上进行了内涵的扩展，提出了一个全新的概念——ERPⅡ。这一概念具体是指通过支持和优化企业内部和企业之间的协同运作和财务过程，以创造客户和股东价值的一种商务战略和一套面向具体行业领域的应用系统。ERPⅡ把管理对象扩展到了企业之间的管理任务、管理模型、管理算法和管理数据，使得企业之间的管理模式呈现继承、复用的特点。为了区别于 ERP 对企业内部管理的关注，Gartner Group 在描述 ERPⅡ时，引入了“协同商务”的概念（Collaborative Commerce，C-Commerce）：企业内部人员、企业与业务伙伴、企业与客户之间的电子化业务的交互过程。

Gartner Group 指出，虽然近年来 ERP 仍然呈现出高速增长的势头，并为越来越多的企业所重视和应用，但是新一代的信息化管理企业资源计划 ERPⅡ已经在 SAP、PeopleSoft 等企业的产品中出现。ERPⅡ产品的设计方面出现了一些新的特征：首先，企业发展路径本身由过去纵向、高度集成、注重内部功能优化的大而全模式向更灵活、更专注于核心竞争力的实体模式转化，这就要求企业能够在整个供应链和价值网络中优化其经济和组织结构；其次，企业在 Internet 网上的 B2B 和 B2C 的电子商务应用也由过去单一的销售、采购行为转向从消费者到生产者、从供应商到生产者之间的协同商务全过程。实际上，与 ERP 相比，ERPⅡ定义了一种新的商业战略，它对企业提出了更高的要求，不再局限于企业内部各种资源的优化，而是把包括供货商、渠道商、分销商、客户和股东在内的外部资源作为独立的交易实体进行处理，从而实现客户和股东价值的优化。但是 ERPⅡ仍然继承了 ERP 的管理模式，例如，在供应链管理、客户关系管理、价值链管理方面都沿用了 ERP 系统中物料管理、销售管理、财务管理中的任务、模型、算法与数据。因此，所谓 ERPⅡ，其核心是指企业从过去主要强调内部运作转向企业之间的外部协作，即协同商务。

1.3 国内外主要 ERP 产品介绍

近年来，中国企业开发的通用型 ERP 产品的市场规模与日俱增，参与该市场竞争的既包括 SAP、Oracle、Infomix 等国际厂商，也有用友、金蝶、浪潮等国内厂商。中国大陆以外的 ERP 软件大致可分为两类：一类是欧洲的 ERP 软件，基于欧洲企业内部的精细化管理，注重财务核算和管理会计分析。另一类是美国、中国台湾地区的软件，基于美国、中国台湾地区企业的集中生产制造，注重对产品的制造和物流的管理。

国内的 ERP 产品，主要有两个方面的来源，一是厂商在国外 ERP 软件基础上结合国内企业实际情况直接开发的 ERP 产品，如北京利玛的 CAPMS/95、北京开思 ERP；二是财务软件厂商在面临市场发展势头下降而寻找新增长点转型开发的 ERP 产品，强调进、销、存，在账务处理和财务分析方面优势明显，比较有名的如用友、金蝶等。下面就介绍一下国外和国内的主要 ERP 产品以及目前的市场占有情况。

1.3.1 国外主要 ERP 产品比较分析

国外的 ERP 产品很多，下面介绍目前在我国应用的主要国外 ERP 产品及其 ERP 供应商。

1．SAP

SAP 公司是 ERP 思想的倡导者，成立于 1972 年，总部设在德国南部的沃尔道夫市。SAP 的主打产品 R/3 用于分布式客户机，服务器环境的标准 ERP 软件，主要功能模块包括：销售和分销、物料管理、生产计划、质量管理、工厂维修、人力资源、工业方案、办公室和通信、项目系统、资产管理、控制、财务会计。R/3 适用的服务器平台是：Netware、NTServer、OS400、UNIX；适用的数据库平台是：Informix、MSSQLServer、Oracle 等；支持的生产经营类型是：按订单生产、批量生产、合同生产、离散型、复杂设计生产、按库存生产、流程型。SAP 公司已经推出了商务套件软件包，针对 28 个主要的行业提供融合了“行业最佳业务实践”的行业解决方案，包括钢铁冶金及造纸、服装纺织、建筑材料、矿业、航空与国防、汽车、银行、化工、消费品（包括服装、食品、饮料等）、工程建筑、金融服务、医疗卫生、高等教育、高科技、工业设备、保险、媒体、石油天然气、制药、专业服务、公用事业、零售、服务供应商（又细分为五类）、电信、公用事业等。SAP 在每个行业都有行业解决方案图，充分展示各行业特殊业务处理要求。R/3 的功能涵盖了企业管理业务的各个方面，这些功能模块服务于各个不同的企业管理领域。在每个管理领域，R/3 又提供进一步细分的单一功能子模块，例如，财务会计模块包括总账、应收账、应付账、财务控制、金融投资、报表合并、基金管理等子模块。SAP 所提供的是一个有效的标准而又全面的 ERP 软件，同时软件模块化结构保证了数据单独处理的特殊方案需求。目前，排名世界 500 强的企业，有一半以上使用的是 SAP 的软件产品。因 R/3 的功能比较丰富，各模块之间的关联性非常强，所以不仅价格偏高，而且实施难度也高于其他同类软件。R/3 适用于那些管理基础较好，经营规模较大的企业。普通企业选择 R/3 时，要充分考虑软件的适用性和价格因素。

2．Oracle（PeopleSoft/JDE）

Oracle 公司成立于 1977 年，总部设在美国。公司创始人拉里·埃里森（Larry Ellison）最初创建一家数据库公司，后来该数据库产品成为最普及的 ERP 数据库。到 20 世纪 80 年代后期，公司开发出了自己的 ERP 应用软件。自从收购了 PeopleSoft（PeopleSoft 之前收购了 ERP 排名第三的 JDE）公司后，Oracle 一跃登上 ERP 市场亚军宝座。Oracle 主打管理软件产品 OracleApplicationsR11i 是目前全面集成的电子商务套件之一，能够使企业经营的各个方面全面电子商务化。Oracle 企业管理软件的主要功能模块包括：销售订单管理系统、工程数据管理、物料清单管理、主生产计划、物料需求计划、能力需求管理、车间生产管理、库存管理、采购管理、成本管理、财务管理、人力资源管理、预警系统。Oracle 适用的服务器平台是：DECOpenVMS、NT、UNIX；数据库平台是：Oracle；支持的生产经营类型是：按订单生产、批量生产、流程式生产、合同生产、离散型制造、复杂设计生产、混合型生产、按订单设计、按库存生产；其用户主要分布在航空航天、汽车、化工、电器设备、电子、食品饮料等行业。Oracle 凭借“世界领先的数据库供应商”这一优势地位，建立起构架在自身数据之上的企业管理软件，其核心优势就在于它的集成性和完整性。用户完全可以从 Oracle 公司获得任何所需要的企业管理应用功能，这些功能集成在一个技术体系中，而如果用户想从其他软件供应商处获得 Oracle 所提供的完整功能，很可能需要从多家供应商分别购买不同的产品，这些系统分属于不同供应商的技术体系，由不同的顾问予以实施，影响了各个系统之间的协同性。对于集成性要求较高的企业，Oracle 无疑是理想的选择。但企业如果对开放性要求较高，Oracle 显然无法胜任。

3．INFO（SSA Global/BAAN）

BAAN 成立于 1978 年，总部设在荷兰，是一个为项目型、流程型以及离散型产业供应链提供 ERP 系统和咨询服务的公司。目前所推的 BAAN 解决方案包括支持企业一系列的业务过程，其中的功能模块包括：制造、财务、分销、服务和维护业务。此外，BAAN 公司还提供了 Orgware——一套组织工具和软件工具，它能帮助企业减少实施时间和成本，并能帮助企业实现对系统的不断改进。BAANERP 适用的服务器平台是：NT、OS/400、UNIX、IBMS390；适用的数据库平台是：IBMDB2、Informix、MSSQLServer、Oracle；支持的生产类型是按订单设计、复杂设计生产；用户主要分布在航空航天、汽车、化工、工业制造等行业。BAAN 通过 Orgware 系统件作为企业建模工具，以保证企业灵活运用软件。它强大的功能既能满足企业现在的实际需求，也能满足企业将来的需求。Orgware 把公司本身的业务处理流程作为输入，以标准的企业模型为参考，很快地配置系统来满足企业的需要和特殊要求。这样，企业的 BAAN 应用系统的模型就会快速顺利地被确定下来。

业务流程重组（BPR）往往是影响 ERP 实施的重要因素，BAAN 的动态建模思想和技术不仅有利于保障企业成功实施 ERP 系统，而且便于企业今后依据管理需要重新构建业务框架。业务流程重组有困难或者预计将来业务流程会发生改变的企业，选择 BAAN 会有利于成功实施运用 ERP 系统。Orgware 方法主要包括三个阶段：系统选型、实施和优化。系统选型阶段基本和其他软件公司的方法没有大的区别；系统实施阶段主要包括公司与系统的映射、确定企业模型和系统运行三个步骤，分别起到映射、引导和过滤的作用，目的是为了让系统按照企业的流程上线成功；第三阶段是系统的优化，主要包括优化运行、优化控制和更高的效益三个步骤，分别运行、控制和策略的作用。2003 年 SSA 全球科技公司耗资 1.35 亿美元收购了 BAAN 公司，使 BAAN 成为其旗下的全资子公司。通过收购，SSA 能够提供包括物流、供应链管理、客户关系管理、企业绩效管理和企业一体化运营等更加全面的扩展型解决方案。2006 年 INFO 公司收购了 SSA，使 SSA 转身为 ERP 供应商。

4．QAD

以戴尔和阿迪达斯为代表的虚拟工厂经营模式，在以信息技术为主的新经济时代有着特殊的经营优势。QAD 的供应链管理系统就是用来帮助建立虚拟工厂的，这个“工厂”将涉及的不同研发者、供应者、装配者、包装者和批发者组织起来，使它们与客户要求保持一致，然后工厂在产品上标以统一商标并获得利润。QAD 集成的分布式 MFG/PRO 系统能运行于虚拟工厂的整个经营管理过程，以便使“工厂”将其客户与它们自己很好地结合起来，然后再与供应商以及供应商的供应商联系在一起。MFG/PRO 系统可以设置成一台机器多个数据库、多台机器单数据库、一台机器分开的数据库、多台机器分散的数据库，这种灵活的数据库配置，可以实现任意数目的用户机同时存取任意数目的数据库服务器，以确保虚拟工厂在不同地区、不同信息环境下协同运作。

5．Sage（Sage Accpac ERP）

赛捷（Sage）软件是全球著名的管理软件解决方案供应商。在中国，赛捷致力于以世界级的优秀软件方案帮助中国成长型企业开展先进企业管理。赛捷产品在中国已有数 10 年的历史，已经拥有超过 1 500 家企业用户。Sage 的管理解决方案覆盖了 ERP、CRM、HR、E-Business、项目管理等功能，并且针对行业特殊需求提供行业解决方案。

Sage Accpac ERP 是赛捷软件公司推出的专门面对中小型企业用户的 ERP 系统。特别是适合在多个地点运营的公司，其多币种模块不仅能支持增值税和消费税，还能符合当地的财务要求。Sage Accpac ERP 不仅能为企业当前的业务提供显著的竞争优势，还能为企业提供投资保护。强调“全球化品牌+本土化方案”的赛捷软件公司，在产品本地化方面也做了努力，以使其产品更贴近中国中小企业的特点。

6．FourthShift

Fourthshift（四班）公司成立于 1982 年，总部位于美国明尼阿波利斯市。FourthShift 软件包含 40 多个管理模块，覆盖生产、采购、销售、客户服务等集成子系统。适用的服务器平台是：NovellNetware、NT；适用的数据库平台是：MSSQLServer；支持的生产类型主要是离散型、按单生产，也可用于流程式连续生产型企业；用户主要分布在日用消费品、电子电器、计算机行业。

Fourth Shift 是一套适于中小制造企业应用的软件系统，功能虽然不如 SAP 的软件丰富，但基本符合中小企业在生产管理、物流管理、财务管理等方面的需求，而且具有简便实用、成本低廉、实施期短（一般 3～6 个月完成实施）等特点。虽然 Fourth Shift 在世界的管理软件销售排名不是很靠前，但在中国及其他亚太地区的市场表现不俗，这与 Fourth Shift 符合这些地区大部分企业的实际需求以及 Fourth Shift 一直以来在产品和服务本地化方面所做的努力不无关系。目前 Fourth Shift 的财务会计系统已经通过中国财政机构符合中国会计管理制度的评审。中小制造企业特别是离散型制造业在选择企业管理软件时，Fourth Shift 可以作为首选。

7. CA—MANMAN/X

CA（Computer Associates）公司是以开发大型机软件起家的软件产品公司。由美籍华人王嘉廉于 1976 年创立，总部设在美国纽约长岛。CA 的产品家族非常庞大，MANMAN/X 是其提供的一个完整的制造业管理系统。该系统由制造、工程、财务、销售与售后服务、系统工具五大部分组成，其中每一部分又由各功能模块构成，例如，制造部分中包含了基础资料、库存管理、计划管理、采购管理、车间控制和成本会计部分。MANMAN/X 不受工作平台或操作系统环境的限制，适用于 Oracle、INGRES 等各种关系型数据库并附带专有数据库系统。

CA 软件最大的特点在于兼容并蓄的通用性和开放性。由于开放、模块化结构，MANMAN/X 完全独立于计算机软/硬件环境，允许选择能最好工作的平台，适用的数据平台也非常广泛。同时系统能适应用户各种生产经营类型要求，包含了各种制造方法单独的或任何组合的应用，可以满足用户的许多特定需求。MANMAN/X 提供的修改菜单、屏幕以及自动生成应用程序的客户化开发工具，使用户具备了对迅速变化的市场和管理需求作相应调整的能力。

与 Oracle 一样，CA 提供给企业的是一个全面而完整的管理解决方案，企业办公及经营管理所涉及的软件产品，几乎都能从 CA 的软件家族中找到。与 Oracle 不同的是，CA 具有软件产品领域的广泛性和软件本身的开放性。CA 兼容并蓄的风格不仅体现在软件产品上，而且体现在企业经营上。在中国，CA 正在走本地化的资本和文化融合之路，目前已经和包括联想、安易在内的许多计算机软硬件厂商合作，共同开拓本地市场。由于 CA 兼容并蓄的风格，使企业选择 CA 不仅选择了一个开放的软件系统，而且选择了全方位的系统支持和持续发展的保障。

1.3.2 国内主要 ERP 产品比较分析

最近几年，随着我国经济的发展、IT 技术的成熟，我国的 ERP 供应商如雨后春笋，呈现出良好的发展势头。国内的大型 ERP 企业管理软件商也开始通过借鉴国外软件公司规范的实施方法，总结公司本身的实施经验和教训，从而设计出具有自身特色的 ERP 实施方法，如用友的八步实施法、金蝶的“金手指”六步实施法、博科的“立体解析实施法”等，为国内的 ERP 实施确立了比较好的规范，同时也培养了一大批 ERP 实施领域的资深人才，为真正把实施方法落到实处提供了保障。下面就介绍目前国内主要的 ERP 产品供应商。

1．用友 UFERP

用友公司创立于 1988 年，以财务软件系统开发为主，总部设在北京中关村科技园区，是目前中国最大的财务及企业管理软件开发供应商，也是目前中国最大的独立软件厂商。用友 UFERP 产品包括五大子系统：供应链系统、人力资源系统、决策支持系统、生产制造系统、财务系统。UFERP 适应大型、集团型企业分布式、体系化的管理模式，并能满足企业的跨国、跨地区应用。

该软件特点主要包括：实现集团财务体系化管理，解决远程监控问题；建立集团投资中心，加强资金管理；树立成本中心、利润中心概念，强调预算管理与费用控制，全面提供从核算到管理到决策三个层次的内容；以客户关系管理（CRM）为核心内容，通过供应商看板管理（KANBAN）加强与供应商的联系，降低采购与库存成本，通过分销资源计划（DRP）优化、畅通销售渠道，最大限度地减少产品积压，实现整个供应链的增值；突破传统静态人事档案管理的局限，强调员工能力优化与绩效考核管理，提倡学习性组织，完善知识管理；利用数据仓库技术和在线分析工具（OLAP）为企业决策人提供强有力的分析依据。

2．开思 ERP

国内的独立开发商风头正劲的是开思。其产品传统是以 IBM 的平台为核心，设计也很有特色，且总是能够在市场爆发出需求的时候及时地推出“响应”的产品。开思 ERP 涉及企业人、财、物、产、供、销、预测、决策等多方面的管理工作，包括采购、库存、销售、生产、财务、成本会计、人事管理和经营决策等 28 个子模块。每个模块都具有强大的功能和特点，之间又是相互关联的。开思 ERP 不仅适用于采用单件生产、多品种小批量、大批量流水生产以及它们的混合制造模式的电子、轻工、机械、食品、服装、医药等各类制造企业，而且也适用于批发、零售、服务等商业企业。

该软件主要模块包括：采购管理、库存管理、销售管理、账务管理、应收账、应付账、财务报表、固定资产、工资核算、生产数据、主生产计划、物料需求计划、能力需求计划、连续式生产、车间作业管理、质量管理、成本核算、设备管理、工作流、电子商务。其特点是：先进的系统设计模式，在产品设计上融合了传统的 MRP、JIT、TQC 等方法；允许企业自由选取、分步骤实现，全面管理现代化；高度集成化和模块化相结合，各模块数据相互关联，运转流畅，各子系统使用的是共享的一套数据；充分考虑企业未来发展，为系统未来的扩展留有充分的设计和数据接口；支持多工厂集团式管理模式，总公司与分公司、总厂与分厂等形式的多单位集团化管理模式；严格的安全控制管理，可以对每个程序、每个数据文件进行操作权限定义，实现多级安全控制；丰富灵活的查询和报表功能，用户可以从多角度方便地查询所需了解的信息，同时为企业提供更加丰富的分析决策功能。

3．利玛 CAPMS8

北京利玛信息技术有限公司是由机械部北京机械工业自动化所投资组建的中外合资公司，成立于 1994 年。前身为“机械部北京机械工业自动化所 MIS 研究室”，是机械部研究开发“计算机辅助生产管理信息系统”的归口单位，至今已有 20 年开发 MRP/ERP 商品化软件的经验，是目前中国最早的管理软件开发商和销售商。

利玛 CAPMS8 系统是基于敏捷供应链管理思想的企业资源规划系统（ERP），它是在

MRPⅡ（制造资源计划）系统基础上发展起来的。它除了对企业内部制造资源进行全面规划和优化控制外，还通过计算机网络把企业生产经营过程的合作伙伴，如供应商、分销商、客户等的资源和能力集成起来，充分调动企业所有可利用的资源，把企业之间的竞争转化为供应链之间的竞争。北京利玛作为本土 ERP 厂商的代表，可以为金融、制造、电力、IT 等领域的企业提供完善的企业解决方案。

利玛 CAPMS 系统软件具有一系列强大的功能，包括八大系统，各系统下又有诸多模块：物料管理系统、生产管理系统、财务管理系统、制造资源管理系统、质量管理系统、供需链管理系统、决策支持管理系统、CIMS 集成管理系统。其特点有：在标准 MRPⅡ、企业供应和销售管理、生产计划和控制系统基础上增加诸如质量、工具、人力资源、供应链管理、条形码数据采集等功能；具有直观的图形用户界面，丰富的联机帮助；有充分的可扩展性和可移植性，以满足不同行业、不同规模企业的需求；灵活性：CAPMS 系统是由一系列管理模块所组成，既可以单独使用，也可以集成在一起作为一个整体来使用，以满足不同规模企业的需求；集成性：CAPMS 系统设有许多接口，可与其他应用软件进行集成，为用户的系统提供了一个可扩展的空间；开放性：CAPMS 系统是一开放性管理软件，具有先进的客户/服务器和浏览器/服务器的混合体系结构；独立于硬件平台，可在流行的微机、小型机、中型机上运行，有效地保障了用户的利益。

4．金蝶 K/3

金蝶国际软件集团于 1993 年在深圳成立，是中国目前最大的独立软件开发商之一，也是我国最大的企业管理软件及电子商务应用解决方案供应商。K/3ERP 企业管理软件是金蝶国际软件集团 1999 年 4 月推出的 ERP 系统产品。

K/3ERP 系统主要由三大子系统组成：K/3 财务管理系统、K/3 工业管理系统、K/3 商贸管理系统。三大子系统包括供应链管理（SCM）、客户关系管理（CRM）、价值链管理（VM）、知识管理（KM）四个功能管理系统，涉及供应市场、消费市场、资本市场、知识市场四个企业外部环境的信息管理。共 22 个应用模块及 10 个具有网络功能的应用模块。其中：K/3 财务管理系统突出面向中、大型企业和集团型企业用户的应用功能；K/3 工业管理系统适应不同规模的工业企业的控制与管理；K/3 商贸管理系统则针对商业企业。

K/3ERP 抓住企业物流和资金流两条主线，集成对企业物流、资金流、信息流的业务和财务管理功能，优化企业内部管理和控制的职能，帮助企业实现基础化的管理，提出和推行完善的“数据——信息——决策——控制”的企业管理解决方案。同时，K/3ERP 支持基于 Internet 的 Web 应用，完全满足基于浏览器的软件应用，能满足企业电子商务发展的需要。

5．和佳 ERP

总部设在北京的和佳软件技术有限公司是国内管理软件行业知名高科技企业，是一家从事 ERP 系统实施的软件公司，专业从事大型应用软件的开发、销售及服务工作，为国内外用户提供优秀的管理软件产品和全方位技术服务。

和佳 ERP 现代企业资源计划管理系统是和佳公司的品牌标志 ERP 系统产品，该产品是适用于国内工业企业（尤其是制造型企业）的一套企业管理系统通用软件包。

和佳 ERP 涉及企业人、财、物、产、供、销、预测、决策等诸方面的管理工作，包括销售、生产、采购、库存、成本管理、财务、质量管理和经营决策等将近 30 个子系统。本软件包可以运行在 WindowsNT、UNIX 及 IBM 小型机 AS/400 平台上，所使用的开发工具为 PowerBuilder，数据库采用 Sybase、MSSQLServer 或 DB2。

和佳 ERP 系统支持多单位集团式管理和多币种处理，具有完善的实施和服务，严格的安全控制，统一用户界面，操作灵活、简便，实用性强，技术文档完善，提供完善的实施和服务的高度集成系统。

6．DCMS

神州数码管理系统有限公司（Digital China Management Systems Limited，DCMS）于 2001 年 12 月在中国上海正式注册，由神州数码（中国）有限公司与鼎新计算机股份有限公司（中国台湾）合资成立。

神州数码作为国内最大的 IT 分销服务及系统集成商，集十几年贴近国情、专注行业、IT 应用服务之大成，历“联想”持续快速发展、苦练内功、e 化管理创新之实践；鼎新计算机作为台湾地区最大的 ERP 管理软件商，集 20 年台湾地区领先世界的制造管理之精粹，聚东西方文化的企业变革实践之结晶。面对国内 ERP 管理软件及咨询服务市场，双方强强携手，在经营、管理、研发、服务、市场、渠道、人才、知识创新以及项目管理等诸多方面优势互补，将持续为广大中国企业提供“中国人自己的 ERP、CRM、OA、EC”等管理软件及实施服务。

以服务为主业，以产品为依托，是 DCMS 的经营之道。面向中国制造及流通行业，利用多年实践中所积累的行业经验，结合国情，贴身客户，激情创意，一方面，公司为广大企业提供现代化的管理软件、解决方案、系统集成、管理咨询、IT 规划咨询以及相关的专业化培训和实施服务；另一方面，公司专门设立“产品研发中心”和“运控中心”，在持续引入国际一流协同商务解决方案的同时，加大加快本土化产品与服务的研究开发，发展适于中国特色的 ERP 及电子商务软件及服务。公司通过提供专业化、标准化和高水准的企业管理软件、解决方案及咨询服务，帮助中国广大的制造及流通等企业，快速且持续地提高管理水平、经营绩效和综合竞争力，成为中国最大、最有影响力的企业 ERP 及电子商务服务的提供者。神州数码的服务面向制造、流通等行业的各种规模的企业，包括：电子、通信、电机、五金、汽车、石油、化工、制药、食品、饮料、烟草、电器、皮革、纸业、服饰、手表、化妆品等。其产品有：大型企业——易拓 ERP；大中企业——易飞 ERP；中小企业——易助 ERP；小型企业——企明星；ERPⅡ产品：协作管理系统；业务流程管理；神州数码 PDM；神州数码 CRM；电子商务。

7．金算盘

金算盘 6f、7s、8e、vps 系列是分别对应小型企业、政府部门、大中型企业以及集团企业内部应用的优秀管理软件。金算盘全程电子商务平台由金算盘全程供应链管理系统（金算盘 9i）、金算盘电子商务网站（亿禧网，www.72ec.com）、金算盘电子商务工具（eTools）三部分构成。

金算盘管理软件和全程电子商务平台是一个有机的整体系统。实现了企业内部管理与外部资源的有效对接。创新了传统的管理软件应用，同时也创新了传统电子商务平台，将二者无缝融合。金算盘 6f、7s、8e、vps 系列产品虽然定位不同，但均可实现无缝连接、共享数据。

8．新中大公司

新中大软件结合柔性化软件技术平台，提出了 URP 思想，为用户提供互动便捷的软件技术和灵活周到的细致服务。通过 13 年管理软件行业积聚的底蕴，从涉足财务软件到进军 ERP、推出 URP 系统，新中大注重管理软件产品新理念，不断寻求超越和发展，目前已形成新中大 URP 软件 i6 系统、新中大国际 ERP 软件 A3、新中大协同工作套件 W3、新中大联盟体互动中心软件 UIC、新中大简约型 ERP 软件银色快车 SE、新中大公共财政管理软件 Gsoft、新中大工程项目管理软件 Psoft、新中大电力运营管理软件 EPO 八大产品系列，目前新中大软件已在数十万用户中得到成功应用。

新中大的五大产品先后被 CSIA 评为"推荐优秀管理软件产品"，新中大 URP 软件 i6 系统和新中大国际 ERP 软件 A3 先后通过国家科技部专家评测，新中大 URP 软件 i6 系统 2003 年入选国家 863 计划。新中大公司快速发展成为 2004 年中国十大品牌软件厂商，中国三大管理软件厂商，URP 软件品牌，生产制造管理软件品牌，工程项目管理软件品牌，公共财政管理软件品牌。

9．博科信息产业（深圳）有限公司

博科信息产业（深圳）有限公司是国家布局内重点软件企业，始建于 1992 年 11 月。博科信息产业（深圳）有限公司作为中国银行软件开发中心，是中国银行信息科技体系的重要组成部分，以公司化运作和管理，担负着中国银行应用软件的开发与维护任务，支持中国银行业务发展。

公司通过规范化、科学化管理，拓宽业务领域，不断推出新的产品。在公司拥有的 88 个产品中，包括新一代会计系统、银行卡系统、零售系统、收付清算系统、代理行系统、管理信息系统、国际结算系统、网上银行系统、电话银行系统、信贷系统、UNIX 综合业务系统、综合报表管理系统、基金托管系统及国际保理、保函系统和债券交易管理系统、消费信贷系统、企业银行系统、长城国际卡系统、自动柜员机处理系统、黄金交易清算系统、海外行综合系统等，系统覆盖了中国银行在全国 30 多个省、直辖市、自治区分行和海外 20 多个国家和地区的网点，为中国银行各项业务的开展提供了强有力的支持。

公司非常注重科技的创新与新技术的应用，拥有一支既熟悉银行业务又精通计算机技术研发的软件设计开发队伍，在中国金融软件行业中具有较高知名度和影响力。在计算机软件设计开发的各个领域，在大型主机、UNIX 小型机、微机等各个平台、数据库、网络管理、INTERNET 应用等方面，都拥有一批具有多年开发经验的技术专家，当中既有从事过大规模系统开发的高级业务人员和系统分析专家，又有优秀的程序员和经验丰富的系统集成人员。

1.3.3　国内外主要 ERP 产品的市场占有情况

目前，中国 ERP 市场上国外产品和国内产品百花齐放，综合分析市场份额、用户口碑、业界影响力等各方面因素，2014 年 ERP 软件排名前十的品牌及代表产品如图 1-6 所示。

对目前国内 ERP 市场主流的生产商及其 ERP 产品的功能模块产品特色和适用企业进行比较可以发现，国外 ERP 经历了 20 多年的发展，产品历经上千家企业的检验，版本更新换代了数次，升级更是频繁，系统发展比较稳定和成熟，而且代表了国外先进的管理思想，但国内的 ERP 发展还需逐步成熟与完善。总的来说，以 SAP 为代表的国外品牌产品在性能上优于以用友和金蝶等为代表的国内品牌产品。国内产品的不足主要是产品在功能和细腻程度上存在缺陷，尤其是在生产制造模块，项目管理水平不高而成本高，但国外产品同样存在成本高、价格昂贵等劣势。因此，从市场份额来看，国内品牌市场份额较高。ERP 软件综合比较如表 1-1 所示。

排行	品牌	产品
1 SAP	SAP	BusinessOne
2 Oracle	Oracle	Oracle ERP
3 Infor	Infor	Infor ERP
4 Sage	Accpac	Sage Accpac ERP
5 Epicor	Epicor	Epicor ERP
6 用友	用友	用友 U9
7 金蝶	金蝶	金蝶 K/3
8 天心天思	天心天思	Sunlike ERP
9 新中大	新中大	新中大 ERP
10 浪潮	浪潮	浪潮 GS

图 1-6　2014 年 ERP 软件市场品牌排行榜

表 1-1　ERP 软件综合比较

软件名称	功能模块	产品特色	适用企业
SAPR/3	销售和分销、物料管理生产计划、质量管理、工厂维修、人力资源、工业方案、办公室和通信、项目系统、资产管理、财务会计	帮助公司运用动态战略对瞬息万变的挑战作出反应，具备迅速适应客户新需求和市场新商机的能力，以赢得竞争胜利	适用于航空航天、汽车、化工、消费品、电器设备、电子、食品饮料等行业
神州数码易成 ERP	采购管理、销售管理、生产管理、仓库管理、工资管理、订单合同管理、物料需求计划、物料成本管理、报表管理、人事工资管理、综合查询管理	以订单为核心，合理分配企业资源，减少不合理库存，提高资金利用率	适用于电子、手机通信、五金、图书、汽配、家具、食品、日用品、建材、灯具、工艺品、IT 营销等产品的批零行业
OracleE-BusinessSuite	高级计划与进程、客户关系管理、电子商务、ERP、预测与需求管理、供应链管理	第一套也是唯一搭配单一全球资料库作业的应用软件，连接前后端的整个 Oracle 业务处理流程并使其自动化，提供完善系统且关键的资料	适用航空航天、汽车消费品、电子计算机类、食品饮料、医药、半导体等行业
用友 U8	企业门户、财务会计、管理会计、供应链管理、生产制造、分销管理、零售管理、决策支持、人力资源管理、办公自动化集团应用、企业应用集成	以集成的信息管理为基础，以规范企业运营，改善经营成果为目标，帮助企业实现“精细管理，敏捷经营”	适用于机械、电子、汽配、服装、化工、食品、制药、服务业、零售业等行业
InforERP	产品研发业务管理、供应商、协同销售业务、制造管理、财务管理、仓库管理、订单管理	专业面向制造业经营管理，涵盖制造业各相关业务流程，并进行充分的集成，提供企业管理所需的一切功能，帮助企业进行统一的规划和管理	适用于航空、服装、制鞋、汽车、化工、快速消费品、食品饮料、电子高科技、机械工业设备、金属加工、塑料加工、造船、建材、电气、精细造纸和管道空调等行业

续表

软件名称	功能模块	产品特色	适用企业
金蝶 K/3	财务管理、供应链管理、生产制造管理、供应商及客户关系管理、分销管理、人力资源管理、企业绩效、商业智能分析、移动商务、集成引擎及行业插件	借助信息化管理手段，实现传统产业的升级换代，带动工业化创新发展升级，从而强力推动中国制造业企业快速实现产业升级与转型	适用于机械、电子、汽配、塑胶、食品、医药、化工、零售、服装等行业
浪潮 ERP-PS	账务处理、财务预算、财务分析、成本核算、WEB 财务、采购管理、销售管理、库存管理、存货核算、生产计划、车间管理、成本管理、设备管理	是浪潮结合多年来的项目管理和开发经验，采用先进的管理思想和先进的开发工具，鼎力向企业推出的一套 ERP 全面解决方案	适用于医药、化工、快速消费品、机械制造、装备制造、造纸、矿业、摩托车、水泥、电子和钢铁等制造业行业

1.4 我国 ERP 的应用状况

自 20 世纪 80 年代我国引进第一套 MRPⅡ软件以来，目前实施的 ERP 软件有上千套之多，应用效果在各个行业差距很大。据不完全统计，大约只有 10%～20%能按计划成功实施；约有 30%～40%的系统没有实现集成或只实现部分集成；实施失败的项目大约有 50%。即使在实施成功的案例中，大多也是外资企业。目前从国内外 ERP 软件公司的市场占有率来看，国外软件在高端市场上占据了优势，而国产软件则在广大的中小企业上有绝对优势。国外 ERP 阵营以 SAP、ORACLE 为代表，其优势在于管理思想成熟、行业最佳实践经验丰富、符合国际规则、应用功能齐全、软件设计合理，但缺点是价格昂贵、实施周期长。国内阵营以用友、金蝶为代表，其优势在于成本低、符合国内企业应用习惯、服务支持能力强等，缺点是管理思想不成熟、产品功能不全、技术漏洞多。回顾并展望我国的 MRPⅡ/ERP 应用和发展过程，大致可划分为起步阶段（20 世纪 80 年代初到 90 年代末）、发展阶段（20 世纪 90 年代末至 2004 年）、成熟阶段（2005 年开始到 2009 年左右）和转型与新起点（2010 年及以后）4 个阶段。

1.4.1 起步阶段

1978 年后，我国由计划经济向市场经济转型，此时中国的企业还缺乏市场竞争意识，由于管理理念的滞后以及管理人员的匮乏，企业的生产管理问题重重。此时产品交货周期长、库存资金占用严重、设备利用率低成为制约我国制造业企业生产率提高的痼疾。面对如此困顿的局面，机械工业部旗下的部分企业作为试点单位开始尝试实施 MRPⅡ系统（MRPⅡ系统为 ERP 的前身），部分企业开始开发相应的财务软件，力图通过信息化方式来改善企业的经营管理状况。1979 年，MRPⅡ被大批引进，典型的案例包括国家投资在长春一汽试点开发财务软件，同年沈阳鼓风机厂引进 IBM 的管理系统 COPICS；1981 年沈阳第一机床厂从德国工程师协会引进 MRPⅡ系统，接着北京第一机床厂、第一汽车制造厂、广州标致汽车公司也先后购买了有关应用软件系统。但当时所引进的国外软件系统大多是运行在大中型计算机上的、相对封闭的专用系统，开放性、通用性差，设备庞大，操作复杂，投资巨大，系统性能提升困难。而且没有完成软件的汉化工作，又缺少相应的配套技术支持与服务。

到了 1990 年，ERP 的概念第一次被提出。ERP 开始被人们更多地提及，而 MRPⅡ则逐步淡出了人们的视野。虽然这一时期已经有部分国外软件开发企业开始进入中国市场，但市场上可供选择的 ERP 产品总量仍然非常少，而且实施 ERP 系统的投资巨大，只有少数大型国有企业和中外合资企业才有财力使用 ERP 系统。这也是 ERP 最初未能在我国广泛应用的主要原因。

不过，随着相关政策的扶持以及信息技术的不断发展，软件功能不断丰富，处理能力也不断提升，使得 ERP 系统的实施和应用所涉及的领域不再局限于机械行业，而逐渐扩展到航天航空、电子与家电、制药、化工等众多行业。特别是 ERP 实施成本的大幅下降以及给企业带来显著受益的能力，更多的企业开始实施 ERP 系统，其中大多数的 ERP 用户都获得了或多或少的收益，从而用事实说明了 ERP 的有效性。但在这个阶段，企业更多关注自己核心业务流程的信息化和标准化，按部门需求进行软件设计的特征明显，未能实现企业整体的整合，而且所应用软件主要为财务管理软件和进、销、存货软件。这些系统标准化有余而特征性不足，没有能按照不同行业运营方式的不同进行相应的适应性修改。

1.4.2 ERP中国化的探索阶段

中国自主品牌的 ERP 软件于 1997 年出现在市场上。在国产 ERP 软件的开发方面，一些曾从事开发企业财务电算化软件的主流厂商发挥了重要的作用。这些公司在原本拥有大量财务电算化用户的条件下，根据客户管理需求提升的需要逐渐把原先的财务软件转型为 ERP 产品。用户对于这些公司的黏性会使得这些用户继续购买这些公司的 ERP 产品，或者说这些公司继续用它们的 ERP 产品帮助这些用户提升竞争力都是近水楼台、顺理成章的事情。

尽管在外界对 ERP 一片看好时，但是不少专家和管理者提出了自己的担心。1998 年，时任联想集团总裁的柳传志提出了“上 ERP 有可能是找死，不上 ERP 就是等死”的观点；同时“三个三分之一”的观点也开始在业界流传，即：“国外的 MRPⅡ软件三分之一可以用，三分之一修改之后可以用，三分之一不能用。”中国企业在这个时期进行了一系列 ERP 中国化的探索，不仅仅是 ERP 厂商在开发适合中国企业的 ERP 系统，各行各业也从业务流程重组的角度，对 ERP 与行业运营特征进行进一步的磨合。

进入 2000 年以来，随着中央提出“以信息化带动工业化”战略，我国企业进一步加快了信息化与现代化的发展步伐。科技部提出的“制造业信息化工程”、经贸委提出的“企业信息化”行动更是带动和掀起了我国企业应用 ERP 的高潮。巨大的市场需求在刺激了 ERP 产品应用的同时也促进了我国 ERP 软件产业的迅速发展。ERP 系统应用实施的热潮逐步在全国各地全面铺开，特别是在制造业信息化工程中发挥着积极推动作用。

与此同时，计算机技术也有了很大的发展，如客户机/服务器体系结构和计算机网络技术的推出和普及、软件系统在 UNIX 小型机/工作站上以及微机平台上的扩展、软件开发趋势的通用性和开放性都使得 ERP 的应用向更深更广的范围发展；在 ERP 软件市场上，一些国外的软件公司对它们的软件产品完成了汉化工作，在开放性和通用性方面也作了许多改善。这些国外 ERP 软件在中国的应用也引发了中国 ERP 产业的进一步发展。

1.4.3 成熟阶段

2005 年以来，由于 ERP 应用范围的普及、前期成功样本的广告效应、技术的乘数以及价格的降低，使得 ERP 在中国已经进入了一个普及期。在这一阶段，企业管理的信息化程度普遍得到提高。凭借着产品易学易用、成本低、实施速度快、成功率高的优势，国内 ERP 厂商占据了主导地位并由此带动了整个产业链的发展。此时的 ERP 已经成为企业提高经营效率的必备利器。具体来说就是企业将 ERP 等先进管理理论和信息技术的应用与企业生产经营业务模式和业务流程的重组相融合，通过有效应用 ERP 全面推动企业管理创新，提升企业竞争力。

此时用户的信息化需求也进入了一个新的阶段：不再是以部门级的需求为主，而是以企业级的需求为主。这一需求促成了行业化的 ERP 产品与 MES、DCS、PDM 等产品的集成，ERP 产品与此同时也形成了自己较为完善的二次开发平台。借助二次开发平台客户可以完成其所需要深度行业化或个性化的产品设计。有些行业化的产品还配备了专门的行业实施顾问与咨询人员，能为客户提供完整的行业化服务。

1.4.4 转型与新起点

随着 ERP 理论的进一步发展，用户开始要求 ERP 系统能够提供决策支持、数据仓库等系功能模块，这促使 ERP 产品新的转型。目前，国内还处于由 ERP 转向“后 ERP”的初期阶段。所谓的 ERP 向“后 ERP”的转变是指对现有的基础 ERP 的系统进行深化。大部分的企业仅仅是做了 BI、CRM 等系统的集成，但是还没有完全形成一个大规模的信息系统集成和深化。

2011 年，政府发布了《关于加快推进信息化与工业化深度融合的若干意见》，提出在重点行业骨干企业推进产供销、经营管理与生产控制、业务与财务全流程的无缝衔接和综合集成，建设统一集成的管理信息平台，实现产品开发、生产制造、经营管理等过程的信息共享和业务协同。这标志着 ERP 产业未来的发展方向，以适应产业竞争格局的新变化，以提升产业链协同能力为重点，推动产品全生命周期管理、客户关系管理、供应链管理系统的普及和深化，实现产业链上下游企业的信息共享和业务协作。这不仅是 ERP 未来转型的导向，同时也为其发展提供了强有力的政策支持。

1.5 ERP 的未来发展趋势

正如上面所讲到的，由于 ERP 代表了当代的先进企业管理模式与技术，并能够提高企业整体管理效率和市场竞争力，近年来 ERP 系统在国内外得到了广泛推广和应用。随着企业间的竞争逐步加强，管理需求的增多，信息技术、先进制造技术的不断发展，企业对于 ERP 的需求日益增加，进一步促进了 ERP 技术向新一代 ERP 发展。

推动 ERP 发展有多种因素：全球化市场的发展与多企业合作经营生产方式的出现使得 ERP 将支持异地企业运营、异种语言操作和异种货币交易；企业过程重组及协作方式的变化使得 ERP 支持基于全球范围的可重构过程的供应链及供应网络结构；制造商需要应对新生产与经营方式的灵活性与敏捷性使得 ERP 也越来越灵活的适应多种生产制造方式的管理模式；越来越多的流程工业企业应用也从另一个方面促进了 ERP 的发展。计算机新技术的不断出现将会为 ERP 提供越来越灵活与强功能的软硬件平台，多层分布式结构、面向对象技术、中间件技术与 Internet 的发展会使 ERP 的功能与性能迅速提高。ERP 市场的巨大需求大大刺激 ERP 软件业的快速发展。

未来 ERP 技术的发展方向和趋势具体如下：

（1）ERP 与客户关系管理（Customer Relationship Management，CRM）的进一步整合：ERP 将更加面向市场和面向顾客，通过基于知识的市场预测、订单处理与生产调度、基于约束调度功能等进一步提高企业在全球化市场环境下更强的优化能力；进一步与客户关系管理 CRM 结合，实现市场、销售、服务的一体化，使 CRM 的前台客户服务与 ERP 后台处理过程集成，提供客户个性化服务，使企业具有更好的顾客满意度。

（2）ERP 与产品数据管理（Product Data Management，PDM）的整合：产品数据管理 PDM 将企业中产品设计和制造全过程的各种信息、产品不同设计阶段的数据和文档组织在统一的环境中。近年来 ERP 软件商纷纷在 ERP 系统中纳入了产品数据管理 PDM 功能或实现与 PDM 系统的集成，增加了对设计数据、过程、文档的应用和管理，减少了 ERP 庞大的数据管理和数据准备工作量，并进一步加强了企业管理系统与 CAD、CAM 系统的集成，进一步提高了企业的系统集成度和整体效率。

（3）ERP 与电子商务、供应链 SCM、协同商务的进一步整合：ERP 将面向协同商务（Collaborative Commerce），支持企业与贸易共同体的业务伙伴、客户之间的协作，支持数字化的业务交互过程；ERP 供应链管理功能将进一步加强，并通过电子商务进行企业供需协作，如汽车行业要求 ERP 的销售和采购模块支持用电子商务或 EDI 实现客户或供应商之间的电子订货和销售开单过程；ERP 将支持企业面向全球化市场环境，建立供应商、制造商与分销商间基于价值链共享的新伙伴关系，并使企业在协同商务中做到过程优化、计划准确、管理协调。

（4）ERP 与工作流管理系统的进一步整合：全面的工作流规则保证与时间相关的业务信息能够自动地在正确时间传送到指定的地点。ERP 的工作流管理功能将进一步增强，通过工作流实现企业的人员、财务、制造与分销间的集成，并能支持企业经营过程的重组，也使 ERP 的功能可以扩展到办公自动化和业务流程控制方面。

（5）ERP 系统动态可重构性：为了适应企业的过程重组和业务变化，人们越来越多地强调 ERP 软件系统的动态可重构性。为此，ERP 系统动态建模工具、系统快速配置工具、系统界面封装技术、软构件技术等均被采用。ERP 系统也引入了新的模块化软件、业务应用程序接口、逐个更新模块增强系统等概念，ERP 的功能组件被分割成更细的构件以便进行系统动态重构。ERP 的不断发展与完善最终将促进基于 Internet/Extranet 的支持全球化企业合作与敏捷虚拟企业运营的集成化经营管理系统的产生和不断发展。

（6）ERP 与云计算相结合：云计算 ERP 一方面能够减少企业在硬件方面的投资，它们只需要从平台服务商那里租用部署 ERP 所需要的硬件和网络资源即可，这大大减少了企业投资的费用；另一方面，云平台是由一些世界上顶级的互联网公司搭建的，它们拥有世界上顶尖的硬件环境、技术手段以及技术人才，为环境的安全稳定提供了可靠的保障，为用户的数据安全进行保障和备份，对隐私数据进行保护。因此，无论从减少投资还是技术稳定方面来看，云计算都是 ERP 的发展方向。

案例分析：随需应变的光电行业 ERP 应用成功案例

高意科技集团，成立于 2003 年 8 月，由通信事业部、K2 事业部、光学事业部、激光事业部及其美国分公司、欧洲分公司、日本分公司组成。主要从事数字光电显示、光通信、光学和激光产品的研发和生产，主要产品年产值达 5 亿元，年产值增长 50%以上。产品 90%以上出口，远销美国、欧洲、日本，已成为国内规模最大光电显示、光通讯模块、精密光学元件制造商，重点合作对象为高科技跨国企业康宁公司、TI 公司等。2005 年 8 月，高意科技荣获康宁颁发的供给商总价值流程之“卓越供给商”奖。企业致力于集众人之力，打造国际光电品牌，建立世界一流光电制造基地。

企业治理需求

随着竞争的加剧和经济全球化的发展，高意科技为了满足最终客户的需求，产品更新换代速度不断加快，公司涉及的品种急遽膨胀，生产组织协同日益困难；客户对产品质量、供货速度、供货价格也提出了越来越高的要求，需要企业从成本、质量和交货期方面予以更高水平的满足。

近年来高意科技虽然业务已有了非常高速的扩张，但相对而言，其内部业务的基础治理并未得到同步的夯实：各成员单位的治理系统独立，应用水平参差不齐。同时，高意科技的产品 90%以上出口，所配套的国外公司信息化应用程度高，要求下游供给配套商在其供给链中，也具有高效协同的市场反应速度。所以，高意科技需要一个协同统一的信息化平台，将公司的财务与物流集成到一起，解决企业目前存在的信息不对称、信息孤岛以及业务流程不合理等问题。通过企业基础治理的全面夯实，提升高意科技整体市场竞争能力和在国际光电行业制造产业链条中的响应速度。

高意 ERP 选型

高意高层对企业信息化是十分重视的，2000 年就开始考虑 ERP 选型。在这期间，高意考察了 SAP、Oracle、神州数码、用友、金蝶、微软等供给商的 ERP 系统。

至于高意 ERP 具体的选择标准，高意 IT 总监吴栋材认为：“第一，产品必须符合公司的整个业务需求，可以适应公司的治理变革，而且要有很好的扩展性、前瞻性。因为信息系统是‘骑上了，下不来’的。要求随着企业的发展，治理系统也在不断地发展和加强。第二，从高意制造业角度出发，非常需要的是一个良好的生产制造体系；最重要的是一个覆盖全局的 BOM 体系，包括整个公司全部产品的 BOM 结构和编码体系的完整统一，这是制造业集成应用的基础。第三点，需要有一个非常良好的接口体系和 IT 服务平台，帮助公司实现个性化的开发和系统集成。”

在具体 ERP 选型中，高意成立了一个 ERP 评估小组，由财务、销售、采购、生产各业务环节成员构成。根据以上基本标准和各业务的具体需求，对多家 ERP 厂商进行整体评估。综合评估的结果，金蝶 ERP 从中脱颖而出。金蝶的突出优势：一是覆盖企业全面业务的规范化基础治理，可迅速提升企业各业务部门治理与协同应用的水平。二是在生产制造治理中的全面深入应用。三是金蝶 ERP 的 BOS 架构，可以较好地满足高意的个性化需求和未来系统扩展需要。

金蝶 ERP：快速实施与应用

高意 ERP 项目组和金蝶实施小组齐心协力，根据金蝶产品与服务所提供的“快速配置、快速实施、快速应用、快速见效”的完整应用与实施体系，结合高意的实际业务，一个 ERP 实施的奇迹诞生了：

一个星期，完成了 15 个子项、218 人次的金蝶 K/3 ERP 标准功能培训；

两个星期，项目组成员基本把握了金蝶 K3 ERP 系统的业务功能，并完成会议室测试；

三个星期，完成了高意物料统一编码规则的方案制定；

三个星期，完成了各部门相关的物资分类，并对公司 5 600 个物料进行了统一编码；

两个星期，完成了高意光学财务、物流、生产订单下达等业务蓝图的讨论和制定；

两个星期，完成了原材料、半成品、成品、易辅料和办公用品的全面盘点；

……

高意光学金蝶 K3 ERP 系统从 2005 年 3 月 4 日项目正式启动到 5 月 1 日上线，创造了金蝶系统（包括总账、应收、应付、固定资产、成本治理、现金、存货核算、采购、销售、库存、BOM、生产订单下达 12 个模块）在中国实施上线成功的最短时间纪录!

金蝶 BOS：随需应变的利器

高意科技在 ERP 选型时，有一个重点考虑的要素就是 ERP 的扩展性。金蝶 BOS 赋予 ERP 优异的扩展性，成为高意项目小组实施 ERP 项目摧城拔寨的利器，帮助高意取得了一个又一个企业个性化业务深入应用的辉煌战果。

高意的 ERP 体系必须实现治理的个性化需求。譬如，高意产品的等级品治理非常强，所有出入库产品都由物料编码加上批号，并根据产品等级进行治理。其次，高意的产品要求指标治理，销售订单中所有的产品都需要标明完整的产品体系。产品参数要求、客户个性要求、研发过程中需要的一些参数和注重事项均需集成在一起，这样销售订单下达以后，制造、库存等过程中都可查看对应的参数体系。另外，高意光学非常强调车间的工序治理。实际生产中，不同的工序对产品品质的影响很大，直接决定产品成本。工序间的半成品质量治理复杂，有的要作废，有的可以特批调配使用，因此，需要对工序过程进行全面监控治理。这些企业个性化需求，标准的 ERP 产品是无法满足的。而借助金蝶 BOS 利器，这些问题都迎刃而解了。

对此，IT 总监吴栋材深有体会：“在金蝶 BOS 平台上，我们做了许多高意的个性化需求开发。我觉得最好的一点，就是金蝶 BOS 跟金蝶 K/3 系统的集成性。因为，任何个性化业务需求必须与公司基本营运业务紧密集成才有现实意义。对于等级品、指标体系、工序个性化治理，我们派了两个人到金蝶的深圳总部，和金蝶的工作人员一起用了两天解决问题。这表明，金蝶 BOS 是可以快速、随需应变地满足企业的个性化需求。根据高意的实际业务需求，基于金蝶 BOS 平台，我们开发了高意的等级品、指标体系、采购检验、退货检验、库存的检验、内部计划等个性化业务功能。同时，我们还在金蝶 BOS 上构建了高意海关电子账册系统，包括保税物料进口治理、保税物料出口治理和一般贸易出口治理。整体上来讲，高意需要一个有生命力的 ERP，可以伴随高意的发展而成长。现在，高意 ERP 就是一个既符合标准基础业务应用，又能满足高意自身个性化需求的可成长系统。”

高意 ERP 应用：快速见效

吴栋材总监对 ERP 应用的初步效益总结说：“关于初步应用效益，最重要是我们借助 ERP 建立了一个统一的高意集团基础编码体系，这是企业信息化建设的一个至关重要的基础。我们完成了原来库存的调整，建立了库存 ABC 盘点的流程，使编码符合率从过去 60%提高到现在 100%。数据准确是企业治理和正确决策的基本保障。”

“同时，我们规范了整个财务、销售、采购、库存和质量检测的治理，包括审核流程。通过 ERP 使公司实际业务流程规范化了，做到让财务、销售、制造使用一套数据说话，帮助整个治理层做好决策，解决了我们高意集团在高层开会的时候，过去经常碰到的‘财务一套数据，销售一套数据，生产部门一套数据，三个数据总不一样’的老大难问题。过去，我们高层拿到的多套数据往往很难判定哪套数据是真正正确的。现在，我们可以在一个平台上用一套数据说话，有问题我们也可以更好地追踪问题的源头。”

“还有，我们建立了可信的成本治理体系。过去利润率比较高的时候，我们对成本是不在乎的，很多东西都沉淀在车间里。但是，现在竞争加剧，使得我们对成本的控制要加强。比如说，对于具体的订单，在评审的时候，我们要清楚地知道这个价格出去到底能不能赚钱？在生产过程中，不确定因素造成的成本波动能不能控制？现在通过系统的集成，我们的成本治理体系已经稳定，整个数据也接近实际了，走向了良性循环。”

（案例改编自：比特网 http://solution.chinabyte.com/74/2174074.shtml）

关键字

企业资源规划（Enterprise Resource Planning，ERP）
物料需求计划（Material Requirement Plan，MRP）
制造资源计划（Manufacturing Resource Planning，MRPⅡ）

思考题

1. 什么是 ERP？
2. ERP 的发展经历了哪些阶段，每一个阶段的具体特征是什么？
3. 何谓 ERP，ERP 体现了哪些核心管理思想？
4. 请简述 ERP 的内涵。

5. ERP 的基本功能有哪些？

6. MRP 与 MRP Ⅱ的含义有什么不同？最主要的区别在哪里？

7. 什么是库存控制订货点法？

8. 结合实际，分析 ERP 的未来发展趋势。

参考文献

陈启申. ERP——从内部集成起步（第 3 版）. 北京：电子工业出版社，2012.

周玉清，刘伯莹. ERP 与企业管理——理论、方法、系统（第 2 版）. 北京：清华大学出版社，2012.

郑称德，陈曦. 企业资源计划（ERP）. 北京：清华大学出版社，2010.

杨建华，张群，杨新泉.企业资源规划与流程再造. 北京：清华大学出版社，2007.

杨尊琦，林海. 企业资源规划（ERP）原理与应用. 北京：机械工业出版社，2006.

第2章　ERP基本原理

教学知识点

- ERP系统中的基本概念及基本原理。
- 销售与预测管理的重要性及其方法。
- 主生产计划（MPS）的计算流程。
- CRP处理流程、无限能力的编制方法以及能力与负荷调整的方法。
- MRP原理及生成方式。
- 采购、库存及仓库管理模块的功能。
- 车间基础数据的采集要点。
- 财务管理的业务流程以及与ERP系统其他模块的集成关系。

导入案例

ERP软件选择

一提起ERP应用，不少中小企业主总是大倒苦水：

“花了大笔资金，管理效率没大提高，倒是多出一些莫须有的环节来，用还麻烦，不用还不行。”

“有些管理环节做得太粗了，本来我们想通过上ERP来加强的部分有的也做不到。”

“咱用ERP不就是为了简单高效吗？为什么效果不是很明显呢？”

尽管中国的ERP市场在不断发展中逐渐走向成熟，但在终端用户中依然存在着许多这样的声音。中小企业要选择一个合适的ERP似乎已成为一个很难破解的难题，而摆在国内外厂商面前的瓶颈依然是软件产品如何赢得用户认可。

其实，作为厂商，在改进完善产品的同时，更应该专注于中小企业市场现状。目前许多中小企业在管理软件应用上正面临着升级换代，原有的进、销、存软件已经不能满足发展的需要，但对于功能齐备的高端ERP却又抱着不同的心态，一是认为资金过多，二是不少前车之鉴让他们心有余悸，不敢轻易应用。归根结底，企业需要的是与自己现行发展状况相吻合的软件产品。这样方能精进管理，提高效率，达到原本采用软件的目的。

ERP软件应以用户为中心进行产品的研发和改良，功能大而全的软件产品在大集团、大企业中应用可能会如鱼得水，功能简而精的则更适用于中小企业，一些必需功能，应充分考虑用户特性，在重要部分做细，保证管理的有效性；可一步就能完成的功能，也就没必要机械地非要分几步走，应灵活易用。当然，这里的“简而精”一定要和企业自身特点相关联，并非功能少就是好软件。

那么，中小企业判定管理软件是否合适的依据是什么？其实只要看两点就足够了，一是软件功能与企业管理现状和未来发展目标相比对，是否有过多的累赘或不符合企业应用的方面、是否吻合并具有持续发展的空间；二是看软件细节设置上是否恰当、操作是否人性化、是否简单易用，而且对于厂商的后续服务也能有所认知和考量。因此，对于大部分急需通过管理软件提升的中小企业而言，不妨放心大胆地选择这种"与时俱进"的产品。要知道，古语有云"轻车熟路"，管理软件贴合自身又简单易用，才能有效带动企业发展。

讨论：

（1）目前 ERP 的实施环境如何?

（2）企业依据什么原则判定 ERP 是否适合自身?

（案例改编自：http://www.erpchn.com/erpshishi/16379.html）

ERP 是建立在信息技术基础上，利用现代企业的先进管理思想，为企业提供决策、计划、控制、经营业绩评估的全方位、系统化的管理平台。市场上 ERP 产品虽然众多，使用的软件开发技术和数据库管理系统各异，但总体架构类似，一般包括三方面的内容：生产控制（计划制造）；物流管理（分销、采购、库存管理）；财务管理（会计核算、财务管理）。其中，企业内部管理中库存管理功能是很多 ERP 系统重点的应用部分；企业外部管理是以供应链为核心的价值链管理。本章以企业组织产品生产的物料流动过程为顺序，介绍 ERP 的基本原理。

2.1 ERP 的基本原理

ERP 是将企业各种资源进行整合集成管理。简要地说就是将企业的三大流：物流、资金流、信息流进行全面一体化管理的管理信息系统。概括地说，ERP 是建立在信息技术基础上、利用现代企业的先进管理思想、全面集成了企业所有资源信息，为企业提供决策、计划、控制与经营业绩评估的全方位和系统化的管理平台。它不仅仅是信息系统，更是一种管理理论、管理思想的运用，利用企业所有资源，包括内部资源与外部市场资源，为企业制造产品或提供服务创造最优的解决方案，最终达成企业的经营目标。由于这种管理思想必须依附于软件系统的运行，所以通常把 ERP 当成软件。

2.1.1 ERP 的管理理念

随着现代管理思想和方法的提出和发展，如及时生产（Just in time，JIT）、全面质量管理（Total Quality Management，TQM）、优化生产技术（Optimized Production Technology，OPT）、分销资源计划（Distribution Resource Planning，DRP）等，后来又出现了 MES（Manufacturing Execution System，制造执行管理系统），MRP Ⅱ在逐步吸取和融合其他先进思想来完善和发展自身理论之后，20 世纪 90 年代进入了 ERP 阶段。

ERP 是从 MRPⅡ发展而来的，除了继承了 MRPⅡ的基本思想外，大大扩展了管理模块，如工厂管理、质量管理、设备管理、运输管理等。它汇集了离散型生产和流程型生产的特点，扩大了管理范围，更加灵活或柔性地开展业务活动，实时响应市场需求、融合多种管理思想，进一步提高了企业的管理水平和竞争力，所以 ERP 不是对 MRPⅡ的否认，而是继承与发展。MRPⅡ的核心是物流，主线是计划，伴随着物流的过程，同时存在资金流、信息流。ERP 的主线也是计划，但已将管理重心转移到财务上，在企业整个经营运作过程中贯穿了财务成本控制的概念。总之，ERP 极大地扩展了管理业务的范围及深度，包括质量、设备、分销、运输、多工厂管理、数据采集接口等多方面的管理业务。ERP 的管理范围涉及企业所有供需过程，是供应链的全面管理，如图 2-1 所示。

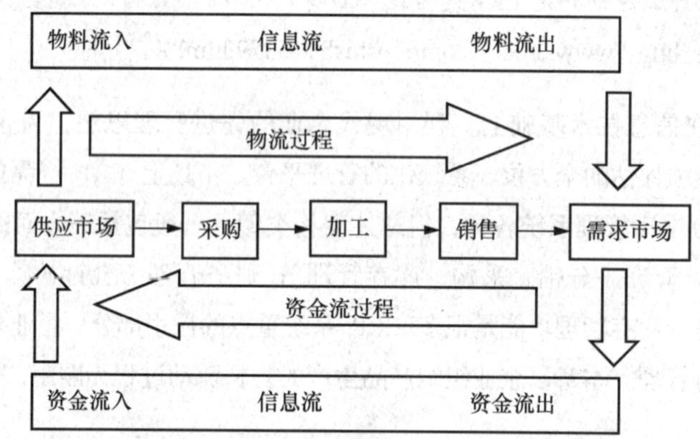

图 2-1　企业运作的供应链

2.1.2　ERP 的功能结构

2003 年 6 月 4 日，信息产业部发布编码为 SJ/T11293-2003 的中华人民共和国电子行业标准《企业信息化技术规范　第 1 部分：企业资源规划（ERP）规范》，该标准于 2003 年 10 月 1 日起正式实施。该标准制定了 ERP 系统比较详细的功能技术要求，给出了 20 个模块的功能描述、评比标准、重要程度。这 20 个功能模块分别是：环境与用户界面、系统整合、系统管理、基本信息、库存管理、采购管理、营销管理、BOM 管理、车间任务管理、工艺管理、MRP、成本管理、人力资源管理、质量管理、经营决策、总账管理、自动分录、应收管理、应付管理、固定资产管理。

除此标准以外，我国还有很多权威机构对 ERP 系统的功能提出了自己的看法，例如，国家制造业信息化工程办公室提出了制造业信息化建设的具体要求，认为 ERP 系统应该具有 5 个功能域、23 个功能模块，如表 2-1 所示。

表 2-1　5 功能域观点的功能框架图

生产管理	采购管理	销售管理	库存管理	财务管理
基础数据 MPS MRP 生产订单管理	采购计划管理 供应商信息管理 采购订单管理	销售计划管理 销售合同管理 销售客户管理	入库管理 出库管理 盘点与结转 库存分析	总账管理 应收账管理 应付账管理 成本核算

续表

生产管理	采购管理	销售管理	库存管理	财务管理
生产作业管理 生产工序管理			库存查询	固定资产管理 财务报表

CIMS 领域的研究成果认为，ERP 系统应该包括 18 个功能模块，如图 2-2 所示。

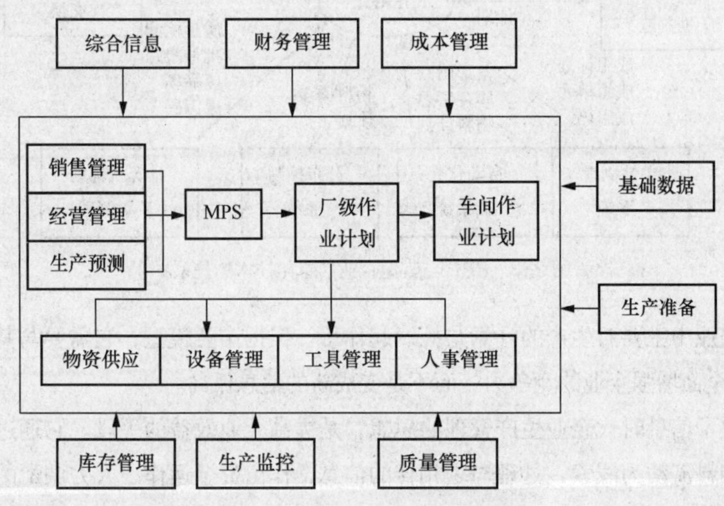

图 2-2　ERP 功能模块框架图

也有学者在我国“863 计划”的 ERP 研究领域中提出，ERP 系统应该至少具备 13 个功能模块，包括生产计划与控制、成本计划与控制、财务管理、采购供应管理、销售管理、客户关系管理、库存管理、质量管理、人力资源管理、设备管理、基础数据管理、供应链管理、系统配置与重构。

2.1.3　ERP 的运行环境

随着信息技术的迅速发展，近年来企业信息化领域新的技术和产品不断涌现，如 CAD（计算机辅助设计）、CAM（计算机辅助制造）、CAT（计算机辅助测试）等，这些单元技术及系统集成起来通常称为 CIMS（计算机集成制造系统），ERP 与这些技术的关系可以用图 2-3 来表示。

在各种单元技术中，ERP 与 CAD、CAPP（计算机辅助工艺）、CAM 的信息交换最为密切，包含了运行 ERP 系统的最基本数据，如描述产品结构的物料清单 BOM 要通过 PDM 系统从 CAD 系统转换过来，设计更改信息要从 CAD 及时输入 ERP 系统，有关工作中心、工艺路线、工时定额等信息来自 CAPP 或 GT（成组技术），ERP 生成的生产计划又要提供给 CAM 或 FMS（柔性制造系统）。在新产品较多、设计修改频繁的情况下，为了迅速响应各类变化，这种信息和数据交换最为重要。

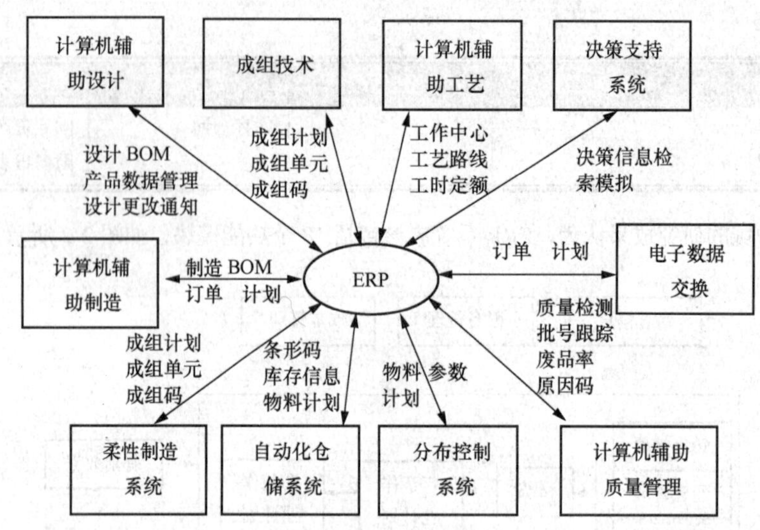

图 2-3 ERP 与其他企业信息化技术的关系

ERP 在企业中主要对生产的计划与控制起作用。根据诺兰模型，它需要与其他技术集成到一起，才能全面增强企业的竞争力，而不是变成新的信息孤岛。

ERP 反映了信息时代企业生产管理的思想，是提高企业效益的手段。它通过软件平台实现。ERP 以物料流动为线索，处理与之相伴的信息，作出资金运作、人力调配的决策；满足企业适时、适地、适质、适价、适量的社会需要。

2.2 ERP 中的基本概念

ERP 理论中有很多专有名词，在全面介绍 ERP 软件之前，先介绍这些基本概念。了解与熟悉 ERP 就是从这些基本概念入手，同时这些基本概念其实都是企业中的业务或管理基础数据，对于 ERP 系统来说都是重要的初始化数据。这些基本概念包括物料、物料清单、虚拟件、物料编码、工件、工时、时段、时区、工厂日历、工作中心、计划展望期、提前期、工艺路线、独立需求、相关需求等。

2.2.1 物料及相关的概念

1. 物料

物料（Materials）的概念是从企业产品的价值形态变化的过程来考察的对象。生产型企业将原材料（零配件）经过各个生产环节，最后形成目标产品。这个过程中，物料数量的变化，各个生产环节付出的资源代价，能够经过计算确定最佳平衡方案，物料是考察生产过程状态的最基础对象。所谓物料，就是生产过程中一切可以物化的资源，包括原材料、产成品、半成品、成品，需要计量考核的废品、次品，生产消耗的水、电、气等所有物化资源。在 ERP 系统中，需要为每一个物料确定名称、编码、计量单位、规格型号、生产特性、物流特性等。

2．物料清单

（1）物料清单概述。物料清单（Bill of Materials，BOM）是从单个产品的角度考察生产所耗的物料（零部件）组成结构，因此，物料清单是产品结构的技术描述文件。它表明了产品组件、子件、零件、直到原材料之间的结构关系以及每一层级的每一个组装件需要的下属各部件的数量。物料清单是一种树状结构，称为产品结构树，表现形式如图 2-4 所示。

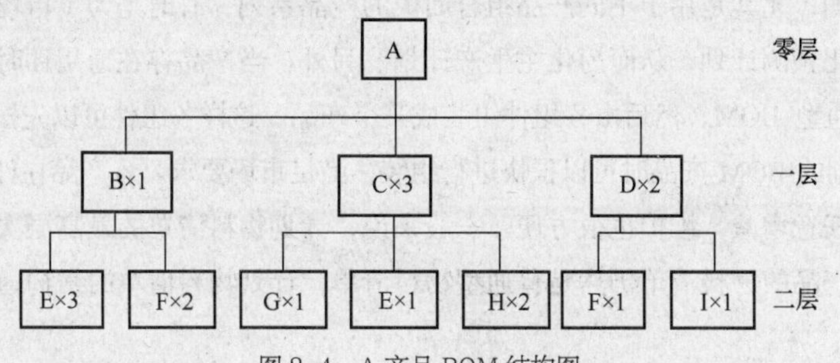

图 2-4　A 产品 BOM 结构图

这个图表示产品 A 由 1 个部件 B、3 个部件 C、2 个部件 D 组成，部件 B 又由 3 个零件 E、2 个零件 F 组成，其他依次类推。物料清单表明了组装最终成品的各分装件、组件、零部件和原材料之间的结构关系以及每一组装件的用量。BOM 是制造物料的清单，在 ERP 系统中起非常重要的作用，如图 2-5 所示。

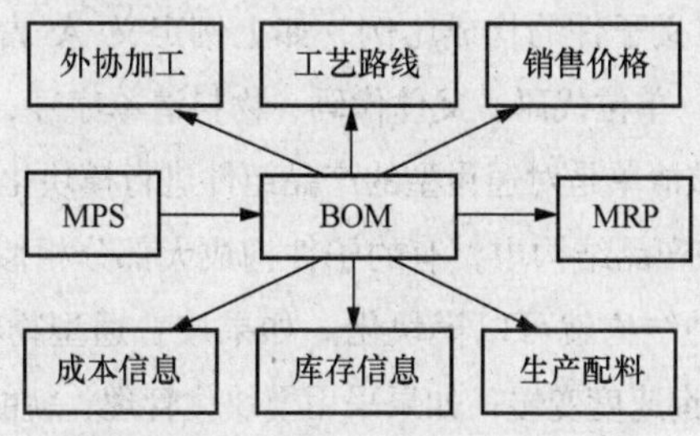

图 2-5　BOM 与其他数据关系图

（2）物料清单的作用。

① 物料清单是生成 MRP 的基本信息，是联系 MRP 与 MPS 的桥梁。

② 物品工艺路线可以根据物料清单生成产品的总工艺路线。

③ 在 JIT 管理中，反冲物料库存必不可少，而且要求完全准确。

④ 为采购外协加工提供依据。

⑤ 为生产线配料提供依据。

⑥ 成本数据根据物料清单计算。

⑦ 提供销售价格的制定依据。

另外，对物料清单还必须有相应的加密要求，操作权限到对字段的控制。

值得注意的是，每个企业或每个产品 BOM 的描述不尽相同，根据不同的产品组织形式、数量的大小、管理的要求等确定 BOM。在 BOM 管理中常常用到虚拟件的概念。

（3）物料清单的种类。

① 普通型物料清单。此类物料清单是最为常用与常见的，主要由物品的实际结构组成，有时会考虑计划用的非产品结构物料。常见物料清单文件结构包括单位代码、母件代码、物料清单序号、物品代码、工序号等。

② 计划物料清单（Planning Bill of Material）。计划物料清单由普通物料清单组成，只是用于产品的预测，尤其是用于不同产品组合而成的产品系列，有时是为了市场销售的需要，有时是为了简化预测计划，从而简化主生产计划。另外，当产品存在通用件时可以把各个通用件定义为普通型 BOM，然后由各组件组装成某个产品。这样各组件可以先按预测计划进行生产，下达计划的 BOM 产品时可以很快进行组装，满足市场要求。各产品在计划物料清单中占有的比例可任意增减，维护也很方便。一般来说，计划物料清单的最高层次不是实际存在的产品，最终产品的物料清单仍然是普通型物料清单，计划物料清单的结构通常是单层，如图 2-6 所示。

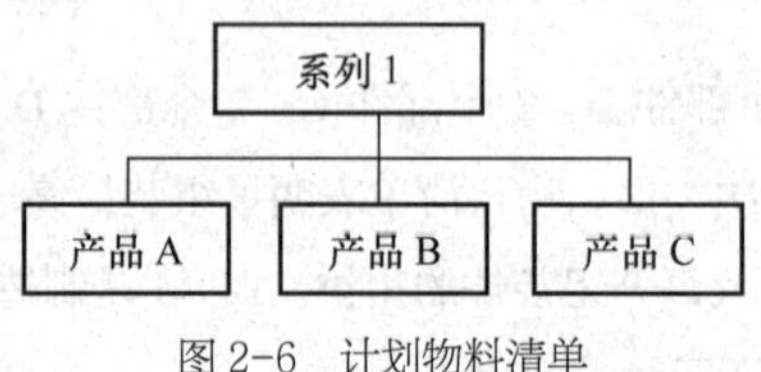

图 2-6 计划物料清单

在定义子件时，一般定义子件的构成比例，如上例定义 A 占 40%，C 占 30%，B 占 30%。典型的文件结构包括：单位代码、父件代码、物料清单序号、物品代码。

③ 模块化物料清单。该清单是对通用型的产品组件进行模块化管理，ERP 系统中的物料清单要支持模块化管理。在产品结构中，有的子件构成大部分相似，而且这种相似的结构也会在其他产品中出现，这种结构就可以模块化。如果按普通型物料清单管理，数据重复很多，会造成数据库庞大、查询速度变慢；如果采用模块化管理，就能解决这个问题。

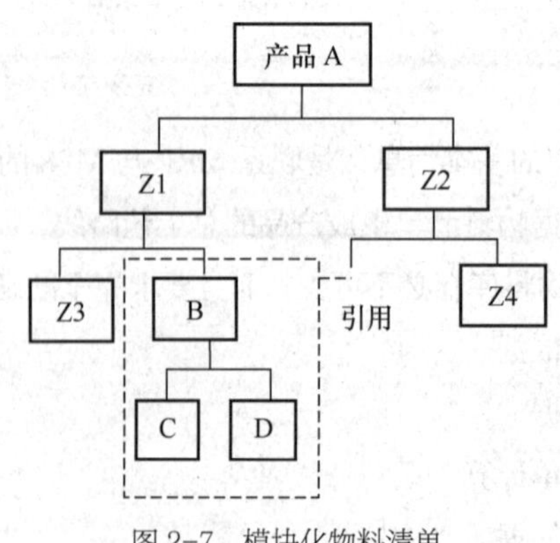

图 2-7 模块化物料清单

④ 成本物料清单（Costed Bill of Material）。成本物料清单是建立、说明每种物料的成本构成，如物料的材料费、人工费、间接费用等，是物料的标准成本，结构类似于普通型物料清单，如表 2-2 所示。

表 2-2 成本物料清单

层次	母件代码	子件	子件名称	计量单位	数量	材料费（元）	人工费（元）	间接费用（元）	合计（元）	本层累计（元）
0		CP01	圆珠笔	支	1	—	0.05	0.01	0.06	0.30
1	P01	M01	笔帽	个	1	0.02	—	0.01	0.03	0.03
1	P01	T01	笔套	个	1	0.05	—	0.01	0.06	0.06
1	P01	X01	笔芯	支	1	—	0.02	0.01	0.03	0.15
2	X01	XY02	笔芯油	毫升	1	0.02	—	0.01	0.03	0.03
2	X01	XT03	笔芯头	个	1	0.05	—	0.01	0.06	0.06
2	X01	XG04	笔芯杆	个	1	0.02		0.01	0.03	0.03

3．虚拟件

虚拟件不是产品特定的组成部分，ERP 系统为了管理需要而将一些组件（零部件）确定为一个管理单元，如组合采购、组合存储、组合发料，这样在处理业务时，只要对虚拟件操作，就可以自动生成实际的业务单据，甚至也能查到库存量与金额，但存货核算只针对实际的物料。

虚拟件简化了产品结构的管理。如图 2-8 所示，如果对 A 产品的 BOM 定义采用左图方式，那么子件 BC 的定义中会重复引用 DEF 物料，增加存储空间；如果采用右图的定义方式，先增加一个虚拟件性质的物料 K，BC 定义中再引用 K，就能达到简化 BOM 的目的。重复子件的数量越大，这种定义方式的优越性就越明显。

虚拟件也方便了企业的部门绩效考核。实际工作中，企业常常将某车间、某工段或班组涉及的物料构建为一个或几个虚拟件，考核它的成本和内部核算利润。

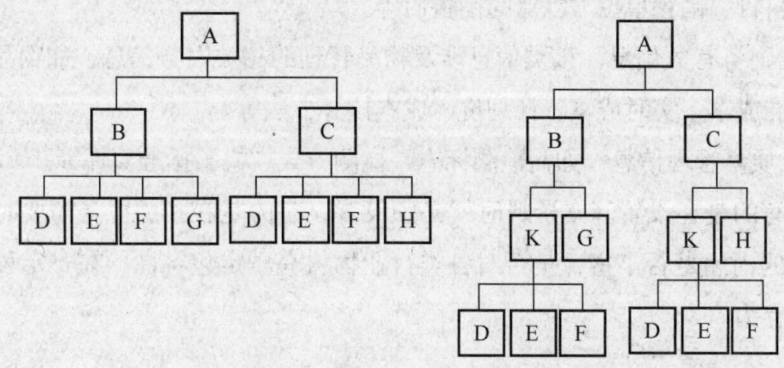

图 2-8 BOM 中虚拟件的作用

虚拟件不存在任何提前期，在对虚拟件的物料需求计划展开时，指挥根据虚拟件的 BOM 构成，计算下级子件的计划需求量，而虚拟件对计划的需求时间毫无影响。

4．物料编码

（1）物料编码概述。明确了 BOM，则需要进行物料编码，才可以使用 ERP 系统。物料编码（Item Number 或 Part Number）有时也叫物料代码或物料号，是计算机管理物料的依据。对 ERP 系统运行的所有物料进行编码是 ERP 的最基础工作。从 BOM 结构上看，图上的每个节点、叶子都有自己的编码，且在同一个 ERP 系统中是唯一的。

一般来说，物料编码如有国家、行业、集团单位规定的编码要求的，必须采用统一的编码及编码方法，这样才符合报表上报与汇总的要求，也方便 ERP 系统扩展到供应链等信息系统的集成。物料编码可以采用数字、英文字母或混合方式编码，要考虑结合条形码管理的要求。要便于使用者识别，利于数据查询、汇总。物料编码可以有一定的规律，例如 0 开头的是原材料，1 开头的是在制品，2 开头的是成品，但也可以没有任何意义，就是流水号。

企业要上线 ERP，必须进行全面的物料编码，并且需要全部准确无误。首先建立 BOM，接着建立 BOM 数据库表。在数据库表的代码字段设置为主关键字属性，保证编码的唯一性。

（2）物料编码的管理。企业的物料编码一旦确定，一般不允许更改与删除，即使删除也要把有关业务结清，并转入历史资料库，方便以后查阅，同时删除系统中所有库、表中的该编码。物料编码保存在物料编码主文件中，存储各种物料的基本属性和业务数据是进行主生产计划、物料需求计划运算的最基本文件。各种 ERP 软件的物料编码主文件的内容不尽相同，通常包含以下信息：

① 物料技术资料信息，提供物料的有关设计及工艺等技术资料，如物料名称、品种规格、型号、单位、默认工艺路线、单位重量、单位体积等。

② 物料的库存信息，提供物料的库存管理有关信息，如物品来源、库存单位、ABC 码、库存类别、批量规则、批量周期、盘点周期、最大库存量、安全库存量等。

③ 物料计划管理信息，涉及该物料与计划相关的信息。在计算主生产计划与物料需求计划时首先读取物料的该类设置信息，如计划属性、生产周期、提前期等。

④ 物料的采购管理信息，用于物料采购管理，如上次订货日期、物品日耗费量、订货点数量、主供应商、次供应商等。

⑤ 物料的销售管理信息，用于物料的销售相关管理，主要有物品销售类型、销售收入科目、销售成本科目、销售单位与默认的销售商等。

⑥ 物料的财务有关信息。该类信息涉及物品管理的相关财务信息，如物品财务类别、增值税代码、标准成本、实时成本、计划价、成本核算方法等。

⑦ 物料的质量管理信息，如需检测标志、检测方式、检验标准文件等。

以上信息有的是在设置基本资料时就必须设置，有的是在相关业务需要时编辑、设置。物料编码属性的内涵是否丰富，是否对各类行业物料有一定包容性，在一定程度上可以反映 ERP 系统的生存力。

2.2.2 业务计量（工件、工时）

ERP 管理特性一是快捷，企业调整生产计划人工需要几天、几小时的工作，计算机往往只要几分钟即可；二是精细，对于每一项生产数据都能够精准计算出来。企业使用 ERP 时，有两个基础的业务计量：工件和工时。

工件就是某考核单位（个人、班组、车间等）单位时间内完成的生产任务。离散型企业的工件计量单位一般是台、套、个、只、件等；流程型企业的工件计量单位一般是吨、立方米、桶、瓶、米等。

工时是企业生产某一个计量单位产品所花费一个员工的工作时间，使用小时计算，可以精确到千分之一小时，也就是生产用时以秒计算，是通常人们所说的做某件事所花费的人工。

在确定生产工艺路线、计算生产能力时，采用工件、工时进行业务计量便于管理部门使用图表进行管理。

2.2.3 时间有关的概念

1．时段（Time Period）

时段就是时间段落、间隔、跨度，是在生产管理中使用的时间单位，可以是月、季、年或天。时段可用于说明某个期间的计划量、产出量、需求量，并以固定间隔进行汇总，对比计划、区分计划需求的优先级别。时段划分越细，就越能体现各计划批次的优先级。

2．时区（Time Zone）与时界（Time Fence）

时区是一段时间范围，例如，产品从计划、采购、投入到产出需要一个周期（不同的提前期），这就是一段时区；时界是一个特殊的时间点。常用的时区、时界有以下这些：

时区 1：产品从投入加工到装配完成的时间跨度

时区 2：产品的累计提前期以内、时区 1 以外的部分

时区 3：时区 2 以外的部分

需求时界（Demand Time Fence，DTF）：时区 1 和时区 2 的分界点

计划时界（Planning Time Fence，PTF）：时区 2 与时区 3 的分界点

计划确认时界（Firm Planning Time Fence，FTF）：也就是计划时界，因为产品在累计提前期内的计划一般都已经确认，如果尚未确认，可用生产时间可能小于累计提前期，即使马上确认也有可能延期。

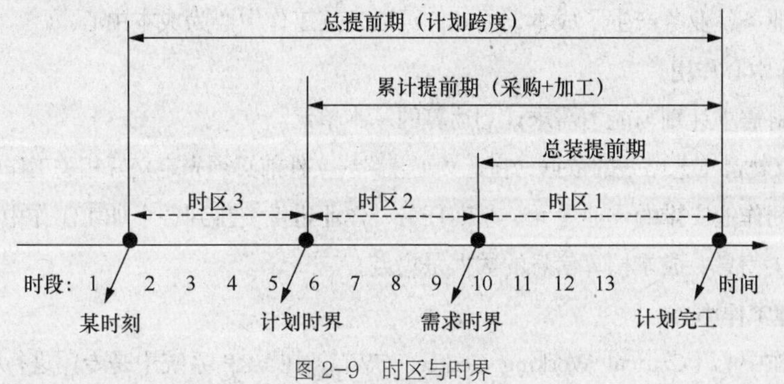

图 2-9 时区与时界

所以时区和时界对计划的影响可以用表 2-3 表示。

表 2-3 时区、时界对计划的影响

时区	需求依据	订单状况	计划变动代价	计划变动条件
时区 1	实际合同	下达与执行	很难变动	已经开始装配，尽量避免变动，由领导决定
时区 2	合同与预测	确认与下达	代价大，只能人工调整	计划员可更改完工日期，数量更改由领导决定
时区 3	预测为主	计划	允许变动，无代价	计划员可通过系统更改

3．工厂日历

工厂日历也叫工作日历，包含各个生产车间、相关部门的工作日历，在日历中标明了生产日期、休息日期、设备检修日，这样在进行 MPS 和 MRP 运算时就会避开休息日。不同的分厂、车间、工作中心因为生产任务不同、加工工艺不同而受不同的条件约束，因而可能会设置不同的工作日历。ERP 系统可以灵活处理到工作中心的日历，当然这会增加系统的计算量。

2.2.4 工作中心

1．工作中心概述

工作中心（Working Center，WC）是生成加工单元的统称，是产品生产过程中的一个必经环节。工作中心既是产品形态、功能、价值发生改变的场所，也是企业成本产生消耗的场所。对于离散型企业，它是由若干台功能相同的设备、若干工作人员、一个小组或一个工段、一个成组加工单元或一个装配场地等组成；对于流程型企业，它是一套生产装置、一段反应过程，甚至一个实际的车间也可作为一个工作中心，这种情况下大大简化了管理流程。

工作中心是 ERP 系统中各项功能的实现场所，是进行物料需求计划、能力需求计划运算的基本资料。物料需求计划中必须说明物料的需求与产出是在哪个工作中心，能力需求是指哪个工作中心的能力。同时工作中心也是成本核算时成本发生的基本单元和车间生产作业核实投入与产出情况的基本单元。一个车间可以分成若干工作中心，也可以一个车间就是一个工作中心，或者一条生产线就作为一个工作中心。

企业进行内部成本核算、绩效考核、现场管理时，执行的对象就是工作中心；工作中心发生了生产业务，业务产生了成本，因此，可以定义工作中心为成本中心。

2．工作中心作用

（1）物料需求计划与能力需求计划运算的基本单元。

（2）定义物品工艺路线的依据，在定义工艺路线文件前必须先定义好相关工作中心数据。

（3）车间作业安排的作业单元。车间任务、作业进度安排到各个加工工作中心。

（4）完工信息、成本核算信息的数据采集点。

3．关键工作中心

关键工作中心（Critical Working Center，CWC）在 ERP 系统中是专门进行标示的。关键工作中心有时也称为瓶颈工序，是运行粗能力计划的计算对象。

根据约束理论（Theory of Constraints，TOC）指出关键、瓶颈资源决定产量，从这个意义上说也可以帮助理解 ERP 系统的主生产计划为什么只进行粗能力计划的计算。关键工作中心一般有以下特点。

（1）经常加班，满负荷工作。

（2）操作技术要求高，工人操作技术要求熟练，短期内无法自由增加工人。

（3）专用设备，而且设备昂贵。

（4）受其他限制，短期内不能随便增加负荷、产量。

但关键工作中心会随着加工工艺、生产条件、产品类型、生产产量等条件变化，不是一成不变的，它和重要设备不是一回事。

2.2.5 计划展望期、提前期

1．计划展望期

计划展望期是主生产计划（MPS）所覆盖的时间范围，即整个的计划时间跨度。此跨度之后，又是下一个计划的时间范围。计划展望期应大于物料（零部件）的加工生产的总提前期。

计划展望期是在产品各自的物料主文件中定义的，按不同产品分别设置不同的计划展望期。计划展望期是企业管理部门关注的任务，而下述的提前期则是企业生产部门要具体落实的事情。

2．提前期

提前期是指某一物料项目从开始设计、采购、加工生产到生产完工所需的时间，一般分为设计提前期、采购提前期、加工提前期、装配提前期等。提前期的观念主要是针对需求而提出的，例如，要采购部门在某日向生产部门提供某种采购物料，则采购部门应该在此日期之前就下达采购订单，提前的时间段就是提前期。提前期的作用是生成 MPS、MRP 采购计划的重要数据。提前期的计算以时间为单位，包括任务排队时间、准备时间、加工生产时间、等待时间、工序之间的传输时间，它们构成了物料（零部件）加工生产的生产周期。

提前期可以分为以下 6 种。

（1）生产准备提前期。从生产计划开始到生产准备完成的时间段。

（2）采购提前期。采购订单下达到物料完工入库的全部时间。

（3）生产加工提前期。生产加工投入开始到生产完工入库的全部时间。

（4）装配提前期。投入开始到装配完工的全部时间。

（5）累计提前期。是采购、加工、装配提前期的总和。

（6）总提前期。指产品的整个生产周期，包括产品设计提前期、生产准备提前期、采购提前期及加工、装配、试车、检测、发运的提前期总和。

流程型企业与离散型企业的计划提前期、提前期等含义及处理方法基本相同，流程型企业的提前期中不含有装配提前期，累计提前期中也不包含装配提前期。另外，服务型企业根据企业业务流程的不同，有的可以按照流程型企业类型管理，有的可以按照离散型企业类型管理。

2.2.6 工艺路线

1．工艺路线概述

工艺路线（Routing）主要说明物料实际加工和装配的工序顺序，每道工序使用的工作中心，各项时间定额（如准备时间、加工时间、传送时间）以及外协工序的时间和费用。

2．工艺路线的作用

用于能力需求计划的分析计算与平衡各个工作中心的能力。工艺路线文件说明了消耗各个工作中心的工时定额，用于工作中心的能力运算。

用于计算 BOM 的有关物料的提前期。根据工艺文件的准备时间、加工时间和传送时间计算提前期。

用于下达车间作业计划。根据加工顺序、各种提前期进行车间作业安排。

用于计算加工成本。根据工艺文件的工时定额（外协费用）及工作中心的成本费用数据可以计算出标准成本。

根据工艺文件、物料清单、生产车间、生产线完工情况生成各个工序的加工进度整体情况，对在制品进行跟踪和监控。

3. 工艺路线的制定方法

ERP 系统的工艺路线是可以根据传统的工艺卡片来制定的，但又有很多自身特点。

（1）根据工艺卡片确定工序顺序、工序名称，并确定对应的工作中心、对应各工作中心工序的工时定额。工时定额是计算提前期、工序能力、成本数据的主要依据，数据来自历史统计资料，由工艺部门、生产部门、工业分析部门共同制定。

（2）表 2-4 中的工序单位标准时间是在一定时期、一定的工艺条件制定的，这个数据是传统上我们说的物品工时定额，是单位人员或单位设备完成该工序所需的加工时间，不一定等于占用工作中心的时间。另外要根据工作中心能力制定占用工作中心的时间，要考虑分散作业和流水作业的不同。

分散作业：工序工时定额就是占用工作中心的时间。

流水作业：流水线人数或设备越多，工作中心的加工时间会越短，该工序占用工作中心的时间要除以人数或设备数。

表 2-4　工艺路线报表

工序号	工序名	工作中心	工序单位标准时间（小时）			占工作中心时间（小时）			传送时间（小时）	人工数（人）		设备数（台）	外协费（元）
			准备时间	加工时间	设备台时	准备时间	加工时间	设备台时		服务	加工		
1	下料	下料班	0.01	0.02	0.02	0.01	0.02	0.02	0.01	1	1	1	–
2	冲大旋钮孔	冲床 1	0.02	0.01	0.01	0.02	0.01	0.01	0.01		1	1	–
3	冲 6 孔	冲床 2	0.02	0.03	0.03	0.02	0.03	0.03	0.01		1	1	–
4	磨光	钳工班	0.01	0.05	0.05	0.01	0.05	0.05	0.01		1		–
5	电镀	电镀班	0.05	0.05	0.05	0.05	0.05	0.05	0.01		1		–

（3）每道工序对应一个工作中心，也可以多道工序对应同一个工作中心。

（4）考虑可替代工艺路线，有利于平衡、调整生产计划及物料需求计划。

（5）由于工艺路线是管理文件，还要考虑非生产加工工序，例如运输。

（6）外协加工必须在工艺路线中体现，因为它影响总提前期和费用。

（7）有时在加工中会出现两种以上物品一起加工，如两个半圆一起加工，称为配件。

ERP 起先在离散型生产企业得到应用，逐步推广到流程型生产企业，现在已经在服务业企业广泛应用。因此，工艺路线的概念也就拓展了其内涵，对于服务业企业的“工艺路线”

就是服务流程及服务标准，在 ERP 中的处理方法相同。

2.2.7 独立需求与相关需求

在 BOM 中的物料，当改变其数量时不影响其他物料数量的变化，这种需求就是独立需求。即当发生独立项物料的需求时，与对其他物料的需求无关。独立需求的数据来源是订单和预测，例如对成品或维修件的需求就是独立需求。

当对一项物料的需求与对其他物料项目或最终产品的需求有关时，称为非独立需求，又称相关需求。相关需求是计算出来的而不是订单和预测。

对于具体的物料项目，有时可能既有独立需求又有非独立需求。

独立需求与相关需求在计划排程过程中尤为重要，企业销售订单和市场预测往往是动态变化的，因此需求计划立刻作出相应的变化调整，人工时期处理独立需求、相关需求的数据很难及时、准确；利用 ERP 系统，可以自如应对瞬息万变的市场，作出合适的需求决策。

2.2.8 生产优化法则

生产优化法则是对生产的全部工序进行平均化，调整作业负荷，以使各作业时间尽可能相近的技术手段和方法。是企业生产设计及作业标准化中重要的方法。ERP 系统不仅替代了许多人工繁杂的劳动，又精准计算了每个工作中心的能力与负荷、成本与利润，更重要的是平衡企业生产各个环节的效率，使企业能够及时、优质、低成本地完成订单。

2.3 销售与预测

任何企业都有其长远规划和目标，它是一个企业发展的蓝图。企业根据长远规划制定其经营规划和生产大纲，在经营规划和生产大纲的指导下，企业根据销售预测数据和销售订单数据，来制订企业的生产计划。企业一般根据销售预测和计划来安排和组织生产，因此销售计划是 ERP 的第一个计划层次，属于决策层。销售规划和预测的正确与否关乎企业的生死存亡。

2.3.1 销售与预测业务概述

企业的一切行动计划都是围绕它的销售订单、市场预测进行的，没有订单、没有预测，即产品没有销路，生产就没有意义了。从根本上看，企业的销售过程就是企业资本利润化的过程。企业以市场需求为引领，在有了订单、预测之后，高效率、协调开展各项生产活动，按时、按量、按质地将产品交付给客户。ERP 提供的销售预测、销售计划、销售合同（订单）是主生产计划的需求来源。销售管理子系统帮助企业的销售人员完成客户档案及信用管理、产品销售价格管理、销售订单（合同）管理、销售提货、服务管理及发票管理等一系列销售事务，为企业的销售人员提供客户的信用信息、产品订货情况、销售情况、获利情况，决定企业的生产经营活动。

企业非常重视销售工作，以便获得较多的订单。销售活动是一项经常性的工作，甚至每天都有一笔或多笔订单，这样企业的主生产计划应该处于动态的调整之中，物料需求计划也随之动态地变化。对于 ERP 系统，最有价值的工作就在于能够及时、准确地反映出各生产环节必须完成的工作任务。尤其，在柔性制造行业，ERP 发挥着显著的作用。

有些企业的产品具有季节性的特征，它的消费群体广泛而分散，企业销售网络很难全面覆盖，企业为了平稳供应市场、保持市场份额和影响力，企业要做市场预测。

ERP 系统中，预测管理如同销售管理一样处理，甚至有的论述中将预测直接包含在销售管理之中，本书中销售管理除特别说明以外都包含了预测管理的内容。预测是根据市场需求信息，对于历史的和现在的销售数据进行分析，结合市场调查统计结果，对未来的市场情况和发展趋势作出推测，指导今后的销售活动和企业生产活动。只是预测的频次不高，一般一个月、三个月或半年一年做一次预测计划；在安排主生产计划时的计划提前期稍早些。特别重要的是 ERP 系统中处理预测数据时涉及的 MPS、MRP 及成本、利润计算要具有模拟运算的功能，预测是企业制订销售计划和生产计划的重要依据。

运用 ERP 可以便捷地进行销售信息汇总统计与市场分析，包括各种产品的订货情况、销售情况、收款情况、发货情况、销售计划完成情况、销售盈利情况等，可以从地区、销售人员、销售方式等多个角度进行统计与分析，对瞬息万变的市场变化及时作出反应。

销售管理的业务流程可以用图 2-10 表示。

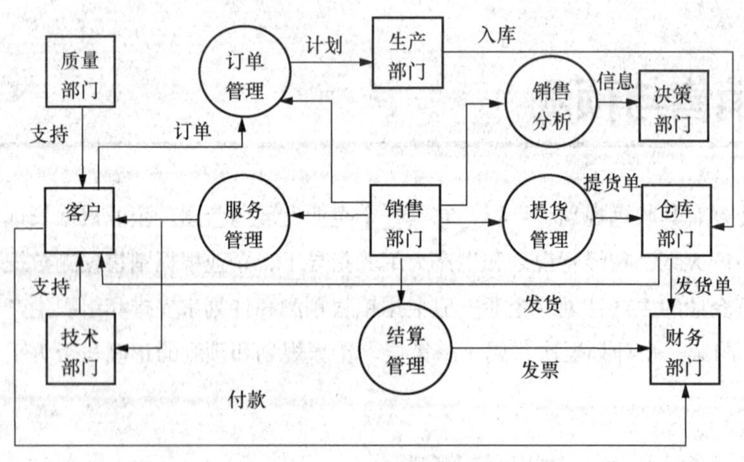

图 2-10　销售管理业务流程

2.3.2　企业生产类型

ERP 系统是集企业的物资流、资金流和信息流一体的工作平台，目的是对订单、预测作出快速、准确反应，高效协调企业各种资源，能够及时交付产品。ERP 虽然是从供应链环节创造价值，但企业的生产特点各不相同，ERP 具有固化业务流程的特性，因此，ERP 系统按照生产工序的特点将企业生产类型分为 3 类。

一是离散型生产企业。生产工序可以做适当的调整的生产企业，如汽车生产厂家，各个汽车零部件的生产先后次序不必固定不变，先生产什么后、生产什么或先组装什么、后组装什么等工序可以做一定程度的调整。离散型企业使用 ERP 可以充分协调各环节资源，优化生产流程，控制产品交货目标。

二是流程型生产企业。生产过程从原材料投入开始直至最终产品出来，不能人为地更改生产工序。例如，石油化工生产，原油进入反应器之后，根据设定的工艺路线，自动地进行一系列化学的、物理的变化，直至产品出来，每个工序（反应过程）是确定的而无法调整先后顺序。化工企业、造纸企业、钢铁企业等很多属于流程型企业，使用 ERP 更多地在于过程质量管理、技术标准与参数管理和上游的供应、下游的销售管理以及财务管理。

三是混合型生产企业。既具有离散型又具有流程型特点的生产类型。一种是对于那些生产过程较长的，工艺路线几乎没有变化，甚至有的还含有外协加工特点的企业。对于那些服务流程较长的，有的服务可以设置关键节点，例如，银行业务过程，对于一个营业部（一个内部部门）可以看成一个关键节点，其内部业务的工序能够作一些变动，而它与上级部门的往来、审核等业务则必须按流程，其工序不可以变动。工序可变动的单元可以用离散型生产企业的管理方式，而工序不能变动的单元则用流程型生产企业的管理方式，总体上就是混合型生产类型。另一种是集团企业，具有多种产品生产业务，既有离散型的产品生产业务，又有流程型的生产业务，例如，某集团公司，生产拖拉机、农用汽车，也生产油漆、农药等。

不同类型的企业、不同的业务流程，使用 ERP 的重点、使用方法各不相同。目前 ERP 应用领域朝混合型企业推进，大型服务业、销售业，如银行、证券、咨询等企业和超市商场等正在运用 ERP 系统进行数据仓库、数据挖掘、风险控制、绩效评估等工作。

明确了企业生产类型，就能够正确设置 ERP 系统中业务流程。现在也有 ERP 系统中按照企业生产组织形式的特点将生产类型分为 6 种，具体介绍参见本章的“案例分析：ERP 软件中的生产类型”。

2.3.3 销售计划管理

销售管理中首要的是做销售规划，它是 ERP 的第一个计划层次。销售计划是根据市场信息，考虑企业自身情况，如生产能力、资金能力制定产品的生产大纲。如果销售管理子系统链接了分销资源计划子系统，则销售计划来源于分销资源计划子系统。不同计划层次的关系如图 2-11 所示。

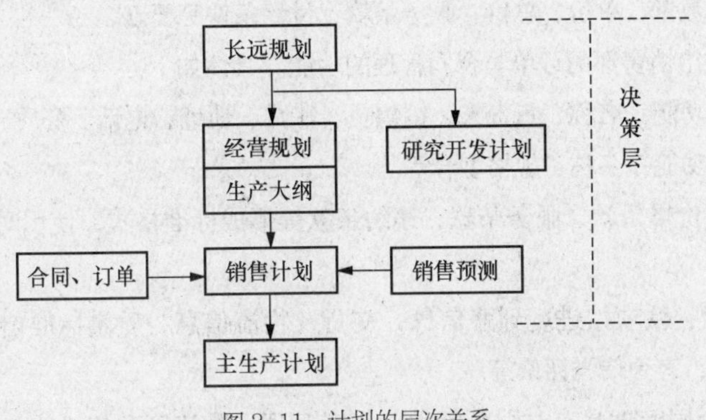

图 2-11 计划的层次关系

ERP 提供的销售预测、销售计划、销售合同（订单）是主生产计划的需求来源。销售管理子系统帮助企业的销售人员完成客户档案及信用管理、产品销售价格管理、销售订单（合同）管理、销售提货、服务管理及发票管理等一系列销售事务，为企业的销售人员提供客户的信用信息、产品订货情况、销售情况、获利情况，指导企业的生产经营活动。

销售计划分为两种：主动性计划和被动性计划。

主动性销售计划就是企业销售部门，不需要考虑企业生产能力，自觉不停地销售产品、获取订单。这里的销售产品实质是预销售，企业在获得订单后才开始安排生产，订单源源不断地增加，生产安排不断地延展。企业有了订单，就需要如期地完成生产，动态地开展销售计划管理工作。

现在我国不少企业实施被动性销售计划，即根据一年、一个季度、一个月或某时间段的生产能力（即产品数量）编制销售计划，重点在于按期落实销售计划。它的好处是生产管理比较平稳，成本控制较好；缺点是适应市场的能力较差，发展劲头不足。适合中小规模的企业。

销售管理子系统与库存、成本、应收账管理、生产子系统有着紧密联系，简单地说，销售的产品从成品库中发出，销售成本及利润由成本会计核算，应收账款由应收账管理来结算，订单为生产提供各类产品的计划数据。

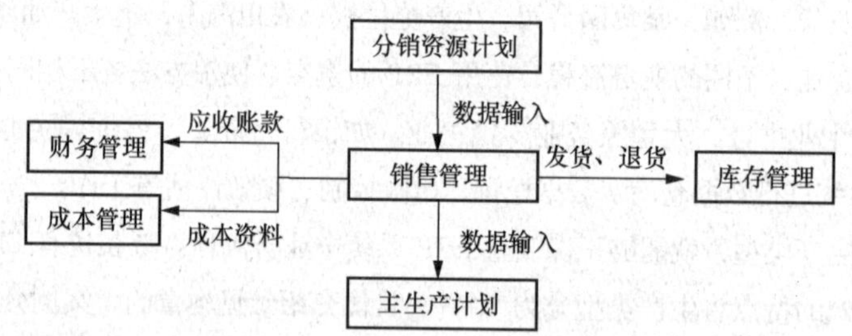

图 2-12　销售管理子系统与其他子系统的关系

一个面向全球性的企业必定是主动性销售管理的企业，主动性销售具有开发用户的能力，具有竞争性，可以提升企业的管理水平、服务能力。

2.3.4　订单与合同管理

销售部门获得的订单是以合同形式与客户建立合作关系，明确了本企业要为客户提供的产品、规格型号、数量、单价、总价、服务条款、付款条件等要素。

ERP 系统提供给销售部门订单与合同管理的功能。具体如下：

客户资料管理功能：名称、负责人、销售员、账户、地址、电话、资质、信誉等。

产品目录管理功能：名称、规格型号等。

合同模板：将价格条款、服务条款、违约条款等形成标准格式，使用时只要填写相关的销售数据即可。

合同管理功能：款项按进度到账信息，交货及物流信息，质量标准信息，商务往来信息，合同纠纷信息，客户信誉评价等。

ERP 系统中合同管理具有与财务管理、库存管理、物流管理集成的能力；合同一旦签订，其涉及的产品数据自动导入到主生产计划（MPS）。

2.3.5 价格管理

市场经济条件下，市场需求与供给关系处于动态平衡过程之中，最受影响的是产品价格。企业要跟踪市场的产品价格及时调整产品价格，制定灵活的价格策略。利用 ERP 系统，对每一个产品建立价格管理系统。具体反映如下：

产品名称、规格型号（性能指标）、市场平均价、最高价、最低价、本企业内部价、供应商价格、零售商价格、主要竞争对手价格、主要影响价格因素（市场产品数量、产品质量、竞争性）、给客户的让利策略等。

ERP 系统能够提供及时的可视化图形，直观地反映价格走势。

2.3.6 分销管理

分销经营是企业将产品推向市场的重要模式和渠道。企业无论生产什么，目的是进入到用户手中。建立渠道销售是成熟的经营模式，目前在日用消费品、汽车、家用电器及配件、建材等现货生产行业应用较广。企业实施分销计划管理可以科学地利用和调配分销网络中的资金、物流、信息、分销商场地、分销商人员等要素，为企业产品销售提供销售服务，使企业在销售环节上获得更好的经济效益和商业信誉。

分销管理具有的功能如下。

分销商名称、地址、商誉、仓储地、经销员、物流信息、控制量、结算价格、货款结算等。该系统功能具有与仓储、财务、物流等系统集成的能力。

另外，分销商管理中需要制定不同的销售类别，如直销、代销、代理、特许专卖等，再赋予相应的销售数量、价格、区域等权限。

如果企业对于分销销售的依赖度较高，那么应该将分销销售作为订单或预测处理，提出物料需求计划，形成主生产计划。

2.3.7 线上与线下销售

信息时代，企业销售活动不仅有实体店形式，网上销售、电子商务发展更是迅猛，在 ERP 系统中建立了自动化销售子系统。随着 ERP 系统的技术升级、应用规模的扩大，ERP 系统逐步建成为一个企业信息化工作平台，在此基础上能够开发出更多的应用系统。企业类似于开淘宝店，客户提供网上联系、下单、付款，企业物流配货、发货。这个过程中，客户的资料、购买历史、商誉等信息系统能够自动评价，确定是否与该客户发生交易，下单及付款的数据自动导入到 ERP 系统，进行相应的数据处理，符合要求后系统自动通知物流配货、发货。

线上交易是一种低成本、高效率、广覆盖的市场推广形式，它可以节约经营场地、减少销售人员、不受时空限制，是很受各界欢迎的贸易形式。同时，线上交易可以更好地打造企业门户网站，展示新产品、提供技术支持和服务。

在满足不同客户个性化需求的前提下，适当开设线下实体店经营，注重客户体验。在ERP平台上，使用的方法基本与线上交易相同，只是实体交易的ERP应用操作是在企业实体交易场所由销售人员、客户现场操作完成。

2.4 主生产计划（MPS）

在20世纪90年代以前，ERP系统大都只包含生产制造系统和财务金融系统；到20世纪90年代出现了CRM系统、供应链管理系统、分销管理系统以及物流管理系统等。

生产制造系统在ERP系统中是个比较特殊的模块，因为它既能独立运行又能和其他子系统整合成一个标准企业生产中使用的系统。生产管理的核心概念是从投入（各种资源）到产出（产品或服务）的转变过程，包括物理上的转变（原料变为产品）和价值上的转变（提供用户所需的特性），于是生产过程可以定义为通过人、财、物等各种资源的消耗和使用来提供产品或服务的过程。

生产制造系统联系上游的供应商和下游的顾客，并指导整个企业的生产模式。好的生产制造系统应该能够提供应对多种生产运作模式的能力，同时满足各种生产方式和业务操作的需要。为了能够为顾客提供个性化产品、适应产品和市场的变化，生产制造系统提供了修改生产模型和计划的机会，多数ERP厂商不会将业务局限于一种制造模型，而是考虑将各种计划结合起来。

2.4.1 主生产计划理论

制造业涉及的物料计划分为3种：综合计划（销售计划与生产规划的综合考虑，也叫生产大纲）、主生产计划、物料需求计划。综合计划是根据企业的生产能力和需求预测，对未来较长时间内的产出内容、数量、投资等问题所作的决策，也就是对较长时期内需求和资源的平衡所作的设想。

主生产计划（Master Production Schedule，MPS）是确定每个具体产品在每个具体的时间段的生产计划，计划对象一般是最终产品（销售产品），有时也可能是组件，然后再下达装配计划。ERP系统的计划真正运行就是从主生产计划开始的。主生产计划的确定过程伴随着粗能力计划的运行，也就是要对关键资源进行平衡，此外企业的物料需求计划、车间作业计划、采购计划等均来源于主生产计划，也就是先由主生产计划驱动物料需求计划，再生成车间作业计划与采购计划，所以主生产计划在ERP计划系统中起着承上启下的作用，实现从宏观计划到微观计划的过渡与连接，同时也是联系客户与销售部门的桥梁（但如果产品的生产周期很长，它的重要性就不那么突出了，一些大型设备，例如轮船、飞机，往往是一年做一次生产计划的安排）。主生产计划的来源主要包括6项数据：客户订单、预测、备品备件、厂际间的需求、客户选择件和附加件、计划维修件。

2.4.2 MPS的计划对象与方法

主生产计划的计划对象与方法如表2-5所示。

表2-5 MPS计划对象与方法

销售环境	计划对象	计划方法	说明
现货生产 （Make to Stock，MTS）	独立需求类型的物料	单层MPS 制造BOM 计划BOM	可与分销资源计划接口
订货生产 （Make to Order，MTO） 工程生产 （Engineer to Order，ETO）	独立需求类型的物料	单层MPS 制造BOM	在ETO环境下会用到网络计划技术
订货生产 （Make to Order，MTO） 订货组装 （Assemble to Order，ATO）	基本组件、通用件	多层MPS 制造BOM 计划BOM 总装进度PAS	

2.4.3 MPS的运算量

（1）批量规则（Lot-Sizing Rules，LSR）。表示物品的计划下达数量所使用的规则，分为两种：静态批量规则和动态批量规则，使用前者时每一批的批量都相同，使用后者时允许每批的批量不同。常见的批量规则有7种：

最大批量－计划下达数不能超过此数据。

最小批量－计划下达数不能低于此数据。

固定批量－每次订货量按一个固定值下达。

直接批量－完全根据计划需求量决定订货量。

固定周期批量－每次订货的间隔相同，但批量数未必相同。

周期批量－根据经济订货批量计算订货间隔，决定每年订货次数，间隔期内的订货批量随需求量而变动。

倍数批量－按批量的整数倍下达订货量。

（2）批量周期，指订货的周期，通常以天为单位。

（3）批量，指物品按批量订货时的数量。

（4）毛需求量（Gross Requirements，GR），根据预测量和订单量，取其中较大的得到。

（5）计划接受量（Scheduled Receipts，SR），由于前期下达订单的执行，将在某个时间到达的物品数量。

（6）预计可用库存量（Projected Available Balance，PAB），前时段末的可用库存量+本时段计划接受量+计划产出量－本时段毛需求量。

（7）净需求（Net Requirements，NR），本时段毛需求－前时段末的可用库存量－本时段计划接受量+安全库存量。

（8）计划产出量（Planned Order Receipts，POR），如果需求不能满足，系统根据批量规则计算需要的供应数量，这只是建议数量。

（9）计划投入量（Planned Order Releases，POR），根据计划产出量、物品提前期、物品合格率计算出的投入数量。

（10）可供销售量（Available to Promise，ATP），在某个时段物品的产出数量可能大于订单、合同数量，剩余部分就是可供销售量。

（11）装配提前期，配件齐备后装配产品所需时间。

2.4.4 MPS计算流程

MPS 的制定由主生产计划员（Master Scheduler）负责。此人必须熟悉产品结构、工艺流程、企业的生产资源、计划理论知识。计算流程如图 2-13 所示。

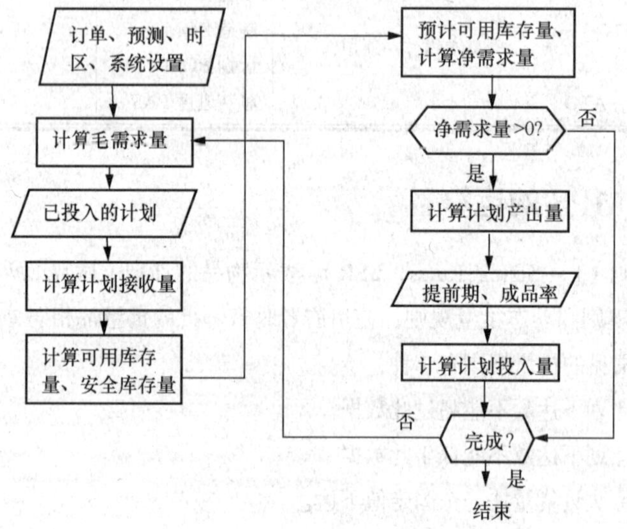

图 2-13　MPS 计算流程

（1）计算毛需求。在时区 1，毛需求等于订单量；在时区 2，毛需求等于订单量与预测量中的较大值；在时区 3，毛需求等于预测量。

（2）计算计划接收量（见表 2-6）。

表 2-6　计算计划接收量

类别	时段	1	2	3	4	5	6	7	8	9	10
	过去	4-01	4-08	4-15	4-22	4-29	5-06	5-13	5-20	5-27	6-03
预测量		15	30	10	30	18	30	32	25	30	20
订单量		20	25	20	25	20	16	35	20	28	25
毛需求量		20	25	20	30	20	30	35	25	30	20
计划接收量		10									
预计库存量	16										

（3）计算预计可用库存量（见表2-7）。

表2-7　计算预计可用库存量

类别	时段	1	2	3	4	5	6	7	8	9	10
	过去	4-01	4-08	4-15	4-22	4-29	5-06	5-13	5-20	5-27	6-03
预测量		15	30	10	30	18	30	32	25	30	20
订单量		20	25	20	25	20	16	35	20	28	25
毛需求量		20	25	20	30	20	30	35	25	30	20
计划接收量		10									
预计可用库存	16	6	-19	-39	-69	-89	-119	-154	-179	-209	-229

（4）计算计划产出量（见表2-8）。

表2-8　计算计划产出量

类别	时段	1	2	3	4	5	6	7	8	9	10
	过去	4-01	4-08	4-15	4-22	4-29	5-06	5-13	5-20	5-27	6-03
预测量		15	30	10	30	18	30	32	25	30	20
订单量		20	25	20	25	20	16	35	20	28	25
毛需求量		20	25	20	30	20	30	35	25	30	20
计划接收量		10									
预计可用库存	16	6	-19	-39	-69	-89	-119	-154	-179	-209	-229
		6	11	11	11	11	11	6	11	11	11
净需求量			24	14	24	14	24	29	24	24	14
计划产出量			30	20	30	20	30	30	30	30	20
计划投入量											
可供销售量											

（5）根据提前期、成品率计算计划投入量（见表2-9）、可供销售量。

表2-9　计算计划投入量

类别	时段	1	2	3	4	5	6	7	8	9	10
	过去	4-01	4-08	4-15	4-22	4-29	5-06	5-13	5-20	5-27	6-03
预测量		15	30	10	30	18	30	32	25	30	20
订单量		20	25	20	25	20	16	35	20	28	25
毛需求量		20	25	20	30	20	30	35	25	30	20
计划接收量		10									
预计可用库存	16	6	11	11	11	11	11	6	11	11	11
净需求量			24	14	24	14	24	29	24	24	14
计划产出量			30	20	30	20	30	30	30	30	20
计划投入量		30	20	30	20	30	30	30	30	20	
可供销售量		6	5	0	5	0	14	-5	10	2	

（6）MPS 的生成。

ERP 系统中 MPS 的生成是个反复运算的过程，只要企业的订单、预测一旦发生变化，随之而变的首先是 MPS。常见的 MPS 报表格式如表 2-10 所示。

表 2-10　主生产计划报表

物品代码		A009		计划员		LH		计划日期		2015-6-23	
物品名称		VCD333									
型号/规格		XS-1						计量单位		台	
可用库存		10		安全库存		5		提前期		7天	
批量规则		固定批量		批量		10		批量周期			
需求时界		3		计划时界		7					
类别	时段	1	2	3	4	5	6	7	8	9	10
	过去	4-01	4-08	4-15	4-22	4-29	5-06	5-13	5-20	5-27	6-03
预测量		15	30	10	30	18	30	32	25	30	20
订单量		20	25	20	25	20	16	35	20	28	25
毛需求量		20	25	20	30	20	30	35	25	30	20
计划接收量		10									
预计可用库存	16	6	11	11	11	11	11	6	11	11	11
净需求量			24	14	24	14	24	29	24	24	14
计划产出量			30	20	30	20	30	30	30	30	20
计划投入量		30	20	30	20	30	30	30	30	20	
可供销售量		6	5	0	5	0	14	−5	10	2	

2.4.5　MPS 确认

制定了初步的 MPS 后要进行粗能力平衡，最后提出 MPS 方案，经过审核批准，保证符合企业的经营规划。确认 MPS 有 3 个步骤，具体如下。

1．分析初步的 MPS

分析生产规划和 MPS 之间的所有差别，MPS 中产品大类的总数应约等于相应时期内销售计划的数量，否则要调整 MPS，以保证和销售计划尽量一致。

2．向负责部门提交分析结果

MPS 的审核工作由企业高层领导负责，组织市场销售、工程技术、生产制造、财务、物料采购等部门参加。

3．批准 MPS 并下达有关部门

有关部门包括生产制造、物料、采购、工程技术、市场销售、财务等部门。

2.4.6 粗能力计划的过程

在 MPS 和 MRP 之后都要进行能力的校验，一般而言，对应前者是粗能力计划（Rough-Cut Capacity Planning，RCCP），对应后者是能力需求计划（Capacity Requirement Planning，CRP）。RCCP 是对关键工作中心的能力进行运算而产生的一种能力需求计划，它的计划对象只是“关键工作中心”的能力。有关“关键工作中心”内容见 2.2.4 小节。

粗能力计划的思想源于约束理论 TOC。TOC 认为，产量是由瓶颈（约束）资源决定的，即瓶颈资源也就是关键资源决定了企业的产能，只依靠提高非关键资源的能力来提高企业的产能是不可能的，所以进行能力分析时，重点要放在关键工作中心上。未进行过 RCCP 的 MPS 是不实用的。

RCCP 过程主要分为 3 步，具体如下。

1．找出关键工作中心

如果各工序之间是单纯的串行或平行关系，那么其中效率最低的就是关键工序，对应工作中心就是关键工作中心。如果各工序之间既有串行又有平行关系，就要用到关键路径求解。

2．计算关键工作中心各时段的负荷

进一步确定某工作中心的各具体时段的负荷与能力，找出超负荷时段。

3．平衡超负荷的方法

有以下两种方法。

- 改变负荷：重新制定 MPS，延长交货期、减少订货量甚至取消客户订单。
- 改变能力：更改工艺路线、加班、组织外协、增加人员及设备。

2.5 能力需求计划

能力需求计划（Capacity Requirement Planning，CRP）是在物料需求计划确认及下达之前，用来检验整个 MPS/MRP 的可行性的。CRP 利用工作中心数据中所定义的能力，将物料需求计划导致的车间能力需求分配到各个工作中心资源上，在检查了物料和能力可行的基础上调整 MPS，并最终将 MPS 下达给车间，车间则按此计划进行生产。

2.5.1 CRP 处理流程

闭环 MRP 的基本目标是满足客户和市场的需求，因此在编制计划时，总是先不考虑能力约束而优先保证计划需求，然后再进行能力计划，经过多次反复运算，调整落实才转入下个阶段。传统的能力需求计划的运算过程就是把物料需求计划订单换算成能力需求数量，生成能力需求报表，如图 2-14 所示。

其实在计划时段中经常出现能力需求超负荷或低负荷的情况，经典的闭环 MRP 能力计划通常通过报表形式向计划人员报告，但是并不进行能力–负荷的自动平衡，这项工作由计划人员人工完成。

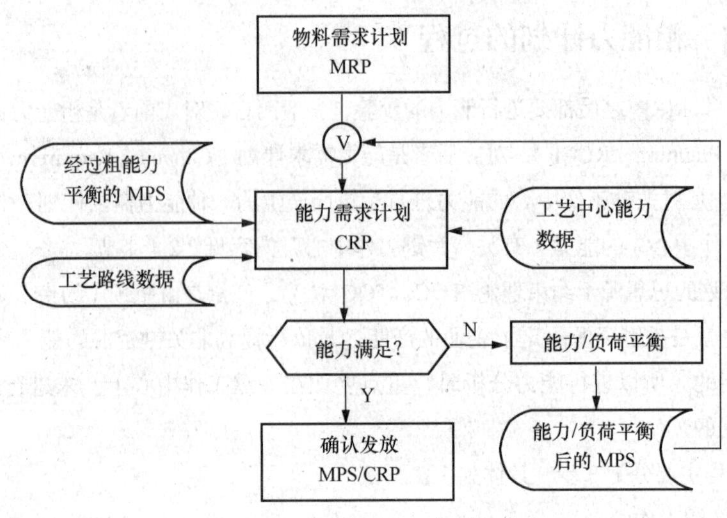

图 2-14　传统的 CRP 流程

2.5.2　CRP 分类

ERP 系统的能力需求计划方法有无限能力需求计划和有限能力计划两种，有的系统能同时提供两种计划方式，供用户选择。

无限能力计划是指在做需求计划时不考虑生产能力的限制，面对各个工作中心的能力和负荷进行计算，形成能力/负荷报告。负荷>能力时，就要对超负荷的工作中心进行能力/负荷平衡。这种方式的实现相对简单，是目前多数国内 ERP 系统采用的形式。

有限能力计划认为工作中心的能力是有限的，计划的安排按照一定的规则进行，先将能力分配给优先级高的物料；如果负荷已满，优先级低的物料将被推迟加工。在这种方法中 CRP 和 MPS 通常结合非常紧密，CRP 甚至不需要单独在界面中输出，用户在系统中直接看到的就是经过调整后的 MPS，因而感觉不到 CRP 的存在。

2.5.3　无限能力计划的编制

1. 计算方法

考虑能力需求计划的计算方式时，要把物料需求计划的物料需求量转化为负荷时间，即把物料需求转换为对能力的需求。工作中心加工物品的负荷计算方法是：负荷 = 物料产量 × 标准工时。

编制 CRP 的具体做法是将 MRP 各时段内要加工的所有物料通过工艺路线文件得到需要用到的各工作中心的负荷，再与额定能力进行比较，得到按时段划分的工作中心的能力/负荷报告，如表 2-11 所示。

表 2-11　CRP 计算模型

已下达及执行的 MPS：

周份	1	2	3	4	5
物料 A	10		5	10	
物料 B		10	6		5

续表

当前MPS（尚未下达及执行）：

周份	1	2	3	4	5
物料A	5		10		
物料B		5		10	

工艺路线：（pcs/h 代表 pieces/hour，即件/小时）

工作中心	物料	能力数据	能力单位
WC01	A	10	pcs/h
WC01	B	5	pcs/h

工作中心能力数据：

工作中心	能力数据	能力单位
WC01	10	pcs/h
WC01	5	pcs/h

工作中心日历：（略）

工作中心能力/负荷：

周份	1	2	3	4	5
已下达负荷	100	50	80	100	25
计划负荷	50	25	100	50	
总负荷	150	75	180	150	25
能力	100	100	100	100	100
余/欠能力	−50	25	−80	−50	75
累计余/欠能力	−50	−25	−105	−155	−80

2．平衡与输出

能力需求计划中有两个要素：负荷和能力，解决负荷过小或超负荷能力问题的方法有三种：调整能力、调整负荷、同时调整两者。

调整能力的方法主要有：加班，增加人员和设备、提高工作效率、更改工作路线、增加外协处理；调整负荷的方法主要有：调整生产批量、推迟交货期、撤销订单。

上面例子中的负荷/能力的不平衡问题可以如下调整：

如果第1周需求计划日期不能改变，则调整能力，如加班50小时。

如果第3周需求的物料提前到第2周加工，第3周需加班55小时。

第4周的物料推后加工。

无限 CRP 存在一些问题，系统将市场需求的不均衡不加缓冲地直接加到生产系统上，往往导致生产计划的可行性不高，比如一周内某个工作日严重超负荷，而其他工作日完全不安排生产。虽然无限CRP也强调能力/负荷平衡，但这个过程需要不断地人工调整MPS，反复执行 MRP 和 CRP 进行模拟，最后得到可行方案。这一过程非常费时，在生产繁忙、计划周期短、变化频繁的情况下，无限CRP往往很不实用。

2.5.4 先进排程（APS）

为了克服无限CRP的缺点，后来发展出了有限CRP，并且逐渐成为近年来ERP系统的发展方向。实现有限能力计划的一种形式是先进排程系统（Advanced Planning and Scheduling，APS）。APS 能产生现在与将来的、通过各种规则及需求约束自动产生的、可视化的详细计划，生产计划能对延迟订单进行控制、采取行动管理控制能力和各种约束，这些约束包括资源工时、物料、加工顺序、自定义约束条件，它能管理整个资源，更重要的是它能考虑生产过程中所有的因素，快速响应意外的结果。

1. APS 的编制方法

最常用的有顺排和倒排两种方法。

顺排法就是从当前时刻（或计划开始时刻）开始，将各工具计划依时间顺序向后排程。假设现在是 6 月 13 日，我们接到两个订单（c001 和 c002），各订购 100 套方桌，交货期分别为 6-16 和 6-17，为简明起见，假定所有设计的采购物料都不短缺，且目前所有工作中心资源均未被占用或被计划，下面采用 APS 顺排法安排生产计划，总共分为 12 步。

（1）将所有任务按优先级排序形成任务队列。排序有多种规则可以选用，例如，可以是要求完成日期、到达日期、加工时间等，假设现在按交货期排序，所以任务队列的顺序是 c001－c002。

（2）取第一个任务是 c001。

（3）计算各工序占用对应工作中心的工作时间的跨度。

计算方法是：占用工作中心时间 = 加工数量/效率

表 2-12　计算各工序占用工作中新的时间跨度

代码	工序名称	工作中心	效率（件/小时）	加工数量（件）	占用时间（小时）
1	总装	Shop1	10	100	10
2	加工桌面	Shop4	50	400	8
3	装配桌面	Shop2	10	100	10
4	加工面板	Shop3	20	100	5
5	加工面框	Shop4	30	100	3.33

（4）确定关键路径，其余的就是非关键路径。

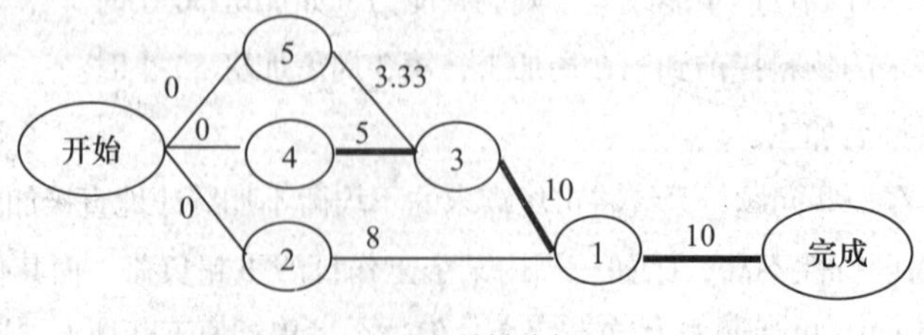

图 2-15　关键路径图

关键路径是 4-3-1，如果网络图的结点很多，求解关键路径会比较麻烦，所幸系统会自动完成这项工作。如果有多条关键路径，可以任选一条。如果路径之间没有竞争关系，使用不同的工作中心、资源占用情况相同，则选择哪条都一样。如果这些条件不满足，选择不同的关键路径会有不同的排程结果，但如果差异不明显也能接受。

（5）取第一个关键工序（即4号工序），加工面板。

（6）确定当前工序最早可开始时间。顺排法中工序的最早可开始时间就是当前时间，如果所需物料短缺，就应该加上物料的提前期。如果是加工件短缺就加上生产加工提前期，如果是采购件就加上采购提前期。由于 4 号工序的投入没有加工件，采购件也不短缺，所以最早可开始时间就是当前（6-13 的 9:00）。

（7）确定资源可用。该工序对应的工作中心资源在这个时段是否可用，目前 Shop3 工作中心空闲，所以可用。

（8）确定工序计划开始时间和计划结束时间。如果工作中心空闲，那么工序的计划开始和结束时间就是最早开始和结束时间；如果工作中心已被占用，那么工序的开始时间就要往后推。现在工序 4 的计划开始时间是 6-13 的 9:00，计划结束时间是 6-13 的 14:00。如果当天结束不了，就推到下个工作日的开始时间接着算。

（9）设置工作中心对应时段的状态为占用。这样其他任务就不能再在这个时段使用这个工作中心。

（10）转向紧后关键工序。为关键路径上的紧后关键工序安排时间，这个过程循环进行，直到当前任务的所有关键工序都安排好。

（11）转向非关键工序。关键工序排程结束后，当前任务的时间跨度就确定了，非关键工序的安排在时间上可以有一定的松动，即只要在紧前工序结束以后开始、在紧后工序开始以前结束就行，这样就有两种排程方式，分别以前面的两个时间点为限往后排或往前排。我们采取第一种方式，结果如图 2-16 所示。

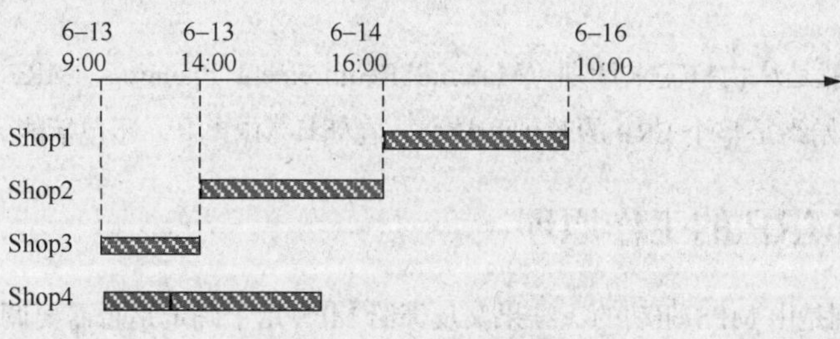

图 2-16　关键工序排程 1

（12）转向队列中的下个任务。现在转向任务 c002 同样是先安排关键工序，再安排非关键工序，但是注意 4 号工序要使用的工作中心 Shop3 在 6-13 的 14:00 之前是占用状态，只能在这之后才能开始为 c002 的 4 号工序服务，同理其他工序使用 Shop2、Shop1 的时间也要推后，结果如图 2-17 所示。

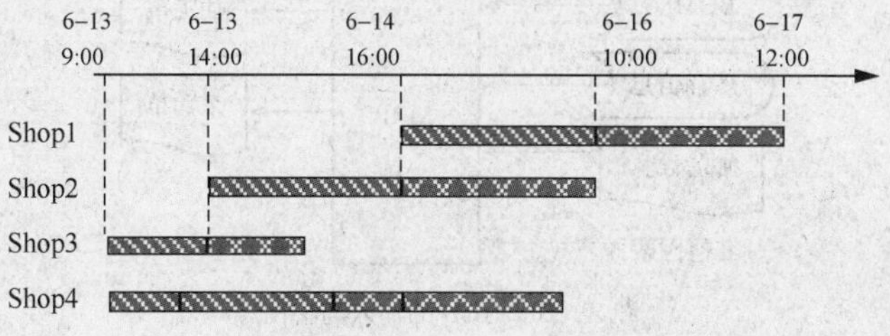

图 2-17　关键工序排程 2

在当前条件下，任务的累计提前期不能满足交货期的情况下，顺排法会通过推迟部分或全部工序的加工来解决，虽然并不希望延迟交货，但是资源无法满足时只能如此。

以上是顺排法的工作流程，如果采用倒排法则正好相反，从交货期指定的完成时间开始，将各工序计划倒推向前排，例如，如果订单 c001 的交货期为 6-21，那么系统会从 6-20 的最后时刻向前排，得到 1 号工序的开始时间应该是 6-19 的 15:00，然后 3 号工序的开始时间应该是 6-18 的 13:00……倒排法的特点是，在满足交货期的情况下，加工尽可能推迟开始，这是符合 JIT 思想的，但存在一个问题，如果交货期无法满足，会导致某些工序的开始时间排到当前时刻之前，这显然是不可行的。

2．APS 的特点

与传统的 MPS-MRP-CRP 相比，引进了 APS 后，系统中 MRP 的闭环流程会发生一些变化，最显著的就是将 MPS、RCCP、CRP 等处理集成到了一起，因此在流程中就很难区分出明显的能力需求处理过程。

另外，与传统的 MPS 相比，APS 对工作中心、工艺路线中的效率数据的准确性相当敏感，个别数据不准确，会导致某些任务占用工作中心的时间变多或变少，从而影响其他任务的安排，最糟糕的情况是引起连锁反应，影响到全盘计划。所以在 APS 中要高度重视基础数据的准确性。

2.6 物料需求计划

ERP 的应用就是从物料需求计划（Material Requirement Planning，MRP）逐步扩展开来的，实际上 MRP 始终是整个 ERP 的基础和核心，在闭环 MRP 中，还包括能力需求计划。

2.6.1 MRP 的工作原理

物料需求计划是由 MPS 驱动的，结果又反馈给 MPS 用于确定是否需要调整。

MPS 的对象是最终产品，但一个产品可能包含成百上千要制造或外构来的零部件、原材料，而且它们的提前期各不相同，投产顺序也有限制，所以需要事先作出计划保证均衡生产。

图 2-18 所示为 MRP 的输入与输出。

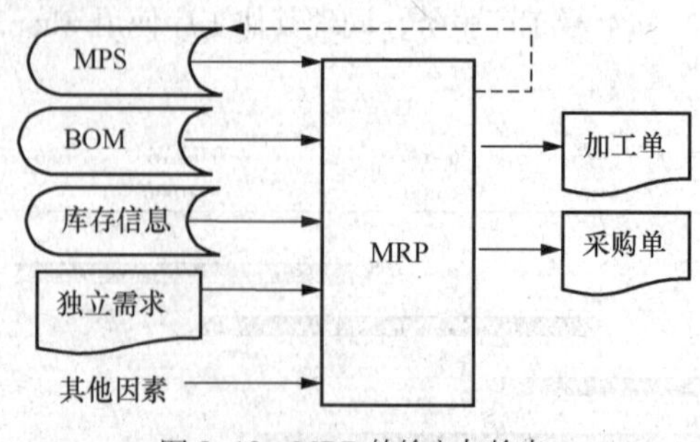

图 2-18　MRP 的输入与输出

MRP 的计算依据主要有 4 项。

（1）要生产什么，生产多少（MPS，独立需求）。

（2）要用到什么（BOM）。

（3）已经有了什么（库存信息、即将到货及即将产出信息）。

（4）其他因素（有些独立需求可能未在 MPS 中体现，如维修件、备件、试验件等）。

MRP 的输出结果主要有 2 项。

（1）还缺什么，缺多少？（据此可生成外构物料的采购单或自制物料的加工单）

（2）这些物料的时间如何安排？（据此可确定采购单的发放/交货期和加工单的开工/完工期）

我们以 X 产品为例将 MPS 展开为 MRP，假设生产 1 个 X 需要用到 1 个 A 物料，1 个 A 物料需要用到 2 个 C 物料，1 个 C 物料要用到 1 个 O 物料，XAC 的提前期为 1 个时段，O 的提前期为 2 个时段；XAC 的批量规则采用直接批量，O 采用倍数批量，批量基数为 40。

MRP 是将 MPS 根据 BOM 逐层展开，每一层物料的需求输出即计划投入量作为下一层物料的毛需求量的输入，层内计算方法和 MPS 相同，实际上 MRP 中的每一层都相当于一个完整的 MPS 过程。如果在 BOM 中设置了物料的损耗率，那么对应物料的毛需求量还应加上相应的损耗，具体如图 2-19 所示。

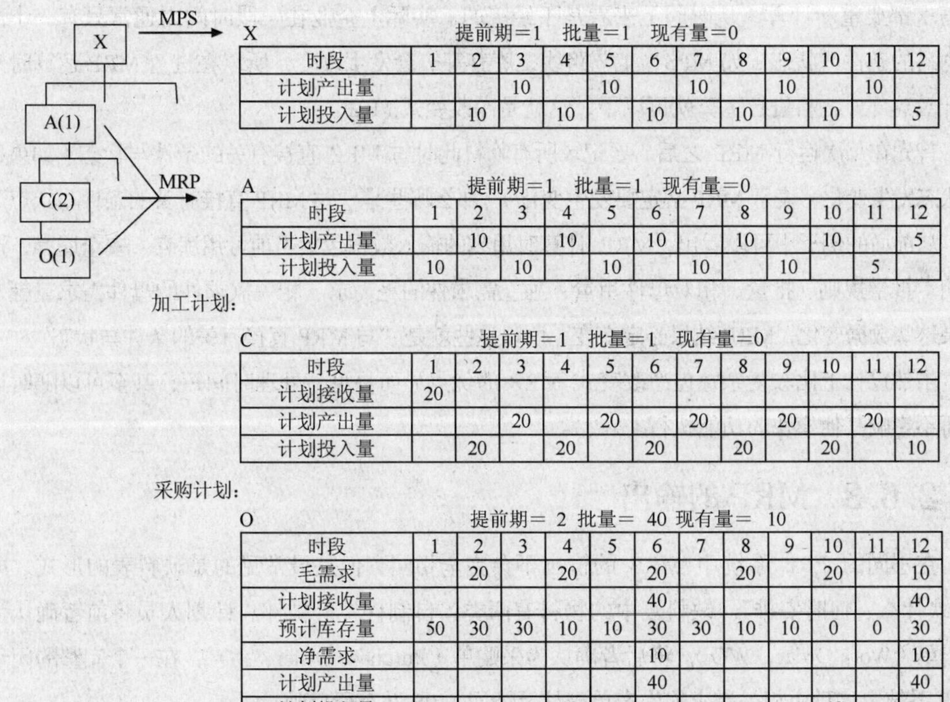

X　提前期＝1　批量＝1　现有量＝0

时段	1	2	3	4	5	6	7	8	9	10	11	12
计划产出量			10		10		10		10		10	
计划投入量		10		10		10		10		10		5

A　提前期＝1　批量＝1　现有量＝0

时段	1	2	3	4	5	6	7	8	9	10	11	12
计划产出量		10		10		10		10		10		5
计划投入量	10		10		10		10		10		5	

C　提前期＝1　批量＝1　现有量＝0

时段	1	2	3	4	5	6	7	8	9	10	11	12
计划接收量	20											
计划产出量			20		20		20		20		20	
计划投入量		20		20		20		20		20		10

O　提前期＝ 2　批量＝ 40　现有量＝ 10

时段	1	2	3	4	5	6	7	8	9	10	11	12
毛需求		20		20		20		20		20		10
计划接收量						40						40
预计库存量	50	30	30	10	10	30	30	10	10	0	0	30
净需求						10						10
计划产出量						40						40
计划投入量				40						40		

图 2-19　MRP 的展开模型

计算机进行推算的过程是：从 BOM 中的 0 层开始逐层进行，在层内首先将本层所有物料按一定规则排序，然后依次处理，每个子件按照毛需求量 = 母件计划产量 × 子件用量进行计算，0 层的物料由于没有母件，其毛需求量就是订单需求量以及其他独立需求量。这里存在一个问题，有的物料不是只出现在一个 BOM 中，即使在同一个 BOM 中，有的物料也会多次出现，所以会被多次计算。要将多次计算的结果进行合并也不容易。为了解决这个问题需要引进低层码的概念。低层码指的是物料在 BOM 中的层数，如果在多层上出现以最低层为准（即层数的最大值），这个数值一般存放在每个物料的主文件中。现在计算 MRP 的流程和前面相比有一点变动，在 BOM 中多次出现的物料归属到最低层（而不是像之前那样位于多个层次就计算多次），而且分别根据不同的母件计算其用量，再根据时段进行加总。

2.6.2 MRP 的生成方式

MRP 有两种生成方式：再生式（Regenerative MRP）、净改变式（Net Change MRP）。有的 ERP 系统同时提供这两种方式，供用户选择。

1．再生式 MRP

再生式 MRP 生成后会对库存信息重新计算，并覆盖原来计算的 MRP 数据，生成全新的 MRP。由于企业物料一般比较多，运行一次再生式 MRP 耗时太长，所以一般是周期进行的，例如每周一次。但由于软件实现相对简单，所以很多 ERP 软件的 MRP 都采取这种方式。

2．净改变式 MRP

在现代制造业中，内外环境变化很快，所以计划周期应该缩短。再生式 MRP 对所有物料的需求都要重新计算，从时间上来看是不经济的。实际上企业在一段时间内通常只有一小部分物料的条件或状态（如 MPS、工艺路线、库存等）会发生改变，所以在进行 MRP 运算时只要针对这部分物料进行重算就可以了，这就是净改变式 MRP。

首先在每次运行 MRP 之后，要记录所有物料此时与 MRP 直接有关的条件与状态（如果这些状态发生变化，表示 MRP 必定要发生变化）。那么哪些是“与 MRP 直接有关的条件与状态”呢？从前面的例子中可以看出，MRP 计算时用到的输入数据包括当前可用库存、安全库存、提前期、批量规则、批量、相对母件用量、独立需求件的毛需求、相关需求件的母件需求量等，如果这些数据变化，MRP 结果必定有变，所以这些就是“与 MRP 直接有关的条件与状态”。

虽然设计上比较复杂，但净改变式 MRP 的优点显而易见：处理时间短，甚至可以随时运行而不影响其他模块的功能执行。

2.6.3 MRP 的输出

在不同的 ERP 系统中 MRP 的输出不会完全相同，但是最常见的是缺料表的形式，即“还缺什么、何时安排”。缺料表中的物料有两类：自制件、外构件。计划人员将前者确认为生产单（Work Order，WO），将后者确认为采购单（Purchase Order，PO），在一个完整的闭环 MRP 系统中这种由相关需求的生产单应该反馈回 MPS 并有所反映。

2.7 采购与库存及仓库管理

采购在企业正常生产经营活动中必不可少，采购管理涉及计划下达、采购单生成、采购单执行、到货接收、检验入库、采购发票收集和采购结算全过程。企业完成采购后，产品入库又需要企业进行库存管理，如今的 ERP 系统中，库存管理软件相对已经比较完善，利用进销存系统可对货物本身进行管理。而仓库管理不仅仅是对货物的常规库存管理，更重要的是对仓库和配送中心全资源的调控，通过资源整合，达到仓储布局最优化的目的。

2.7.1 采购管理

采购管理是 ERP 中基于物料需求计划（MRP）的，与财务管理、库存管理进行系统集成。采购管理对于企业来说具有重要的作用和意义，一是保证生产活动的正常进行，及时采购物料，生产系统才能够平稳有序进行；二是保证产品质量的前提，采购到合格的物料才可能生产出合格的产品；三是控制成本的关键，原材料成本一般占产品成本的 30% ~80%，有的比例甚至更高，采购的价格高低直接影响到产品的成本。采购过量或过早将会造成库存积压量过大，就意味着库存成本的增加和资金占用的增加。企业注重采购管理是一项重要的基础性工作。

1．招标与供应商管理

招标工作是企业采购的重要形式，企业能够建立公平的、竞争性的、性价比高的采购机制。

ERP 系统中，建立有供应商数据库，录入了供应商名称、物料名称、资质星级、商业信誉等信息。ERP 中设置了若干份招标文件模板，当企业有物料需求时，通过信息平台、采购渠道向供应商发送招标文件。系统能够自动接受供应商的报价，具有基于 ERP 系统的专家议标、评标功能；还能自动制作中标通知书并具有发布的功能。

2．采购业务的作业程序步骤

（1）接受物料需求或采购指示

物料需求的主要部分来自生产计划的需求，采购部门必须按照物料规格、数量、时间和质量要求提供给生产部门物料。如果是外协加工的物料，要由生产技术部门或生产部门和采购部门共同协商确定，但主要还是由采购部门确定外加工的方案，因为采购部门对于市场的加工能力、供应情况更加了解。此外，物料需求中有部分不是来自生产部门，而是来自库存部门，例如采用订货点方法控制的物料，其库存量降到一定水平（即订货点）之下时库存部门就会提出采购请求。

（2）选择供应商

供应商位于企业供需链的供应端，所以供应商资源也是企业的资源之一。采购部门掌握的供应商越多，企业的供应来源就越丰富。由于供应商的数量和质量是两回事，尤其在 JIT 生产方式下，更要求供应商在需要的时刻按照需要的数量提供优质产品，合作关系要更稳定、更可靠。在考虑选择供应商的时候一般有三个考查要素：价格、质量、交货期。

传统企业与供应商的关系是一种短期、松散、竞争对手的关系，这种关系容易产生价格波动、质量不稳定、供货期不可靠等现象；现代管理的管理思想已经趋向于建立企业与供应商之间的合作伙伴关系，把建立和发展与供应商的关系作为企业经营战略的重要部分，与供应商共同分析成本与质量因素，并向供应商提供技术支持。在 ISO9000 质量保证与管理体系中，要求企业对分供方（供应商）必须进行评估，并向分供方提供全部的质量与技术要求，帮助分供方进行质量改善。

但是企业对供应商过度依赖容易产生供应商缺乏竞争力的现象，从而增加企业风险。一般企业对每种物料的供应至少保持两家供应商比较合适，同时根据自身特点和企业环境制定合作策略。

（3）下达订单

根据物料需求计划制订采购计划之后，就可以根据采购计划选择供应商、下达采购订单，订单上采购人员要把材料的质量、数量、交货时间的要求明确地下达给供应商。虽然企业的质量管理人员、技术人员、生产人员、计划人员都会对采购工作给予支持，但是采购人员还是应当熟悉企业需要的材料的技术要求和制造工艺知识，同时具有采购方面的专业知识。

（4）业务跟踪

采购订单发出后，为了保证订单按期、按质、按量交货，应当对采购订单进行跟踪检查，控制采购进度。采购工作周期是从业务洽谈开始至采购合同签订结束的时间段。实际工作中，企业各个部门的工作需要协调，采购工作需要及早介入到销售阶段，了解可能形成的订单情况，及时做好采购业务洽谈的准备工作。在采购合同签订后，采购人员也需要及时跟踪供应商物料准备、装货、发运、质检、商检、物流、验收、入库、付货款等一系列工作信息。因此，ERP 中订单管理功能中要具有提供给采购人员查询的功能；采购管理系统中也要有上述跟踪的业务流程的管理功能。

（5）验收货物

供应商交货之后，采购部门要协助库存与检验部门对交付的货物进行验收，按需收货，不能延期也不能提前，平衡库存物流。

另外，采购管理中的费用管理包括了人工成本（采购人员工资、福利、奖励等）、管理费（办公费、差旅费、通信费、业务招待费等），在 ERP 系统中采购管理系统功能里需要设置费用管理明细，与财务系统衔接，既便于采购部门控制费用开支，又便于财务部门及时进行成本核算。

3．货款与费用管理

完成货款的支付工作是采购管理的收尾工作，货款支付依据的是合同条款，一般分为预付款（或叫作订金）、分批次款项、尾款，与之相对应的是物料交付的进度。ERP 系统中具有每一采购合同的付款明细、到货明细的数据记录。办理付款的是财务部门，而发出付款指令的是采购部门，当采购部门接到库存部门验货入库的信息后依据付款合同给财务部门付款指令。

4．采购子系统与其他业务子系统的关系

采购管理子系统和物料需求计划、库存、应付账管理、成本管理等子系统都有密切关系，它们之间的交互内容包括：

（1）由 MRP、库存的需求产生采购需求（请购）信息。

（2）货物验收后直接按分配的库位自动入库。

（3）物料的采购成本计算和账款结算工作由成本与应付账子系统完成。

它们之间的关系如图 2-20 所示。

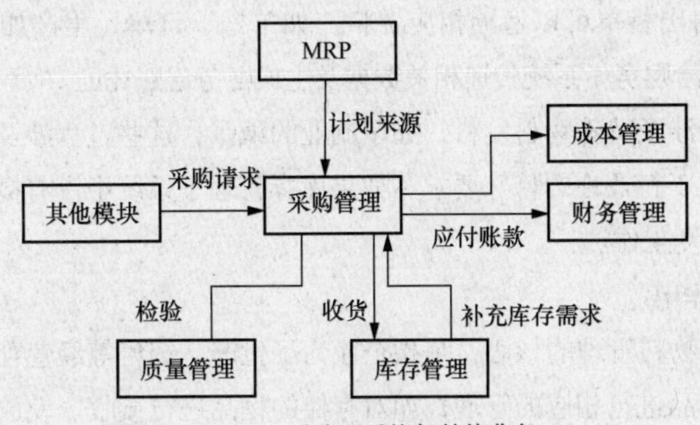

图 2-20　采购子系统与其他业务

2.7.2　库存管理

APICS 词汇中对于库存的定义是“以支持生产、维护、操作和客户服务为目的而存储的各种物料，包括原材料、在制品、维修件、生产消耗、成品、备件等”，库存管理工作包括物料的存储、收发、使用、计划与控制等方面。库存管理包含两大块业务。一是采购物料入库与出库管理，二是在制品、成品的入库与出库管理，有的企业还包括次品、废品的出入库管理。

1．入库管理

采购订单的来料入库过程包括根据采购订单接受物料、安排检验、办理入库手续、开入库单（收货单）、分配材料库存货位，同时要监督来料是否与订单相符。有些 ERP 系统中将来料收货、入库并入采购子系统，并由采购组织收料。

其他情况的来料收货、入库，其系统的处理流程与采购订单来料收货、入库不同，因为这类材料入库不需采购订单，经过检验合格后就安排入库。

不管哪类物料入库都要进行验货，主要是数量和质量。库存部门依据权威部门的检测报告、计量报告验货；根据 ERP 系统事先设置的货位存放。

入库业务还包括生产完工入库、生产剩余物料入库与销售退货入库，分别按照不同的流程处理，对各种入库方式都可以通过自定义来实现。完工的产品有成品与半成品，完工入库后要计算生产成本，数据转入财务子系统处理；销售退货有不同的处理方式，如扣减货款、换货等处理，相关数据转入财务子系统。

ERP 系统的入库管理功能与采购管理、财务管理具有很好的集成，采购人员或财务等人员将验收单或购货录入发票后，ERP 系统自动产生记账凭证（记入材料采购、应收款、库存材料科目等）。

2．出库管理

依据 MRP 清单，生产单位发出的请领需求，经过计划管理部门人员的审核同意，ERP 系统自动通知库房管理员发货。

物料出库有生产领料、非生产领料、销售提货等。生产计划的领料按车间订单与分工序用料，并能根据物料清单与工艺路线自动生成工序领料单。非生产领料有多种形式，可以在系统中自由定义。销售提货按销售订单或合同生成出货单据，并自动生成销售订单与合同的出货单。生成的销售出货单可以追溯相应资料，如单据、订单、生产加工单、原材料信息等。这些过程都可以给财务子系统传递相关数据及生成财务记账凭证。

有些情况下还会涉及特殊物料发料，如印刷业的纸张，这些过程涉及物料的发料排版及余料管理等功能，属于行业性的特殊要求，如果库存管理子系统中没有提供相应的功能，就要考虑软件的二次开发工作。

3．库存管理的作用

库存管理是企业物料管理的核心，是指企业为了生产、销售等经营管理的需要而对计划存储、流通的有关物品进行相应的管理，如对存储的物品进行接收、发放、存储保管等一系列的管理活动。库存的作用主要有 4 个方面。

（1）维持销售产品的稳定

对于销售预测型企业来说，由于企业预先并不知道市场的确切需求，只是按照市场需求的预测进行生产，所以必须保持一定数量的库存，其目的是应付市场的销售变化。但随着供应链管理的形成，这种库存会逐渐减少或消失。

（2）维持生产的稳定

企业按照销售订单、销售预测安排生产计划，并制订采购计划，下达采购订单；由于采购物品有个提前期，这个提前期是统计数据或供应商生产稳定的前提下制定的，实际当中存在风险，可能会延迟交货，影响正常生产。为了降低这种风险，企业就会增加材料的库存。

（3）平衡企业物流

企业在采购材料、生产用料、在制品、销售物品的物流环节中，库存起着重要的平衡作用。对采购的材料会根据库存能力，协调来料收货入库。同时对生产部门的领料应考虑库存能力、生产线物流情况来平衡物料发放，并协调在制品的库存管理。另外，对销售产品的物品库存也要视情况协调各分支仓库的调度与出货速度。

（4）平衡流通资金的占用

由于库存的材料、在制品、成品是企业流通资金的主要占用部分，因而库存量的控制实际上也是进行流通资金的平衡。例如加大订货批量会降低企业的订货费用，保持一定量的在制品库存与材料会节省生产交换次数，但都需要寻找最佳控制点。

这些是库存有益的一面，但客观地说，任何企业都不希望存在任何形式的库存，无论是原材料、在制品还是成品，企业都想方设法降低库存，库存的弊端主要有三方面。

① 占用大量资金。

② 增加产品成本与管理成本，库存材料的成本是计入产品成本的，而库存设备、管理人员的成本属于企业的管理成本。

③ 掩盖众多管理问题，计划不周、采购不力、生产不均衡、产品质量不稳定、销售不力等问题，都会被库存所掩盖。

库存管理系统在功能上与财务管理系统集成度高。验收入库后，系统就会自动通知财务部门进行库存物资的账务处理；出库后，系统也会自动通知财务部门进行账务处理、实施成本核算。ERP 系统自动实现财务账数据与库存账数据的平衡，省去了人工对账等琐碎之事。

4．库存子系统与其他业务子系统的关系

库存管理子系统通过对库存物品的入库、出库、移动、盘点等操作，对库存物品进行全面的控制和管理，帮助企业的仓库管理人员管理库存物品。库存管理子系统从级别、类别、货位、批次、单件、ABC 分类等不同角度来管理库存物品的数量、成本、资金占用情况，以便客户可以及时了解和控制库存业务各方面的准确数据，库存管理子系统与采购、生产、销售、成本、总账等子系统之间有密切的数据传递。例如采购物料通过库存接受入库，生产所需原材料和零部件通过仓库发放，销售产品由成品仓库发货、库存物料成本及占用资金由成本和总账管理来核算。库存管理子系统与其他业务子系统的关系如图 2-21 所示。

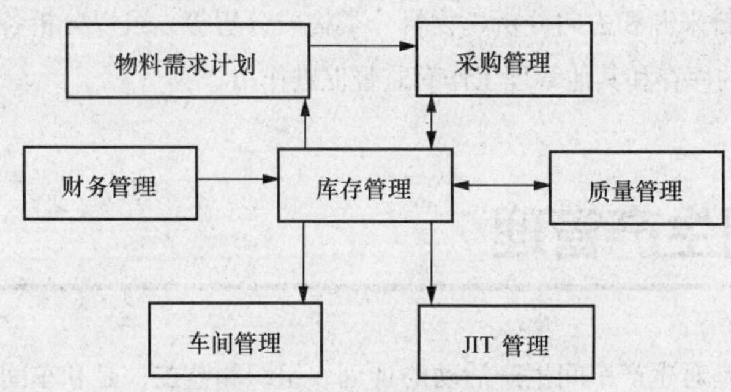

图 2-21 库存管理子系统与其他业务子系统的关系

2.7.3 仓库管理

根据生产规模、产品特点的不同，有的企业将仓库管理的功能纳入到库存管理，也有企业将仓库管理的功能独立设置为一个软件模块。本书将仓库管理作为一个独立功能阐述。

ERP 系统涉及的仓库管理一般有以下 3 个方面：

1．物料移动

物料的移动是指库存之间（即同一法人单位内部，例如分厂之间、分公司之间）的物料调拨，这类物料可以要求（例如长途运输后）或不要求检验，可以通过系统参数来控制，也可以根据系统参数要求生成凭证（如果财务的材料明细账还分仓库核算的话）。

2．库存盘点

库存管理不仅要关注物料的保管状态，还要适时地通过盘库工作核查物料的数量。因为在日常的物料出入库、移库工作中会出现一些物料的毁损、污染、遗失，甚至多发少发或多收少收等现象，也要防止被盗、私拿私用等状况的发生，所以要进行定期或不定期的盘库工作。库存盘点是对库存物品的清查，是对每一种库存物料进行数量清点、质量检查、盘点登记表的库存管理过程，目的主要是为了清查库存实物与账面数量是否相符、库存的质量状态。

实物数量与账面数量有出入的，要调整账面数量，并且遵守相应的管理处理流程。每种库存物料都设立相应的盘点周期，并能通过系统自动输出到期应该盘点的物料。盘点方法一般有冻结盘点法和循环盘点法两种，前者要求盘点物料停止入库出库操作，后者允许盘点物料进行入库出库操作。ERP 系统中，对于盘盈，视作物料入库处理；对于盘亏，视作出库处理。但无论盘盈盘亏，都要做原因分析并记录在案，必须将盘盈盘亏数量控制在规定的范围以内。

有些企业针对物料价值的大小还设立了 ABC 库存管理法，即将价值大或生产中起关键作用的物料视作 A 类，作为重点管理；将价值次大的物料视作 B 类，作为次重点管理；其余的物料视作 C 类，作为一般的管理。针对不同的保管类别，ERP 系统会及时提醒管理人员做相应的检查、维护工作。

3．库存物料管理信息分析

从各种角度对库存物料信息进行分析，例如，日常的物料进出存的业务数据分析、物料占用资金分析、物料来源和去向分析、物料分类构成分析等，可以分析各种库存管理指标，这些信息对于企业的库存和其他管理工作有监督促进作用。

2.8 车间生产管理

车间生产管理是对生产车间生产活动的计划、组织和监控，是和车间生产有关的各项管理工作的总称。企业不仅重视车间现场的管理，更注重车间内部流程的优化，以改善生产秩序和作业环境，加强安全生产，使车间达到环境整洁、区域明确、工作高效的现代企业文明生产要求。

2.8.1 任务单的执行

车间是企业行政管理的基层单位，完成各项生产任务的具体单位，在 ERP 的计划层次中属于执行层和控制层。ERP 从 MPS 到 MRP 发出的指令都是在车间层完成的，车间管理十分重要，决定了生产加工任务能否“按时、按质、按量”低成本地完成。车间是行政管理与考核的单位，企业关注的是生产数量、质量、成本、安全与环保以及员工组织等情况，而工作中心注重的是生产计划的执行能力。两者有时就是同一被管理对象，只不过在 ERP 系统中所处的业务流程不同而已。

车间接受 MRP 下达的任务单，匹配完成该任务所需的工作中心、物料或零部件、工具等生产设备的完好情况。如果车间当前的资源与完成任务存在差距的话，必须在规定时间内采取措施。车间任务确认流程如图 2-22 所示。

车间在接到任务并准备完毕后，ERP 系统自动制定任务工序，有时还要安排出工序的优先级，并且能够动态地反映出待加工量、在产量和已完工量。

对于离散生产企业，有可能生产场地范围很大，现场也没有信息化使用终端（ERP 客户工作站），那么任务指令的传达依靠生产工单也称为生产工票，由车间管理人员在 ERP 客户工作站上打印下发。各个企业生产特点不同，工票对应的任务可以是一个工序或多个工序。现在智能通信设备的广泛应用，任务工票直接由无线信号传送，提高了生产管理的实时性。例如，现在很多快递公司的业务员带着智能手持读写器，实时扫描每一环节的快件流转信息，寄件客户、收件客户和快递公司管理人员能够及时了解快件的运行状态。

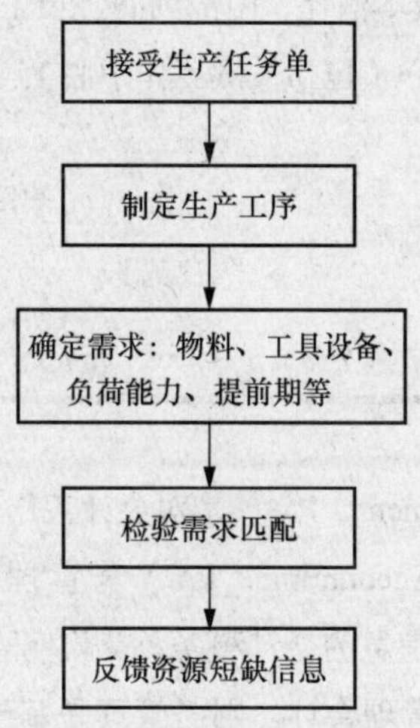

图 2-22　车间任务确认流程

2.8.2　投入产出控制

车间的投入与产出控制在 ERP 中属于执行层，其特点是只能执行而不能改变计划，因此要求任务单完成进度（数量、质量）等不能偏离 MPS 或 MRP。控制的任务就是，如果出现了偏离则需要及时采取措施纠偏，如果实在无法调整到正常生产状态则必须立即将信息反馈给上级管理部门处理。

车间实现投入与控制的方法有很多，ERP 系统往往采取的方法是平行顺序作业、加工单拆分、调整或改变工序（工艺流程）、减少排队（等待、内部传送）时间等。有时将多种方法协调使用，能起到明显效果。

2.8.3　车间绩效考核

对于车间实施绩效考核，可以看出每个车间的投入与产出的效益之比，发现企业成本中心的重要部位，进行重点管理、优化资源配置。力求将每个车间也打造成利润中心。

ERP 系统中及时收集到每个车间的投入、产出数据，根据企业内部核算方法，能够自动计算出每个车间的绩效。车间绩效考核的具体指标因企业不同而不同，一般的关注要素是：

1. 单位时间内的产出，即生产效率；
2. 质量，即合格率、优质率以及废品和次品率；
3. 安全与环保，即非计划停产、安全事故、环保事故等损失量。

2.8.4　车间数据的基础作用

车间是企业的前沿阵地，是价值实现的现场，车间管理水平充分反映了企业管理的水平。车间是 ERP 中的执行层，简单地说，订单完成的过程信息都需要车间反映出来。无论静态的物料编码信息，还是动态的 MRP 计划信息，都是车间使用的数据，具有重要的基础性。

车间管理中涉及的对象有：生产所需物料、生产的物品，包括在制品、生产数量、生产过程、生产周期、负荷与能力、成本消耗、内部利润、员工配置等；与 ERP 密切关联的功能是：MPS、MRP、BOM、工作中心（包括关键工作中心）、工艺路线、库存与物流、提前期、工作日历等。

2.9 财务管理

财务管理（Financial Management，FM）是对会计工作、活动的统称。现代会计学把企业会计分为财务会计（Financial Accounting，FA）与管理会计（Management Accounting，MA），主要为企业外部提供财务信息的会计事务称为财务会计，主要为企业内部各级管理人员提供财务信息的会计事务称为管理会计。财务管理是基于企业再生产过程中客观存在的财务活动和财务关系而产生，根据再生产过程中的资金运动，财务管理的内容包括固定资金管理、流动资金管理、产品成本管理、销售收入管理、纯收入和财务支出管理等。

无论是在 MRPⅡ阶段还是进入 ERP 阶段，财务管理始终是核心的模块和功能。会计和财务管理的对象是企业资金流。ERP 系统的财务管理是集成信息的财务管理，它集成了采购管理、销售管理、库存管理、生产管理、设备管理、工程管理、质量管理等所有企业有关的财务活动，所以和单一的财务系统相比，它具有集成度高、信息处理及时等优点。如果信息集成做得好的话，企业财务的 70%以上的凭证是可以自动生成的。

本部分将对财务管理系统的总账、应收/应付款、工资、固定资产、现金管理等主要模块进行介绍。

2.9.1 会计业务

会计的日常工作主要是会计核算、会计监督、财务计划与预算，具体分为以下 3 类。

1．制作凭证

每项经济业务都要取得或填制原始凭证，审核无误后填写凭证分录，编制记账凭证，一段时间后将凭证归类装订成册以备检查。财务涉及的凭证一般包括收款凭证、付款凭证、转账凭证。

2．根据凭证记账

按规定设置总账、明细账、日记账，根据审核无误的会计凭证及时登记入账。企业的账务有对内与对外两类，对内的有资产、成本、工资、材料、利润等，对外的有往来账、银行账。往来账是指企业与往来户（客户、供应商）之间发生的应收款、预收款、应付款、预付款业务，往来业务量一般比较大，应收款方面经常发生客户拖欠货款的现象，应付款方面对账很复杂，所以通常为往来户单独设立账户记录应收应付款项。银行账要计算每天的收入、支出并结出余额，另外企业要根据银行发来的对账单和自己记录的银行日记账进行核对，并制作未达账调节表。

3．财务报表、财务分析

企业在每个核算期末制作报表，上报上级单位和财政税务部门。各类财务报表（三大报表是资产负债表、利润表、财务状况变动表）从不同角度反映企业的经营和财务状况，财务工作还能及时为企业领导提供相关的财务数据信息，如资金使用情况、企业盈利情况、资金运转情况等。财务分析工作汇总各类财务信息，通过分类整理和系统分析可以看出企业财务活动以及经营活动中存在的问题。

2.9.2 会计核算流程

企业在生产经营过程中的会计程序是不断循环的，包括 6 个步骤。

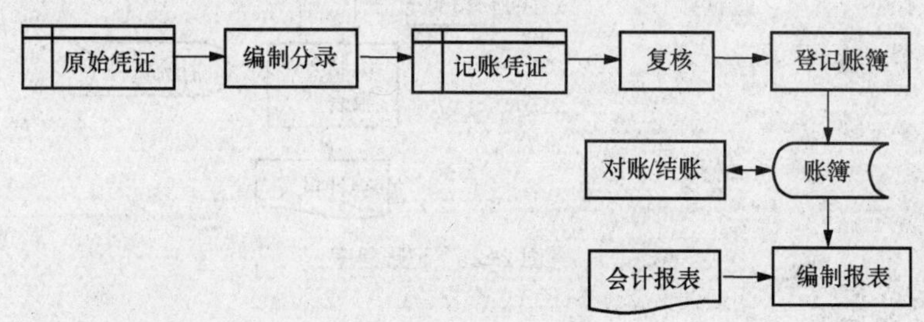

图 2-23 财务处理流程

编制分录 – 根据审核合格的原始凭证，确定贷方账户和金额，然后制作记账凭证。编制分录可以根据一张原始凭证填制，或者根据若干张同类原始凭证汇总填制。

复核 – 记账凭证经过复核才能作为登记账簿的依据，分别进入总分类账、明细账、日记账，涉及现金和银行存款的要出纳签字确认。

登记账簿 – 根据记账凭证中的借贷方账户和金额登记日记账、明细分类账和总分类账，根据权责发生制的原则，调整有关账户的经济业务，处理会计期间需要递延或预记的收入和费用账目。

对账 – 为了保证账簿记录和会计报表数据真实可靠，登账后要进行账簿与实物的核对、账簿与账簿之间的核对、账簿与凭证的核对，做到账户试算平衡。试算平衡的公式如下：

本期借方发生额合计 = 本期贷方发生额合计

本期借方余额合计 = 本期贷方余额合计

期初余额+本期借方发生额-本期贷方发生额 = 本期余额

编制报表 – 根据登账后的账户余额及本期发生额等编制资产负债表、利润表、现金流量表等会计报表。

期末记账 – 一个会计期间结束时，进行账目结算，结束有关账户。

2.9.3 账务处理

常规的人工记账过程如图 2-24 所示。

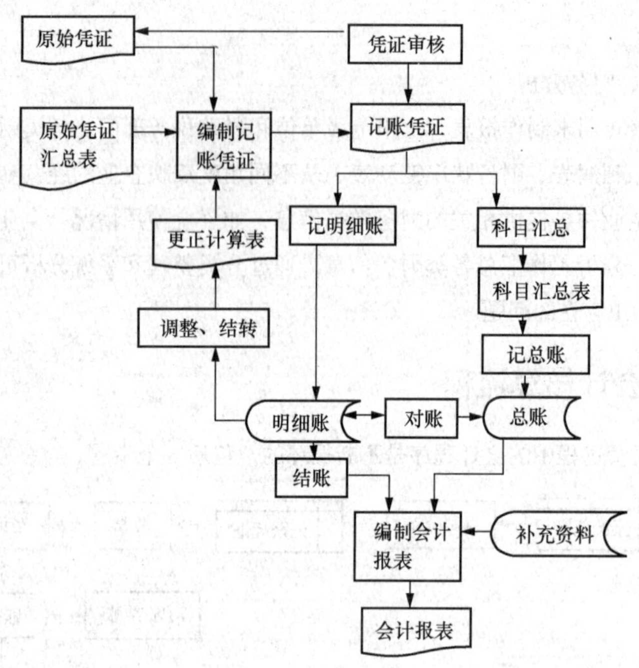

图 2-24 记账程序

1．总账科目维护

会计科目是对会计对象具体内容分门别类进行核算所规定的项目，科目设置的层次深度影响会计核算的详细准确程度。

会计科目是根据会计对象具体内容分类，一般在行政事业单位中分为资产、负债、净资产、收入、支出五类，在企业单位中分为资产、负债、所有者权益、成本、损益五类。会计科目通常采用群码的编码方式，即将会计科目分成若干段，每段有固定的位数，第一段表示一级科目代码，第二段表示二级明细科目代码，以此类推。例如，4-2-2 结构就是一种常见的科目代码结构，表示一级科目代码 4 位（最多可以设置 9999 个一级科目），二级代码科目 2 位（最多可以设置 99 个二级科目），三级代码科目 2 位（最多可以设置 99 个三级科目），如表 2-13 所示。

表 2-13 4-2-2 结构的科目代码

科目代码	科目名称
1211	原材料
121101	原材料 – 黑色金属
12110101	原材料 – 黑色金属 – A 材料
12110102	原材料 – 黑色金属 – B 材料
121102	原材料 – 有色金属

设置科目代码时要注意可扩展性，在一定时期内不改变已有科目的情况下能顺利增加新科目。新增会计科目时需要设置的项目有：科目编码、科目名称、科目类别、账页格式、外币核算、数量核算、辅助核算、受控系统、科目性质等。

2．凭证类别管理

为了能适应不同企业的需求，总账模块通常提供此项功能，企业可以按照本单位的需要对凭证进行分类，并设置限制类型及限制科目。

记账凭证常用的分类方式有：

记账凭证

收款、付款、转账凭证

现金、银行、转账凭证

现金收款、现金付款、银行收款、银行付款、转账凭证

凭证分类的限制类型有：

借方必有：此类凭证借方至少有一个限制科目发生

贷方必有：此类凭证贷方至少有一个限制科目发生

凭证必有：此类凭证无论借方还是贷方至少有一个限制科目发生

凭证必无：此类凭证无论借方还是贷方不可有一个限制科目发生

借方必无：金额发生在借方的科目集不能包含此科目

贷方必无：金额发生在贷方的科目集不能包含此科目

3．币别管理

用于管理外币的折算方式、汇率等。折算方式分为直接汇率与间接汇率两种，折算公式：

外币×直接汇率＝本位币

外币/间接汇率＝本位币

4．辅助核算的管理

辅助核算是为了满足内部管理的要求，在原有科目核算的基础上增设的核算方式，即对同一笔经济业务在按科目分类核算的同时又按部门、员工、客户、项目的一项或多项分类核算，目前的多数软件只能同时进行两项辅助核算。例如，为了反映各部门的收入费用结余情况可使用部门核算，为了反映职工个人借还余情况可使用员工核算，为了反映客户的收支结余情况可使用客户核算，为了反映特定项目收支结余情况可使用项目核算。

部门核算：主要为了考核部门费用收支的发生情况，及时地反映控制部门费用的支出，对各部门的收支情况加以比较，便于进行部门考核。提供各级部门总账、明细账的查询，并对部门收入与费用进行收支分析等功能。

个人往来账管理：主要进行个人借款、还款管理工作，及时控制个人借款，完成清欠工作。提供个人借款明细账、催款单、余额表、账龄分析报告及自动清理已清账等功能。

往来管理：主要进行客户和供应商往来款项的发生、清欠等管理工作，及时掌握往来款项的最新情况。提供往来款的总账、明细账、催款单、往来账清理、账龄分析报告等功能。应收管理系统可对应收账款从客户、部门、个人三个角度进行管理，核销管理可灵活处理三角债业务。还提供客户信用度、信用天数实时预警、全面的账龄分析，从而提高应收账款的回收水平。

项目管理：主要用于生产成本、在建工程等业务的核算，以项目为中心为企业提供各项目的成本、费用、收入等汇总与明细情况以及项目计划执行报告等，也可用于核算科研课

题、专项工程、产成品成本、旅游团队、合同、订单等，提供项目总账、明细账及项目统计表的查询。

5．科目余额维护

期初余额维护用于输入期初余额或者结转年初余额时使用（如果系统中已有上年的数据，就可以使用结转上年余额的功能，将上年度各账户余额自动结转到本年度）

6．制作凭证

制作凭证的方法有多种：最常见的是在总账系统手工填制记账凭证，此外还能使用常用凭证、机转凭证来录入。

常用凭证指的是将常用的凭证格式存储起来作为凭证模板，调用后仍能修改。

机转凭证是指当企业每月把收入和成本结转到本年利润，或在年终把收入支出结转到本年结余，或通过编制转账公式来处理其他业务子系统发生的经济业务。自动转账模块包括：定义转账分录、生成转账凭证、获取内外数据等功能（先定义所有的凭证要素值，其次根据定义的公式从历史凭证文件或其他文件中提取数据计算数据，生成机制凭证，也能从其他系统获取数据实现自动转账）。自动转账模块获取数据的途径包括内部转账和外部转账，内部转账是通过账务处理系统来获取数据，总账系统的账户余额是生成内部转账凭证的主要数据，因此内部转账只能在月末进行，且所有凭证必须记账后再结转；外部转账主要是通过账务处理子系统及其他子系统获取数据，又有两种处理方式，一种是由各有关子系统直接编制记账凭证供账务处理子系统调用，另一种是由各子系统对各自数据分类统计后统一汇集到转账模块生成机制凭证。

7．凭证审核

审核无误的凭证才能进行记账，审核人和制单人不能是同一人，取消审核的操作只能由审核人进行。审核方式有两种：

静态屏幕审核方式（人工方式）：系统将未审核的凭证显示在屏幕上，审核人进行目测检查。这种方式效率较低。

二次输入审核方式（自动方式）：将同一批记账凭证再次输入，由计算机对比两次输入结果是否相同，从而检查输入错误。这种方法差错效率高，但重复输入很费时。

由于两种审核方式都有不足之处，有些企业仍然采用手工记账时的审核方式，即审核由系统打印出来的记账凭证，到月末需要记账时才在系统里进行批次审核，完成系统审核的动作。

8．记账、对账、试算平衡

记账就是根据审核后的记账凭证，按时间顺序分别记入相应账簿。记账工作可以在编制一张凭证后进行，也可以编制一天的凭证后记一次账，也就是说可以一天记多次，也可以多天记一次。

由于账簿是编制报表的重要依据，所以为保证报表数字真实可靠，各类账簿间、账簿与凭证间、账簿与实物间都需要进行核对，做到账账相符、账证相符、账实相符。虽然一般来说只要记账凭证输入正确，自动记账后的各种账簿应该就是正确、平衡的，但由于非法操作或病毒影响可能破坏某些数据，引起账目不符，为了发现并解决这些问题，应经常进行对账，至少每月一次，一般在月末结账前进行。

试算平衡是根据会计恒等式和借贷记账法的规则，通过汇总计算和比较，来检查账户记录正确性的方法。试算平衡分两种：发生额平衡和余额平衡。

发生额平衡，由于在借贷记账法的规则中，借贷两方的金额是相等的，所以当一定会计期间的全部经济业务都记入相关账户后，所有账户的借方发生额总数和贷方发生额总数也应该相等，即全部账户借方发生额合计＝全部账户贷方发生额合计。

余额平衡，借贷记账法中资产＝负债+所有者权益，资产类账户表现为借方余额，负债及所有者权益类账户表现为贷方余额，所以全部账户借方余额合计＝全部账户贷方余额合计。

要注意的是，在试算平衡中等式两边不等说明账簿记录肯定有错误，但等式两边相等不能说明账簿记录肯定正确，例如重记、漏记、会计科目错误、记账方向相反等操作是不影响等式平衡的。

9．凭证与账簿的查询

这是企业财务人员用得最多的一项操作，目前多数 ERP 软件的总账系统都提供各种各样的报表和详尽的凭证查询方法。

10．编制报表

会计报表是以日常会计核算为主要依据，综合反映企业资产、负债、所有者权益情况，以及一定时期的经营成果和现金流量的书面文件。编制报表分为两步：首先定义报表格式，其次定义报表数据来源（通常是从账表中获取数据，或将获取的数据进一步加工生成新的数据）。会计报表中的勾稽关系如表 2-14 所示。

表 2-14　会计报表中的勾稽关系

资产负债表
资产＝负债＋所有者权益（账户式）
资产－负债＝所有者权益（报告式）
利润表和利润分配表
主营业务利润＝主营业务收入－折扣与折让－主营业务成本－主营业务税金及附加
营业利润＝主营业务利润＋其他业务利润－营业费用－管理费用－财务费用
利润总额＝营业利润＋投资收益＋营业外收支
净利润＝利润总额－所得税
现金流量表
各类现金流入－各类现金留出＝现金及现金等价物净增加额

会计报表的生成顺序应该是：利润表及附表（利润分配表、主营业务收支明细表等）－资产负债表及附表（应交增值税明细表等）－现金流量表

11．结账

是指结转给各账户的本期发生额和期末余额，终止本期的账务处理业务。结账包括：期末转账业务处理、月结、年结，结账是一种批处理，只允许每月结账日使用。

结账前应进行以下检查工作：

上月未结账，则本月不能记账也不能结账，但可以填制、复核凭证（跨月制单）；

本月还有未记账的凭证时不能结账；

若总账与明细账不符，则不能结账；

若是结 12 月的账，则必须产生下年度的空白账簿文件，并结转年度余额；

已结账的月份不能再填制凭证。

财务管理中总账模块与其他模块间的关系可以用图 2-25 表示。

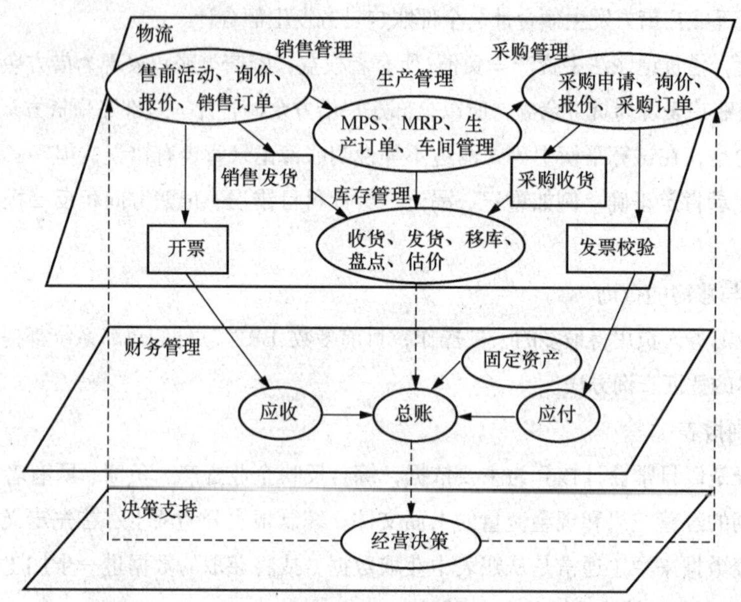

图 2-25　总账模块与其他模块间的关系

2.9.4　存货成本核算

有的企业在实际工作中将存货成本核算功能归为库存管理模块，以管理实物为主，存货发生变动处理后，ERP 系统自动生成有关会计核算数据，并且计算机自动制作有关会计凭证（即机制凭证）。但是大多数企业，尤其中小规模的企业、以财务管理为基础展开 ERP 系统应用的企业还是将存货成本核算功能归入到财务管理系统处理。当然，存货成本核算功能归入那里处理并不是什么问题，存货成本核算功能也可以作为 ERP 的一个子系统。

存货是指为销售或耗用而储存的物品，包括 4 种类型，具体如下：

① 在库存货，企业生产经营过程中储存、以备出售或为生产和服务所需的多种物品，如库存商品、库存产成品、库存原材料和辅助材料等。

② 在途存货，为出售或供生产、服务过程耗费以外购入的已付款或开出商业汇票，但尚在运输途中的各种物品，如在途商品、材料及修理用备件等。

③ 出租存货，出租、出借给外单位使用的物品，如出租的包装物、工具用具等。

④ 加工中的存货，为了出售而尚处于生产加工过程中的物品，如在制品。

存货成本核算实际上是存货计价问题，使用哪种核算（计价）方法将对会计报表中的损益产生影响，而报表中的收益则是企业内外衡量企业（管理人员）业绩的基本尺度。

1．存货成本核算概述

存货成本核算在企业中是一项重要工作，原因如下：

① 存货在流动资产中占据比重最大。

② 价值一次性全部转移到成本，并在销售收入实现中得到补偿。

③ 在生产经营过程中处于不断耗用、销售、重置之中，流动性较强。

④ 存货品种繁多；等等。

根据存货的用途可以将企业中的存货分为8种类型，具体如下：

① 原材料，指用于制造产品并构成产品实体、服务于制造过程、与产品配套出售、供劳动手段备用的各种库存商品，具体包括原料、主要材料、辅助材料、外购半成品、修理用备件、包装材料、燃料等。

② 包装物，指为包装产品而储备或在销售过程中周转使用的各种容器，如桶、箱、袋、坛等。

③ 低值易耗品，指使用年限较短、单位价值较低、使用时不作固定资产核算的各种用具物品。

④ 委托加工材料，指因本企业的生产设备或技术条件的限制，而委托外单位进行加工的材料。

⑤ 在制品，指正在各个生产过程中加工或装配、尚未最后制造完工的产品。

⑥ 自制半成品，指经过一定生产过程、已检验合格交付半成品仓库，但尚未制造完、仍要继续加工的中间产品。

⑦ 产成品，指已经完成全部生产过程，经检验符合质量标准、验收入库可销售的产品。

⑧ 库存商品，指商品流通企业购入的、随时用来销售的多种商品。

根据《存货会计准则》的规定，下面这些项目不应计入企业存货范围。

① 已经按照合同开出发票账单，但是客户尚未提取的库存货物。

② 自制或委托加工库存的成本，包括耗用的加工前存货的实际成本和加工成本之和，有时还包括往返的运杂费开销。

③ 受捐赠的存货成本，指其公允价值。

④ 投资投入库存成本，指按照投资协议确定的价值作为实际成本。

⑤ 盘盈存货以相同或类似存货的重置成本作为实际成本。

2．存货计价方式

如果按实际成本计价，有5种方法，如下：

（1）个别计价法

个别计价法又叫分批计价法，是指以库存收入时该物资的实际单位成本作为该批库存发出时的成本。这种方法适用于不能互换使用的库存，或为特定项目专门购入或制造并单独存放的库存，例如一些重要的昂贵物资、价格变动大或每批质量可能不太一样的物品。

（2）加权平均法

加权平均法也叫月末一次加权平均法，是指以月初存货数量和本月收入存货数量作为权数，在月末时计算加权平均单位成本，从而确定发出存货和期末存货的成本。这种方法适用于企业储存在同一地点、性能形态相同的大量存货的计价核算。计算公式如下：

加权平均单位成本＝（月初存货成本+本月收入存货成本）/（月初库存+本月接收库存）

发出存货成本 = 发出库存量 × 加权平均单位成本

期末存货成本 = 期末库存量 × 加权平均单位成本

（3）移动平均法

移动平均法是指在每次有货物入库时都通过加权计算平均价格，并将此价格作为货物出库时的成本。这种方法通常用于前后成本差异较大的企业，此时不得不采取平抑成本的方式来进行存货成本核算。计算公式如下：

移动平均单位成本 =（上次结存存货金额+本次入库存货金额）/（上次结存库存量+本次入库量）

发出存货成本 = 发出存货数量 × 移动平均单位成本

结存存货成本 = 结存库存量 × 移动平均单位成本

（4）先进先出法

先进先出法是假定出库时让先购进的库存先发出，发出存货的成本按入库的先后次序进行计价。这种方法一般适用于经营业绩受库存影响较大的企业。

（5）后进先出法

后进先出法是一种假定后收到的货物先发出的方法，对发出货物的成本按最后收进的那批单价来计算。这种方法在物价不断上涨的时期，能给企业在纳税时带来优惠。

如果按计划成本计价，就是把企业每种存货的收入、发出和结存，都按预先确定的计划单位成本核算，在实际情况中肯定会因计划价格与实际价格的差异产生成本差异，当实际成本大于计划成本时，差额称为超支差异；实际成本小于计划成本时，差异称为节约差异。计算公式如下：

材料成本差异率 =（月初结存材料成本差异+本月收入材料成本差异）/（月初结存材料计划成本+本月收入材料计划成本）× 100%

发出材料应负担的成本差异 = 发出材料计划成本 × 材料成本差异率

期末结存材料的成本差异 = 期末结存材料的计划成本 × 材料成本差异率

3．存货成本核算子系统与其他业务子系统的关系

核算管理系统接收其他物流模块（如仓储、采购、销售）产生的核算单据，进行金额核算，对核算完成后的单据完成凭证处理过程，并将生成的凭证信息传递到应收、应付、总账等子系统。它们之间的关系如图 2-26 所示。

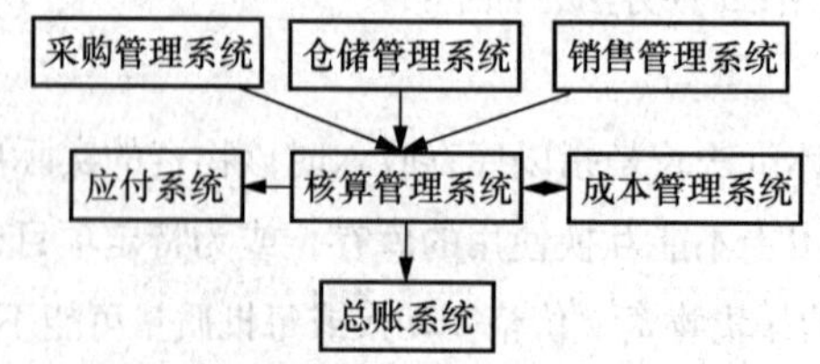

图 2-26　存货成本核算子系统与其他业务子系统的关系

2.9.5　应收/应付账管理

1．什么是应收/应付

应收账是企业因销售商品、提供劳务而向购货单位（客户）或接受劳务单位收取的款项，它是企业在生产经营过程中因赊销商品或按合同先行提供劳务而形成的客户欠款，除此之外形成的应收款项不属于应收账款的范围。应收账可以按不同客户和不同货币设立账户，应收账款涉及的业务有：客户资料维护、客户维护管理、对账（月结）、账龄管理及预付款管理。

应付账款是企业应付的购货账款，是企业向外赊购商品的会计处理，即在购入商品时，按发票价格分别记入购货和应付账账户，如果附有折扣条件的，则在按期偿付账款时，将取得的折扣数额带入购货折扣的账户。

2．应收/应付管理的作用

其作用主要有以下 6 个方面：

改善发票与收付款处理精度。

及时提供对账单。

改善客户、供应商的查询相应，可以立即答复客户、供应商、相关人员关于账款的问题。

简化了客户发票和账款收入的处理过程，大大减少计算费用、检查信贷额度、生成客户对账单、处理发票和支付的时间。

提高资金的运用，改善资金配置。

提高商业信用，改进资金周转率。

3．应收/应付账模块的功能

应收/应付账模块的功能主要有 6 项。

客户、供应商资料的维护：这里面又包括 4 项，分别是基本资料维护，结算币别（收付款时使用的币种），结算方式（包括货到结算、月度结算，或者自定义），扣税方式（包括应税内含、应税外加、不计税等）。

对账管理：包括生成对账单和调整对账单。生成对账单是指企业根据客户或供应商交易时商定的结算方式和时间，按月或按日将出库单或入库单生成对账清单，然后发给客户或供应商进行对账。调整对账单是指企业与客户、供应商对账后，就双方差额（漏计或多计）进行调整。双方确认的对账单作为开发票的依据。

发票管理：可以将对账清单、出库单、入库单等信息传递到发票，发票输入后可以验证所列物料的出入库情况，核对销售订单和采购订单，计算差异，查看指定发票的收付款情况。目前多数公司开发票都使用特定的开票系统和发票样式，所以 ERP 系统并不需要真正开发票，只要将正式发票与订单、采购单关联起来。

账龄管理：分析应付账龄，通过建立应收账款客户的付款到期期限和应付账款的收款到期期限，系统自动生成催款单和付款排期表，减少坏账损失，合理调配资金。

坏账管理：包括坏账条件维护、坏账申请、坏账审核、坏账处理等功能。坏账处理方法包括直接转销法、备抵法，前者是直接从应收账款中转销，计入当期损益；后者是估计坏账损失，计入各期损益，形成坏账准备金，计入备抵账户，当坏账发生时，根据金额冲减准备金，同时转销相应的应收账款金额。

建立会计分录：应收账系统能自动建立有关应收账的全部会计分录，这些分录可以自动过到总账中去。

2.9.6 工资管理

1．有关概念

工资分为工资核算和工资管理两部分，其中工资核算处理员工工资的结算、核算和分配，并且按工资总额提取各项费用，流程如图 2-27 所示。工资核算是根据员工考勤记录、工资标准、各项应发补贴、各项代扣款等原始资料来结算应付工资和实发工资，进行计提、分配和结转，编制转账凭证。工资管理是处理员工的工资政策，如制订工资计划、预算和标准等。

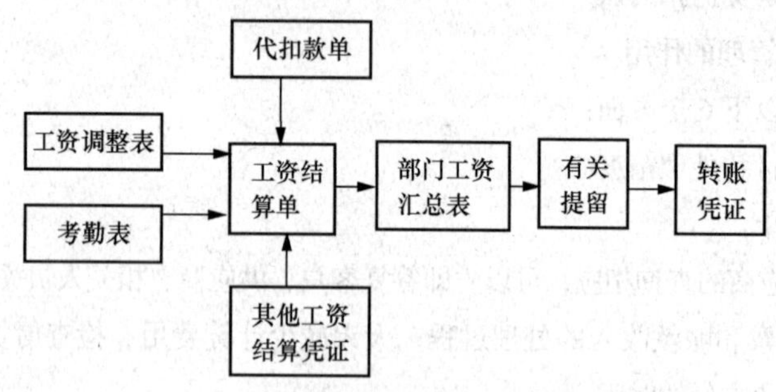

图 2-27　工资核算处理流程

2．工资模块主要功能

（1）工资核算功能

完成考勤、工资调整表、代扣款项目的输入，然后计算应付给员工的实发工资金额、计提费用，再进行分配和结转，编制转账凭证，打印各类工资表，提供查询功能。

（2）工资管理功能

完成单位的工资计划、工资预算、工资标准等管理功能。

需要注意的是，不同的 ERP 软件有不同的划分方法，如有些软件将这两块分开，也有些软件将这两块结合起来，作为企业人力资源管理的工资报酬部分。

2.9.7 固定资产

1．有关概念

固定资产是指使用年限在一年以上，单位价值在规定标准以上，并在使用过程中保持原有实物形态的资产，如房屋、建筑物、机器设备、工具等。不属于生产经营主要设备的物品，单位价值在 2 000 元以上、使用期限超过两年的也作为固定资产。由于固定资产占用大量资金，所以固定资产的管理是企业的重要基础性工作。

2．主要功能

包括 5 个部分：

（1）基础数据维护

基础数据包括固定资产分类，固定资产科目（如固定资产、累计折旧、租金费用等），固定资产卡片。

（2）资产折旧管理

通过设置折旧参数和折旧方法来计算折旧费用，并自动生成转账凭证。折旧参数包括折旧基数、净残值、折旧年限等，折旧方法主要有平均年限法、工作量法、双倍余额递减法、年数总和法。

平均年限法：

也叫直线法，指固定资产在预计的折旧年限内，根据原始价值和净残值，按每年平均计提折旧的方法。一般企业都选用这种方法。公式如下：

固定资产年折旧额 =（固定资产原值 – 预计净残值）/折旧年限

固定资产年折旧率 = 固定资产年折旧额/固定资产原值 × 100%

固定资产月折旧额 = 固定资产原值 × 固定资产月折旧率

工作量法：

以固定的各会计期间完成的工作量为依据，计算各期折旧额的方法。公式如下：

每工作小时折旧额 =（固定资产原值 – 预计净残值）/可工作小时数

若工作量以公司、台班数为计量单位，计算方法也类似。

双倍余额递减法：

其基本思想是：用直线折旧率的 2 倍作为固定的折旧率，乘以逐年递减的固定资产期初净值，得出各年应提折旧，但要在固定资产折旧年限到期前两年内将账面净值扣除预计残值后的净额平均摊销。另一种方法是当发现某期按双倍余额递减法计算的折旧小于该期剩余年限按平均年限法计提的折旧时，改用平均年限法计提折旧。公式如下：

年折旧率 = 2/预计使用年限 × 100%

年折旧额 = 固定资产账面净值 × 年折旧率

月折旧额 = 年折旧额/12

年数总和法：

是以固定资产的原值减去预计净残值后的余额，按递减的折旧率计算折旧的方法。公式如下：

年折旧率 = 尚可折旧年数/各年的折旧年限之和

或　　年折旧率 =（折旧年限 – 已折旧年限）/[折旧年限 ×（折旧年限+1）/2]

每年折旧额 =（固定资产原值 – 预计净残值）× 年折旧率

（3）资产增减管理

包括固定资产的增加和减少两个管理功能，前者主要有固定资产购入、自建、改建和扩建、其他单位投资转入、融资租入、捐赠、固定资产盘盈等，后者主要有固定资产转让、报废、损毁、盘亏等。

（4）资产维修管理

部分固定资产的修理可以在设备管理中处理，其余部分转入固定资产修理处理。对于经常性修理所需费用，由于数额较小，一般在发生时直接计入当月费用，借记“制造费用”、“管理费用”等账户，贷记“原材料”等账户；对大修费用，数额较大，一般采用预提、待摊的方法。

（5）资产租赁管理

包括固定资产的租入、租出的租赁合同管理及租金计划管理。合同作为计算费用的依据，一般要说明租赁的时间范围、费用计算方法、费用明细、每期付款时间、原值、净值、往来客户类型等。

2.9.8 货币资金管理

1. 相关概念

货币资金管理是对硬币、纸币、支票、汇票、银行存款管理的统称。为了防止资金被挪用、被盗，保证账款相符、保证正常经营和日常支付，一个健全的货币资金收入和支出的管理表现在以下几方面：

建立明确的货币资金管理的日常处理程序

将货币资金的经营工作和有关的记账工作严格分开

将货币资金支出活动和收入活动分开

收入的现金必须每天存入银行，支出的现金超过定额的要使用支票

2. 主要功能

主要包括以下6项功能：

① 收入管理

主要是回收销售收入和应收账款。

② 支出管理

主要是支付购货支出和应付账款。

③ 票据管理

这里的票据是在应收应付的账务处理中产生的各种票据，如期票、汇票和支票，这些票据要有收到和签发处理、到期回收和偿付处理、贴现处理、票据登记处理。

④ 零用现金和银行存款的核算

包括预付款的核算，提供国际通用的各种应收账付款作业及付款形式。

⑤ 银行对账管理

企业为了防止记账差错，保证银行存款账目正确无误，通常要求出纳人员定期对银行存款进行清查，清查一般采用核对账目的方法进行，即根据银行送交的对账单与企业银行存款日记账的记录逐笔核对。如果余额不等，可能是记账错误，也可能是存在未达账项，为了消除后者的影响，企业要编制银行存款余额调节表。对账管理的内容包括：

a. 录入银行期初余额

b. 录入或导入银行对账单，形成对账单文件

c. 通过自动对账、手动对账相结合的方式进行核对，核销已达账项，产生未达账项

d. 编制银行存款余额调节表

e. 查询功能

⑥ 其他管理

如票据维护、票据打印、付款维护、银行清单打印、付款查询、银行查询和支票管理等。

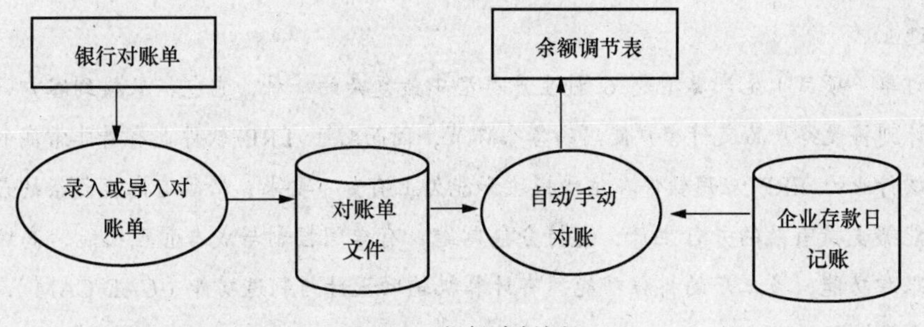

图 2-28 银行对账流程

2.9.9 财务模块与其他功能模块的关系

财务模块与其他功能模块的关系具体如图 2-29 所示。

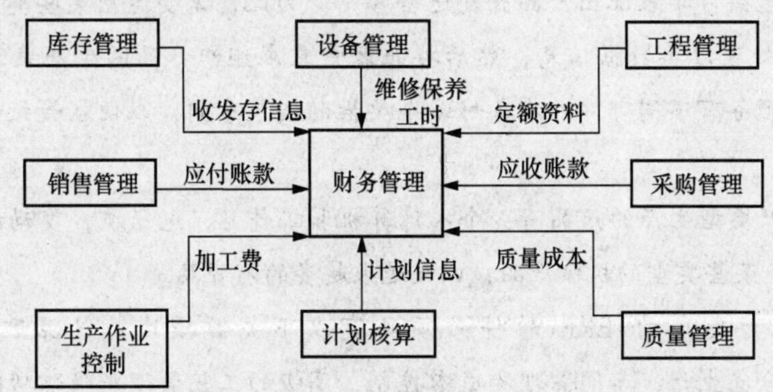

图 2-29 账务子系统和其他子系统的关系

案例分析：ERP 软件中的生产类型

现在也有不少 ERP 软件按照生产组织形式将企业生产类型分为以下 6 种，请思考各种类型在实际企业中的应用方式。

1. 按订单设计（Engineer To Order，ETO）或按项目设计（Engineer To Project，ETP）

在这种生产类型下，一种产品在很大程度上是按照某一特定客户的要求来设计的，所以说支持客户化的设计是该生产流程的重要功能和组成部分。因为绝大多数产品都是为特定客户度身定制，所以这些产品可能只生产一次，以后再也不会重复生产了。在这种生产类型中，产品的生产批量很小，但是设计工作和最终产品往往非常复杂。在生产过程中，每项工作都要特殊处理，因为每项工作都是不一样的，可能有不一样的操作、不一样的费用，需要由不同的人员来完成。当然，一些经常用到而且批量较大的部分，如原材料，可以除外。

为了使一个大型产品或项目的各个子部分能够在最后阶段精确地匹配在一起，最终使用由不同的人、不同的地方生产的不同的子部分组合成为一个复杂产品或项目，需要由非常先进的配置系统（Configuration Systems）来完成总体协调和管理控制工作。另外，精确地计算各个子部分的费用也是一件很难完成的要求，因为在整个制造流程中，不同的子部分可能是由各种不同类型的分包商（包括内部的和外部的）来完成的。

属于此种生产类型的行业有：飞机制造业、国防产品制造业、出版业、机械设备和发电设备制造业。

按订单（项目）生产类型是 6 种生产类型中最复杂的一种，它包括从接到客户产品要求进行设计到将最终产品交付客户使用的各个环节，因而对于 ERP 软件也有着非常高的要求。对用于该行业的 ERP 应用软件在主要模块和能力上有如下要求：必须有高度复杂的产品配置功能，能够支持有效的并行生产，支持分包制造，有车间控制与成本管理功能，高级的工艺管理与跟踪功能，多工厂的排程功能，有计算机辅助设计与制造功能（CAD/CAM），集成功能以及有限排程功能。

2. 按订单装配（Assemble To Order，ATO）或按订单制造（Make To Order，MTO）

在这种生产类型中，客户对零部件或产品的某些配置给出要求，生产商根据客户的要求提供为客户定制的产品。所以，生产商必须保持一定数量的零部件的库存，以便当客户订单到来时，可以迅速按订单装配出产品并发送给客户。为此，需要运用某些类型的配置系统，以便迅速获取并处理订单数据信息，然后按照客户需求组织产品的生产装配来满足客户需要。生产企业必须备有不同部件并准备好多个柔性的组装车间，以便在最短的时间内组装出种类众多的产品。

属于此种生产类型生产的产品有：个人计算机和工作站，电话机，发动机，房屋门窗，办公家具，汽车，某些类型的机械产品，以及越来越多的消费品。

满足这种生产类型的 ERP 软件必须具有以下关键模块：产品配置（Production Configuration），分包生产，车间管理和成本控制，高级的工艺管理与跟踪功能，分销与库存管理，多工厂的排程，设计界面，以及集成模块。

3. 按库存生产（Make To Stock，MTS）

在按库存生产类型中，客户基本上对最终产品规格的确定没有什么建议或要求，他们的投入很少。生产商生产的产品并不是为任何特定客户定制的。但是，按库存生产时的产品批量又不像典型的重复生产那么大。通常，这类生产系统的物料清单只有一层，而且生产批量是标准化的，因而一个标准化的成本可以计算出来。实际的成本可以和标准成本相比较，比较结果可以用于生产管理。

典型的属于按库存生产类型的产品有：家具，文件柜，小批量的消费品，某些工业设备。

按库存生产类型是大多数 MRPⅡ系统最初设计时处理的典型生产类型，因此，基本上不需要特殊的模块来处理它。

4. 批量生产（Batch）

在批量生产类型中，处于生命周期的初始阶段的产品可能会有很大变化。在纯粹离散型生产中产品是根据物料清单装配处理的，而在批量生产类型中，产品却是根据一组配方（Recipe of Ingredients）或是原料清单（Bill of Resources）来制造的。产品的配方可能由于设备、原材料、初始条件等发生改变。此外，原材料的构成和化学特性可能会有很大的不同，所以得有制造一个产品的一组不同的配方。而且，后续产品的制造方法往往依赖于以前的产品是如何造出来的。在经过多次批量生产之后，可能会转入重复生产类型。

批量生产的典型产品有：医药，食品饮料，油漆。

适合此类生产类型的 ERP 系统必须具有实验室管理功能，并具备允许产品的制造流程和所用原材料发生变化的能力。关键模块有：并发产品（Coproducts）和副产品（Byproducts），连续生产，配方管理，维护，营销规划，多度量单位，质量和实验室信息管理系统。

5. 重复生产（Repetitive）

重复生产又被称作大批量生产，是那种生产大批量标准化产品的生产类型。生产商可能需要负责整个产品系列的原料，并且在生产线上跟踪和记录原料的使用情况。此外，生产商还要在长时期内关注质量问题，以避免某一类型产品的质量逐步退化。虽然在连续的生产过程中，各种费用，如原料费用、机器费用，会发生重叠而很难明确分清，但为了管理需要，仍然要求划分清楚。

重复生产类型往往用倒冲法（Backflush）来计算原材料的使用。所谓倒冲法是根据已生产的装配件产量，通过展开物料清单，将用于该装配件或子装配件的零部件或原材料数量从库存中冲减掉。通过计算得出的平均值，而不是实际值。

重复生产类型需要计划生产的批次，留出适当的间隔，以便对某些设备进行修理。

属于重复生产类型的产品有：笔，用于固定物品的装置（如拉链），轮胎，纸制品，绝大数消费品。

适用于重复生产类型需要的 ERP 系统需要具备如下关键模块或功能：重复生产，倒冲法管理原料，高级库存管理，跟踪管理和电子数据交换（EDI）。此外，那些生产健康和安全用品的企业，则有更高的要求，可能需要对原料来源、原料使用、产品的购买者等信息进行全面的跟踪和管理。

6. 连续生产（Continuous）

在连续生产类型中，单一产品的生产永不停止，机器设备一直运转。连续生产的产品一般是企业内部其他工厂的原材料。产品基本没有客户化。

此类产品主要有：石化产品，钢铁，初始纸制品。

适合于连续型生产的 ERP 系统的关键模块有：并发产品（Coproducts）和副产品（Byproducts），连续生产，配方管理，维护，多度量单位。

（案例改编自：http://www.riambsoft.com/beizisuoRS10/hangye-4.htm）

关键字

及时生产（Just in Time，JIT）

全面质量管理（Total Quality Management，TQM）

优化生产技术（Optimized Production Technology，OPT）

分销资源计划（Distribution Resource Planning，DRP）

物料编码（Item Number）或（Part Number）

物料清单（Bill of Materials，BOM）

工作中心（Working Center，WC）

关键工作中心（Critical Working Center，CWC）

工艺路线（Routing）

主生产计划（Master Production Schedule，MPS）

粗能力计划（Rough-cut Capacity Planning，RCCP）

能力需求计划（Capacity Requirement Planning，CRP）

物料需求计划（Material Requirement Planning，MRP）

先进排程系统（Advanced Planning and Scheduling，APS）

财务管理（Financial Management，FM）

思考题

1. ERP 系统中的主要模块有哪些，它们的关系如何?
2. 简述生产加工提前期的组成。
3. 简述主生产计划的概念。
4. 画出你所知道的企业的采购、生产、销售的业务流程。
5. ERP 的财务管理与一般的会计电算化有何区别?
6. 何为独立需求？何为相关需求？它们在 MRP 计算过程中的特点是什么?
7. 为什么说订单和预测是 MPS 的驱动?
8. 思考一下企业是定期地还是不定期地计算 MRP，为什么?
9. 销售分析的作用有哪些?
10. 简述编制物料需求计划的原因及物料需求计划的特点。

参考文献

周跃进. 企业资源管理控制一体化. 北京：机械工业出版社，2011.

罗鸿. ERP 原理、设计、实施（第 3 版）——信息化经典丛书. 北京：电子工业出版社，2005.

闪四清. ERP 系统原理和实施——高等院校计算机应用技术系列教材. 北京：清华大学出版社，2006.

黄小原，卢震，赵晓煜. ERP 理论与构建. 北京：科学出版社，2006.

杜作阳. 企业资源计划应用教程. 武汉：华中科技大学出版社，2005.

朱江，陆娜，韦海英. 企业资源计划. 广州：广东经济出版社，2006.

第3章 ERP系统的业务集成

教学知识点

- 业务集成原因、逻辑和主体线索。
- 功能集成：供应链管理、客户关系管理、人力资源管理。
- 数据集成：产品数据管理。
- 业务能力的提升：JIT、制造执行系统、电子商务、商务智能等业务逻辑。
- 各个管理子系统分别与 ERP 系统的关系和集成性及其技术要求、方案。

导入案例

苏宁电器的 CRM

苏宁电器是中国 3C（家电、计算机、通信）家电连锁零售企业的领先者。截至 2005 年 12 月底，苏宁电器在中国 27 个省和直辖市，90 多个城市拥有 300 多家连锁店，员工人数 70 000 多名。据商务部统计数据显示，2005 年苏宁电器销售额近 400 亿元。苏宁电器除了是“全国 20 家大型商业企业集团”之一外，更让人称道的是苏宁的信息化工作。它曾入选“2005 年度中国企业信息化 500 强”，排名第 45 位，成为前百强企业中唯一入选的零售企业。并且，以 CRM/SAP/ERP 为核心的苏宁信息化平台在国内商业零售领域是第一家。它基于 ATM 专网实现采购、仓储、销售、财务、结算、物流、配送、售后服务、客户关系一体化实时在线管理；适应管理和处理日益庞大的市场数据的要求，建立全面、统一、科学的日常决策分析报表、查询系统；有效控制物流库存，大幅提高周转速度，使库存资金占用减少，盘点及时有效；计算机区域配送派工，完善售后服务系统（送货管理、安装管理、维修管理），为客户服务中心提供强有力的基础服务平台；通过多维分析模型、商品生命周期分析模型等现代分析手段，综合运用数据仓库、联机分析处理、数据挖掘、定量分析模型、专家系统、企业信息门户等技术，提供针对家电零售业运营所必需的业务分析决策模型，挖掘数据的潜在价值。

BtoB、BtoC、银企直联构筑的行业供应链，实现了数据化营销。苏宁与索尼、三星等供应商建立了以消费者需求和市场竞争力为导向的协同工作关系。知识管理和数据库营销成为基本工作方式，标志着中国家电和消费电子类产品供应链管理从上游厂商制造环节，延伸到零售渠道环节。苏宁与索尼、摩托罗拉率先实现 B2B 对接，与 LG、三星、海尔等上游企业 B2B 对接，贯通上、下产业价值链信息系统初具雏形。供销双方基于销售信息平台，决定采购供应和终端促销，实现供应商管理库存功能，加强产业链信息化合作，建立电子商务平台与现有的SAP/ERP系统完美结合，行业间B2B对接，订单、发货、入库和销售汇总等数据实时传递、交流，大幅度缩减业务沟通成本；建立完善的客户服务系统以及信息数据采集、挖掘、分析、决策系统，分析消费数据和消费习惯，将研究结果反馈到上游生产和订单环节，以销定产。

苏宁全国100多个城市客户服务中心利用内部VOIP网络及呼叫中心系统建成了集中式与分布式相结合的客户关系管理系统，建立了5 000万个顾客消费数据库。另外，还建立了视频、OA、VOIP、多媒体监控来组成企业辅助管理系统，包括图像监控、通信视频、信息汇聚、指挥调度、情报显示、报警等功能，从而对全国连锁店面及物流中心实时图像监控。总部及大区远程多媒体监控中心负责实时监控连锁店、物流仓库、售后网点及重要场所运作情况。

苏宁实现了全会员制销售和跨地区、跨平台的信息管理，统一库存、统一客户资料，实行一卡式销售。苏宁实现20 000多个终端同步运作，大大提高了管理效率。苏宁各地的客服中心都是以CRM系统为运作基础的。客户服务中心拥有CRM等一套庞大的信息系统。CRM系统将自动语言应答、智能排队、网上呼叫、语音信箱、传真和语言记录功能、电子邮件处理、屏幕自动弹出、报表功能、集成中文TTS转换功能、集成SMS短消息服务等多项功能纳入其中，建立了一个覆盖全国的对外统一服务、对内全面智能的管理平台。

依托数字化平台，苏宁会员制服务全面升级。其店面全面升级为会员制（CRM）销售模式，大大简化了消费者的购物环节，方便顾客。现在，累积积分可以冲抵现金，成为苏宁吸引消费者一个重要因素。目前苏宁针对会员消费者，推出会员价商品、会员联盟商家、会员特色服务等专项服务内容。例如，某一款产品限量特价之后，顾客荣誉卡里记录着该顾客的信息，苏宁可以提前通知这些有意向购买这个商品的顾客，把优惠让给他们，而不需要他们排队。另外，苏宁电器依托CRM系统针对客户的个性化优惠变得切实可行，如苏宁可以给某些有着良好购买记录的顾客直接现金优惠，也可以根据对方的购买习惯打包进行捆绑式销售，这些都给顾客带来实惠。而且让利是可见的、实时的，比大规模没有针对性的促销更有利。

讨论：

（1）总结苏宁ERP的实施阶段。

（2）苏宁ERP如何与CRM连接的？

（案例改编自：CIO时代网 http://www.ciotimes.com/application/crm/40972.html）

ERP系统从企业的销售订单、预测出发，形成企业的主生产计划（MPS）、物料需求计划（MRP），力求企业生产执行的及时性和库存的最小化。随着信息技术的发展和企业信息化应用的深入，企业不断拓展ERP的应用范围和应用深度，将一些独立应用的软件系统逐步集成到ERP系统中，使ERP系统越来越具有平台性的作用，成为企业信息化工作的基础设施。本章介绍大多数应用ERP系统的企业会扩展应用到的几个软件系统，重点阐述有关软件系统本身的业务流程，以及与ERP集成的内在逻辑关系、数据流动接口技术方案。

3.1 供应链管理

供应链管理有传统供应链管理和新供应链管理之分，传统供应链模式以满足生产为主导，新供应链以满足客户需求为主导，两者之间供应链链条不变，但关注点不同。SCM 覆盖了供应链上所有环节，促成了企业内外部物流、资金流、信息流的集成，而 ERP 系统加强了企业内外部资源的共享，两者之间相互联系，互为补充。

3.1.1 供应链管理概述

供应链管理（Supply Chain Management，SCM）起源于 Peter Drucker 提出的“经济链”思想，后经过 Michael E. Porter 的发展成为“价值链”，最后逐渐形成供应链管理的概念。美国的 Stevens 认为：“通过增值过程和分销渠道控制从供应商到客户的流就是供应链，它开始于供应的源点，结束于消费的终点。”Stevens 认为：“供应链管理是通过前馈的物料流与信息流，将供应商、制造商、分销商、零售商直到最终客户连成一个整体的模式。”这两种定义的共同点就是强调从需求源点到供应源点的整个完整的链式结构。供应链管理具体是指在满足一定的客户服务水平的条件下，为了使整个供应链系统成本达到最小而把供应商、制造商、仓库、配送中心和渠道商等有效地组织在一起来对供应、需求、原材料采购、市场、生产、库存、订单、分销发货等的管理，包括从生产到发货、从供应商到顾客的每一个环节。从企业的角度看，它更关注供应链中的核心企业，再从核心企业向供应链前、后扩充形成一个网络组织，该企业使用的资源（物料、资金、信息）必定在该网络之中流动。

供应链管理是一种集成的管理思想和方法，这种管理思想不仅仅是针对企业内部资源的管理优化，更为注重的是企业通过改善上、下游供应链关系，整合和优化供应链中的信息流、物流、资金流，以获得企业的竞争优势。供应链管理是围绕核心企业，通过信息手段，对网络组织中的物料、资金、信息等资源进行计划、使用和控制。具体表现为：企业在战略和战术上对企业整个作业流程的整合与优化，实现供应商、制造商、零售商的业务效率的协调提升，使商品以正确的数量和正确的品质，在正确的地点和正确的时间，用最佳的成本进行生产和销售。

3.1.2 ERP 与 SCM 的关系

ERP 系统主要面对单个企业内部，注重于企业内部资源的集成与效率的提高；SCM 则面对供应链上的各个组成部分，包括企业外部资源，注重于企业所处的整个关系网络中信息流、物流以及资金流的优化整合。

从实现功能的角度来说，SCM 和 ERP 都拥有生产计划、销售计划、需求计划和市场分析等方面的相应模块，但由于 SCM 是基于整个网络的综合性系统，因此在上述的功能上都明显优于 ERP。包括 Internet 的解决方案和协同引擎等内在的通信技术，可以为 SCM 的实现提供足够的技术支撑，从而帮助生成企业之间实时协作预测，提供精确的预测结果，这都是单一的 ERP 系统所不能实现的。

基于 MRP 的 ERP 计划模型存在缺乏企业间有效沟通缺陷，这一点在采购计划和销售计划方面表现得尤为严重。在采购方面，SCM 可同时分析企业内部和供应商生产设施的物料以及能力约束，在编制满足企业自身物料和能力约束的生产进度计划的同时，还可以及时获取上游企业的供应信息，从而按给定的外部条件进行整体网络的优化。在销售计划方面，与传统的 ERP 系统相比，SCM 能够提供更为全面的功能，可以帮助管理分销中心并保证产品可订货和可盈利，而 ERP 则在对外的销售计划外并不具有 SCM 优化分销成本的前瞻性。

ERP 与 SCM 的集成是通过相互之间的采购、销售、库存和决策分析等模块集成而完成的。尽管 SCM 对外部资源的管理和利用方面具有明显优势，但是其对企业内部的管理大都沿用 ERP 的思想和职能。其主要体现在客户订单、采购订单、预测数据和库存、分销、运输、服务链上。从信息技术的要求看，建立高效实用的 SCM，需要网络组织中的企业建立统一的业务流程标准、数据交换标准与保密协定，以及统一的服务规范，形成共同决策、资源调度、快速响应的管理机制。

3.2 客户关系管理

客户关系管理是一个不断加强与顾客交流，不断了解顾客需求，并不断对产品及服务进行改进和提高以满足顾客需求的连续的过程。CRM 与 ERP 之间存在着相互支持和相互依赖的关系。首先，ERP 生产系统为 CRM 中的数据仓库提供丰富的数据。其次，CRM 的分析结果和对市场发展的预测给 ERP 系统提供了数据。最后，CRM 从改善客户关系的角度，而 ERP 从优化企业生产流程的角度来提高企业的竞争力和利润。

3.2.1 客户关系管理概述

客户关系管理（Customer Relationship Management，CRM）的概念由美国著名的计算机技术咨询和评估集团 Gartner 集团率先提出。CRM 是辨识、获取、保持和增加“可获利客户”的理论、实践和技术手段的总称。它既是一种国际领先的、以“客户价值”为中心的企业管理理论、商业策略和企业运作实践，也是一种以信息技术为手段、有效提高企业收益、客户满意度、雇员生产力的管理软件。

CRM 的核心思想就是以客户为中心，它要求企业从传统的“以产品为中心”的经营理念解放出来，确立“以客户为中心”的企业运作模式。这就意味着企业将把客户作为其运作的核心。也就是说，企业的一切活动都是围绕客户展开的，客户需要什么，企业就做什么。

CRM 是一种手段，它的根本目的是通过不断改善客户关系、互动方式、资源调配、业务流程和自动化程度等，达到降低运营成本，提高企业销售收入、客户满意度和员工生产力。企业经营以追求可持续的最大盈利为最终目的，企业为客户提供的服务分为售前、售中、售后 3 个阶段。销售部门先解答售前的客户咨询，跟踪合同、交货情况、客户对产品质量和交货期的满意程度，提供售后支持（如产品安装、调试、维护、维修），并向技术部门和质量部门提供产品的售后质量记录。开展好客户关系管理是达到上述目的的手段，从这个角度可以不加掩饰地讲——CRM 应用是立足企业利益的，同时方便了客户，也可让客户满意。

3.2.2 ERP 与 CRM 的关系

ERP 和 CRM 既有区别又有很紧密的联系。从管理理念上来说，ERP 主要是提高企业内部资源的计划和控制能力，讲究的是在满足客户、及时交货的同时最大限度地降低各种成本，并通过提高内部运转效率来提高对客户的服务质量，它是以效率为中心的。CRM 是以客户关系的建立、发展和维持为主要目的的。二者在关注对象上有所区别，与企业级的内部资源计划 ERP 相比，CRM 更多的是关注市场与客户。所以，CRM 的作用主要在与客户直接接触的部门，主要针对的是企业的市场营销、销售、服务部门，包括管理整个客户生命周期的各个阶段，为企业提供对客户及所购产品的统计、跟踪、服务等信息化手段和功能。也就是说，如果 ERP 是企业级的全面管理应用，CRM 就是 ERP 的最前端，它的作用延伸到了 ERP 以前力所不能及的范围。ERP 将更加面向顾客和市场，通过基于知识理解和技术方法的订单处理、市场预测及生产调度等方式，使得企业在全球化市场环境下具有更强的优化能力；与客户关系管理进一步结合，实现服务、销售、市场的一体化；使后台处理过程与前台客户服务结合在一起，充分满足客户的个性化服务，从而提高企业的顾客满意度。

从应用系统的设计角度看，大部分 CRM 业务流程相对比较灵活，而 ERP 主要业务流程则相对固定。ERP 系统是一个“事务处理”系统，强调准确记录企业中人、财、物各项资源的轨迹，无缝集成企业生产、库存、财务等管理模块，提高企业的“自动化”能力，从而极大地降低人力需求及差错，提高效率。而 CRM 的体系设计以客户关系发展和维系为目标，以统一的客户数据库为中心，为系统用户提供客户的统一视图和对客户的分析、预测等，能够实现自动化的客户关怀、客户行为挖掘，从而增加企业价值量。而 ERP 与 CRM 最终都是要使企业的利益实现最大化、长久化，使投资回报率（ROI）最高。

3.3 产品数据管理

ERP 帮助企业进行高效管理的前提，必须是建立在对大量全面、准确、实时的企业数据的访问、存储和分析的基础之上。而在实践中，企业淡化了对企业基础数据结构的优化程度，忽略了对企业现有业务数据的整顿，最终导致企业基础数据处理的严重缺陷。因此，企业 ERP 的成功必须加强对产品数据的管理。

3.3.1 产品数据管理概述

产品数据管理（Product Data Management，PDM）技术诞生于 20 世纪中期，正式提出

PDM这一概念是在80年代后期。1995年2月，主要致力于PDM技术和相关计算机集成技术的国际咨询公司 CIMdata 在其发布的《PDM Today》一文中，对 PDM 提出了简单的定义："PDM 是一门用来管理所有与产品相关信息（包括零件信息、配置、文档、CAD 文件、结构、权限信息等）和所有与产品相关过程（包括过程定义和管理）的技术。"

PDM 是以软件为基础的技术，它将所有与产品相关的信息和所有与产品有关的过程集成到一起。产品有关的信息包括任何属于产品的数据，如 CAD/CAM/CAE 的文件、材料清单（BOM）、产品配置、事务文件、产品订单、电子表格、生产成本、供应商状态等。产品有关的过程包括任何有关的加工工序、加工指南和有关批准、使用权、安全、工作标准和方法、工作流程、机构关系等所有过程处理的程序。产品有关过程包括产品生命周期的各个方面，PDM 使最新的数据能为全部有关用户，从工程师、NC 操作人员到财会人员和销售人员均能按要求方便地存取。与 PDM 常常相关的术语有电子数据库、过程或过程控制、结构、配置管理/改变控制、接口和集成等。

从产品来看，PDM 系统可帮助组织产品设计，完善产品结构修改，跟踪进展中的设计概念，及时方便地找出存档数据以及相关产品信息。

从过程来看，PDM 系统可协调组织整个产品生命周期内，诸如设计审查、批准、变更、工作流优化以及产品发布等过程事件。但是，这只是单纯从技术的角度给 PDM 下了一个"准确"的定义。真正意义上的 PDM 远不止如此。如果一定要探寻 PDM 究竟是什么，我们不妨这样来定义：PDM 继承并发展了设计资源管理、设计过程管理、信息管理等多类系统的优点，并应用了并行工程方法学、网络技术、数据库技术等先进技术，有效地解决了企业信息集成、过程优化管理等企业的"瓶颈"问题。

随着智能手持终端、各种传感器的广泛应用，不少产品在生产过程中能够自动采集到每个部件加工、生产的动态数据，包括它的生产时间、数量、技术参数等。特别是对流程型企业，能够将产品生产过程中动态质量监测与技术标准自动比对，从而发出不合格警报。

3.3.2 ERP与PDM的关系

ERP 和 PDM 是当前关系到企业核心能力的两个重要技术领域平台。PDM 能够管理所有与产品有关的信息和与产品相关的过程。它能帮助企业构造一个适合异构计算机运作环境的集成应用平台。ERP 则是根据现代管理思想，对企业活动中和制造有关的所有资源和过程（包括产、供、销、人、财、物）进行统一的管理。在目标上，充分体现对成本的控制、对质量的控制和对客户服务的管理，着眼于企业制造领域中连续的计算机化管理，主要用于生产制造阶段和后勤管理。

ERP 和 PDM 在系统的早期功能、目标、管理方式、管理内容等多方面存在着不同程度的区别。但是，现代企业的运作是基于资金流、物流和信息流相辅相成的一个动态系统，而产品的生命周期涉及 PDM 和 ERP 两个领域。所以，基于完整的产品生命周期，以全局的眼光来看，PDM 和 ERP 在管理目标上有着高度一致性、过程之间具有连续性、处理业务之间存在着因果关系等。

PDM 系统中基于生产过程中的功能是产品的质量数据，具有质量控制的功能。一般来讲，系统提供人工检验、化验数据录入的界面。如果企业使用了智能检测、化验设备的话，也可以通过设备管理软件接口将数据自动导入 PDM 中，PDM 系统进行处理后还给出可视化图形，报告生产过程的产品质量及操作建议。现在，较大企业使用的 ERP 系统，大多数集成了 PDM 系统，ERP 与 PDM 之间具有数据传导接口，将产品基本资料数据、质量标准数据实现了共享；小规模生产企业和产品生产过程较简单的企业，只是在销售管理或订单管理中具有 PDM 的部分功能。

虽然 PDM 和 ERP 在管理重点上有所不同，但是，由于同一产品的形成周期涉及 PDM 和 ERP 两个领域，因而对 PDM 和 ERP 进行系统集成应用，对有效缩短产品形成周期、加速产品从设计到制造的转化，更好地满足柔性制造、个性化服务的需要，促进企业的现代化进程，具有非常重要的现实意义。

3.4 人力资源管理

随着中国经济市场化和全球经济一体化的不断推进，中国企业将面临着更加激烈的竞争和严峻的挑战，如何更好地管理人力资源，充分发挥它在现代企业中的作用，已是一个不容忽视的问题，越来越多的企业开始意识到利用 ERP 人力资源管理系统进行有效管理的重要性和紧迫性。

3.4.1 人力资源管理概述

企业人力资源管理有 3 个层次。人力资源管理（Human Resource Management，HRM）是指企业通过制订用工计划、招聘、报酬等管理形式对人力资源进行有效运用，满足企业当前及未来发展的需要，保证生产任务实现与员工发展的一系列活动的总称。ERP 涉及了企业所有的资源管理与运用业务，不管是企业内部的人、财、物的流动，还是外部环境，都是企业涉及的资源，都是 ERP 管理理论研究的范畴。市场上也有独立的人力资源管理系统提供，但最好的解决方案是与 ERP 系统的集成。HRM 模块只有连接生产管理模块、质量管理模块、财务管理模块等各大模块，才能全面进行人力资源管理绩效评估，同时为基础管理、岗位管理、绩效管理提供支撑。

1．基础管理

企业人力资源管理已经建立了成熟的、核心的基础管理模式，无论是独立的 HRM 软件系统还是 ERP 中的人力资源管理模块都要包括 4 个方面的功能。

（1）人事管理

人事管理包括工种、职位管理，人员调动、职位调整、离职管理，假期管理，考勤管理，人事档案管理等。

（2）报酬管理

报酬分为金钱与非金钱两类。非金钱报酬有：职业性奖励、社会性奖励；金钱报酬有：

工资、奖金、福利。

（3）人力资源计划管理

企业要实现战略目标、战术目标，必须根据企业目前的人力资源状况，考虑未来一段时间内企业的人力资源质量和数量的需要，决定实施的引进、保持、培训、流出等人力资源预测和相关事项工作。

（4）员工招聘

员工招聘包括招聘需求申请、审批，发布招聘信息，建立测试题库，测试成绩管理，录取与招聘评估。

2．岗位管理

从理论上讲，企业的生产岗位、管理岗位、辅助岗位应该是确定的，但是大多数企业生产任务是动态变化的，甚至有些生产性质是柔性的，因此，对用工要求（人员数量、能力要求）也是变化的，需要进行岗位管理。

（1）工作分析

工作分析是要明确企业生产过程中需要设置哪些岗位，分析各个工作岗位的特点、需要的人力（人工数量、能力要求），其中人工数量有时可以用工时来计量，能力要求通常用技术职称或工种级别来衡量。

工作分析的出发点是为了完成生产任务进行的动态工作，不仅具有根据某工作特点做出对用工人员要求的明确规定，确定完成这一工作需要什么样的行为的过程，包括工作描述和工作说明书两部分，而且还要具有根据工艺流程、生产任务的变化进行的工作分析预测功能。

工作分析的结果是企业实施的定员定岗工作，它首先明确了人员的工作任务与职责，其次也明确了企业阶段性的人工成本，最后为企业储备人才提供了依据。

（2）人力资源测评

工作分析是企业对用工的需求，而配备合适的人员才是人力资源部门的一项重要工作。什么样的人员才符合企业用工要求，需要对这些用工进行人力资源测评。不仅测评应聘者的技术能力，还要测评应聘者的团队协作能力、心理健康指数等方面，各个企业会根据自身情况进行测评。基于信息化手段，无论是独立的HRM还是ERP中的HRM模块里，一般都会建立本企业的测评试题库，实现自动化、客观性测评。测评管理包括建立测试题库、测试结果统计分析等。

3．绩效管理

绩效管理的主要目标有两个：评价和帮助员工发展。前者包括绩效衡量、报酬补偿、激励，后者包括员工自我管理、发掘员工潜能、改进沟通、提高绩效。

3.4.2 ERP系统上的HRM协调关系

ERP系统上的HRM协调关系如图3-1所示。

人力资源为MPS、CRP、MRP等系统提供人力资源的能力数据，并根据计划与管理的实际情况不断调整人力资源的配置与管理方法。同样的，人力资源管理也为成本管理提供成本核算基础数据，实现企业的成本管理目标。

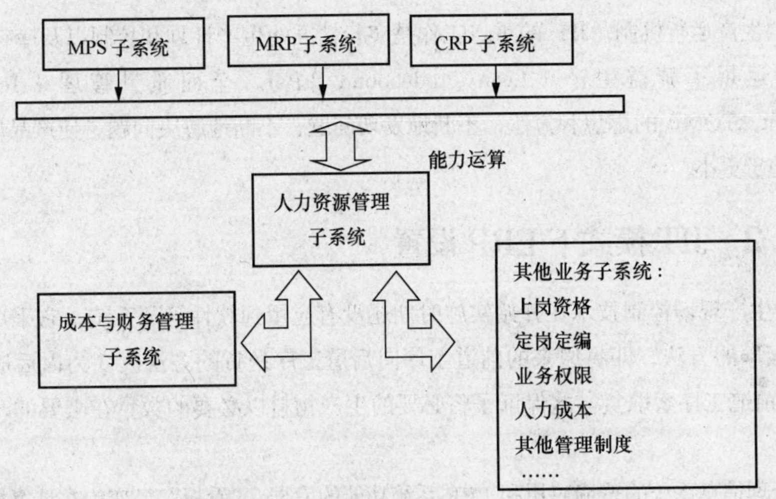

图 3-1　人力资源管理模块与其他子系统的关系

人力资源涉及的企业的所有业务部门包含以下内容：

（1）上岗培训、资质认证；

（2）各部门、单位的定岗、定员、定编管理；

（3）业务权限管理，也是 ERP 系统操作权限管理；

（4）部门与单位的人力成本预算与控制；

（5）人力资源测评、管理策略、劳动冲突等管理；

（6）人力资源的策划与目标管理；

（7）企业文化建设。

3.5　准时制生产

准时制生产又称作无库存生产，强调的是库存最小化。库存的积压实际是企业的一种负债，适量的库存才能给企业带来利润，只有树立库存是一种负债观念后，企业才会想方设法控制库存，才能改善企业的经营状况。

3.5.1　准时制生产概述

准时制生产（Just- in-time，JIT）是 20 世纪 70 年代日本丰田汽车公司提出的以“消除浪费”为目标的一种先进的生产管理方式，其基本思想是“只在需要的时候，按需要的量，生产所需的产品”。因为，如果生产提前进行、提前完成，产品交付时间没到而需要库存，等到了交货时间才能交货。这个过程增加了将产品从生产线运送到库房、再从库房运送给客户的两次装卸和两次运输，增加了库存管理成本。当然，产品延期生产、延期交付，也增加了延期的工时成本，甚至因延期而付出赔偿金成本。这些显然都是可以消除的浪费。

JIT 的特点是“以订单驱动”，设法消除生产过程中的一切浪费现象，建立零库存或库存量最小化的生产运行机制。JIT 的重点工作是实行精准的生产计划和控制以及库存管理。JIT 方式充分运用了精益生产（Lean Production，LP）、全面质量管理（Total Quality Management，TQM）的思想和方法，不断地发现问题，不断地解决问题，使产品质量趋向精良、成本趋于更小。

3.5.2 JIT 模式下 ERP 设置

JIT 的生产现场控制技术在开始实施时期还没有应用到软件管理系统，它采用的是一种叫作“看板”的方法，即将原来的前道工序向后道工序送货的方法改变为由后道工序根据“看板”向前道工序索取货。这保证了将必要的生产物料以必要的数量在必要的时间送到生产线。

随着管理信息系统的普遍应用和 ERP 系统功能的发展，“看板”已变为在计算机屏上显示图形的软件功能了。要建立 JIT 软件功能，ERP 系统初始设置尤其重要，必须准确定义业务流程（包括使用到的时区、提前期、工作中心、物料量、规格或技术参数、进料时间点、完工时间点），信息审核与发送机制。其中，特别注意的是提前期，满足“看板”不仅能够显示当前需求物料的有关数据，还要能够显示此后一个时间段内预计需要的物料信息。

现在不少的 ERP 系统在 JIT 上还增加了溯源功能，让管理人员了解到“看板”前后工序的下游工序请求数据发布时间节点和上游工序应答时间点，进一步强化工序之间的协调性。有的企业，如上规模的专做外贸服装加工的企业，利用两个时间节点的距离进行工序（岗位）的效率考核，并以此兑现奖惩。重复生产类型的企业更加注重 JIT 方式的运用。

3.6 制造执行系统

制造执行系统是对 ERP 系统的扩充，目前在发达国家已经普遍推广。作为企业计划和过程控制间的纽带，制造执行系统已成为实现企业综合自动化的关键环节。

3.6.1 制造执行系统概述

制造执行系统（Manufacturing Execution System，MES）是美国 AMR 公司（Advanced Manufacturing Research，Inc.）在 20 世纪 90 年代初提出的，旨在加强 MRP 计划的执行功能，把 MRP 计划同车间作业现场控制，通过执行系统联系起来。这里的现场控制包括 PLC 程控器、数据采集器、条形码、各种计量及检测仪器、机械手等。由于提供生产现场控制设施的厂商不属于部署 MES 系统的企业内部资源，MES 系统设置了必要的接口，用于实现两者间有效的沟通并建立合作关系。制造执行系统通过信息的及时传递，对从订单下达到产品完成的整个生产过程进行优化管理。当在企业生产环节中的实时事件发生时，MES 能对此及时作出反应，出具报告，并用当前系统内部的准确数据对该事件的约束条件进行分析、处理。基于这种对状态变化的迅速响应能力，MES 能够减少企业内部特别是生产制造环节中出现的那些没有附加值的活动，有效地指导工厂的生产运作，同时提高了工厂按时完成生产计划的能力、改善了物料的流通性能，提高生产的执行效率以及投入要素的回报率。MES 还是一个双向的直接通信系统，能够实现企业内部和整个产品供应链中的信息互动，及时更新所提供有关生产行为的关键任务信息。

3.6.2 ERP 与 MES 的关系

在制造业中目前大多数 ERP 产品只做到零件级的生产计划，即注重于企业内部资源的数量和使用情况，而且更多的是从财务的角度对企业进行考量，还不具备实现工序级生产计划的能力。与 ERP 管理整个企业内部资源不同的是，MES 的管理对象仅限于生产车间，多用于采集从接受订货到制成最终产品全过程的各种数据和状态信息，因此 MES 更适用于产品种类多、产品的 BOM 复杂、加工工艺复杂、单一产品的需求变化量大的制造型企业。而服务业或者流通业的企业则更多地会使用 ERP 系统满足信息化管理的需求。假定控制层要求的实时时间系数是 1，那么 MES 层的实时时间系数为 10，ERP 层的时间系数为 100。由此，把 MES 作为夹在 ERP 与控制层之间的一个中间层，起传递 ERP 和控制信息层的作用。MES 和 ERP 系统的功能之间的互相延伸和对接，能够实现企业管理层和车间管理层一体化的标准运作，从根本上减少信息和数据内部流通的时间并优化客户服务，提高公司的整体工作效率。尽管 ERP 和 MES 在功能上具有非常良好的互补性，但是在企业信息化建设过程中，它们之间未必需要相互依赖于对方而存在。

3.7 电子商务

电子商务的发展与应用对企业的 ERP 也提出新的要求。电子商务的信息化不仅体现在商品选购和网络支付上，在企业的整个资源管理过程中也得到充分体现。企业在进行电子商务时，产品原材料的采购、开发、销售等都会通过网络实现，借助因特网信息的传输将厂商与客户以及上下游企业、网上银行、认证机构、配送机构等紧紧地连接成一个庞大的、完整的“虚拟”企业大系统。

3.7.1 电子商务概述

电子商务（Electronic Commerce，EC）至今没有统一的定义，这也是电子商务概念很容易引起混乱的原因之一。国内外不同的书籍、机构等对于电子商务的定义都有差异，电子商务研究者从不同角度给出了众多电子商务定义。

加拿大电子商务协会给出了电子商务较为严格的定义：电子商务是通过数字通信进行商品和服务的买卖以及资金的转账，它还包括公司间和公司内利用电子邮件（E-mail），电子数据交换（EDI），文件传输、传真，电视会议，远程计算机联网所能实现的全部功能（如市场营销、金融结算、销售以及商务谈判）。

联合国经济合作和发展组织（OECD）在有关电子商务的报告中对电子商务（EC）的定义：电子商务是发生在开放网络上的包含企业之间（business to business）、企业和消费者之间（Business to Consumer）的商业交易。

美国政府在其《全球电子商务纲要》中，比较笼统地指出电子商务是通过 Internet 进行的各项商务活动，包括广告、交易、支付、服务等活动，全球电子商务将涉及世界各国。

全球信息基础设施委员会（GHC）电子商务工作委员会报告草案中对电子商务定义为：电子商务是运用电子通信作为手段的经济活动，通过这种方式，人们可以对带有经济价值的产品和服务进行宣传、购买和结算。这种交易的方式不受地理位置、资金多少或零售渠道的所有权影响，公有、私有企业，公司，政府组织，各种社会团体，一般公民，企业家都能自由地参加广泛的经济活动，其中包括农业、林业、渔业、工业、私营和政府的服务业。电子商务能使产品在世界范围内交易并向消费者提供多种多样的选择。

总之，我们可以这样说：从宏观上讲，电子商务是计算机网络的又一次革命，旨在通过电子手段建立一种新的经济秩序，它不仅涉及电子技术和商业交易本身，而且涉及诸如金融、税务、教育等社会其他层面；从微观上讲，电子商务是指各种具有商业活动能力的实体（生产企业、商贸企业、金融机构、政府机构、个人消费者等）利用网络和先进的数字化传媒技术进行的各项商业贸易活动。这里要强调两点：一是活动要有商业背景；二是网络化和数字化。

3.7.2 电子商务为企业经营带来的变革

电子商务是 Internet 爆炸式发展的直接产物，是网络技术应用的全新发展方向。Internet 本身所具有的开放性、全球性、低成本、高效率的特点，也成为电子商务的内在特征，并使得电子商务大大超越了作为一种新的贸易形式所具有的价值。它不仅会改变企业本身的生产、经营、管理活动，而且将影响到整个社会的经济运行与结构。

（1）电子商务将传统的商务流程电子化、数字化。一方面，以电子流代替了实物流，可以大量减少人力、物力，降低成本；另一方面，突破了时间和空间的限制，使得交易活动可以在任何时间、任何地点进行，从而大大提高效率。

（2）电子商务所具有的开放性和全球性的特点，为企业创造了更多的贸易机会。

（3）电子商务使企业可以以相近的成本进入全球电子化市场，使得中小企业有可能拥有和大企业一样的信息资源，提高了中小企业的竞争能力。

（4）电子商务重新定义了传统的流通模式，减少了中间环节，使得生产者和消费者的直接交易成为可能，从而在一定程度上改变了整个社会经济运行的方式。

（5）电子商务一方面破除了时空的壁垒，另一方面又提供了丰富的信息资源，为各种社会经济要素的重新组合提供了更多的可能，这将影响到社会的经济布局和结构。

3.7.3 ERP 与 EC 的关系

电子商务的实质是企业经营管理各个环节的信息化过程，但不是简单地将过去的工作流程和工作规范原样照搬到信息系统中，而是依靠新的手段和条件面对旧有的流程进行变革的过程。企业电子商务的发展有一个循序渐进、从基础到高级的过程。典型的企业电子商务发展模式应该包含几个步骤：1. 构建网络基础设施；2. 实现办公自动化（OA）；3. 建设企业核心的业务管理和应用系统。此环节中最有代表性的是 ERP 和外部网站的建设，然后是针对企业经营三个直接增值环节设计的客户关系管理 CRM、供应链管理 SCM 以及产品研发管理 PLM。

如果说企业信息化建设的第三个阶段是建设企业核心的业务管理和应用系统阶段，而在这个阶段最有代表性的是企业内部的资源计划系统（ERP）。ERP 不是机械地适应企业现有的流程，而是对企业流程中不合理的部分提出改进和优化建议，并可能导致组织机构的重新设计和业务流程重组。那么，我们不难得出一个结论，即电子商务是建立在 ERP 的基础之上的应用。也就是说，ERP 是企业实施电子商务的支撑系统。但从另一个角度来看，电子商务与 ERP 又可以被归于同一个层次的应用，只是侧重点不同，即：ERP 主要针对企业内部的管理，而电子商务是与外部交互为主，两者息息相关。如果企业前端的电子商务和后台的 ERP 系统脱节，会导致很多关键的信息和数据被封闭在相互独立的系统中，部门间重复着冗余的工作，不能对客户做出迅速、及时有效的响应，使企业工作效率下降以及运营成本上升，从而给企业自身带来极大的损害。因此，现在的 ERP 必须能够适应互联网的应用，可以支持跨平台的多组织的应用，并和电子商务之间的应用具有广泛的数据、业务逻辑的接口，在建好后台 ERP 的同时，能做好前端电子商务的高度系统集成。

由于电子商务与 ERP 之间存在着种种密切的联系，我们不能再把它们简单地看作独立的两个对象，而是应该用联系的观点去认识和研究它们。

3.8 商务智能

随着企业核心业务系统、企业资源规划（ERP）、供应链管理（SCM）和客户关系管理（CRM）的实施，越来越多的企业经营数据沉淀下来，这些数据可能存放在任何一个分公司、一个部门或者一个系统里，这些信息和外界并没有交互，因而成为分散的一个个信息孤岛，企业要想从数据中获得有效信息，并不是一件容易的事情。如何从信息中获得知识、时刻了解企业的客户、销售、库存、物流、生产、采购、财务状况，就需要商务智能来实现这样的分析和决策，实现商务智能，也是人们特别是战略管理层非常关心的话题之一。

3.8.1 商务智能概述

商务智能（Business Intelligence，BI）的概念最早是 Gartner Group 的 Howard Dresner 于 1996 年提出来的。当时将商务智能定义为一类由数据仓库（或数据集市）、查询报表、数据分析、数据挖掘、数据备份和恢复等部分组成的、以帮助企业决策为目的技术及其应用。随着企业信息化过程的不断深入，从简单的电子报表到复杂的电子商务、企业行为都转化成了数据。

今天，各个行业都面对着激烈的竞争，企业不再为没有信息而发愁，而是为信息太多而焦虑，及时、准确的决策已成为企业生存与发展的生命线。随着信息技术在企业中的普遍应用，企业产生了大量富有价值的电子数据，但这些数据大都存储于不同的系统中，数据的定义和格式也不统一。商务智能（BI）系统能从不同的数据源搜集的数据中提取有用的数据，并对这些数据进行清洗，以确保数据的正确性；接着对数据进行转换、重构等操作后，将其存入数据仓库或数据集市中；然后运用合适的查询、分析工具，数据挖掘工具，OLAP 工具等管理分析工具对信息进行处理，使信息变为辅助决策的知识，并将知识以适当的方式展示在决策者面前，供决策者运筹帷幄。

因此，商务智能（BI）是企业利用现代信息技术收集、管理和分析结构化和非结构化的商务数据和信息，创造和累计商务知识和见解，改善商务决策水平，采取有效的商务行动，完善各种商务流程，提升各方面商务绩效，增强综合竞争力的智慧和能力。

3.8.2 商务智能在企业中的应用

商务智能在中国的发展尚处于起步阶段，大部分企业对商务智能仍然缺乏必要的了解。中国虽有宝钢、中国海关以及大的银行和电信公司进行过或正在进行数据仓库和数据挖掘项目，但是大部分企业在这方面的应用几乎为零。

虽说几乎每个中国的企业都需要商务智能，但大规模的分析主要集中在竞争激烈的生活消费品行业、零售业以及金融服务业（如银行、保险等）。由于国内的生活消费品行业和零售业利润薄，信息化程度低，资金实力不强，因而没有足够能力实施。被商务智能软件厂商们看好的反而是电信、金融、航空等行业，因为这些行业的信息化程度偏高，并且这些行业从某种意义上讲都是服务业，客户的需求扮演着重要角色，准确、科学地把握客户的需求是身处这些行业的企业决策者们孜孜以求的。另外，这些行业可以利用商务智能来补充和完善它们实施的 CRM 和 ERP 系统。Business Objects 和 Brio 在国内实施的案例中，多数集中在这几个行业。另外，商务智能厂商们也看好正在实施电子政务计划的中国政府部门。

尽管中国企业在商务智能的应用方面还处于刚刚起步阶段，但它的需求潜力巨大。在之前，已有不少国际商务智能公司进入中国，经过 2005 年的强劲发展，中国商务智能（BI）软件市场销售额达到 10.15 亿元，年增长率达到 54.96%。2006 年，随着履行加入 WTO 全面开放市场承诺时间的临近和中国企业国际化的步伐加快以及政府职能的全面转变，中国金融、电信、零售、制造等行业对商务智能技术应用的需求全面爆发。随着中国企业信息化建设的进一步完善，对商务智能系统的需求会与日俱增。

3.8.3 ERP 与 BI 的关系

在过去 10 多年的时间里，ERP 技术和 BI 都有重大的发展，但它们的发展道路或多或少是并行的。BI 数据库和 ERP 有许多共通之处：两者都采用分布式架构存储海量数据，因此双方进行融合的可能性很大；两者都具有为大范围终端用户提供深度访问的能力；两者都具有高度的分布性和应用程序的可扩展性，尽管这种特性在 BI 上体现得不是很明显；两者基于同样的前提，即利用直接或者间接数据作为预测工作的信息参考；两者的商业判断能力都有赖于信息技术，但功能特点却各自针对于商务智能（Business Intelligence）和业绩跟踪（Performance Tracking）的不同方面。BI 和 ERP 最大的共性就是，它们使企业运行得更有效率、响应更及时，并易于整合。

虽然 BI 和 ERP 存在类似之处，但它们绝对不是同一事物或同一事物的两个方面，它们是互补的系统。ERP 是面向操作的软件，而 BI 是面向决策的软件。BI 可以建立在 ERP 系统已收集原始数据的基础上，弥补 ERP 在分析、决策功能上的不足，但绝不是简单的 ERP 附属模块。著名信息化专家乔布·奥茨（Joe Oates）的观点是：尽管 ERP 理论上包括商务智能（BI）和客户关系管理（CRM），但实际上并不如此，甚至很多公司只是执行了 ERP 方案中的财务部分。当前，很多企业 ERP 上线前，在某些时候没有数据可以分析；上了 ERP 之后，有时面对海量数据，却又难以分析，从而企业老总的决策也不能得到确定。从这种角度讲，对这些企业来说，仅仅实施了 ERP 的信息化系统仍然是不够的，它还需要商务智能系统。商务智能能够帮助经营和决策者发现企业本身的问题和不足，并且给他们提供一种后果的设想，帮助他们选择最佳的方案和渠道，以影响执行层面的行为。所以，ERP 和 BI 是可以并驾齐驱的两个系统，已实施了 ERP 的企业需要 BI 是显而易见的。

案例分析：微软助力联华超市构建商业智能系统

联华超市（以下简称联华）创建于 1991 年 5 月，是上海首家以发展连锁经营为特色的超市公司。公司 2005 年的营业收入达到了 143.1 亿元，比 2004 年增长 31.85%，并连续 8 年排名中国连锁业百强首席。截至 2005 年年底，联华共有营业网点 3 609 个，其中大型超市 97 家，超市 1 553 家，便利店 1 959 家，遍及全国 21 个省市。

联华的信息化建设开始于 1996 年，是国内零售业信息化建设最早的超市之一。联华最初的信息化建设从门店入手，1996—1998 年，在门店层次形成了基于 POS 的管理体系。1997 年年底，联华开始了 EDI 自动订货系统的全面建设，该系统从 1999 年 3 月正式投入使用。2001 年 2 月，联华开始实施“供应商综合服务平台”模块，该模块是一个 B2B 的电子交易平台，通过该模块，联华的采购中心可以通过自动传真、发 E-mail 和 EDI 等多种方式迅速将订货信息传递给供应商，供应商也可以到此平台上查询自己商品的销售和库存等信息。2002 年 10 月，联华开始在各门店与采购中心之间、各门店与供应商之间建立全面的大规模网络系统。

通过这些系统的建设，联华合理安排生产和库存，大大提高了效率，而且大幅度地降低了物流配送成本。在竞争趋于同质化的情况下，只有更好地为客户服务，才可能获得竞争优势，这也要求零售企业具有分析、挖掘业务数据的能力，以便于更深入地了解和掌握业务发展情况。在这种情况下，联华超市开始了 BI（商业智能）系统建设。

解决方案

联华曾经采用 Unix 平台，建设了试验性和应急式的 BI 应用。随着公司扩大规模的战略需要，原有的 BI 系统已难以满足公司日常的要求，公司需要分析更多的数据，进行更深入和全面的分析，以及迅速灵活的报表查询。在 2005 年的下半年，联华开始准备建设新的 BI 系统。

在 BI 系统方案设计上，公司有两种选择：一种方案是沿用第一期 BI 系统的设计，从数据库、应用服务器以及前端平台均采用 Unix；另一种方案是全部采用微软的平台，数据库、应用服务器和前端都采用微软的产品。经过公司的讨论和慎重考虑，最终选择了全部采用微软平台。“微软为我们的系统提供了功能丰富、完整的解决方案，并且帮助我们大大节省了项目的投资。”联华公司项目负责人介绍，“我们最终在 Web 服务器方面，采用微软的 Windows Server 2003 平台，数据库采用微软的 SQL Server 2005，前端采用微软的 IE。”

该 BI 系统方案主要功能是为联华提供业务数据分析，整个系统包括 4 个层面。

- 企业级的数据仓库

超市的各个门店以及供应商之间每天都有大量的数据要传递和处理，数据仓库可以统一不同数据来源间的差异，清理在线系统中的不合理数据，保证数据的准确性、及时性和响应速度。数据仓库还可以智能地执行数据加载、清洗、转换过程，大大降低后续维护人员的工作量。

- 多维分析报表（OLAP）

数据仓库只是对数据的搜集和储存，对于数据分析功能，该 BI 系统提供了多维分析模型和多维分析报表，运用.Net 技术来提供报表分析，同时充分满足了各业务部门定制报表和灵活查询的分析需要。

- 特定主题分析

特定主题分析是指针对零售业的特点，而开发的一些主题分析，包括总经理 KPI 指标仪表盘、供应商综合绩效评估、门店综合绩效评估、特定节假日促销效果定量分析、特定商品促销效果定量分析和不同时期、不同业态商品的角色跟踪、对比分析。

- 经营分析指标

经营分析指标包括零售库存保本保利分析预算、成长达成率指标分析、生产率分析指标、资本安全性分析指标、收益率分析指标等。经营指标分析，可以使联华超市掌握自己的经营管理情况。

联华 BI 项目于 2005 年 10 月开始实施，到 2006 年年初结束。该项目采用了数据库服务器—应用服务器—客户端浏览器的三层结构，即 B/S（浏览器/服务器）结构。这种结构性能优越，易于扩展，也易于维护。客户端采用微软的 IE 6.1 浏览器；而 Web 应用服务器和 OLAP 服务器均采用 Windows server 2003。

系统的主服务器采用 64 位的 Windows server 2003 企业版，数据库采用 64 位的 SQL Server 2005 企业版，其结合基于 Intel 64 位处理器的服务器平台，这些为系统提供了稳定、坚实的基础。备份服务器均采用 32 位的 Windows server 2003 企业版和 SQL Server2005 企业版。服务器都放置在联华的总部机房，通过数据交换平台与总部主档库、各分支机构（包括区域、业态等）的业务系统以及外部系统（如供应商的系统）等相连。各联华的门店和最终用户分别通过浏览器访问 Web 服务器，从而可以访问 BI 系统的应用。

用户收益和体验

- 性能先进，扩展性强

微软的 SQL server 2005 针对商业智能做了优化，包括相关的数据仓库、数据分析、ETL、报表、数据挖掘的一系列设计、开发、管理工具；支持 XML 与 Web Service，使得 BI 应用可以方便与 Internet 相连；各种新数据类型和 T-SQL 扩展，为 SQL server2005 带来了诸多灵活性，其扩展性很强。64 位的 Windows server 2003 企业版和 SQL server 2005 企业版的应用，其结合基于 Intel 64 位芯片服务器，大大提高了整个系统的性能。

- 操作简便，易用性强

由于采用了微软的整体解决方案，整个 BI 系统在操作和易用方面得到了很大提高。Windows server 2003 具有操作简便、界面友好的优点，而且在安全性能和网络应用方面有了很大提高。SQL server 2005 中，报表服务、整合服务和分析服务的应用以及前端 IE 浏览器的使用，也使得整个 BI 系统的易用性很强，客户和员工都反映系统很容易上手，操作简单。系统在操作上的便利，也提高了整个系统的运行效率。

- 系统稳定可靠，安全性能高

采用 Windows server 2003 作为系统平台使得整个 BI 系统运行十分稳定，另外，SQL server 2005 提供了全新的安全认证和数据加密技术来加强数据系统的安全性；数据库镜像、快照、时点恢复、实时在线管理等功能更大大提高了系统的可靠性。

- 采用微软解决方案，大大降低了公司的运营成本

整个 BI 系统采用微软的产品，在软件、硬件的初始采购成本上就比 Unix 平台低很多，并且在日常的运行维护上，微软平台的成本优势更加突出。微软平台操作简便、稳定可靠，大大降低了 BI 系统所需要的维护人员的工作量。此外，微软公司为用户提供多种途径的技术支持和丰富的技术资源保障，解决了用户的后顾之忧。联华公司 BI 项目负责人初步估算认为："实施微软整体解决方案，联华公司在 BI 系统的建设、运维成本方面，至少节省了 30% 以上的成本。"

（案例改编自：http://solution.chinabyte.com/0/8288500.shtml）

关键字

供应链管理（Supply Chain Management，SCM）

客户关系管理（Customer Relationship Management，CRM）

产品数据管理（Product Data Management，PDM）

人力资源管理（Human Resource Management，HRM）

准时生产（Just in Time，JIT）

制造执行系统（Manufacturing Execution System，MES）

电子商务（Electronic Commerce，EC）

商务智能（Business Intelligence，BI）

思考题

1. 何谓 SCM？SCM 与 ERP 的关系如何？
2. 请简述 JIT 的作用。
3. 简述传统生产与准时生产的不同。
4. 何谓 CRM？CRM 与 ERP 的关系如何？
5. 何谓 PDM？PDM 与 ERP 的关系如何？
6. ERP 与 PDM、MES 的关系及区别是什么？
7. 什么是 EC？EC 和 ERP 是什么关系？
8. 何谓 BI？BI 与 ERP 的关系如何？
9. ERP 中的供应链管理部分主要包括什么模块？

参考文献

陈兵. 倍增式经营：企业资源高效利用黄金法则. 南京：凤凰出版社，2011.

杨建华，张群，杨新泉. 企业资源规划与流程再造. 北京：北方交通大学出版社，2007.

潘宪生. 企业业务流程重组. 北京：科学出版社，2004.

王茁，顾洁. 三位一体的商务智能（BI）——管理、技术与应用. 北京：电子工业出版社，2004.

杨路明. 客户关系管理理论与实务. 北京：电子工业出版社，2004.

第4章 ERP实施与运行

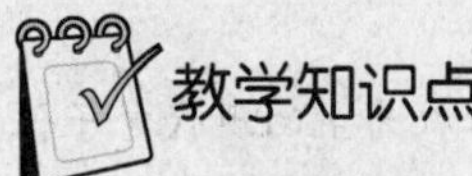

教学知识点

- ERP实施中供应商、咨询公司、用户和集成商之间的关系。
- ERP实施的基本过程。
- 影响ERP实施成败的关键因素。
- ERP项目管理的框架逻辑和主要内容。

导入案例

用友公司ERP项目实施中各方关系与组织协同

用友公司是亚太本土领先的企业管理软件提供商、中国最大的ERP供应商。中国500强企业超过60%是用友的客户。选取用友ERP软件作为项目实施代表，具有典型意义。

1. ERP项目实施的关系主体及其联系

ERP项目实施主要涉及3个利益主体：用友集团、用友各区域分公司、用户。在ERP项目实施中，用户方结合企业内部控制提出需求，反馈给用友各区域分公司的实施顾问，实施顾问做出职业判断，原有系统能满足需求的，由实施顾问直接实现；不能满足需求的，实施顾问与分公司客户开发沟通，能够通过二次开发实现的，交由客户开发完成，必要时寻找用友集团协助；评估后无法通过二次开发实现的，客户开发及时告知实施顾问，由实施顾问向用户方反馈、沟通，请用户方调整需求。

2. ERP项目实施的组织协同

在ERP项目实施中，兼顾各关系主体利益与诉求，最终达到协同一致，是项目成败的关键。

（1）用户方

用户方的首要任务是完成ERP项目的前期准备工作，包括成立ERP项目团队、员工的前期ERP知识培训、管理层需求分析、ERP软件的培训等。然而，在实际的ERP项目实施过程中，用户方尤其是单位领导，往往忽视前期准备工作，盲目跟风，仓促购买软件和硬件，或完全寄希望于外部实施顾问。殊不知，在整个ERP项目中，顾问能做的工作是有限的，顾问在企业实施的时间也是有限的，也就是在合同里所规定的天数是有限的。解决这个问题的最好方法就是借鉴外国成功案例。外国企业在前期的时候都会介入咨询公司，他们的主要工作是：诊断企业管理中影响竞争优势的问题，提出有效的解决方案；进行企业对信息技术的需求分析，编写投资分析和可行性分析报告；协助企业规划信息化工程的建设，评价和选择软件企业及产品；承担实施指导或项目管理，协助企业取得真正的实效。

以财务模块为例。财务是 ERP 的核心模块和职能。在 ERP 实施中，领导人在整场的实施中负责监督和控制，而会计人员主要作为直接执行者。现实中，多数单位的 ERP 主要是购买财务模块来代替手工核算，仅仅是从减轻会计人员负担、提高核算效率方面入手，此外，会计人员计算机操作水平却存在很大的不足，只会基本的办公软件和做账，不能把财务方面上的流程和企业运营流程完美结合，导致许多需求得不到解决。

可行的解决方案包括：一是转变观念。ERP 财务模块是以电子计算机为主的现代电子信息技术应用到会计中，用电子计算机代替人工记账、算报账，以及部分替代人工完成对信息的分析、预测、决策的过程，以提高财会管理水平和经济效益，进而实现会计工作的现代化。二是技能培训。会计工作人员在工作中要不断学习新的相关技术和知识，丰富自身的专业知识储备，提高自身的专业技能。单位可单独选派一名会计人员参加 ERP 软件设计的全过程，使其掌握一定的源代码。这位会计人员不需要进行会计业务处理，主要负责与会计主管人员勾通，了解软件使用过程中需要完善的事项，积极地与软件工程师协调，把会计语言翻译成编程语言。这样，主管会计人员就可以随时根据新业务、新情况调整报表之间的勾稽关系。尤其是在软件系统升级和执行新会计准则的情况下，更为便捷。

（2）实施顾问

软件实施顾问是 ERP 项目实施中的桥梁。ERP 是一个工具，它是不能自行实施和维护的，稍有松懈，应用水平就会降低；要把 ERP 实施得越来越好，人是最关键的，而整个过程中实施顾问与用户方、客户开发及集团均关系密切，需要从中不断沟通、反馈、调整，以达到多方满意。

ERP 实施顾问的主要工作内容是针对不同的用户搭建符合客户实际情况的软件平台。其重要意义体现在丰富并发挥软件功能，配置适合使用对象的软件。实施后的软件所达到的效果，不仅适合用户群体的个性化使用，并且在使用过程中逐渐体现软件的价值。ERP 实施顾问的实际操作经验对企业能否成功上线 ERP 至关重要。他们知道什么该做、什么不该做，从而避免出现错误或者保证少出错误。即使出现错误，一个经验丰富的 ERP 实施顾问，也能快速找到修正错误的实施途径。

简而言之，ERP 实施顾问，需要能够运用自身的实践经验，分析企业的现状，纠正企业目前存在的偏差，帮助企业更快、更好地达到管理目标。此外，一个好的 ERP 实施顾问，能够帮助企业组建 ERP 团队，并对 ERP 项目进行规划，对企业内部员工进行应用培训。实施 ERP 项目时，企业员工基本上都没有 ERP 项目实施的经验，不清楚在实施过程中会出现哪些问题，哪些任务是关键任务，不知道 ERP 实施团队需要哪些人参与。在 ERP 实施过程中，客户要进行基础数据的收集、核对，流程的梳理、确认，这些内容都要在顾问的指导下进行。项目的实施是一个长远的规划，在系统上线之后，将由实施状态转为维护状态，需要顾问后续进行跟踪和不定期回访。正因为顾问在企业的时间是有限的，尤其是对那些同时忙于几个项目的顾问来说，时间就更是宝贵。因此，企业的前期准备工作十分重要，这不仅可以尽快推进项目进度，而且顾问在项目中能够提高效率，这样就减少了顾问做高价值工作的时间。

（3）客户开发

客户开发在 ERP 项目实施中主要从技术上对项目进行支持。客户开发中，领导人及开发顾问是主要的构成部分。用户开发的领导人有时候只考虑到后期的维护费用，而没有评价一个工作量和任务的难易程度，就赶紧接单子。因为开发是一个很耗时的工作，加上难度大的任务，从而导致客户开发前期的工作压力很大，甚至有时候成本大于收入而属于亏损状态，就很难再持续下去。因此，在承接项目时，应综合评估，切忌短视、急功近利。

开发顾问内部管理是一个很关键的因素，管理制度最好能以工作完成情况来衡量，这样才能使工作效率提高；与之相悖的是，大部分开发团队是以时间来衡量的。每天工作时间从早上 9 点到晚上 10 点，周六再加班，这样一来不仅效率没有提高，长此以往对客户开发人员的个人健康也会产生不良影响。开发顾问职业素质要求很高，不仅要有高超的技能，还要有很好的沟通能力和健壮的身体，只有这样才能长期胜任这样的岗位。

（4）用友集团

用友集团作为 ERP 项目实施的“大后方”，主要负责标准化软件的开发及集团协作。企业在选择国产软件时，归纳起来主要有两点理由：一是便宜，二是好用好改。选择进口软件则是考虑引进先进管理思想，产品集成度高、成熟可靠。因此，开发国产 ERP 软件，要注意几个问题：一是要密切注意现代管理思想和方法的发展；二是要体现供应链范围的信息集成，尤其是物流同资金流的集成以及灵活适应业务流程重组的要求；三是要考虑计算机技术和网络通信最新技术的发展，有一个较高起点的开发平台；四是要照顾到量大面广的企业，考虑到企业的承受能力；五是一定要高瞻远瞩，着眼于长远未来发展。实施顾问即使能力很强，但是在实施过程中还是会遇到一些自己不能解决的事情，如一些应用的限制没开放、模板的使用权限、用户使用的速度跟踪等，这样就要总部的实施人员来协助支持。但是，他们平时工作面对的是全国的实施顾问，这样在一定程度上响应速度就降低很多，如果遇到大的问题可能还要等上两三天甚至更久，有时候会影响到用户的上线时间。因此，集团本部的资源调度是否充足，协同支持是否到位，也是项目成败的重要砝码。

3. 案例总结

合理解决 ERP 在实施中的问题，可以更快更好地把好的产品和管理理念传递给用户，使双方达到共赢。从以上论述可以看出，要加强 ERP 的实施，关键在于充分调动四方的力量，合力配合，这样才能使实施中的问题降到最少，使实施成功率提高。

讨论：

（1）用友公司 ERP 的参与主体包括哪些？

（2）用友公司是如何调动 ERP 参与各方力量的？

（案例改编自：汪婷婷. 论 ERP 项目实施中各方关系与组织协同[J]. 北方经贸，2015（04）：207-208.）

ERP 实施是 ERP 软件厂商基于 ERP 软件为客户提供的所有后期服务和流程的统称，因为 ERP 软件的实施理论“三分软件，七分实施”，所以 ERP 实施是保证 ERP 成功的至关重要的环节。

4.1 ERP 实施中的四方关系

ERP 是一个大型的企业管理软件，它的应用实施涉及企业的各个部门，即从最高的领导层到最底层的操作人员。而对于这样一项耗资巨大、费时费力的系统工程，企业大都没有这方面的实施应用经验。尽管有些企业本身拥有自己的内部参谋和决策者，可以自己组织业务人员、管理人员和 IT 人员进行需求调研、方案设计、软件选型、系统集成，或者拥有技术能力很强的 IT 人员可以自行开发软件，自行实施。当然，我们也不否认他们对企业具体问题和需求比较了解，尤其对企业的各项管理制度和企业文化知晓得更为透彻，但是，他们在实施中遇到的阻力是相当大的。具体内容如下：

（1）利益相关者太多，内部参谋难以有效推动项目的进行。

（2）由于怕承担决策风险，内部参谋做出的决策往往不是最优的，有时甚至连次优的选择也达不到。

（3）受思维定势和各种条件制约的影响，内部参谋往往忽略或未意识到企业中的问题，对企业的需求不能清晰地定义和描述。

（4）对 ERP 产品的接触面有限。

（5）内部参谋对项目管理的经验也是不够的，对实施 ERP 系统缺乏成熟的方法论的指导。

（6）当涉及调整薪水的时候，内部参谋毫无底气来同自己的上司坚持己见。

所以，基于以上企业自身所根本无法克服的问题，在 ERP 实施中各方良好的合作是成功的基础。企业在系统实施前一定要认真考察和选择理想的合作单位。供应商、咨询公司、用户和集成商四方都是非常重要的。ERP 实施中的四方关系既互相独立又相互依存，只有大家通力合作，才能使 ERP 实施顺利进行。

4.1.1 供应商的角色

选择 ERP 软件供应商（开发商）无疑是企业上 ERP 的关键环节，但要清楚地认识到：要求软件商对 ERP 项目的成功负责是不现实的。软件公司的人员组成，除了管理人员和开发人员外，还有面对企业用户的主要的销售人员和售后服务人员。软件公司从来都是以销售收入而不是以实施成功率论成败的。因此，对 ERP 软件供应商的选择，必须要从价格、服务等多方面综合考虑。

在国内外 ERP 软件市场上，ERP 商品化软件种类繁多，令人眼花缭乱。目前国内较为著名的 ERP 供应商有用友、金蝶、神州数码、新中大等厂商，国外较为著名的 ERP 供应商有 SAP、Oracle、SSA/BAAN、FOURTH SHIFT（四班）等。每家公司的 ERP 各有特色。国内的 ERP 针对企业的本土化开发，了解中国的国情和企业的独特需求，因此比较适合国内中小型企业实施。国外大型 ERP 软件具有强大的功能，性能稳定，技术先进，能较好地适合各类企业的需求，但价格昂贵，不是一般企业所能承受的。如 SAP 的 R/3 功能涵盖了企业管理业务的各个方面，在每个方面，R/3 又提供进一步细分的单一功能子模块。SAP 所提供的是一个有效标准而又全面的 ERP 软件，同时软件模块化结构保证了数据单独处理的特殊方案需求。目前，排名世界 500 强的企业，有一半以上使用的是 SAP 的软件产品。因为 R/3 的功能比较丰富，各模块之间的关联性非常强，所以不仅价格偏高，而且实施难度也高于其他同类软件。

如何选择 ERP 供应商，要视企业的具体情况决定。一般中小型企业管理模式较为简单，管理幅度也不是很大，从实施难度和成本两方面考虑，可以选择国内 ERP 供应商（大多厂商直接提供实施服务，少数有咨询公司实施）。对大型企业来说，由于其管理模式和内部关系较为复杂，而 ERP 项目可能会牵涉多方利益，包括企业业务流程的变更和权利的再分配等，这就需要先进行管理体系的优化，而后再通过 ERP 的实施将其固化，因此对软件和实施方要求都很高，一般可根据自身经济条件选择国外的 ERP 软件。参照国际经验，大型企业的 ERP 项目一般都由咨询公司担当实施顾问，当然实施成本要高出许多。

国外企业实施 ERP 时惯常采用的方式是由软件供应厂商、咨询顾问公司共同为客户完成系统实施服务。咨询公司的价值在于帮助客户赢得时间和降低风险。

4.1.2 咨询公司的角色

随着 ERP 的发展，越来越多的 ERP 咨询公司介入 ERP 实施中。现在有许多 ERP 软件都提供实施服务，但一般更趋向于由第三方来实施，即由专业 ERP 咨询公司来实施。这些第三方的参与，可以对企业的 ERP 选型工作给出参考意见，并在实施 ERP 的过程中，为企业提出综合改革方案。咨询公司的责任可概括为：根据企业内外部环境和资源状况，分析企业建立 ERP 系统的可行性，科学制定 ERP 项目的战略目标；确定企业对 ERP 的需求，包括功能、时间、效率等方面的要求；分析企业管理现状与所实施的 ERP 系统的差距，拟订企业流程重组和管理改进方案；咨询培训。

咨询公司及咨询顾问的作用在 ERP 实施中已越来越明显，国外大公司基本上每年都有相当的业务支出在聘请咨询公司上，国内的咨询业近年来也得到了飞速发展。首先从人才储备和要求上，我国 ERP 咨询公司逐渐与国际接轨，咨询顾问除需具备一定的学历外，还必须了解并实践过管理工作，理解和掌握 IT 信息技术，对企业的行业特点有深刻的认识；此外，咨询业规范化已开始引起社会各界的重视。政府已在关注 IT 行业存在的风险与行业问题，相关的制度已经出台，并在试行。北京市 2003 年就已经要求大型 IT 项目必须有计算机信息工程监理机构参与。相信在不久的将来，有关 IT 咨询业的政策法规会完善起来，这将有利于咨询公司参与 ERP 项目的实施。

4.1.3 用户的角色

用户即企业向来是 ERP 实施中最重要的环节，中国企业的管理向来不缺少理念与时尚，但却难以立足于基础管理。他们能够接受 ERP 概念，也能够选择应用 ERP，但实施 ERP 时却缺乏变革决心，也无法全身心投入热情。无数 ERP 项目的失败告诉我们，ERP 实施，用户是关键。

作为用户，不仅要选择好一个适合本企业的 ERP 供应商、一个有丰富经验的软件咨询商，更应在项目实施过程中组织、协调好本企业的配合工作，保证 ERP 实施的正常进行。其涉及的主要工作如下：

1．建立由企业“一把手”挂帅的实施领导小组

国内有许多项目成立实施小组时，“一把手”只是挂名，起到形式上的参与或威慑的作用，这确实是一个误区。ERP 系统的实施涉及企业流程的各个方面，没有决策者的大力支持和实际参与，是无法成功的。

“一把手”要言行一致地支持。无论“一把手”在项目启动大会上准备了多么充分有力的发言，但如果不亲自参与，没有精神、身体、情感等方面的投入，所有人都能看出决策者的言行不一。他们会认为领导者不够重视而产生懈怠之心。如果“一把手”拿自己没有做到的事去要求别人，一定会引起他人的抵制。另外，“一把手”的言行在项目的前期和后期要一致，切不可半途而废。有太多的“一把手”在前期倾注了太多的心血，但一旦签约，实施组成立、实施顾问进门后就从项目消失了，其他人不愿也不敢承担责任，最终导致项目失败。

2．必须有稳定的核心项目组成员

对 ERP 的误解之一就是把 ERP 实施看成单纯的技术项目。持这种观点的人认为只要配备足够的 IT 技术人员就能完成 ERP 的实施，他们不了解 ERP 实施对企业的管理模式、权力分配和文化产生的冲击。他们片面地认为，引进 ERP 软件和引进一套生产设备差不多，只要有有关人员进行培训使他们会使用就行了，却不知道 ERP 实施需要一批具备各方面知识和经验的核心项目组成员。

ERP 实施核心项目组成员包括项目组长、实施顾问、企业实施组成员、重要的高层领导等。

3．不能回避业务流程重组问题

实施 ERP 系统，不进行业务流程重组（Business Process Reengineering，BPR）是不可能的，但当对软件本身的业务处理与企业业务管理本质和权利分配有冲突时，业务流程重组往往是企业不愿意面对的问题。

BPR 的实施不是仅靠信息人员和业务人员处理好关系就能顺利进行的，它需要企业内责权明晰，需要合理的组织、正确的领导和有效的执行。一个企业的 BPR，需要以建立新的管理模式和业务模式为基础，同时会涉及原有的企业组织、资源的重新整合。如何变革，采取何种变革策略是企业战略层面的问题，必须是由企业高层，特别是“一把手”来主导制定和推动。

4.1.4 集成商的角色

集成商一般可分为系统集成商和软件集成商。系统集成商一般负责企业的网络规划、硬件安装调试等工作。软件集成商分为两种：一种是负责 ERP 软件中各子模块的应用集成，在企业各部门按功能模块实施后，将各子系统集成在一个平台上；另一种是负责企业 ERP 系统和其他管理信息系统之间的集成，如企业分别实施了 OA 系统、CRM 系统、PDM 系统等，将这些系统进行应用集成，实现数据信息的共享。

4.2 ERP 项目实施过程

企业信息化不是一蹴而就，而是一个长期的过程。在这个过程中，成熟完善的 ERP 系统

是信息化成功的前提，严谨科学的实施方式和实施过程是保证 ERP 成功上线的关键。

4.2.1 基本工作环节

ERP 基本的实施流程分为 8 个环节：需求调研，培训，拟订业务流程，确定编码原则并收集资料，测试业务流程，导入数据，上线辅导，月结辅导。

1．需求调研

这一阶段的主要工作是对企业各个部门的业务流程初步了解，收集各个部门业务流的单据，了解各个部门的人员对 ERP 的认识和期望，以便制订实施计划，找出项目实施的难点。调研怎么安排、要调研哪些部门、每个部门的哪些人参加哪些方面的调研、每个部门调研多长时间、总共需要多长时间、需求汇报和讨论需要多长时间等，这些问题都需要项目组双方认真讨论。

很多 ERP 实施顾问都有这么一个想法，就是需求调研不过是走个过场，反正最后是把标准产品的功能模块给客户。甚至这种想法也会出自金蝶、用友、SAP、赛捷这样的大牌公司的实施顾问。其实这种想法是很不正确的，一套产品的功能模块不一定都适合每个公司，一旦出现不适应的情况，对后面的上线工作将造成很大的困难，甚至是造成整个项目的失败，失去客户的信任。

ERP 系统是一套严谨的系统体系，只有确定好需求，才能制订相应的解决方案，从而根据解决方案上线。因此，需求调研工作能起到承前启后的作用，需要双方认真对待，否则如果造成项目返工，带来的人力、物力损失将无法估量。同时，双方也应该理性看待需求调研，因为一般很少有不变更的需求和不增加需求的 ERP 项目。因此，双方特别是实施方，也都应该有一个相应的心理准备。

2．培训

将培训放在第二步，并不是说培训仅在某个时段进行，而是要从现在开始一直持续到整个 ERP 项目实施完毕。这一过程的主要内容是让企业各个阶层人员认识到什么是 ERP，应用 ERP 系统能给企业带来哪些效益。另外，就是 ERP 软件中的各个系统模块的功能培训。面向企业中高层领导干部、业务骨干的 ERP 培训，宜采用比较生动的形式，把 ERP 的一些大道理讲明白、讲透彻。

面向企业中层干部、业务骨干、项目核心小组、职能小组、IT 组成员的培训，可以在项目启动后进行模块培训，然后根据培训模块数目的多少，确定培训时间。ERP 详细解决方案确认之后，可进行操作人员的培训，然后紧密结合企业实际，对其操作各个应用环节的操作人员进行长期的基本操作培训。

3．拟订业务流程

在此阶段 ERP 实施顾问要根据自己对该企业的了解并结合自己或所在公司对企业所在行业的累积经验，结合 ERP 系统拟订出一个符合企业需求的业务流程，并在系统中得到合理的体现。这是一个非常重要的阶段。一个企业的管理能否从此通过 ERP 得到提升，流程能否更加完善，就需靠这个流程拟订了。

4．确定编码原则和收集资料

此阶段是企业能在实施顾问的指导下，制定企业应用 ERP 的基本原则，其中包括物料的编码原则、供应商的编码原则、客户的编码原则、产品结构（包括 BOM 架阶）的分阶建立等。在企业员工熟悉了各项编码原则的基础上，收集企业应用 ERP 系统管理所需要的全部基本资料，包括物料、供应商、客户、部门、人员等的资料。

5．测试业务流程

此阶段的主要目的是企业人员测试流程拟订的合理性，并使用企业实际的业务流程来测试 ERP 系统的功能完善性和操作的方便性。

6．导入数据

每个信息系统上线都会有期初数据准备和导入的动作。数据准备是一项庞大而烦琐的工作，所以越早进行越好，并且，要贯穿于 ERP 项目实施的全过程。我们简单地将 ERP 实施所要准备的数据分为两大类，即静态数据和动态数据，也可称为基础数据和事务数据。

静态数据是指开展业务活动所需要的基础数据，如物料基本信息、客户及供应商数据、财务的科目体系等。静态数据的特点是它在整个数据的生命周期中基本保持不变，同时它是动态数据的基础，公司所有业务人员通过调用静态数据来保持同一数据在整个系统中的唯一性（第 4 步中已经有所准备）。

动态数据是指每笔业务发生时产生的事务处理信息，例如，销售订单、采购订单、生成指令等。动态数据按照时点来分，又可以分为期初数据和日常数据。其中，上线时点的数据对 ERP 上线前的数据准备尤其重要，它代表系统在期初上线的时间点上，公司动态数据的当前状态，我们称其为期初数据（或者称为初始数据）。期初数据既包括上线时点所有物料库存的数量和金额、财务科目的余额，也包括那些未完未结的业务单据，如未交货的销售订单、未付款的采购订单等。

总之，导入数据的主要目的是搜集 ERP 系统上线的期初数据，并在实施顾问人员的指导下录入 ERP 系统，为企业正式应用 ERP 系统奠定坚实的基础。

7．上线辅导

上线辅导的目的是将企业的实际业务数据在 ERP 系统中进行处理。它一般发生在系统上线的前两个月的时间里，这时要遵循一定的模式，以防企业人员在上线初期由于操作不熟练而造成错误。

8．月结辅导

月结辅导的主要目的是在应用系统一个自然月后，通过 ERP 系统来“跑出”企业管理所需要的各种报表，并检验报表的完善性和数据的准确性。

4.2.2 实施过程

一个企业要想成功实施一个 ERP 系统，单纯靠以上几个步骤是远远不够的。ERP 的实施是一个非常规范、严谨的过程，我们在这里可以将这个过程分为两大部分。

1．以实施文档全面贯穿实施过程

在实施的过程中，实施顾问应将各种标准的实施文档提交给企业，以确保 ERP 实施项目的质量。也就是说，实施顾问与企业之间的工作与文档的制作息息相关。由此可见，文档在项目实施进程中的重要性。

那么，文档到底对整个实施工作有怎样的作用呢？我们大致将 ERP 实施中的文档做了一个分类：分阶段实施计划文档、分阶段目标设置文档、标准业务流程文档、标准编码、标准数据文档、标准参数设置文档、功能操作指南等。这些文档将会伴随 ERP 实施的各个阶段逐渐充实、完善，也同时记载了整个实施的过程和成果。这些文档的价值体现在以下几个方面：①书面化的文档有助于实施人员与企业人员明确了解各自的职责，信息互通，共同把握实施过程的节奏；②标准业务流程文档更有助于双方明晰业务流程，有效配合业务流程的重组和优化；③标准编码、数据文档及标准参数设置文档是实施中不可缺少的基础资料，可有效减少重复工作，避免对正常工作的影响；④功能操作指南可帮助最终用户规范化操作，加强培训效果。

ERP 的实施工作时间漫长，在这个时间跨度中，企业在最初实施 ERP 时确定的 ERP 项目的人员，难免要发生一些变化。那么，在发生变化时，ERP 实施文档就可以承担起指导双方快速工作的标准文档的作用。另外，当 ERP 实施完成后，企业的运行过程将是更漫长的过程，那么实施的标准文档就将成为企业实施信息化的公共载体，成为指导企业后续工作的航标和企业在后续人员培训方面的素材。

2．以培训工作全面贯穿实施过程

在 ERP 实施的过程中，培训始终是作为一条主线的。具体来说，在系统实施过程中，培训的主要对象包括 4 类：企业领导层、核心小组（项目负责人）、技术小组和最终用户。

（1）企业领导层培训。对高层的培训主要是 ERP 管理理念的培训，通常会由软件提供商安排较资深的顾问师对企业领导层进行 ERP 管理思想的培训，使得企业领导层能够从总体上理解 ERP 系统的理念、流程和功能。

（2）核心小组（包括项目负责人、部门经理）的培训。该培训内容包括 ERP 系统的管理思想概念、ERP 系统的具体功能以及 ERP 系统各种报表的应用。

（3）技术小组培训。技术小组的成员主要包括参与 ERP 系统及相关 Database 和网络安装、设置及管理的信息部门成员。培训的主要目标是提供 ERP 系统的设计结构、各个模块的关联关系与数据库结构、系统问题处理等。

（4）最终用户培训。最终用户培训目的是使用户了解 ERP 系统、业务前景、目标以及带来的好处；使用户能清楚地了解到 ERP 是什么，怎样通过它提高个人及整体的业务表现；使用户发觉其工作内容的变化及 ERP 将如何融入其日常工作。同时，向用户提供从现状到未来迁移过程中通用的术语，指导用户如何使用 ERP 系统完成其工作。

ERP 实施过程中的培训作为实施的一条主线，既体现了 ERP 实施的很高的附加值，又充分体现了 ERP 实施过程中的知识转移。ERP 从半成品到成品的过程实质就是知识转移的过程，其中包含企业的管理诊断、实施战略的选择、业务流程的设定、对企业需求恰到好处的分析等。

通过上面的分析，最后再来总结一些 ERP 的实施原则。

（1）统一规划、分步实施、效益驱动、数据先行的原则。避免各部门、各系统建成一个个信息“孤岛”或“简单应用”，所以要使各部门、各系统的信息实现集成共享。ERP 系统的运行依赖准确、及时和完备的数据，数据准备工作是整个系统实施过程中头绪最多、工作量最大、耗时最长、涉及面最广、最容易犯错误且错误代价极大的一项工作，一定要提早进行并认真对待。

（2）建立管理信息系统，全面提升管理，实实在在解决企业的管理问题，贯彻“源于现状、高于现状”的思路。方案的制订要考虑到企业各级管理人员的适应程度，做到既符合厂情又要先进实用。企业主要领导者亲自抓，企业领导、专业人员以及软件公司三结合协同工作，确保系统一次成功见效的原则。

（3）一线与第一时间原则。一线管理人员要高度重视以下几个方面问题：各项管理落实到第一线，责任落实到第一线，信息来自第一线，信息反馈到第一线；第一时间收集与录入信息，第一时间反馈信息，第一时间控制信息，第一时间发出指令。

（4）系统实施和管理办法同步原则。企业管理现代化是现代管理思想、现代化组织管理方法和手段的结合体。

4.3 ERP 项目成功的关键因素

企业如何成功实施 ERP 项目？这是从事 ERP 事业人员关心的话题，也是准备实施或正在实施 ERP 项目的企业最为关心和经常提及的话题。在很多报纸、杂志以及咨询管理的网站，我们可以看到各种各样的文章、经验总结、失败教训、统计分析、具体实施方法等，五花八门。

随着 ERP 系统应用的日渐普及，人们对实施 ERP 的神秘感和挫折感正逐渐淡去，而是取而代之以一种更理性的态度去寻找成功实施的正确方法。根据多年的实施经验来看，ERP 项目的关键成功因素可以从实施策略、组织机构、人员配置、培训工作等几个要素方面进行总结。

4.3.1 实施过程中的策略

1．做好项目实施的总体规划

在确定本阶段实施 ERP 的具体目标和投入成本时，首先要认识到万能的 ERP 是不存在的。千万不要被销售代表天花乱坠的承诺搞晕了头，必须坚持己见，选择适合自己的、在行业内成功使用的 ERP 产品。在项目开始实施前，首先要做好项目实施的整体计划，各分项目的实施都应在整体计划所划定的框架内进行，以保证整个项目实施的协调一致。企业在上 ERP 项目前必须清楚企业自身的现状，明确引入 ERP 项目的目的，这样选型和实施都会做到有的放矢。ERP 实施与做板凳其实是一样的，不要总想得到最完美的。

2．充分利用企业现有的软、硬件资源

在保证项目整体先进、合理的前提下，尽量利用企业现有的软、硬件资源，根据其现实状况使接口与企业的 ERP 系统集成，并且充分利用现有的数据，以避免重复劳动给企业带来不在计划中的支出。

3．ERP 系统采用分步实施的策略

实施 ERP 这样一个大系统，人力、物力、财力的消耗都比较大，因此在遵循“满足需求、先进、科学、符合实情”原则的前提下，采用“总体规划、分步实施、重点突破、效益驱动”的实施策略是非常必要的。

4．认真进行数据准备工作

ERP 系统的运行依赖数据的准确、及时和完备。ERP 系统试运行前的数据准备是一个相当繁琐的工作，是一个系统工程，它直接决定着企业实施 ERP 系统的成败。为此实施 ERP 系统的企业“一把手”和信息化负责人一定要做好有关数据准备的管理工作，同时有关参与人员也应该做好密切的配合工作，最终保证企业 ERP 系统的成功实施，并给企业带来竞争力和经济效益。

5．人机并行时间不宜过长

并行时间越短，ERP 项目的成功率就越大，主要有几个方面原因：①并行时期的工作量很大，时间一长，业务人员容易疲劳，甚至会对 ERP 系统产生反感情绪；②并行时期业务部门一般都是先做旧系统的，如果再做 ERP 系统，他们不习惯看 ERP 系统的数据，而仍是以旧系统数据为准，那么 ERP 系统的数据有可能得不到及时跟踪，时间长了，ERP 系统数据的垃圾就会越来越多，甚至变成一套无用的系统；③并行时期为核对 ERP 系统余额与旧系统余额，必须指定截数点，将业务停下来进行核对。

当出现差异时还需调整，这是要花费一定时间的，所以每月都会有补数、入数的过程，相当于经常要将多天的工作压在一两天内补做完成。如果月月如此，业务人员会很累。

6．重视高层领导在项目中的作用

在 ERP 项目需要解决高层面的生产和经营管理问题时，企业高层必须与项目保持十分密切的关系。例如，需要解决库存控制、成本各项目和各阶段的控制、生产和投资决策等对生产经营决策有重大影响的问题。如果企业高层对这样的层次需求重视不够或参与程度不够，会造成底层的互相扯皮推诿，并且使一些问题的解决没有连续性，最后又推翻原来的解决方案。往往一些企业做 ERP 项目时，解决问题的目标定得很高，但是不注重企业本身的条件，如本身的素质、高层对项目的认识、高层对项目的参与程度、可能达到的效果都未考虑成熟，所以结果与愿望相差很大。

ERP 系统的实施是一项投入大、风险大、实施难度大的系统工程；是企业管理模式、管理思想、管理方式的一场变革。没有企业决策者对这一巨大工程的认识、支持与直接参与，就没有成功的可能。大量的实践表明，高层领导的承诺是企业成功实施 ERP 的关键，主宰着系统的成功与失败。

4.3.2 合理安排项目组织机构

在整个项目的组织机构中，实施领导组、实施小组和软件公司项目组在整个项目的进展过程中，分别担负着不同的责任和扮演不同的角色。具体地说，实施领导组是以企业主管领导为首的决策机构，该机构应站在企业经营战略的高度，从计算机应用与企业经营管理的长远规划出发，提出企业管理信息系统的目标和要求。实施小组负责制订和下达分期项目实施计划，解决和协调实施过程中遇到的各类具体问题，定期向实施领导组汇报计划执行情况，指导各业务部门、车间的项目实施工作。软件公司项目组负责与用户实施小组共同制订项目实施的具体计划，对用户的管理人员进行培训，指导用户进行规范化的实施工作。

ERP 系统实施的成功与否，人的因素占很大比重。因为实施 ERP 不仅是单纯掌握如何使用一套软件，而是要实现以计算机为工具的人机交互的管理系统。所以，在整个项目的实施中，对项目实施人员的配置也变得尤为重要。

根据 ERP 专家的意见，项目实施人员应该由企业的总经理带队，副总经理和信息主管共同负责，生产各部门、各流程的业务主管及技术负责人共同实施。项目实施小组的组长应该由企业的高层领导担任，他要有足够的权威，具备在各部门协调 ERP 项目实施的权力。

4.3.3 项目实施人员的配置

ERP 实施是一项艰巨而复杂的高技术工作，实施项目成功与否，人的因素是第一位的。ERP 项目几乎涉及企业方方面面的所有人员，因此要完成这项工作，就必须提高所有人员（包括各级领导、管理人员和职工）的技术水平和素质。首先，在技术方面，要培训员工能主动地将系统的运行与本职工作和实际业务流程结合起来，尽快地适应和使用新系统，对软件与企业实际流程有出入的地方，应能积极主动地想办法变通，使之在系统中得以实现；其次，培训还应包括人员的理念和认识方面，要通过培训提高全员对实施 ERP 项目根本意义的认识，提高积极性和主动参与意识，提高和增强全员的信心和热情，使所有员工都能尽快进入角色。

培训要贯穿于项目的始终，应分阶段、分内容、分人员、分管理层次进行。企业只有在 ERP 项目的实施过程中，始终将对全体职工的教育培训放在首位，做好坚实的培训工作，才能使项目具有长久、鲜活的生命力。

ERP 系统在企业中的实施必须有一个具有推动力的项目小组，其核心成员在企业中必须是具有一定影响力的人员，并且具有较强的业务综合能力、工作协调能力和领导能力，最好是全职的，只对决策层负责。如果核心成员归属于部门，在开展工作时他就会先考虑自己部门利益或受制于部门领导而必须服从自己部门利益，这样实施 ERP 系统时将会产生一定程度的不必要的管理上的妥协，给系统实施增加人为的风险，以牺牲系统运行的有效性为代价。

另外，项目核心成员还必须具有承担实施压力的能力。因为在项目的实施过程中，不可避免地会面临职能部门的压力，特别是在系统实施的关键点，如动态数据切换、业务操作变化时，如果没有坚定的意志，有技巧地释放、转化、协调这些压力，其结果往往是妥协。项目核心成员必须明确在实施过程中，有些是可以妥协的，有些则坚决不可妥协，否则严重的后果将是前功尽弃。拥有核心成员的高效的项目小组是实施 ERP 成功的重要保障，如果企业暂时没有这样的人员，也要注意在实施过程中配合软件公司做好有意识的培养工作。

企业实施 ERP 系统是一项大型的技术工程，除技术依托单位组成的技术服务队人员参与设计与开发实施外，企业也应组织有关部门相应的技术人员参与系统的开发及系统的运行与维护工作。

参与系统的开发与维护的技术人员应由以下几类人员组成：系统分析及管理人员；应用系统维护人员；网络和硬件及数据库专职管理人员；计算机操作和数据录入人员；各部门都应配备的相应操作人员。

4.3.4 ERP项目培训

ERP 培训管理涉及软件提供商和企业两方面。对企业来说，通过培训让企业的各级人员明确 ERP 的概念，清楚 ERP 的实施将给企业带来的可能变化，并且应该明晰实施 ERP 后各个岗位人员的新的工作方式和相应带来的人员变革。

培训是成功实施 ERP 系统的重要因素。ERP 培训有两个重要目的：一是增加人们对 ERP 相关知识的了解；二是规范管理人员的行为方式。通过培训，企业除了要使用户的各级管理人员明确什么是 ERP，它的实施将给企业带来哪些变化外，还要明确实施 ERP 后各个岗位的人员如何进行新的工作方式。培训将采用授课和现场培训的方式进行，培训内容包括对 ERP 理论及 ERP 软件系统功能、使用操作、数据采集等方面内容的不同层次的培训。

通过培训，下列人员可达到如下目标：

（1）技术人员。了解 ERP 原理，理解系统中产品结构的组成和作用；会运用计算机熟练地输入、查询、修改产品的组成等数据。

（2）生产管理人员。懂得 ERP 运行原理；会操作菜单查询工单状态，熟悉工作规范，对工单从领料到加工、汇总整个过程清楚；对缺料、拖期工单了解原因，并能进行处理。

（3）数据维护人员。理解自己维护的基础数据在系统中的来源和用途；能熟练操作菜单进行数据维护。

（4）系统管理人员。深刻理解 ERP 运行原理和各模块间的关系；能够为各业务部门提供咨询与培训，并能对系统进行日常维护。

（5）操作员。对 ERP 的基本概念和原理有一定了解；会正确使用菜单上的功能进行数据输入；熟悉数据输入的具体注意事项和规定；能熟练地操作计算机。

在项目的实施过程中，目前还没有一套完善、成熟的理论做导引，这需要不断总结成功和失败的经验教训，从中去寻找那些有规律性的、具有重要作用的共性成功因素。只有这样，我们才能少走弯路，避免失败，提高项目实施的成功率。

ERP 软件不是一套简单的通用化软件，如何将软件功能与企业业务结合起来，如何使用适合企业业务的功能，除了本章以上提到的几个方面要素外，还必须借用咨询公司的经验，才能有效保证 ERP 项目的成功实施。

4.4 ERP项目管理内容

作为一种企业管理信息系统，ERP 实施应用必然要结合业务流程的优化，也就是企业资源配置的合理化。而企业的效益又依赖于描述资源配置模型的优化，那么就让我们把建立该模型优化作为首要的、最终的目标，其他任务都放在次要的、从属地位上。在 ERP 的实施中，要把 ERP 与工业自动控制系统的概念分开。ERP 是一个资源调度或决策支持系统，其中有对生产、设备、能力及各种工艺的评估和计算，但不能等同于自动控制。

4.4.1 ERP 项目的特征

1．目标柔韧

IT 项目最大的特点就是其需求规格不容易完整、表述不确切。不像盖大楼，所有的东西、部件事先都有确切的设计图纸。IT 项目则不同，其目标的柔性很大，项目的范围不容易确定，用户所理解的 ERP 系统实施成功的标准和供应商所理解的标准往往有很大的出入。其原因如下。

（1）用户经常受到经验和专业能力的限制，很难确切地、完整地表达自己的需求。换句话说，客户往往不知道自己想要什么。

（2）ERP 项目实施过程本质上是一种服务过程。实施顾问给客户提供的是服务，而客户得到的是一种体验，客户体验的感受成为对供应商实施顾问服务的一种客观评价，这个评价中掺杂着很大的感性成分和个性成分。比如说，关于产品易用性的评价，客户如果能学会和熟练操作产品，他可能就会说好用；如果客户没学会或操作别扭，他可能就会说不好用。这个案例告诉我们，软件的易用性在很大程度上存在感性成分，扎实地培训客户能够有效地弥补软件设计上的易用性曲线。

目标柔韧对所有项目管理者来讲，都是很头疼的事情，所以，这类项目要实施成功，项目经理就要更加注重除满足软件固有功能之外的、影响客户评价的因素。这些因素有时候会起到决定性作用。一个不争的事实是：软件产品很难做到无懈可击，客户只要存心找茬，总是能找出不足，可见目标柔韧这个固有的特性本身是造成很多软件项目失败的原因。

2．综合性强

IT 行业具有很强的渗透性和带动作用，是国民经济发展的带动力量，所以，国务院机构改革把信息产业部归并为工业和信息化部。信息化已逐步渗透到国民经济第一、第二、第三产业以及社会生活的各个领域，有效地推动了产业结构调整，促进了产业技术改造，提高了人们的生活水平，为产业发展和整个社会生活带来了革命性的变化。

软件产品和信息技术都是推动企业管理进步或者技术改进的工具，因此，这个工作必须和其所服务的对象紧密结合，脱离了具体业务的信息系统只能当作一种游戏。也就是说，信息技术项目需要的人才一般要有一定的行业背景，并且它对项目经理和业务骨干的综合素质有很高的要求，如优秀的项目经理必须是既有计算机专业知识又有行业知识的复合型人才。如果 ERP 项目经理对所服务企业的行业背景不甚了解，对企业商业模式的理解不够深刻，很难帮助企业提升管理水平的。

3．跨组织性

ERP 项目组最大的特点是一般由两个甚至更多的组织组成，项目组中既有供应商的实施顾问和项目经理，又有客户自己的各级领导、应用人员和项目经理，有时候还会有项目监理等第三方。这类项目中，项目经理是临时性的，团队成员是兼职参与项目的，如果没有项目的实施，所有的团队成员都有他们本职的工作。ERP 项目实施的工作任务是凭空添加出来的，这就给项目组的协调和项目任务的落实带来一定困难。

在跨组织项目组中，要顺利推进项目，严格的工作分工和责任指派、严肃的纪律保障和团队成员间的相互信任非常重要。

4．过程不易监控

ERP 实施项目和传统的实施项目最大的不同是其中间结果的质量很难鉴定，而且中间结果和最终结果之间的联系不直接。譬如盖房子，从打地基到盖完五层，人人都能看见和看懂它的进度。而 ERP 项目实施则不同，如调研阶段的结果就是一个几十页的 Word 文档，这些文档的优劣只有专家才能评价，所以软件开发和实施的过程只有具备专业知识的人才能够真正看懂。这就使得 ERP 实施项目的过程检视和过程评审有一定难度，因为外行是看不懂的，甚至客户方也看不懂。

正因为 ERP 实施项目过程不易监控，过程管理就显得至关重要，稍有不慎，就会造成大量返工或工作遗漏，从而影响整个项目的进度、质量和投资。

5．伴随着管理变革

ERP 实施项目失败率很高的另一个原因是在项目之外，即 ERP 项目实施常常伴随着企业的管理变革。相当比例的失败项目，与其说是 ERP 项目实施的失败，还不如说是企业内部管理变革的失败。因为 ERP 本身是一个新的信息化管理手段，使用这种管理手段和办公方式必然会冲击企业固有的管理模式。信息化的管理手段和传统的管理手段之间的冲突，通常是很激烈的。有时甚至会涉及企业内部高层权利的再分配，触动一部分人的既得利益。ERP 项目实施顾问动辄有意无意就卷入企业内部的这些矛盾中去。从这个意义上讲，ERP 实施过程就是企业内部的管理模式变更过程。

6．受文化影响大

每个项目都是在一种或多种文化形式的背景下运行的，所以文化会影响 ERP 项目的实施效果。最为明显的例子就是看企业的执行力文化，企业良好的执行力会对 ERP 项目顺利实施起到推波助澜的作用；相反，在执行力不好的企业实施 ERP，则是逆水行舟、举步维艰。有时候文化对项目成败的影响可以是决定性的，在保守的企业文化笼罩下，中层干部和基层人员缺乏创新能力，几十年如一日地干同样的事情，从来没改变过，也从来没有怀疑过它的合理与否，更不打算优化现有的流程和制度，遇到这种情况，ERP 要落地生根，阻力就会较大，失败的风险也会大一些。

4.4.2　ERP 项目管理的准备

依据企业的战略规划和愿景，结合当前实际做业务流程优化分析，找出项目实施的切入点进行全面规划。

- 需求评估：对企业的整体需求和期望做出分析和评估，并据此明确 ERP 项目成果的期望和目标。
- 项目范围定义：在明确企业期望和需求的基础上，定义 ERP 项目的整体范围。

- 可行性分析：根据项目的期望和目标以及预计项目的实施范围，对企业自身的人力资源、技术支持等方面做出评估，明确为配合项目而采取的措施和投资的资源。
- 项目总体安排：对项目的时间、进度、人员等做出总体安排，制订 ERP 项目的总体计划。
- 项目授权：由企业与 ERP 软件公司签订 ERP 项目合同，明确双方职责，并由企业根据项目的需要对咨询公司进行项目管理的授权。

ERP 实施前的范围规划是确保项目的总体界限和目标，以及对项目的期望值是合理的和可以达到的；确保双方（企业和软件供应商）对项目实施的认识是一致的；确保双方能够保证项目实施所需要的投入；确保双方在今后项目实施过程中，如果遇到困难和阻力，能对其充分估计并有对策解决。

- 确定详细的项目范围：对企业进行业务调查和需求访谈，了解用户的详细需求，据此制订系统定义备忘录，明确用户的现状、具体的需求和系统实施的详细范围。
- 定义递交的工作成果：企业与实施咨询公司讨论确定系统实施过程中和实施结束时需要递交的工作成果，包括相关的实施文档和最终上线运行的系统。
- 评估实施的主要风险：由实施咨询公司结合企业的实际情况，对实施系统进行风险评估，对预计的主要风险采取相应的措施以预防和控制风险。
- 制订项目的时间计划：在确定详细的项目范围、定义递交的工作成果和明确预计的主要风险的基础上，根据系统实施的总体计划，编制详细的实施时间安排。
- 制订成本和预算计划：根据项目总体的成本和预算计划，结合实施时间安排，编制具体的系统成本和预算控制计划。
- 制订人力资源计划：确定实施过程中的人员安排，包括具体实施咨询公司的咨询人员和企业方面的关键业务人员。参与用户方面实施的关键人员，需要对其日常工作做出安排，以确保对实施项目的时间投入。

4.4.3 ERP 项目过程管理

对 ERP 项目的实施，软件商与用户企业的合作是长期的，因此在项目的开始就必须对项目的连续性和系统性加倍重视：①软件商能够伴随企业共同成长；②软件商提供的 ERP 具有先进性；③软件商实施服务操作规范且文档齐全；④软件商实施服务人员稳定；⑤对客户企业选拔项目负责人要慎重；⑥企业需要建立有利于项目实施的规章制度。

项目管理围绕整个 ERP 项目的全过程，对项目的立项授权、需求分析、软硬件的评估选择，以及系统的实施进行全面的管理和控制。一个典型的 ERP 项目管理循环通常包括项目开始、项目选型、项目计划、项目执行、项目评估及更新和项目完成 6 项主要内容。

ERP 项目的实施过程大致可以归结为 6 步。

项目开始：项目开始阶段主要针对 ERP 项目的需求、范围和可行性进行分析，制订项目的总体安排计划，并以“项目合同”的方式由企业与 ERP 软件公司确定项目责任和授权。对多数中小企业来说，往往缺乏信息管理人才，所以前期的工作建议委托咨询顾问公司来协助完成。

项目选型：在明确了项目的期望和需求后，系统选择阶段的主要工作就是为企业选择合适的软件系统和硬件平台。对软件商的选择和评估是综合性的、多方面的，这阶段的主要工作是进行系统选择的风险控制，并在综合评测的基础上考察以下内容：①合理匹配系统功能和自身需求；②综合评价供应商的产品功能和价格、技术支持及服务能力等因素，避免在系统选型过程中出现舞弊等行为。

项目计划：项目计划阶段是 ERP 项目进入系统实施的启动阶段，主要进行的工作包括确定详细的项目实施范围、定义递交的工作成果、评估实施过程中主要的风险及制订项目实施的时间计划、成本和预算计划、人力资源计划等。

项目执行：项目执行阶段是实施过程中历时最长的一个阶段，贯穿 ERP 项目的业务模拟测试、系统开发确认和系统转换运行 3 个步骤中。实施的成败与该阶段项目管理进行得好坏休戚相关。在项目执行阶段进行的项目管理的主要内容包括实施计划的执行、时间和成本的控制、实施文档管理、项目进度汇报、项目例会和纪要等内容。

项目评估：项目评估阶段的核心是项目监控，即利用项目管理工具和技术来衡量和更新项目任务。项目评估同样贯穿于 ERP 项目的业务模拟测试、系统开发确认和系统转换运行 3 个步骤中。项目评估主要侧重阶段性评估、项目里程碑的鉴定和验收、实施质量的检验等。

项目完成：项目完成阶段是整个实施项目的最后一个阶段。此时，工作接近尾声，已经取得了项目实施成果。在这最后阶段，仍有重要的项目管理工作需要开展，主要有行政验收、项目总结、经验交流、正式移交等。

贯穿上述 6 个项目管理阶段全过程的工作是对项目表现的衡量和对项目的质量管理，以及项目风险的管理控制。

4.4.4 ERP 项目分工管理

本节简单阐述了在 ERP 项目实施过程中，软件公司实施顾问和企业项目小组成员的分工。

（1）项目经理：完成整个方案的实施目标。

（2）企业项目小组负责人：项目总体管理；检查签署项目交付文档；主要在高层项目负责人和各部门项目组成员之间起沟通桥梁作用；准备并管理项目预算；管理和定义实施范围；获得、分配、实时管理项目客户端资源；监控和推进问题解决流程；负责确保项目不偏离原有目标和范围；组织人员培训等。

（3）软件公司实施负责人：项目总体管理；准备并维护项目工作计划及进展记录；负责制定实施策略；项目的控制与预算；定义并管理实施范围；对所有参与项目的咨询和实施顾问明确职责；监控和推进问题解决流程；对项目变更活动进行协调；参与业务流程的解析；拟订培训方案等。

（4）软件公司服务人员：对用户单位的管理提供组织结构和流程优化等方面的建议；向企业项目小组传授先进的管理理念和系统知识；在业务流程设计中提供最好的商业实践；定期对项目进展汇报，按时完成所分配的任务；作为建议者帮助企业项目组完成任务等。

（5）企业项目小组成员：在项目经理的领导下提出符合自身特点的业务需求；参加业务调研会，提供所属部门现行业务流程及具体组织结构；就实施或咨询顾问提出的咨询建议进行讨论，并提出反馈意见；负责收集各类调查问卷，并在实施或咨询顾问的指导下参与分析并做好本职范围内的工作，如数据的整理与集中等。

4.4.5 ERP项目时间管理

1．制订项目时间表的重要性

实施 ERP 是一个庞大的、系统综合性的工程项目，其过程控制主要体现在项目实施过程中的时间控制，主要作用和任务是：控制项目实施过程中各阶段投入的各种资源和达到目标所用的时间，使之尽可能达到项目实施计划的原始要求。

当一个切实可行的总体实施计划和目标被制订和批准以后，如何监督和控制就成了一个重要的问题。根据许多项目中实施的经验，很少有一个项目是完全按照实施计划预定的时间来进行的，因为再好的计划也不可能预见所有的问题并事先制订出对策。所以，对实施过程的监督和控制，主要着眼于以下几个方面：

（1）要使实施各方都明白时间计划是严肃的。

（2）即使时间计划是严肃的，但也是可以调整的，调整进度计划必须合理并得到高层领导批准。

（3）化整为零，按每一个实施的小阶段对投入的资源和达到的目标所需时间进行监督控制。

（4）因发生问题而造成时间上的调整是正常的，但不控制问题是不正常的。

（5）控制问题的方式有追究责任、调整资源、改变方法、调整计划、停止计划，以此来掌握和控制时间。

2．项目活动时间预评估

在项目的实施过程中，监督和控制的依据是计划和目标，监督和控制的目的是要使实施工作按计划进行并达到预期的目标。当有问题发生时，其直接的表现就是实施结果偏离了原来的计划和目标。在这种情况下，项目负责人的工作，就是要及早发现这种偏离，并分析原因。如果是因为原来的时间计划和目标制订得不合理，或者发生了预料之外的情况而又无法克服，这样就必须调整时间计划和目标。如果不是原来计划和目标的问题，则一定是资源的问题。这里所讲的资源是指广义的资源，如时间、人力、资金、技术和工具等。企业在实施 ERP 项目时，资源发生问题是最常见的，而好的项目时间计划，可以在开始时就“考虑到”时间的富余量，并“懂得”如何分清责任和如何及时控制资源的合理投入。

项目过程控制和评估的工作方法可以概括为以下几个方面：

（1）将一个大阶段分成多个小阶段，按照每一个小阶段进行时间计划。

（2）监督和控制每一个小阶段时间计划的可行性，监督和控制按照计划的资源投入。

（3）监督和控制问题的发生，分清责任者，并且监督和控制调整的措施及其执行情况。

4.4.6 ERP项目成本管理

在中国的信息化过程当中，很多企业需要别人的经验，需要了解信息化的先进管理思想。大多数企业的管理者已经知道 ERP 能够给他们的企业带来利润，但是上 ERP 到底要花多少钱，市场上众多的 ERP 产品到底哪一个最好？中小型企业生产的 ERP 系统好用吗？什么是功能全的 ERP 系统？价格考虑什么？他们对上述问题心里没有底，他们需要一个好用又买得起的 ERP 系统。

归根结底，他们是要合理、经济地控制好 IT 投资，尤其是在 ERP 投资中控制好总拥有成本。解决这个问题的关键是要建立一个经济评估机制，对各种存储方法做投资回报率（Return On Investment，ROI）和总体拥有成本（Total Cost of Ownership，TCO）评估。

1．了解情况

在选择和实施 ERP 系统的过程中，企业 CIO 要明确以下 4 个问题，才能很好地进行 ERP 系统投资的成本预算。

（1）什么是最好的系统？

每个人说出来最好的系统都不一样。那么，什么是最好的系统呢？我们可以从两个方面来评价。

第一，信息系统能否支撑企业战略。很多人在选信息系统时，不是考虑企业整体战略，而仅为了解决人手不够的问题。但现在 CEO 已经更多地考虑领导一个高效、敏捷的企业，以便灵活地应对市场。此时，CIO 在选择信息系统时，关注点就转移到能否支撑企业战略的要求上，而不是针对某一战术需求进行选择。

第二，这个系统能否提供最佳效率。所有的 CIO 都在考虑提高性能价格比，但性能价格到底怎么比？从性能方面看，应该包括适应性、可用性、可扩展性。信息系统不仅要解决复杂的计算问题，还要对未知的问题进行预测和控制，同时这个系统应该从 CEO 到公司的临时工，从公司总部到最末端的分支机构都可以使用。

（2）什么是功能全的系统？

首先对企业管理来讲，所谓功能全，一直是一个变化的过程。因为，功能全本身也是从功能简单到功能完善到复杂慢慢变化出来的。任何企业的信息化都包括内部的核心部分和外部的外展部分，而核心部分的关键就是 ERP 系统。

企业的 ERP 系统主要包含财务管理、人力资源管理，以及围绕财务和人力资源管理的企业运营和行政管理。而企业的运营和行政管理，基本包含库存和生产制造的管理、销售订货和发运的管理、采购的订货管理以及维护和质量的管理，也就是通常说的产、供、销的业务链。所有这些完成企业内部运作的绝大多数任务，如要顺利完成与外部联系的任务，就要靠以下 4 个扩展系统：

① 有效的客户关系管理系统（Customer Relationship Management，CRM）有助于营销前端管理的延伸，通过其做到市场的优化，对客户长期的维护，对销售员的管理。

② 供应商关系管理，主要就是对合同、招投标的管理，特别是对供应商以及货源的有效控制。

③ 产品生命周期管理，包括从产品设计一直到其整个营销、生产、制造过程，最后被一代新的产品替代，整个完整的产品生命周期的管理。

④ 扩展的供应链网络管理，是针对企业间的库存和生产制造部分，使得供应链从原来企

业内部的需求链，扩展到供应商和客户末端。

除此之外，现在还有很多新型的管理内容，比如商务智能、企业的信息门户、企业信息交换总线、移动商务等等，实际上都是对于整个企业业务平台的扩充。同时，还要考虑行业自身的特色和运作中跨行业组织等方面的其他因素。

（3）价格考虑什么？

ERP 投资中的价格问题就是总拥有成本 TCO 的问题。它主要考虑 ERP 系统的实施、集成、运营、维护等各个方面的成本。从底层来讲，ERP 系统必须要具备安全、稳定、高效和开放的系统。IT 行业的发展日新月异，作为企业的 CIO，更多的是考虑系统的整体安全、稳定、高效和开放。企业的系统和供应商开发软件是不一样的，它要求的是一种稳定。

投资一个 ERP 系统之后并不是就万事大吉了，还有很多事要做。例如，ERP 系统可以减少手工作业，这能省多少钱？能够实现实时的财务控制，这是不是能够带来回报？能够实现计划的精确度，降低库存量，这是明显的资金变化。这些都是要考虑的问题。

（4）如何实施？

实施就是企业实现信息化的过程，主要包含业务流程和技术实现两个部分。对于现在的企业实施信息化，由于可以找到大量的参照样本，因此业务流程部分比以往要容易，但往往在技术实现上会出现问题。

纯粹从技术层面看，把通用产品变成客户的专门产品就是实施的过程，一般要经过几个步骤。

第一步：要定位国家级的通用组件，现在很多产品是世界通用的，但是到了一个国家，必须有国家的特征。

第二步：要做通用行业级组件，所谓“通用行业级组件”就是符合某个行业标准和共性的功能和设计。

第三步：行业的特殊组件，例如电信系统、进出港系统等这样特殊化的行业组件。

第四步：客户的特殊组件，即使通用产品变成客户可用的产品（只是技术处理），这些技术处理可以把以往很多技术处理的经验固化、产品化下来，使得整体投入大大下降。当然，作为有效的、带有业务经验的产品，必须具备明确的投资回报目标，当供应商为用户提供信息系统时，不一定非常了解用户的情况，但是他们可以告诉用户，通常企业用了这个系统后，应该在哪几个点上发生变化。

2．问题解决

绝大多数企业上线信息系统时都是这样花钱：信息化的最初需求不是企业级的，大多数公司都是从部门做起，比如财务要进行电算化，仓库需要管理等，因而最初的需求是面向功能的。但是这种起步自然而然就会产生信息孤岛，怎么办？开发接口。

这样一来，跨部门的业务成本提高了，产生的结果似乎是用了信息系统后，不但没有省钱反而花钱更多了。这是没有认真考虑总拥有成本的结果。

企业究竟该如何投资？购买信息系统的钱应该花在什么地方？很多人认为购置一个信息系统，大部分钱应该花在购置硬件平台、软件、咨询、实施和服务上。而根据总拥有成本的概念，购买软件、硬件、咨询服务的投入，只占整个投资的 32%，而更多的费用投入在系统的管理、技术支持和培训方面。

用户的培训往往被实施者忽略，以前企业形容 ERP 的数据是“垃圾进垃圾出”，为什么？因为系统本身不具备产生数据、自动消化数据的能力，用户输入什么，系统就算什么。由于对用户的培训不够充分，使得企业信息系统的效率较低。

那么怎样才能降低系统的成本呢？应该从 4 个方面来考虑：降低初期投资、加速收益时间、缩短实施时间、提高效率。而省钱的方法也有 4 个：第一，实施服务产品化，咨询公司有没有产品化的经验非常重要；第二，系统管理套件化，要有一套有效的管理服务体系，否则 IT 部门就变成了救火队，浪费资源，扩大成本；第三，技术支持层次化，IT 部门后面有供应商进行技术支持，但企业也应该建立自己的在线咨询，让使用者得到有层次的技术服务；第四，业务流程标准化，从 CIO 的角度来讲，越标准化的业务流程，管理的有效性就越好，从而成本控制得就更好。但这个问题不是 CIO 有能力解决的，这对企业的整体管理有要求。

总之，通过服务的改造，可以使总拥有成本下降 50%以上。这不是意向性的数字，而是通过实践总结出来的。企业信息化实际上有很多方法实现，认识到以上几个问题，在实施信息系统时，就会有较好的方向感，使得整个信息系统，在良好的总拥有成本下获得最大的信息回报。

4.4.7 ERP 项目风险管理

实施 ERP 的风险管理可以分为 4 个步骤：识别风险、衡量风险、管理风险、监控项目进程与状态。

识别风险的主要工作是确定可能影响项目实施的风险并记录风险的特征。需要注意的是：风险识别是贯穿整个项目实施的全过程的，而不仅仅是项目的开始阶段；可能的风险包括各种内部因素和外部因素；在识别风险的同时，需要辩证地分析其负面效应（风险带来的威胁）和正面效应（潜在的机会）。

衡量风险主要是对识别的风险进行评估、确定风险与风险之间的相互作用以及潜在的一系列后果，同时还需要确定风险的重要性和处理风险的优先次序。在这一阶段可以采用的分析工具包括“风险评估矩阵”“预期投资回报率”“模拟”和“决策树”等工具。管理风险是风险控制中最为直接、最为关键的一个步骤。

在管理风险过程中，需要对风险的正面效应（潜在的机会）制定增强措施，对风险的负面效应（可能的威胁）制定应付方法。对于不同的风险，需要根据其重要性、影响大小以及已经确定的处理优先次序，采取相应的措施加以控制，对负面风险的反应可以是尽量避免、努力减小或设法接收。另外，在处理风险时需要注意“及时性”——在第一时间对各种突发的风险做出判断并采取措施；“反复性”——对已经发生或已经得到控制的风险需要经常进行回顾，确保风险能够得到稳定长期的控制。

最终，我们需要对项目过程进行监控，检查风险控制的实际效果，评价项目的整体表现。

综上所述，项目管理是通过项目管理循环，从表现衡量与质量管理、风险管理控制等不同方面对项目进行控制，使企业实现项目所预期的成果和目标。项目管理对 ERP 项目的成功进行、对各种实施风险的管理控制有着至关重要的作用。

案例分析：一个ERP实施失败案例的背后

ERP实施成功“皆大欢喜”的案例背后，也有为此付出的巨大代价。

华灿光电股份有限公司审计总监赵团结，2010年3月刚到华灿光电公司工作时，担任代理财务总监，不仅全面主持公司的财务工作，还担任了公司的ERP项目经理。通过一年的时间，赵团结结合ERP系统的实施，在华灿光电股份有限公司初步建立了一套内控体系，以规范管理、防范风险。然而，在此之前，赵团结也经历过一次失败。也许，正是因为从失败中吸取了教训，赵团结才能将现在的ERP项目在短期内达到预期效果。

由信息“孤岛”引发

据赵团结介绍，他所经历的ERP实施失败案例发生在A公司——一家国资委所管辖的中央特大型企业的二级子公司，主要从事冶金行业的EPC（工程总承包）业务。从成立到2008年，A公司已经成为业内领先的专业化公司，年营业额达到10亿元左右，从业人员也达到了500人。

但是，随着公司规模的扩张，公司的信息化也遇到了挑战。原来散见于公司各业务部门的信息不但不成体系，而且经常由于口径不一致而导致部门间的重复工作。

最为重要的是，由于信息“孤岛”的存在，导致管理层在决策中出现困惑。为此，A公司决定实施ERP项目，以规范和提升公司的信息化水平。

经过实施顾问的调研，确认A公司的核心价值链后，实施顾问建议公司实施包括ERP在内的三个产品。通过三者之间的接口，实现企业信息化的集成和提升。

为了推进项目的顺利实施，实施顾问和A公司联合成立了ERP小组，A公司派出了信息部的主管领导全权负责实施及其协调事宜，日常事务则由信息部具体负责，各业务部门也具体指派了经办人员。

由于A公司牵涉到的业务周期长、地域广，如何有效地解决单据和实物的流转成为公司重点解决的问题。否则，便不能实现公司业务的及时准确核算。为此，公司设立了虚拟仓库，重点关注纸质单据的及时处理。另外，为了及时审批，A公司还开通了VPN远程登录权限。

实施一年后宣布失败

经过3个月的宣传和培训，A公司开始全面配合实施顾问进行需求调研以及确认。此后，又历经3个月，A公司的三个产品基本上线。

然而，ERP对于A公司的业务核算并不理想。对此，赵团结总结了以下几方面原因：首先，该ERP产品来源于我国台湾地区，由于ERP产品中各项用语本地化不够，导致理解和操作困难；其次，业务单据流转不顺畅，由于业务经办人员常常出差，不能及时将单据传递给公司，导致核算很不及时。

运行大概6个月后，由于工程项目所需物资及其业务单据流转不及时，导致试行的工程项目和实际状况出现较大差距，同时经对比原会计核算软件对现有工程项目的核算，也出现了较大差异。由此导致A公司对当时ERP产品的不信任，从而逐渐导致对ERP项目放任自流。

到 2010 年 3 月，A 公司不得不宣布实施 ERP 失败。

虽然 ERP 项目实施失败，但是通过实施信息化，A 公司培养了一批熟悉信息化的员工。“经过培训以及实施，各业务部门培养了一两位既熟悉业务又熟悉 ERP 产品的业务骨干。但是，部分业务部门由于关键用户经常更替，导致其 ERP 知识结构不系统，影响了 ERP 的深入应用。”赵团结说。

做好规划最重要

反思 A 公司实施 ERP 的过程以及结果，赵团结得到很多启示。

首先，公司的信息化规划至关重要。企业信息化规划也是公司战略的重要组成部分，信息化规划离不开公司战略和内部控制的指导和支持。“在企业实施 ERP 项目之前，最好明确公司战略和内部控制关键环节。在此基础上，通过制定信息化规划，可以明确目标。”赵团结说。

其次，业务流程是否需要再造也是必须考虑的问题。业务流程是否需要再造关键在于现有流程是否能够满足企业目前以及未来一段时间的状况。如果现有流程切实有效并具有一定的前瞻性，则不需要再造现有流程，只需局部更新即可。

如果现有业务流程不能满足公司管理需要，则需要重新梳理并重组业务流程。“A 公司在实施 ERP 项目时，几乎直接借用了软件公司的原有标准业务流程，没有结合企业实际情况做进一步改进，这也许是导致公司 ERP 失败的最重要的原因。”赵团结遗憾地说。

然后，ERP 项目与其他软件的集成也非常重要。在 ERP 实施中，可能面临着整合或者开发接口等问题。如果接口衔接不当，也会造成信息割裂，不能充分发挥 ERP 的功能。

A 公司 ERP 项目在实际运作中，没有培养自己的接口技术人员，导致经常出现不顺畅的情形。

最后，赵团结认为，应当注重 ERP 项目的培训和维护。ERP 系统是整合性很强的系统，业务的操作会自动在系统中体现出来。若有大量的业务操作失误，整个系统将产生紊乱，这也是部分企业实施 ERP 失败的原因之一。

“A 公司在实施和运行中，过度依赖实施顾问，导致出现较多问题，当实施顾问撤离现场后，A 公司常常陷于无法独立解决问题的局面，最后导致失败。”赵团结说。

（案例改编自：http://cio.itxinwen.com/2012/1106/445838.shtml）

关键字

四方关系（Quartet Relationship，QR）

项目实施（Project Implementation，PI）

项目管理（Project Management，PM）

思考题

1. 理解 ERP 实施中的四方关系。
2. ERP 项目实施的基本过程。

3. ERP 项目成功实施的八大原则。
4. 实施 ERP 的策略。
5. 什么是 ERP 的项目管理？ERP 项目管理的重点是什么？
6. ERP 项目管理的主要内容。
7. ERP 实施的条件有哪些？
8. ERP 项目时间管理包括哪些内容？
9. 实施 ERP 的风险管理可以分为哪四个步骤？

参考文献

陈启申. 成功实施 ERP 的规范流程：知理・知己・知彼・知用. 北京：电子工业出版社，2009.

田俊国. ERP 项目管理散记. 北京：清华大学出版社，2009.

乐立俊. SAP 后勤模块实施攻略：SAP 在生产、采购、销售、物流中的应用. 北京：机械工业出版社，2013.

第5章 用户视角：需求驱动与规划实施

教学知识点

- ERP 实施的基本条件。
- ERP 项目规划的组织与主要工作。
- ERP 系统选型的原则、思路与评价指标。
- ERP 项目实施的指导思想与风险防范。
- ERP 项目实施模式与实施策略。

导入案例

ERP 怎样为东阿阿胶舒筋通脉

东阿阿胶集团有限公司（以下简称东阿阿胶）拥有 7 个成员企业、3 个分厂，其核心企业东阿阿胶股份有限公司是全国最大的阿胶生产基地，于 1952 年建厂，1993 年 5 月改组为股份制企业，1996 年成为上市公司，累计融资 5 亿多元。东阿阿胶主要生产中成药、生物制剂、保健食品、医疗仪器、药用辅料等 6 个门类的 40 余种产品，有员工 2 000 余人，总资产达 8.89 亿元。企业属于流程型行业，但又有离散型的特征。

1. 变革动因

竞争压力是东阿阿胶决策者最终决定实施 ERP 变革的主要动因。一是全国生产阿胶的几十个厂商，都在使出浑身解数提高市场份额；二是面临加入 WTO 后国外医药生产商的大举进攻，国外医药公司拥有雄厚的资金实力、先进的技术和经营管理经验。如何提升企业核心竞争能力成为东阿阿胶要解决的首要课题，而原有的管理信息系统已经成为公司发展的桎梏。从 1987 年开始实行计算机单机管理，到 1989 年，东阿阿胶的信息化工作已基本普及到质量、人事、财务、生产等环节，初步实现了计算机辅助企业管理，但由于受当时技术条件和管理水平的局限，造成各管理系统相对独立、开发环境和应用平台差异大、信息代码没有统一标准、各子系统形成信息“孤岛”难以实现信息共享，限制了企业的发展。

与此同时，公司业务的高速增长也使东阿阿胶迫切需要改造系统。在企业内部，由于业务发展迅猛，企业出现产、供、销脱节现象，特别是流动资金占用越来越大，主要原因是库存、在制品储备高、生产周期长、不能及时交货，尤其是对异地销售分公司的产品库存及资金不能有效控制。在企业外部，由于市场变化快，企业所需的部分原材料也出现了供应不足或不稳定的情况。为保持东阿阿胶在国内阿胶市场老大的领导地位，公司果断决定通过实施ERP，进行ERP变革。

2. 选型波折

早在1998年，东阿阿胶的主要领导者就决定实施ERP系统，但在ERP软件的选型上，东阿阿胶却经历了不少的波折，也有失败的教训。由于对ERP了解得不够深入，企业在ERP软件的选型上，疏于调查和科学论证，结果草率实施，造成ERP项目实施不到2个月即宣告失败。这不仅浪费了东阿阿胶主要业务人员的时间和精力，更重要的是影响了他们以后实施ERP的士气，使他们产生了畏难情绪。

在第二次ERP选型时，东阿阿胶及时总结教训，以分管集团信息化建设的副总经理和集团信息中心主任为首，成立了专门的软件选型小组，并制定三项原则：一是严格实行招标制度，邀请有关专家对ERP产品进行多家分析和比较，甄选出技术、功能一流并适用于企业自身行业特点的ERP产品；二是认真考察ERP生产厂商；三是避免软件选型流于形式，避免徇私舞弊情况发生。经过对国内外数家ERP软件提供商的考察和比较，东阿阿胶最终选择了和佳ERP。东阿阿胶负责人说："和佳ERP是国家863/CIMS主题专家组和中国软件行业协会力推的国产优秀软件产品，成功的大中型企业用户超过50余家。它能够面对不同的行业提供成熟的解决方案，特别是和佳采用特殊的计算机方法，解决了流程行业和离散行业共用一套ERP系统的技术难题，因此成为我们的首选。"

3. 实施过程中出现的问题及解决办法

基础数据收集困难：由于基础数据的收集要占整个实施工作量的70%以上，许多业务人员既要完成本职工作，又要协助实施人员收集基础数据，这给一线业务人员造成了很大压力，实施进展缓慢。更糟糕的是，有的一线人员为了"应付"实施人员，不能保证数据的真实与可靠性。这时，以集团秦玉峰副总经理为组长的项目领导小组发挥了重要作用。秦玉峰十分熟悉企业的业务流程，具备丰富的基层管理经验，又熟悉ERP基本理论，在企业中威望较高。秦玉峰领导实施小组从基础数据处理入手，联合技术、供应、库管和财务人员进行了艰苦的数据整理工作，制定了详细的编码规则，对系统中现有的数据进行突击整理，使基础数据的收集工作得以高效率进行。

业务流程重组缺乏成效：东阿阿胶在开始实施ERP系统时，对业务流程重组缺乏清醒的认识，只是要求ERP系统的功能适应原有手工业务处理流程与工作方式，而不去对原有的管理模式、管理方法、业务流程和组织机构等方面进行改造和调整，结果造成ERP功能难以全面发挥。为了保证业务流程重组体现ERP的管理思想，集团总经理亲自督阵，按ERP实施的要求，对组织结构、部门职能、岗位职责、权力利益等重新调整、划分和分配，确保业务流程重组的适用性和有效性。

员工障碍：员工的畏难情绪和计算机应用水平不一，造成系统培训难度较大。东阿阿胶把培训工作划分三步进行：第一步是理解概念，正确将员工引入ERP及其单元技术，让他们在软件系统上达到会用的程度；第二步是强化原理培训，要求员工吃透精神，根据软件中的原理和做法，具体应用到实际工作中去；第三步是应用培训，把ERP理念贯彻到日常工作中，做精、做好，以达到培训的最佳效果。

4. 重塑企业价值

东阿阿胶在实施 ERP 的过程中，始终贯穿这样一条主线：全面吸收 ERP 的管理思想，重新塑造企业价值。经过近一年的努力，东阿阿胶成功建立了自己的 ERP 系统，该系统以供需链管理为核心，以客户关系管理为重要支撑，强调生产、采购与库存的计划管理，对资金的管理进行全程监控，确保资金的效用。整个项目采用了和佳 ERP 系统近 30 个功能模块，涉及企业的人、财、物、产、供、销、预测、决策等诸方面的工作。他们还成功实施了办公自动化、电子商务和人事管理等功能。

5. 经验和体会

东阿阿胶在实施 ERP 的过程中，各个部门都提需求，大大小小，不分轻重缓急，如果全部满足，整个实施工作用两年也完不成。对此，东阿阿胶主管企业信息化建设的副总与主管销售的副总、主管生产的副总、主管财务的副总召开联席会议，筛选了最迫切的"需求"进行重点和优先实施。对于一些简单的、技术和实施上相对较容易的需求，留给企业的技术人员解决。

6. 收获成果

系统改造后，集团实现销售 4.15 亿元，利润 1.04 亿元，利税 1.79 亿元，分别比上年增长 40.06%、66.73%和 73.82%，全年的销售费用率达 21.7%，比年初的计划目标降低了 2.23%，节约费用 1 000.3 万元。通过推行比质比价采购管理，核心公司全年节约采购资金 599.92 万元。从整体上看，通过 ERP 项目的实施，东阿阿胶集团建立了以财务管理为中心的企业管理新机制，加强了对成员企业资金使用的监管力度，使资金效益最优化。它的销售公司、分厂和成员企业也实现了资金流、物流、信息流的一体化管理，并提高了整个企业计算机管理系统和软件应用系统的集成度，彻底解决了信息"孤岛"现象，企业内外信息资源得到充分共享，同时增强了企业对市场迅速作出反应的能力。

讨论：

（1）东阿阿胶为什么要推管理变革？

（2）东阿阿胶的成功经验可以复制吗？

（案例改编自：http://www.knowlesys.cn/InformationCenter/system/SI/2030.html）

所谓 ERP（Enterprise Resource Planning）即企业资源计划，是整合企业内部各种资源的一种管理信息系统。通过这种管理信息系统，企业可以实现以下目标：（1）提高物流、资金流和信息流的流转速度；（2）提高信息传递的准确性和数据共享；（3）为企业的决策者提供快速可靠的决策依据；（4）降低由于信息不通在企业各个部门之间造成的浪费，降低成本，提高效益。

5.1 ERP 实施基本条件

ERP 项目实施就是指在企业中建立 ERP 管理系统的整个过程，ERP 项目实施的成功与否直接影响了企业生产经营管理的各个方面。ERP 项目的实施具有以下特点：

第一：广泛参与的特点。建立这种管理信息系统可以帮助企业实现业务整合。从上面的描述可以看出，企业建立 ERP 系统并不像引入其他的信息系统那样，目的只是为了提高某一方面的业务处理能力。ERP 系统更加致力于从整体上对企业各个方面进行业务整合，ERP 项目的实施过程几乎涉及企业的所有职能部门。因此，ERP 项目不是哪个职能部门能够单独完成的，必须得到企业各个部门的广泛参与。

第二：深层次变革的特点。企业引入 ERP 系统的目的是为了提升企业自身的管理水平。这就决定了企业在引入 ERP 的过程中，势必会改造现有业务流程中的某些不合理因素。这也说明了为什么 ERP 项目往往和管理咨询项目一起实施。这些变革可能是某个业务的细微调整，也可能是战略性的机构变更；可能很短的时间实现，也可能历时几年甚至更长的时间。整个变革的过程其实就是一个利益和权力的再分配过程，可能会影响某些人或者某些集团的既得利益。实际上，由于这些利益调整而造成的冲突是 ERP 项目实施中遇到的主要阻力来源之一。

第三：任务繁重的特点。在 ERP 项目的实施过程中，工作的内容主要来自于以下几个方面：

（1）原有信息数据的重新整理、补充、编码工作，即基础数据的整理工作。

（2）现有流程的调整工作，包括新流程的宣贯工作，新流程、新岗位的 SOP 制定工作等。

（3）项目的日常管理工作，包括项目计划的制订、项目计划的监督执行、冲突协调和风险监控等工作。

（4）软、硬件系统的日常维护工作。

由此可知，ERP 的实施对于企业来说是一个系统工程，必须做充分的准备，如业务流程的重新梳理、企业领导的足够重视和员工的充分配合等。具体来说，成功实施 ERP，企业应具备下列基本条件。

（1）企业业务流程重组（BPR）

业务流程重组（Business Process Reengineering，BPR）就是对企业的业务流程（Process）进行根本性（Fundamental）再思考和彻底性（Radical）再设计，从而获得在成本、质量、服务和速度等方面业绩的戏剧性地（Dramatic）改善，使得企业能最大限度地适应以“顾客、竞争和变化”为特征的现代企业经营环境。

ERP 系统的实施，涉及销售、生产、采购、仓储、质保、财务等各部门，因此，部门之间的沟通协调就显得异常重要。ERP 的管理理念是以业务流程为管理单元，而一项完整的业务涉及多个环节，每个环节处理的结果都会直接影响到其他环节，通常情况下都需要多个部门协同处理。以物料采购为例，这一业务包括采购请求、采购订单、通知送货、仓库接收、质量检验、仓库入库、发票核查、审核付款等多个环节。相应的，需要采购、仓储、质管、财务等部门参与。这其中任一环节出现纰漏或失误，最终都会导致企业财务数据的不准确，造成存货或负债的虚增、制造成本的不真实。所以，ERP 的成功实施必然要求企业理顺业务流程，即进行业务流程重组，各部门从大局出发，提高企业的管理效率和对市场的反应速度。

（2）科学的管理基础

ERP 的实施需要以企业完整、准确的数据资料为支撑，而这要求企业必须要有良好的财务管理、经济核算、质量管理、仓库管理、合同管理、生产管理等管理制度。完善的规章制度，才能保证企业经营的可持续进行。

（3）领导的支持与参与

实施 ERP 作为企业的一项新任务，涉及从上至下的各部门领导、员工。业务流程重组过程中因可能会触动部分人的利益而受到排斥甚至抵制。此时，需要企业高层领导具有坚定的信念，及时果断解决遇到的问题，积极协调各部门，保证 ERP 顺利实施。

（4）足够的经费支持

企业在实施 ERP 前，必须对项目的经费做全面、准确的预算，涉及硬件费用、软件费用、安装调试费用、人员培训费用、咨询费用等，并且计划资金来源，保证项目的顺利进行。否则，很容易使 ERP 系统的实施由于经费不足而达不到预期的效果。

（5）高素质的员工队伍

ERP 实施不是分离的工作，需要有各类专业的员工参与支持，如技术人员、管理人员、业务人员等。因此企业在项目开始之前，就要认真筹划项目实施工作组，确定合适的人选，相互协调，共同分担实施过程中的工作任务。

（6）完善的 ERP 实施工作规范

ERP 系统的实施是企业传统管理方式的一场变革。要对系统设计的工作流程进行实地检验，系统试运行和系统投入正式运行后，及时根据运行状况做出修正，运行基本正常后，要及时在此基础上制订出工作规范，明确工作内容、工作职责分工、工作程序、工作要求，并制订相应的考核办法，使 ERP 实施尽快走向正规。这是保证 ERP 成功实施的一个必不可少的重要条件。

5.2 ERP 项目规划

企业高层领导在 ERP 实施中起着决策和推动作用。企业高层领导必须转变旧的管理理念，支持和重视 ERP 的实施规划，确保企业信息化过程中能够遵循项目规划原则，并在该原则下实施具体的规划工作。

5.2.1 项目规划原则

任何工作都要规划，ERP 项目是一个系统工程，规划工作尤其重要。我们在做 ERP 规划时，一定要考虑企业的各个部门，把它当作一个整体，不要顾此失彼。ERP 规划是企业导入 ERP 过程非常关键的一步，这需要站在企业战略层次的高度，把企业作为一个有机的整体来看待。全面考虑企业所处的环境、本身的潜力、行业特点、具备的条件以及企业未来进一步发展的需要，ERP 的规划要勾画出企业在一定时期内，所要达到的内控程度，从而确定 ERP

实施的进度。

一般 ERP 项目规划总的原则是：总体规划、分步实施。就是对企业导入 ERP 进行总的规划，具体实施的时候是分步进行的。

同时，根据企业客户的具体情况，在总规划的前提下，确定分阶段的项目实施计划。项目规划是 ERP 系统设计、规划的指导思想。正确的指导思想是制订系统方案可行性的前提，也是 ERP 系统实施成功的基础。

5.2.2 项目规划主要工作

ERP 项目规划的原则确定后，就在该原则下实施具体的规划工作。ERP 实施项目规划总体上应该有 4 个方面的内容：实施前期任务、实现目标规划、实施项目过程管理和后期管理。

（1）实施前期任务

这一部分应该是在对企业详细调查了解的基础上，对企业的所有需求和现有条件作出细致的分析，确定项目实施的总体范围和期望值，而且这个期望值是合理的，能满足企业功能要求并且能够实现的。企业用户与 ERP 软件供应商对需求分析、实施内容和范围达成一致，对实施中必要的人力和财力投入达成共识，确保双方对今后项目实施过程中可能遇到的困难和阻力有充分的估计和对策。

（2）实现目标规划

企业应建立项目实施小组，一般称之为项目组，明确制订项目实施各阶段的时间进度和阶段定义，描述评价达到这些目标的标准和方法，与企业用户中高层领导协商讨论并获得最终可行的实施方案。

（3）实施项目过程管理

ERP 项目是一个系统工程，因此导入 ERP 是一项长期而细致的工作，为了很好地完成这个系统工程，应当依据需求分析将整个大项目拆分成阶段性的子任务，充分体现整体规划、分步实施的原则。每个小阶段的需求和解决方案都应该用文档描述清楚。项目实施过程中要经常召开阶段性的会议，对前期的工作进行控制，保持必要的信息沟通，注重项目实施文档的建立和保存。

（4）后期管理

项目规划在这一部分要详尽描述规划目标与项目实施工作安排的衔接程度，明确项目实施后所能达到的效果，并将需求分解成三部分。首先是系统软件能够直接实现的，这部分应该占 60%左右；其次是需要用户适当进行流程改变来变通解决的，这部分一般占 30%左右；最后是需要结合企业特殊情况和实际问题作二次集成开发的，最好不超过 10%，否则实施周期会过长，就会难以控制。

5.3 ERP 项目组织

项目组成员必须在规定的项目实施周期内完成以上所有的工作，并且要能够达到提升企业管理水平，降低成本、提高效益的目的，任务量和项目实施的压力非常大。下面本节就从项目组织机构的特点出发来详细探讨如何建立完善的 ERP 项目组织。

项目组织形式分为职能型组织、项目型组织和矩阵型组织。在矩阵型组织中，根据项目经理的职权大小，又可以分为：强矩阵组织、平衡矩阵组织和弱矩阵组织。其中强矩阵组织具有更多的项目型组织的特点，而弱矩阵组织具有更多的职能型组织的特点。

5.3.1 各种项目组织的特点

（1）项目型组织

在这种组织中，不存在职能部门或者职能部门被充分的弱化，所有的人力资源都是按照项目来组织的，项目经理拥有非常大的人事权力和项目决策权力。这种组织机构更加适用于某些研发机构或者按照项目来进行管理的企业，而在 ERP 项目中，这样的企业是非常少的，所以这种组织机构不在我们的讨论范围内。

（2）职能型组织

这是一种非常传统的组织，人力资源被按照各自的专长分配到各个职能部门之中，职能部门的经理拥有非常大的人事权力和决策权力。这种组织机构的优点是分工明确，各个部门能够专注于自身的工作，对于企业的日常运作非常有利。其实现在大部分企业都是按照这样的组织方式进行的。从后面的描述中可以了解到，按照职能进行分工并不是职能型组织才具有的特点，在矩阵型组织中同样也是存在的。之所以把它称之为职能型组织，是因为其在对于项目的组织尤其是跨部门的项目组织上的表现：职能型组织机构在进行跨部门的项目组织的时候，并不设置专职的项目经理，而是在职能部门中选择一个最适合本项目的部门经理来作为项目的协调人。项目团队没有统一的、固定的组织，也不用遵从同样的具有项目特点的管理制度。项目协调人不具有对项目成员的任何控制权，也不会独立的为项目指定各种决策。所有的项目工作都是由项目协调人和职能经理协调之后来最终完成的。

（3）弱矩阵组织

弱矩阵组织在管理形式上几乎和职能型组织相同，只不过在项目协调人的职权上有所加强，项目协调人能够自行监控项目的任务完成情况，并且可能和职能经理分享一部分的项目资源的分配权力。项目团队也比完全的职能型组织更加易于识别。

（4）强矩阵组织

强矩阵组织在管理形式上几乎和项目型组织完全相同，同样具有全职的项目经理，而且项目团队具有固定的组织形式和特有的规章管理制度。项目经理具有非常大的人事权力和项目决策权力，完全能够按照项目的需要来安排人力资源。强矩阵和项目型组织的唯一不同点是强矩阵不会打破原有的组织形式，比如说，项目团队成员在人事关系上可能依然属于原来的部门，或者人事关系暂时归项目团队管理，但是等到项目结束仍然要回到职能部门。

（5）平衡矩阵组织

平衡矩阵组织在管理形式上介于强矩阵和弱矩阵之间，兼顾了两者的特点，但是总的来讲项目经理的权力仍然大于职能经理。当两者发生冲突的时候，往往以项目经理的处理意见为准。

从 ERP 项目的特点来看，职能型和弱矩阵组织形式是不适合 ERP 项目的实施的。因为在 ERP 项目的实施过程中，需要在很短的时间内完成非常大的工作量。这样的项目要求必须能够保证人力资源的可用性和及时合理的调配。而在职能型和弱矩阵组织形式下很难实现这一点。另外，ERP 项目中需要解决各个部门之间的冲突，如果项目经理的职权太小，那么对职能经理不能造成任何影响，也就没有能力解决项目中的各种阻力，所以顺利进行 ERP 项目实施也就成了水中月、镜中花。而强矩阵组织和平衡矩阵组织能够达到 ERP 项目实施的基本要求，所以在 ERP 项目实施过程中，推荐使用。

5.3.2 两个实际的 ERP 项目组织机构的例子

（1）强矩阵组织

在这种组织机构中，企业指定了全职的 ERP 项目经理，并且从各个职能部门抽调了能力非常强的业务骨干或者主要领导组成了项目实施团队，这些团队成员同样是全职的。在项目的实施过程中，ERP 项目组作为企业的一个独立的部门存在，并且被赋予了领导其他职能部门的权力。

这种组织形式的优点非常明显，全职的项目经理能够尽心为 ERP 项目负责，能够最大限度协调项目资源，在有限的时间和成本约束中保证项目进度和项目成果。当在 ERP 项目实施过程中和其他的职能部门发生冲突的时候，项目经理具有足够的职权处理这些问题，不必因反馈到企业高层进行协调而延误项目时间。

在这种组织形式中，往往会建立单独的项目办公室。项目办公室供项目组成员集中办公，增强项目组成员的归属感，同时又能够简化项目协调的手续，增加项目组织的凝聚力。

但是事情总会有相反的一面，这样的组织形式也不是完全没有缺点。ERP 项目是暂时的，即便是延续几年的时间，依然有结束的一天。那么当项目团队解散的时候，这些抽调上来的业务骨干和主要领导的个人发展必须经过慎重考虑，进行妥善安排。否则，可能会影响项目团队的士气从而对项目的实施造成不利的影响。

（2）平衡矩阵组织

在这种组织机构中，企业同样指定了全职的项目经理来负责整个 ERP 项目的实施，和强矩阵不同的是，项目团队的组成成员中，除了几个全职人员以外（这些全职人员多数是来完成 ERP 项目的日常管理工作），其余的项目组成员都是兼职的。

这样的项目组织中，在不同时期项目团队的组成会有所变化，比如在实施分销系统的时候主要以销售部的人员为主，而在实施生产计划的时候主要是以生产计划部的人员为主，项目团队成员在项目组织中的时间长短依据项目的需要而定。项目经理对项目组成员不具备完整的人事管理权力，只具有暂时的考核和奖惩权力。

和强矩阵比较起来，在这种组织中由于项目团队成员只是临时在项目组织中进行服务，所以不用担心他们在项目完成之后的个人发展问题。但是项目经理在对这些资源的控制能力上不如强矩阵充分，例如项目经理在项目遇到紧急情况需要协调人力资源的时候，如果此时该资源已经不在项目团队内，那么必须和职能经理协调。

最后需要强调的是，无论使用哪种组织机构方式，都要牢记“一把手原则”。因为总有一些决策是项目经理无法确定的，也总会存在一些冲突是项目经理无法解决的。在 ERP 这样一个复杂的项目中，找到一个权力和威望都很高的高层领导担任项目责任人是非常必要的。

5.3.3 各组织机构职能

1．领导小组

（1）组成。

组长：一般为企业最高领导。

成员：信息部经理、战略发展部经理、技术部经理、运营部经理、财务部经理、人力资源部经理、行政部经理等各部门经理。

（2）职责。ERP 实施项目领导小组负责对 ERP 实施过程中发生的重大问题进行决策，把握咨询工作的目标和方向，控制工作的进度计划和工作质量，提供所需资源和协调所发生的资源竞争和矛盾。其具体任务如下：

♦ 决定 ERP 实施项目投入的人力、物力、资金等各项资源，并在资源发生矛盾时进行调度和协调。

♦ 挑选参加 ERP 实施项目小组工作的成员，任命“项目小组”负责人。

♦ 审核批准 ERP 实施项目的目标、范围和原则。

♦ 审核批准 ERP 实施项目年、季、月度工作计划。

♦ 参加 ERP 实施项目阶段性会议，听取并指导项目小组工作报告。

♦ 决策企业管理模式、方法、流程、组织机构等重大调整问题。

♦ 审批有关 ERP 实施工作的各项规章制度及考核办法，制定奖惩制度和激动机制，鼓励参加项目的全体人员努力完成本职工作。

♦ 决策有关 ERP 实施工作中各种重大人事变动。

♦ 审批 ERP 实施过程中重大技术方案和结论。

♦ 主持 ERP 实施工作各阶段成果的验收和鉴定。

（3）活动方式。领导小组（委员会）不是常设机构，一般可以每月召开一次例会，听取工作汇报、检查工作进度、发现问题、提出解决方案。如遇重大事件发生时，可随时召开会议。

2．实施小组

（1）组成。

组长：一般为信息部经理、ERP 供应商的实施顾问和企业各部门管理骨干。

组员：信息部 IT 人员、咨询顾问、与 ERP 实施有关的选派参加 ERP 实施工作的人员。

（2）对项目组的基本要求。

♦ 能准确地描述企业的管理现状和业务流程，全面参与企业 ERP 实施项目的全过程。

♦ 项目组团队要有一定的相对稳定性，并在项目执行期间小组成员要 100%的时间投入项目实施工作。

♦ 企业抽调的项目小组成员，要熟悉本部门及相关部门的管理业务；有丰富的管理经验、独立解决问题的能力、较好的沟通能力和较好的人际关系。

♦ 打破传统思想的约束，发扬创新精神，积极接受新鲜事物。

（3）职责。

♦ 负责 ERP 项目全过程的实施工作，具体包括：

♦ 全面执行项目领导小组的决定，达到项目的预定目标。

♦ 制订并执行项目的实施进度计划，定期向领导小组汇报工作，听取指示。

♦ 参加 ERP 实施项目顾问组织的有关 ERP 技术的培训。

♦ 组织并参加现场业务调查和分析工作，参加业务流程优化工作。

♦ 参与“ERP 建议方案”的设计和报告的编写工作。

♦ 承担计算机硬件系统和网络建设的工作。

♦ 配合 ERP 软件供应商进行应用软件的安装、调试及维护工作，并在调试过程中学习和掌握软件的原理、操作维护方法和简单的二次开发方法。

♦ 确定编码方案，指导各管理部门的应用小组人员进行编码和数据准备工作。

♦ 组织 ERP 软件系统方案与实际需求的对比分析，确定用户化修改方案，并组织实施。

♦ 负责对最终用户的操作培训工作。

♦ 在实施顾问的指导下，协同企业管理部门制定对 ERP 系统实施项目的管理规章制度和参加实施人员的奖惩办法。

♦ 组织 ERP 系统实施各阶段的成果验收和 ERP 系统的最终测试和验收。

♦ 负责 ERP 软件系统正式运行后的维护工作和简单的修改、开发工作。

3．职能业务小组

（1）组成。

组长：各职能部门经理。

组员：所涉及岗位的管理人员。

（2）对项目组人员的基本要求。

♦ 对企业信息化建设积极热情，能全身心地投入这项工作。

♦ 对新知识有学习的兴趣和学习的能力。

♦ 精明强干、吃苦耐劳、善于团结别人。

♦ 精通本部门的管理业务。

（3）职责。

♦ 负责本部门涉及的子系统、各功能模块的实施工作。

♦ 负责本部门子系统实施中的数据准备和录入。

♦ 负责本部门子系统的试运行和系统维护工作。

♦ 负责用户化修改方案的提出、需求调查和设计的配合工作、实施和验收等。

♦ 制订本部门项目实施月、周工作计划，并向领导小组做月度工作汇报。

5.4 ERP 选型

由前文可知，导入 ERP 管理软件直接关系到企业信息化建设是否能真正发挥其效益，企业导入 ERP 系统，涉及资金、时间、人力等多方面的投入，耗费巨大。因此，在对 ERP 软件产品进行选购的时候（即所谓的 ERP 选型问题）一定大意不得。那么，ERP 选型如何“有的放矢”？怎样才能保证企业选型不出现问题呢？

5.4.1 ERP 软件获取方式

在 ERP 选型过程中，有必要先了解 ERP 软件的获取方式。ERP 软件是系统配置中的关键，ERP 软件系统的获取主要通过以下几种方式。

（1）购买成熟的 ERP 软件直接应用

直接购买成熟的 ERP 软件模块，这个方式使系统实施时间短、见效快，避免了 ERP 系统的低水平重复开发，但系统维护难度大，尤其是非开放式系统，当系统原有功能需要调整的时候会很困难。ERP 系统软件的选购不仅要考虑软件的功能、质量等，而且要从更深层去理解软件的管理思想、管理方法和管理组织结构要求，与本企业现有管理方法、管理组织结构和管理思想比较，找出其差异，对国内外的 ERP 软件产品有选择地了解其性能、价格和适应性。

（2）完全利用自已的力量自主开发

自主开发就是完全利用企业自已的开发力量来开发 ERP 管理软件。显而易见，这为将来的软件维护、管理、更新提供了方便，培养了队伍，但自主开发往往历时长、投入费用大，系统功能受到开发人员经验的限制。

调研表明，企业上线 ERP，完全靠自我开发，风险巨大。受企业资源、人才的局限，企业的 ERP 开发力量通常达不到开发 ERP 这些大型软件系统所要求的水准，也跟不上 IT 技术进步和管理创新的步伐，容易出现起点低、规划差、过程长、更新慢和偶然成功后却留不住相关人才等众多问题。

（3）购买 ERP 软件和二次集成开发并举

购买 ERP 软件和二次集成开发这种方式兼顾了上述两种方式的优点，且克服了它们的缺点，但也出现了新的矛盾和不足，用户动态的需求和系统开发方法之间的矛盾尤其突出。因此在选择开发商时首要考虑的是系统开发经验，已承担过哪些类型的软件开发，与企业的需求有何差异。在开发过程中开发商要引导用户提出合理的需求，确定正确的目标。

实践证明，购买成熟通用的 ERP 商品软件进行适度二次集成开发，符合社会专业化分工协作的规律，取得成功者较多。专业的 ERP 公司通常拥有一群既懂管理又懂 IT 的人才，通过学习国外企业管理软件的理念和模式，逐步集成出了一套适用于中国企业的 ERP 软件，并在迅速扩大的市场中不断改进、优化和完善。

5.4.2 选型原则

企业选用的 ERP 管理软件，无论从国外引进，还是采用国产化软件或是委托开发、自行开发，都应综合考虑以下要素：

（1）要用全局、集成和发展的观点看问题，企业信息化是为了在企业经营管理信息集成的基础上，全面提高企业的生产经营管理水平和市场竞争力。ERP 管理软件的思想应具有一定的先进性和超前性。

（2）ERP 管理软件的层次是否与企业管理层次和企业硬件环境相适应，其软件是否与企业所追求的目标相一致。

（3）ERP 管理软件支持数据库的能力，是否能与 Oracle、Sybase、Informix 等主要数据库很好连接。

（4）ERP 管理软件是否具有先进的体系结构。

（5）ERP 管理软件是否有良好的服务保证、技术支持、培训等。

（6）ERP 管理软件质量是否可靠，是否有众多的成功用户，操作界面是否方便、灵活、直观，是否采用了先进的程序开发技术，软件是否已做了本地化工作等。

企业在选择 ERP 产品时，必须充分考虑企业自身和各个软件的特点，在遵循科学合理的选型原则上，尽量找到适合自己企业的产品，提高 ERP 实施的成功率，具体选型原则如下：

（1）成本效益原则。企业在选择软件时，要注意成本效益原则，并不是技术越先进、功能越强大越好。一般功能越强大的软件，其购买成本越高，给企业整体组织管理带来的变革冲击就越强，管理改革成本也就越高。一般而言，ERP 软件始终面临着更新换代的压力，如果购买了有过多冗余功能的软件，不仅成本高而且存在着功能浪费。

（2）成熟性原则。对于 ERP 系统而言，因为涉及的范围很广，一方面需要有开放性，实现与其他软件的无缝连接；另一方面应选择成熟的有系统化的完整解决方案的产品，不要选择未经实践证实的产品。这有助于减少实施的不可预见性，降低实施风险。同样，成熟的产品不仅技术成熟，而且服务成熟，因此通常都有持续可靠的服务作为保障。

（3）安全性原则。ERP 系统会扩大企业内部部门之间的沟通，而在这种扩大范围的信息情况下，如何保证信息安全合法使用，保证信息的不丢失，是 ERP 实施的先决条件。

总之，企业选择 ERP 系统要注重系统的实用性、合理性、先进性、开放性、可靠性和经济性等指标。要从软件功能满足程度、软件技术水平、实施服务质量、供应商合作态度以及投入产出效益指标等方面进行综合评价，选择理想的 ERP 软件产品和合作伙伴。

5.4.3 选型思路

1. 认识企业自身

ERP 软件选型时，不是盲目的攀比竞争对手使用了什么软件，也不是看什么软件昂贵就选择什么，而是需要认清企业自身特点及所处环境，主要包括理清企业的信息化目标、正视企业规模、了解行业特点（如生产类型等）、预测企业未来需求、掌握资金预算。

2. 认识 ERP 软件供应商

在 ERP 软件选型时，必须充分调研、收集信息，了解 ERP 软件供应市场，在选择软件供应商时，主要关注以下方面：

选公司：选择商誉卓著、经营绩效良好、研发能力高、经验丰富的公司。

选产品：选择的产品要满足长期发展及未来多样化的需求，产品质量要稳定，并易于维护。

看服务：看是否拥有完善的售后服务机制。

看案例：看选择的公司客户满意度是否高，最好有同行案例。

比价格：成本适宜，符合预算。

比速度：看是否能在尽可能短的时间内上线。

5.4.4 选型步骤

在明确了开发方式后，ERP 系统选型阶段的主要工作就是为企业选择合适的软件系统和硬件平台。选型过程是从导入 ERP 系统软件开始，是从众多的 ERP 管理软件商里选择一个本企业合适的系统软件的一系列工作。系统选型的一般步骤如下：

1．建立软件选型小组

软件选型小组成员应包括企业高层领导、企业各 ERP 使用部门领导、ERP 项目总负责人、需求功能调查员。建议由选型小组的组长担任 ERP 项目总负责人。选型小组建立以后需要定期开会讨论选型事宜，收集关于软件供应商和软件系统的资料，负责选型的全过程。

2．需求分析

（1）各个部门需要处理的业务需求，如相关业务的数据流入、业务数据处理方式（处理步骤、处理点等）、业务数据流出的情况。尤其注意产品的结构特点、物料管理特点、生产工艺特点与成本核算特点。再根据各项业务需求，识别出企业需求的分类级别，如重点需求、一般需求或可有可无的需求等。

（2）考虑用计算机处理的业务数据的软件使用权限的设置。有时企业的权限需求很特殊，例如，不只是对功能的控制权限有要求，而且对字段甚至对字段内容的控制权限也有要求。

（3）业务报表需求。企业的报表形式非常丰富，需要对报表需求列出清单，标识出必要需求、一般需求等。

（4）调查企业现有数据接口。企业在以前可能已经有各种各样的信息系统，如 CAM、CAI、CAD、PDM、DSS 等，因此，要考虑这些数据的传输问题。

3．访问并初步筛选供应商

根据自身的规模和需求分析，先访问一些具有一定规模的 ERP 软件供应商，初步筛选出适合本公司需求的 ERP 软件供应商。主要是让项目咨询公司根据企业的期望和需求，综合分析评估可能的候选软硬件供应商的产品，筛选出若干家重点候选对象。

4．进一步筛选

主要从以下几方面进一步考察初步筛选的 ERP 软件商的综合实力：

（1）有成熟或特定用户群的 ERP 的软件开发商。

（2）软件的研发队伍和开发工具能适应本企业发展的需要。

（3）具有丰富经验的实施咨询顾问人才。

（4）参观和考察 ERP 软件商的成功客户（与本公司同类型企业）。

5．候选 ERP 软件系统演示

经过前两步的选型工作，筛选出三到四家符合条件的 ERP 软件商来公司作系统功能详细演示。这是软件选型中最关键的一步。重点 ERP 系统候选对象根据企业的具体需求，向企业的管理层和相关业务部门做针对性的系统功能演示。

6．ERP 软件系统评估和选型

项目咨询公司根据演示结果对重点候选对象的优势和劣势做出详细分析报告，并把参考意见一并提供给企业；企业结合演示的效果和咨询公司的参考意见，确定初步的选型对象，在经过商务谈判等工作后，最终决定入选的 ERP 系统。

在项目选型过程中，主要项目管理工作是进行 ERP 系统选择的风险控制，包括正确全面评估系统功能、合理匹配系统功能和自身需求、综合评价供应商的产品功能和价格及技术支持能力等因素。

5.4.5 选型评价指标

目前，在国内的企业管理软件市场上有许多 ERP 产品。如何选择合适的 ERP 产品主要考虑以下几个指标：

1．ERP 的功能指标

ERP 功能是否先进主要从下面几个方面来考察。

（1）MRPⅡ理论。从本源来说，ERP 的核心应是 MRPⅡ（制造资源计划），国外软件都是基于 MRPⅡ理论，它包括分销、财务和生产制造三大部分。这种管理方法比国内绝大部分企业所使用的管理方法先进。国内一些较好的 ERP 软件公司产品也包含了以库存为核心和西方市场经济模式的 MRPⅡ管理思想，同时还将 MRPⅡ中一些基于西方模式的死板规定进行了灵活处理。

（2）先进的 ERP 理论。是否符合我国社会主义市场经济模式；符合我国企业常用的以财务为核心的集成管理体制。同时，进入 20 世纪 90 年代中期，企业管理理论已上升到企业资源计划系统，它是 MRPⅡ管理理论的扩展和升级，它强调以各种业务的财务核算为核心的管理，在传统 MRPⅡ基础上增加了大量的业务与财务间的核算功能，以及 JIT 控制、全面质量管理和设备管理、数据仓库模式的决策分析功能等。

（3）开发系统使用的工具。任何商品软件或多或少会有用户化和二次开发的工作。随着应用范围的扩大，企业必然会增补一些功能，因此，开发工具必须方便用户掌握和使用。即使是第 4 代语言、CASE 或面向对象的开发工具，也需要认真分析比较。各企业的报表格式会有不同，需要用户化，这是一个极普遍的要求，软件必须有方便用户生成自己所需报表格式的功能。另一方面，也要尽量选择适用的软件，减少二次开发的工作量，以缩短实施周期。

（4）软件的运行环境。对一个开放型的软件来讲，硬件的选择余地较大。开放系统的主要标志是系统的可适应性，采用符合工业标准的程序语言和工具、数据库、操作系统和通信界面。从实用角度要考虑硬件的耐用性、可靠性（企业的管理信息系统是不允许中断的）、容易操作和维护。应结合数据处理量（如产品结构复杂程度、工艺路线的工序数量、每月的各种订单数、计划修改的频繁程度等）及响应速度选择计算机的型号档次（有的软件可提供确定硬件容量时供参考用的计算程序）。

2. 功能适应性指标

对于一个 ERP 软件不但要看它的理论设计水平高不高，算法先进不先进，更重要的是看它是否对本企业实用。如果某软件部分模块对自己的要求很符合，其他模块不太符合，而企业对它的需求又不太迫切，则可以先选择部分模块，其他模块以后再使用。除功能需求之外，选择软件时还要考虑其他一些因素，如价格、售后服务、供应商实力等。

（1）软件功能的覆盖面。ERP 软件功能应以满足企业当前和今后的发展需求为准。多余的功能只会造成使用和维护的复杂性。如果有些功能要在软件版本升级后才能实现，必须认清升级的可能性、时间及条件等能否满足企业的实施进度。软件的可用比率，取决于用户对 ERP 原理接受的程度、企业深化改革的程度及软件功能对用户适用程度，并不取决于进口的或国产的。

（2）易操作性能的针对性设计。由于我国业务人员普遍缺乏计算机应用经验，所以管理应用软件使用操作的容易程度直接影响使用效果。国外软件的使用对象不存在这种操作困难，因此软件设计也没有考虑这一点，许多软件所认为的常识性概念和技巧对中国使用者来说都是难懂的知识，使用和培训的难度都很大。而国内一些优秀的 ERP 软件系统，考虑到这个问题，对软件做了针对性设计，增加了许多在线帮助信息、代码提示功能，在使用中尽量减少了汉字输入的操作，而且还支持手写输入识别技术，容许用户用笔输入汉字。特别是增加了大量的输入信息有效性检验，最大程度地避免了用户的误操作和错误信息的录入。

还有，国外软件提供英文界面及资料，对企业的管理人员素质要求比较高，而且在软件的操作习惯及界面风格上与我国的软件也存在差异。例如，国外软件界面一般比较简单、抽象，主要强调软件可实现的功能，以键盘操作居多；国内的软件界面比较丰富、直观、易学易用，不仅强调软件的功能，而且注重键盘和鼠标的配合使用，可操作性强。再比如，国外软件的报表格式比较简单，对格式没有特殊要求，而且一般没有格线，只追求数据的正确性；国内软件报表格式丰富、布局合理、美观大方，设有格线，体现了东方传统文化的特点。从界面及操作上比较，国内的软件更加符合中国的传统习惯，操作简单。

（3）符合国内管理体制和业务习惯。企业会受到软件系统的制约。企业引进了一种管理软件并准备付诸实施，就是引进了一个新管理模式的企业系统，换言之，一种企业计划与控制的模型就以软件为载体被带进了企业。在新的企业系统建立过程中，企业的计划与控制模式受到所选定的软件系统模式的制约。如果软件系统是企业老管理方式的“翻版”，企业将因应用这种软件而变得更为僵化；如果软件是由对制造企业知之甚少者所炮制的，对引进软件的企业来说，将面临着灾难。

国外软件产品是在西方市场经济模式下开发的，其国情文化和操作习惯与我国企业管理需求不尽相同。国内一些优秀的 ERP 软件公司非常了解国内企业的业务规范和具体工作流程，所以在产品的设计上特别照顾了我国业务人员的操作习惯，使得软件在使用时比较容易被用户接受和掌握。

从业务流程上比较，国内的软件更加符合中国的实际情况，更加容易为企业所接受；从使用效果来看，国产财务软件的巨大成功，无疑是国内企业管理软件的有力验证。

（4）解决企业内外部的复杂环境。国内外企业环境不尽相同。在这种情况下，国外引进的ERP软件，不见得能够很好地解决国内企业所面对的复杂问题。

我国引入MRPⅡ/ERP软件有近20年的历史，目前用户数不过千余家，从总的应用效果来看，成功的例子非常鲜见，多数企业付出了巨大的代价且收效甚微。

当然，也有些应用比较成功，但都限于部分子模块，仅仅实现了局部系统的独立运行，信息尚未在整个企业范围内共享。从各模块的应用情况来看，应用比较成功的模块依次是仓存管理、销售管理和采购管理等。总之，东西方文化的差异，企业所处市场环境的不同，使得企业管理中的业务处理流程存在着很大差别，从而增大了系统实施的难度。

（5）对国家政策的支持。由于东西方文化不同、管理体制不同、国家制度不同，在我们国家存在着许多区别于西方的管理方法和政策法规。比如，国家财政部要求财务软件一定要符合我国的财政制度，并且还要通过财政部门评审，国外软件必须通过部级评审。

（6）企业原有资源的保护问题。这里所说的资源，主要指的是企业已在原有系统上运行的数据及原有的硬件。是否有必要保护及如何保护这些资源，首先应在服从新系统长远需求的前提下谈保护，不可削足适履。如原有数据不规范、不符合ERP原则要求或原有系统信息集成度不能满足要求时，从企业的长远利益着想，只能推倒重来，不可迁就落后。

3．服务水平指标

售后服务与支持直接关系到项目的成败。售后服务包括各种培训、项目管理、实施指导、二次开发及用户化等工作，可由咨询公司或软件公司承担。由熟悉企业管理、有实施经验的专家顾问做售后支持，对保证项目正常进行，及早取得效益是非常必要的。这方面的重要性在国内已逐渐被人们所理解。国外ERP项目的成功率高，有充分的服务支持是一个重要因素。在国外，支持服务人员通常具有美国生产与库存管理协会（APICS）的生产库存管理资格证书，如CPIM、CFPIM、CRIM等。服务支持费用与软件价格之比一般为2∶3。往往由一名管理专家（应用顾问）和几名软件专家（技术顾问）组成顾问组来承担服务与支持工作。

（1）客户需求的修改

任何软件都不能百分之百地符合并满足企业需求，因此对软件按客户需求进行修改，将通用软件变为企业完全适用的软件的工作，是成功实施管理软件的首要条件。

每个企业的具体情况都不同，一个企业管理软件的成功应用，必然需要对软件进行一些修改，而且国人又喜欢追求完美，会不断提出修改要求。对此，国外软件基本上采取变通处理的方法，实在要改，也要拿到国外去改，因为国外软件公司产品管理机构都设在国外，国内人员无权也无法进行软件修改。国外软件多数都是早期的产品，受当时计算机技术的影响，修改极不方便，企业为此要付出高昂的费用，对企业的实施造成影响，甚至成为实施的最大阻力。另外，国外产品的升级更新也基本不考虑相对份额极少的中国市场需求。

国内一些优秀的ERP软件尽管比国外软件更适应国内企业，但仍然坚持为用户提供客户化服务，而且软件的设计和开发都在国内进行，可随用户要求而改动。从软件修改方面比较，国内的软件由于开发得比较晚，技术上比较先进，更加容易修改、维护，再加上软件公司遍布全国的分支机构，能够更加及时地了解用户的需求，提供良好的售后服务。

（2）技术转移

管理软件的应用不是“一时”的事情，它将伴随软件的整个生命周期，所以，企业计算机人员能否掌握软件维护技术，将直接影响软件能否长时间成功应用。国内一些优秀的 ERP 软件公司可向用户提供技术转移服务，即将优秀的 ERP 软件的设计技术、开发技术、源程序、所有的技术文档和用户文档等都提供给用户，使用户能够真正全部地拥有自己所购买的软件，并掌握二次开发和维护的技术和能力。国外软件无法做到这一点。

（3）细致周到的培训安排

培训工作的好坏将直接影响软件的使用效果和实施周期。国内一些优秀的 ERP 软件公司能够为用户提供细致周到的培训安排。针对使用者的不同岗位和不同层次，从一般操作员到厂长、经理，从计算机基础概念、基本操作到软件生成数据的灵活分析与应用、MRP/ERP 管理理论等方面提供多种软件使用培训课程。同时，还特别对计算机人员进行基本技能培训，课程有主机硬件的基本操作、硬件常见问题和常用维护技术、软件系统结构、设计思想、编程方法等；还对用户系统管理员进行专门的培训。国外软件公司只是提供很少量的软件使用培训。

（4）技术支持力量

为用户提供大量的技术服务需要大量的技术支持力量，在这方面国外软件公司比较重视软件的销售，技术人员占公司员工的比例较小，一般不能保证有足够的力量来为用户进行周到的技术支持。

（5）系统维护支持

国内一些优秀的 ERP 软件公司能够为用户提供长期的软件维护服务，提供长期的技术支持和升级更新的软件产品。可以通过远程在线通信技术，直接为用户提供实时的系统维护支持，随时解决用户系统发生的问题。国外软件公司可以提供软件升级产品，但很难为用户提供长期的软件维护服务。

（6）用户满意程度和系统成功率

国内一些优秀的 ERP 软件公司由于自己的 ERP 产品的功能适应性强，技术力量雄厚，技术支持服务周到细致，以及对用户应用效果高度重视，所以一直保持着 100%的系统成功率和极高的用户满意度。而国外软件由于追求销售利润、软件不适用、不能客户化、技术支持力量不足等种种原因，软件的成功率很低，有些仅能够使用部分模块，有些甚至一点也没用起来。

4．费用指标

对待价格，一方面要考虑软件的性能、质量及其所包括的内容，另一方面应当做投资/效益分析。要考虑实施周期，避免因售后支持不足或二次开发拖延时间过长而影响效益回收。软件投资应当是软件费用、服务支持费用、二次开发费用、延误实施损失的收益之和。此外，在计算回收期时还应考虑日常维护费用。

（1）软件购买费用

软件的投资分几部分，在软件使用权购买费上，国外软件一般都比较昂贵，这是因为其公司运行成本、产品开发成本以及在国外的参考价格等都很高。从价格方面来讲，国外软件一般报价要几十万甚至几百万美金，其主要的用户基本上集中在大型企业。而我国 85%的企业都是中小型企业，高额的费用及闲置的功能，使我国大部分的企业对其望而却步，从而使这种新的管理思想不能得到普及和推广。

而国内一些优秀的 ERP 软件。从价格上比较，仅为国外软件的 1/7～1/5，广泛适合于国内各种类型、各种规模的企业，易于普及和推广。当然，现在国外大型 ERP 供应商也在纷纷推出中小企业版，价格也降至与国内软件同等水平，甚至更低，这对国内 ERP 软件供应商是一个很大的冲击。

（2）实施服务费用

软件实施服务费用，国外公司收费标准一般在每人每天 800～1 200 美元，个别最高的有 8 000 美元，最便宜的约 600 美元。国内一些优秀的 ERP 软件的实施费用为每人每天 350～400 美元，差距在一倍以上，当然，这也意味着买国外软件公司服务的费用至少可以买到双倍时间的更优质的国内 ERP 软件服务。

5．服务商背景

选择优秀的 ERP 服务商也是项目成功的关键因素。可以从五个方面进行评估：

（1）管理严格，在某行业有明显优势和发展方向。

（2）通过国际标准认证，如 ISO9000 认证或至少有成功案例和很强的质量意识。

（3）有长期自行开发的经验和经历。

（4）有与世界一流 IT 软件商合作的资源。

（5）能够稳定发展。

因此，CIO 在选择服务商时需从项目开展、验收与质量控制和运行维护与升级的信誉角度进行评估。

在选择 ERP 软件系统时，用户需要考虑该软件生产公司的技术人员情况如何，如软件实施人员是否绝大部分参与过软件产品的开发制作，对软件产品是否十分熟悉，该公司的实施人员是否具备计算机技术和业务专业知识。这些对用户应用 ERP 系统是否成功起着重要的作用。

软件商应当有长期经营战略，通过能满足技术进步和用户需求的产品和高质量的服务，赢得市场。从我国软件市场来看，一些 20 世纪 80 年代的 MRPⅡ软件产品已不再出现。一些更开放、功能更完善、使用更方便的软件正在不断推出。选用软件应考虑软件产品的寿命、周期、先进性、适用性与可扩展性。争取同软件商之间建立一种长期合作的关系，以适应企业管理信息系统的长远发展。

在电子商务时代，大型应用软件的产品架构应该能够支持企业从大量生产体系转向灵捷竞争体系，满足用户在“丰富客户价值”“通过合作提高竞争力”“建立适应变化的组织”“充分利用人员与信息的杠杆作用”4 个方面的需求，最终帮助企业造就一个获利稳定的经营基础。飞速发展的计算机网络和日益开放的全球技术经济市场，使得企业不可能再固守一隅以求得生存。商务模式与国际接轨是企业的参赛资格，大型应用软件必须辅助企业取得这个资格。因此，用户在选购时应当注重软件供应商及其产品本身的国际化品质。

综上所述，目前市场上的企业管理软件主要有以 MRPⅡ/ERP 为代表的国外软件及以全面企业管理为代表的国内软件两大类，各有优缺点。国外软件主要体现了 MRPⅡ/ERP 的管理思想，是在西方市场经济比较发达的环境下产生、发展起来的，其优点在于具有严密的逻辑性，而且在国外应用得比较成熟。但将其应用在中国的企业管理中，却存在许多问题。而国内的全面企业管理软件却能够立足于中国本地，服务于中国的企业，在多方面占着得天独厚的优势。国内的管理软件厂商仍应充分考虑中国国情和管理基础，盲目引进国外 ERP 软件，只会欲速则不达，生搬硬套国外管理思想，只能是作茧自缚，重蹈过去近 20 年国外 ERP 软件在我国应用鲜有成功案例的失败之路。

当然，我们也应该清楚地认识到，尽管国内一些优秀的 ERP 软件有许多优点，但同时也存在不同程度的缺点，比如管理理论还不够完善；国内对企业管理方面的研究还存在着一定的片面性，还需要借鉴国外的先进经验等。而国外软件公司在中国市场上也从满足国内的实际情况出发改进自己的软件。所以用户在选择 ERP 软件产品时要加以全面的考虑。

5.4.6 选型注意事项

1．了解 ERP 市场行情，选择合适的价位和档次

ERP 市场上的产品多种多样、千差万别，有高、中、低三个档次，对应三种不同的价位。企业需要考察 ERP 系统的成熟性和通用性，了解其所属档次和对应价格。一般来讲，高端 ERP 软件，功能强大，适合多种环境，但实施难度大、周期长，对企业基础要求高，软件和服务费用高，适合跨国集团、国内大型企业和企业集团；中端产品，具有 ERP 的基本功能，不太复杂，各自具有一定的专业面，实施较容易，软件和服务费用适中，适合中小企业；低端产品，功能不是特别完善，价格较低，适用范围较小，适合业务单一型企业。企业在选择 ERP 时，要坚持“实用才是硬道理”的原则，选择适合自己的产品。

2．关注软件功能与兼容性

企业必须明确自己的需求，尽量选择功能完善的 ERP 系统。即使用户目前暂时不使用某些功能，但从长远来讲，随着企业发展，规模不断扩大，功能上面也会有新的要求，ERP 系统应该可以具有很强的兼容性来满足这些要求。ERP 系统作为企业管理的工具，可以整合所有部门的信息，严密控制企业的运作。完善的功能是基本要求，真正实现 ERP 系统代替传统管理模式，还要选择支持 OA、财务一体化的 ERP 系统，真正实现现代化管理和信息化管理。

3．调查软件的实施成功率

尽量选择实施成功率高的 ERP 系统。实施成功率高，意味着这个 ERP 系统具有实用价值，这是客观真理。如果市场上大部分企业都在应用某个 ERP 系统，那也说明大多数企业比较认可这个系统，也说明了该系统的成熟性和实用性。但各个企业实际情况不同，不能盲目地完全照搬别人的选择，只有“知己知彼”，才能“百战不殆”。

4．了解软件技术基础是否先进

先进的技术是用户能够长期受益的基础。那些没有技术基础作为保证的软件，往往只有两三年的使用寿命。如使用 VB、PB 编写的软件，基本上已进入淘汰的晚期了，由于这些软件没有基础的语言，厂家和未来的系统不再支持。先进的语言，首先是 C/C++，这是绝对的优势，所有的操作系统、所有的大型软件、所有的数据库，全部是用 C/C++开发的。用户采用具备先进技术基础的 ERP 系统的益处是，不需要在硬件上增加投资。

5．关注界面是否友好

界面是人与机器交互的媒介，所以要尽量选择界面比较美观的 ERP 系统，从而提高工作效率。界面美观、简洁、易用，是提高效率的基础。试想如果系统的界面华而不实，操作不方便，不符合大家的习惯，就可能会对系统的实施进程产生很大影响。因此，这方面的要求也是必不可少的。

6．关注售前和售后服务是否有保证

系统的购买成本是非常大的，因此在前期需要认真调研，了解提供商的服务水平，并且在系统购买之后，应该有相应的售后保证，包括维修、续约、咨询等方面，要有条文形式的文字材料，且双方签字盖章产生法律效力。一般而言，产品的售前服务水平，不能决定其售后服务水平，为了避免以后的分歧和纠纷，需要有相应的保证。另外，尽量选择后期服务量少的 ERP 系统，这是真正具有实用价值、技术成熟的标志，同时也是降低用户成本的基本保证。

5.5 ERP 实施

目前，企业的信息化在中国的受重视程度达到了空前的水平。一方面，党的十七大提出了我国的工业体系要走新型工业化道路、走“两化”融合的道路。“两化”融合就是指信息化和工业化相融合。另一方面，全球性金融危机的爆发，迫使中国的企业尤其是出口依赖性极强的生产制造型企业，相比以往更加关注企业管理内功的修炼和基础管理的提升，而信息化技术是支持企业进行精细化管理和量化管理、支撑企业在经济萧条时期战略的中坚力量。金融危机带来了全球产业结构调整的机会，在产业结构调整的过程中企业管理信息化必将和产业结构调整同时进行。管理信息化的提前布局和有效使用，有利于企业在产业结构调整过程中占领先机。

自 20 世纪 90 年代初 ERP 被引入中国后，很多尝试 ERP 的企业都曾经经历过信息化实施失败的痛苦，如哈药集团、河南许继集团、福建凤竹纺织科技股份有限公司等。甚至有资料显示，70%的信息化工程都是失败的，所以才有了“上 ERP 找死，不上 ERP 等死”这骇人之说。不过，随着信息技术的普遍应用，近年来，ERP 实施成功者逐步增多，比例也不断提高，如中国石油、一汽大众、海尔集团等。但通过对数百家实施 ERP 企业的调研，发现不论是成功的企业，还是失败的企业，实施过程对企业来说都是非常困难的。分析其原因，主要有以下两点：

（1）缺乏系统的指导思想。不论是实施信息化的企业还是 ERP 供应商，在实施的过程中缺乏以客户为中心的指导思想，难以就企业价值、企业所想、企业所需、供方所能等方面达成共识，从而造成过程推进难、项目验收难等比较普遍的现象。

（2）实施过程中不可控因素多。ERP 供应商虽然都有自己的一套实施过程，但基本上只包括安装、客户化配置（含客户化开发）、试运行、用户培训、系统正式切换、交付验收等内容。而 ERP 系统不同于一般的业务软件，不是说企业的员工会业务操作便可发挥其真正的效用。ERP 供应商不仅是提供一套软件，更重要的是向企业进行知识转移。但是在这个转移的过程中由于存在许多不可控因素，造成转移进度和结果的高度不确定性。

5.5.1 实施指导思想

针对第一个实施失败的原因，笔者提出一种“三论一体”的 ERP 实施指导思想，即企业价值论、管理状态层次论和 ERP 产品匹配论。这种指导思想应当贯穿于整个信息化过程。

1．企业价值论

企业实施 ERP 的目的是为了实现自己价值的最大化。实施过程中的任何决策和选择，都应当用“以最小成本达成企业最大价值”为指导思想。在实施过程中，对于任何不能直接给企业带来价值的行为，按照精益思想均可视作浪费，应当减少甚至消除。

（1）价值的定义。迈克尔·波特给出了价值的定义：“价值是客户对企业提供给它们的产品或服务所愿意支付的价格，价值由总收入来度量。”亚德里安·斯莱沃斯基给出了隐性资产的定义：从创造价值的角度出发，所有能够给企业创造更多客户价值的要素都是隐性资产的范畴，它们包括：客户接触途径、专业技能、已有的设备规模、深厚的市场渠道、广泛的关系网络、丰富的相关产品信息、忠实的用户群。这些要素在追求新增长途径方面非常重要。如果能够创造性地利用这些要素，就能够满足消费者新的需求，就意味着公司将拥有更多的发展机会。

结合波特的价值定义和斯莱沃斯基的隐性资产定义，并参照文献对企业价值的定义，本文认为通过 ERP 或其他管理信息化可能给企业带来的价值至少包括以下几个方面：

♦ 增加收入。

♦ 降低成本。

♦ 强化竞争战略，如采用木桶原理的企业提升其短板，或者采用手指原理的企业增强其长指。

♦ 树立品牌。

♦ 增强客户忠诚度。

♦ 满足外部强制性要求（如国家法律等）。

♦ 进行创造性研究。

♦ 强化信息化战略。

（2）企业价值最大化是 ERP 实施的唯一依据。波特在文献中同时提出了价值链的概念：“每一个企业都是在设计、生产、销售、发送和辅助其产品的过程中进行种种活动的集合体。所有这些活动都可以用一个价值链来表明。”对企业价值链进行分析，就可以了解企业在哪个运行环节能够提高客户价值或降低生产成本，从而提升企业的价值。企业实施 ERP 的目的，就是为了增强价值链中增值的环节，减少和消除价值链中不产生增值的环节。对价值链的分析、追求企业价值最大化，是 ERP 实施以及为 ERP 实施而进行企业流程优化与重组时要时刻遵循的指导原则，即判定是否能够达成以下几项效果：

♦ 是否可以在降低成本的同时维持价值（收入）不变。

♦ 是否可以在提高价值的同时保持成本不变。

♦ 是否可以在降低工序投入的同时保持本收入不变。

从实际操作的角度可以采用如下方法：在企业实施 ERP 的过程中，每当企业提出新的管理信息化需求时，应当首先分析需求所引发的流程变化是否增强了某个价值链中的增值环节（工序），或者有助于企业隐性资产的增长，并以一种相对价值大小（如 1～10）来表示，数字越大表示相对价值越高。然后还要和 ERP 供应商一起分析该需求的实施成本，包括信息化成本、管理成本、承担风险等，在此基础上再决策是否用 ERP 实现该需求。类似地，实施成本也可以用相对大小（如1～10）来表示，数字越大表示相对成本越高。

如果企业有很多需求. 可以按照图 5-1 的方式对其价值和成本排序，图 5-1 中的一个圆圈表示一项需求，靠近左上角的需求是对企业价值较大的，应当优先满足。

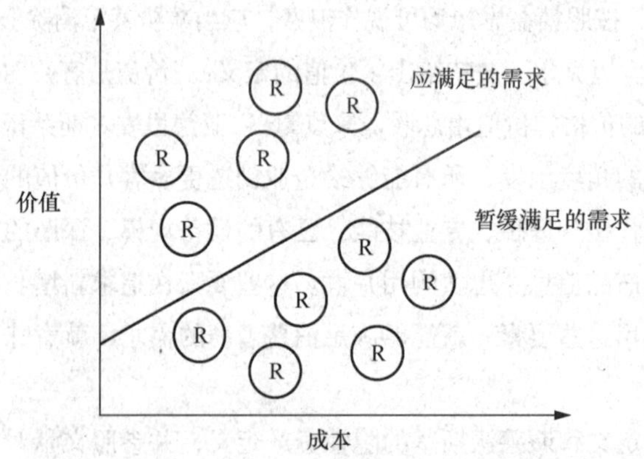

图 5-1 企业 ERP 信息化需求到价值——成本

2．管理状态层次论

管理的状态，从低到高可以分为 5 层：隐性、显性、量化、优化和提升，如图 5-2 所示。一般来说企业的管理呈金字塔形分布，即隐性管理所占比例最大，层次越高所占比例越小。

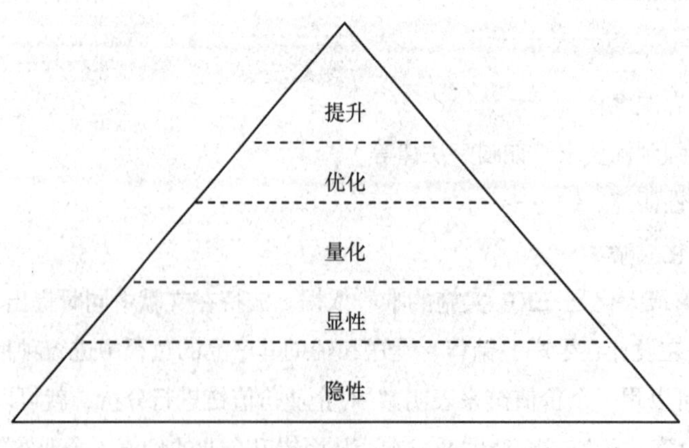

图 5-2 管理状态的 5 个层次

隐性：忽视、没有意识、人性相关、如同空气存在的管理层级。

显性：看得见但无法度量衡的管理。

量化：可以度量衡的管理。

优化：在度量衡管理层级之上对业务线或者是管理层进行持续不间断提升管理。每次优化度量衡高于前次优化度量衡。

提升：企业整体优化管理。

“度量衡”在工具书中的解释：测定物体的长度叫作度；测定物体的体积（容积）叫作量；测定物体的重量叫作衡。因此，测定物体的长度、体积和重量，统称度量衡。

“度量衡”在学术文献中的解释：企业计量管理的发展。计量过去在我国称为“度量衡”，20 世纪 50 年代起逐步被“计量”所取代，成为对量的定性分析和定量确定过程，具有准确性（精确性）、一致性、溯源性和法制性的特点。

不同层次的管理手段有时在一个企业中会同时存在，也就是说有些方面的管理可能已经处于量化层次，而另一些方面的管理可能尚处于隐性管理层次。文献中生动地体现了一汽大众在引进和生产奥迪汽车的过程中存在不同层次的管理。如一汽和大众管理层的相互信任，就属于隐性层次；日常的沟通管理，属于显性层次；奥迪生产线主管在办公室内就能够了解每个工位上的生产状态，属于量化层次；奥迪 A6 产品最初只用 2 个计算机控制板，后来的 A6L 中用到了十六七个计算机控制板，属于优化层次；一汽根据中国人喜好乘坐后排的习惯和审美需求将奥迪 A6 二度研发、加长车身，则属于提升层次。

只有量化管理层次才可实现信息化管理。信息化管理的基础是利用计算机进行管理，而计算机仅仅是对 0/1 的采集和运算。当然，也可以通过模糊数学的方式进行企业管理，但还是缺乏准确性，而企业精细化管理的核心是数字化管理度量衡，是数字化的表现。企业要实现信息化管理，首先要考虑在信息化之前是否已经达到量化管理层次。若还没有达到，必须通过流程优化甚至流程再造的手段将其提高到量化管理层次，然后才用 ERP 去实现这些流程。而这种流程变革可能会带来昂贵的管理成本，如克服对变革的抵制所付出的努力和代价、员工适应新流程所付出的学习成本等。

从 ERP 支持企业管理能力提高的角度来看，企业实施 ERP 的目标是首先实现量化管理流程的固化，进而在持续的改进过程中将关键管理内容逐步上升到优化和提升的层次。

3．ERP 产品匹配论

ERP 产品匹配，就是在企业借助 ERP 想达到的管理层次提升目标和所采购的 ERP 标准软件系统之间进行匹配，如图 5-3 所示。而管理软件实施就是将软件作为工具，把管理现状和管理变革目标相匹配。ERP 产品匹配论的基础，是需要有既熟悉 ERP 产品又熟悉企业管理模式的人才。

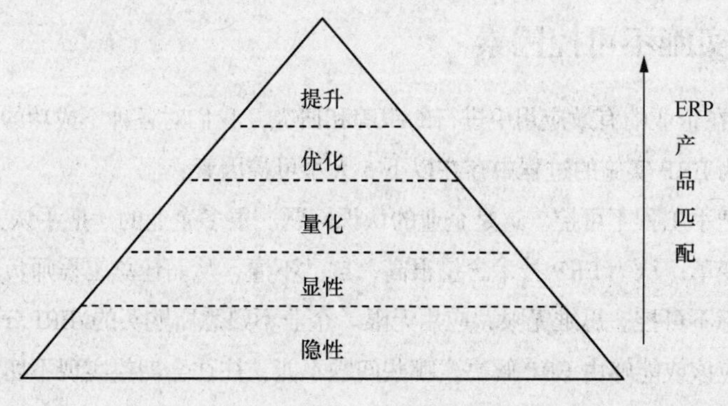

图 5-3　管理层次提升目标和 ERP 产品的匹配

ERP 产品匹配的过程就是要协调和解决很多矛盾的过程：

（1）普遍性与特殊性的矛盾

普遍性与特殊性的矛盾是支撑共性问题个性化、个性问题共性化的理论。所谓共性问题个性化就是说一个行业的共性问题往往会在一个企业体现。如果该企业不存在此问题，那么该企业一定要研究为什么问题不存在，不存在到底是好事情还是坏事情。如果该企业有效地解决了该问题，那么要研究能否提炼出解决行业内该问题的共性方法，这种研究就是个性问题的共性化。矛盾的普遍性和特殊性的辩证关系：矛盾的普遍性和特殊性即一般和个别、共性和个性、绝对和相对的关系。它们既有区别又有联系。

区别：任何一般（普遍）只是大致包括个别（特殊），只是包括了个别的某一部分属性、某一方面特征或共同本质；任何个别都不能完全地被包括在一般之中。联系：一般存在于个别之中，只能通过个别而存在；任何个别都是一般，都具有一般的本质或属性。任何事物都是矛盾的普遍性和特殊性、共性和个性的有机统一。普遍和特殊的区分是相对的，在一定条件下可以相互转化。

矛盾普遍性和特殊性的辩证关系原理的方法论意义：矛盾的共性和个性、一般和个别的辩证关系原理，是关于矛盾问题的精髓，它是客观事物固有的辩证法，也是科学的认识方法。对于 ERP 的实施来说，企业具体情况的个性问题和 ERP 产品所解决的共性问题之间就是普遍性和特殊性问题。

（2）同化管理现状与动态变革目标矛盾

变革与改革有很多的相同之处，但变革比改革要重要，变革是有法度的改变。所以说，企业上 ERP 是管理变革，不是管理改革。

每一个成熟的企业均有固化的工作流程，但企业上线 ERP 的时候，既要保留相应的固化流程，还要改革、创新、优化原有已经同化的工作流程。如何解决这一对矛盾，是风险很大的事情。如果不改革原有同化的工作流程，上线 ERP 仅仅是将手工作业变为计算机作业；如果变革原有同化工作流程，将会对企业的正常运营带来极大的风险。如何解决这个矛盾，有一个参考值，就是变革的工作流程不超过 30%。

ERP 系统的一大好处是可以将企业的管理和流程进行同化。但是企业的战略具有动态性，相应地，企业的管理改革也是一项持续的工作。ERP 系统实施过程中也需要将 ERP 产品和动态改革目标进行匹配。

5.5.2 实施不可控因素

根据对 ERP 在企业的有效应用中进行的跟踪和研究，我们对各种不成功的 ERP 实施进行了总结提炼，认为 ERP 实施的过程中存在以下 5 大不可控因素：

（1）企业一把手工程不可控。这是企业的认识问题。很多企业的一把手认为上 ERP 是技改项目不是管理变革；认为 ERP 技术含量很高，自己不懂，从而让总工程师负责。

（2）应用目标不可控。思维无限，应用无限。企业不熟悉所购买的 ERP 产品能干什么，不知道哪些问题应该或能够由 ERP 解决，哪些问题不能，往往会期望实现不切实际的目标。

（3）需求和验收标准非唯一性所造成的不可控。企业的管理目标与管理现状和 ERP 对企业管理层次的要求不匹配，造成对于需求和验收标准没有统一的认识。主要原因也是企业对ERP产品不熟悉。

（4）ERP的基础数据准备不可控。企业缺乏懂ERP产品的技术人员，不知如何准备业务基础数据，从而造成实施准备工作的不足、实施周期的延迟。

（5）实施质量不可控。ERP供应商进驻企业的实施工程师中懂软件技术的多，但大多不懂管理，不能有效解决企业管理流程现状梳理和优化提升问题。

5个不可控因素造成了实施进度不可控，企业隐性实施成本不可控。

5.5.3 实施模式

从上面5个不可控因素来看，前面4条都是企业的问题，而（2）～（4）这3条又都是因为企业缺乏懂得ERP产品的人才，因此以企业为核心是成功实施ERP项目的关键。ERP实施应采用以企业为核心的实施模式。

1．ERP实施的本质是知识转移

ERP系统不同于普通的应用软件，蕴涵着大量的行业标杆企业的最佳业务和管理实践。根据ERP产品匹配论，ERP实施的过程不仅仅是一个软件产品部署和交付的过程，更是一个向购买ERP系统的企业进行知识转移的过程。要转移到企业的知识包括以下几方面：

① 熟悉操作所购买ERP软件的知识。

② 行业标杆企业管理知识的转移。

③ 结合ERP实施企业的管理现状与管理目标，匹配和推广ERP产品具体应用的知识。

④ ERP在企业具体使用的知识。

知识转移的对象主要是企业的两类角色：计算机人员，即熟练掌握ERP产品的人员；核心岗位管理人员，即依据对ERP产品的理解，梳理和提升企业管理流程的业务人员。这两类接受知识转移的角色人员缺失，正是造成知识转移困难、ERP实施过程不可控的核心问题。

同时，ERP实施过程的本质也决定了ERP实施应当以购买ERP产品的企业为核心进行实施。

2．以企业为核心的ERP实施新模式

（1）转变观念。将传统的、通过客户企业现有人员接受"知识转移"的实施过程调整为实施准备阶段便"向企业提供专业人才"的交付。这些人才同时具备熟悉所购买的ERP产品和企业管理现状梳理与优化的技能。在向企业提供了专业人才之后，以企业和这些输入人才为核心进行后续ERP实施即全面知识转移的过程。不论是客户企业还是ERP供应商，都需要进行观念转变。

（2）采用新的实施流程。新的实施流程如图5-4所示。从该流程图不难看出，ERP供应商已经从传统意义上的ERP实施过程主控者变成了专业人才的输送者与实施过程的协调者，而实施过程的主控者变成了企业及其所引进的专业人才团队。

（3）ERP生态链。根据ERP产品匹配论中的共性问题个性化和个性问题共性化的对立统一原则，在ERP实施和企业后续的管理持续性改进过程中，ERP的供应商和客户企业形成了一个不断进化的生态链。这个生态链可以用"三师"进行概括，即前期ERP供应商是客户企业之师、中期客户企业是ERP供应商之师、后期客户企业是ERP供应商导师。

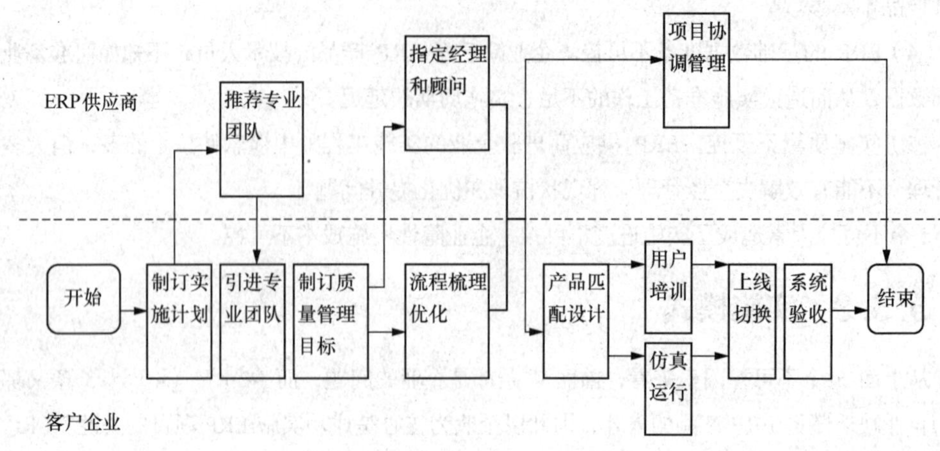

图5-4　管理层次提升目标和ERP产品的匹配

① 供应商是企业之师。从教育企业、合同签署到仿真运行阶段，供应商是用户之师。这是因为供应商比用户更懂ERP产品，更懂企业所处行业对ERP应用的理解。这一阶段主要是共性问题个性化处理的过程。

② 企业是供应商之师。从仿真运行到系统验收阶段，由于企业清楚了ERP产品并试图与企业实际相结合，会提出大量的问题需要供应商解决，因此企业是供应商之师。

③ 企业是供应商导师。从用户验收独立使用开始，软件经过2~3年的运行，用户会提出大量的提升和优化的问题，需要供应商解决。这样的问题视同导师作业，企业是供应商的导师；当供应商在后续版本中解决了导师的作业，会指导企业进行产品升级，此时供应商又成为用户之师。这个生态链循序往复，可以提升ERP供应商的ERP软件成熟度。②和③两个阶段主要是个性问题共性化处理的过程。

3．ERP实施新模式对企业的价值

（1）知识转移的过程更加顺利。因为企业引进了专业人才团队，能够解决第5.5.2节中5个不可控因素中的（2）～（4）条，从而使得知识转移的过程更加顺利。另外，由于这个团队受雇于企业且主导实施过程，使得实施过程中项目组与企业领导层及最终用户的沟通成本和管理风险都大大降低。

（2）具备了持续管理改进的潜能。企业的管理改进是一种持续的改进过程，而这种改进又必须通过ERP进行同化。由于所引进的专业人才团队既懂得ERP产品又懂得企业管理，因而在3个理论（即企业价值论、管理层次论和ERP产品匹配论）的指导下，他们能够在企业中长期作为3个中心、完成两项任务。

① 3个中心：内部发现问题中心、外部标杆对比中心、业务流程优化中心。

② 两项任务：业务线优化、ERP模块化实施。

（3）保护了核心商业机密。企业的管理现状和优化目标，涉及企业的核心技术和管理体系，对企业而言是高度商业机密。这些机密一旦泄露给竞争对手，会给企业带来难以估量的损失。传统的、以 ERP 供应商为核心的实施过程中，很多商业机密无法对 ERP 供应商过滤，一定程度上存在泄密的风险。实施新模式后，进行管理现状梳理、优化和 ERP 产品匹配的团队隶属于企业，从而更好地帮助企业保护其核心商业秘密。

（4）管理软件的双面性。事物均有两面性，管理软件既能提升、优化企业管理，也可能给企业带来灾难。管理会带来效益，但管理也是有成本的，无视成本的管理具有反向效益。许多企业由于不清楚上线 ERP 的隐性成本，故无法达成正向效益；也有部分企业迷失管理目标，从而增大了 ERP 实施与维护成本。

ERP 实施困难甚至失败的原因，一是缺乏贯穿于整个过程的指导思想，二是实施过程中存在众多的不可控因素。本文所提出的企业价值论、管理层次论和 ERP 产品匹配论可以作为系统的指导思想。由于 ERP 的实施过程本质上是一种知识转移的过程，所以实施过程中的大部分不可控因素主要是由于企业缺乏既懂 ERP 理念，又擅长企业管理流程优化的复合型人才造成的。笔者所建议的、以企业为核心的 ERP 实施新模式，应以解决企业人才匮乏为首要工作。在此基础上可以大大降低甚至消除知识转移过程中的不可控因素，同时能够给企业带来管理体系持续改进、核心商业机密保护等方面的能力，为企业通过信息化不断强化和提升其竞争战略奠定了基础。

企业所缺乏的信息化专业人才，其定位与传统企业对 IT 中心的运维人员定位有本质差别。企业的 IT 中心要在掌握企业价值论、管理层次论、ERP 产品匹配论这 3 种指导思想的前提下，作为 3 个中心、完成两项任务。这类人才是国内普通高校的培养体制所无法培养的，因为普通高校的相关专业既缺乏与企业实际管理环境的挂钩，也缺乏与国内市场主流 ERP 产品及其供应商的挂钩。如何培养适应 ERP 实施新模式所需的企业管理信息化专业人才将是中国企业管理信息化的核心问题和瓶颈问题。

5.5.4 实施策略

项目实施是个复杂的系统工程，必须要有一套科学的实施策略来保证项目在不同的阶段顺利进行。在实施规划前，项目经理要和相关人员和组织确定项目在内部的定位和分类，同时根据项目难度和风险分析，确定项目实施与项目管理的指导原则。项目实施策略贯穿项目整个寿命周期，在项目实施的各个阶段、各个时期都要制定相应的策略。例如项目关键人关系维护策略、项目需求与范围管理策略、项目分阶段或试点上线策略、质量管理策略、风险控制策略、知识转移策略等，并将这些策略融入具体的实施计划中。

项目经理的首要任务就是制定项目实施策略，项目实施策略实际上在项目一开始就已经决定了项目的成败，对项目未来趋势、双方心理格局、项目状态、项目目标达成起着至关重要的影响或决定性作用。好的项目实施策略可以降低项目实施难度，规避项目实施风险，鼓舞项目团队士气；不恰当的实施策略可能会增加项目实施风险，提高项目实施难度，导致项目团队失去信心，使项目陷入被动局面，遭受各方面质疑。本书重点阐述事关全局的项目总体实施策略，各阶段任务策略不详述。

1．项目范围管理策略

项目中哪些该做，哪些不该做，做到什么程度，都是由“范围管理”来决定的。项目范围定义是制定实施策略的第一步，明确的项目范围是项目成功实施的前提。由于管理软件是相当灵活的系统，应努力尽早地对于项目的范围做出明确的定义，它包括实施的主体、业务领域、业务类型、实施周期和基础技术的范围。项目经理必须在项目准备阶段进一步确认、解释或说明项目范围，尽可能得到客户项目领导小组、实施小组和应用部门的认可，客户对项目范围的理解要准确、无歧义。

根据项目实施的范围和资源制订相应项目组织和项目计划，并在不同的项目阶段制订详细的工作计划日程。严格按照实施策略所包括的各种策略和工作规程对项目进行管理。 项目的实施都需要有一些前提和约定，事先在这些事项上达成共识，并且在实施过程中时时注意这些因素，是项目实施顺利进行的必要保证。双方将确保项目实施在事先商定的范围内进行，如有变化，必须按双方拟定的范围改变控制程序进行。

保持项目实施范围的前后一贯性是非常重要的。如果出现需要改变原定实施范围的需求，都应以正式文档方式提出，项目小组成员必须谨慎考虑项目范围的改变将对整个项目进程可能产生的影响。必须在批准后才能进行。在实施过程中必须加以跟踪。

2．分期分阶段上线策略

在项目实施的整个过程中，项目规划是非常重要的一个环节，良好的项目规划能同时对项目进度、质量和投资起到很好的控制作用；失败的项目规划则有可能在项目一开始就带来混乱、失控甚至项目的最终失败。

WBS（Work Breakdown Structure）主要是将一个项目分解成易于管理的几个部分或几个细目，以便确保找出完成项目工作范围所需的所有工作要素。在项目规划过程中，我们要求助于 WBS 方法进行项目工作内容的分解。将项目分解为子项目、子系统、期或阶段，在此基础之上再进行资源的分配、进度计划并估计项目的成本。这样，经过项目分期或分阶段规划后，一个漫长的、巨大的、难以控制的大型项目就变得可计划、可控制了。项目组实际上就是在实施若干个小项目（子系统、期或阶段）都达到目标时，完成整个项目。

3．试点上线策略

对于实施工作量较大的项目或阻力较大的项目，一般可以先找业务比较成熟，用户基础较好、双方配合度较高的几个部门进行试点。试点成功后，总结经验，形成业务解决方案，再在所有部门进行推广。在推广过程中必然会发生现有系统与个别实际需求的差异，是按业务解决方案改变推广单位的现状，还是保留推广单位的现状，这些不仅仅涉及数据，也将会涉及业务流程，甚至是组织结构。改变控制管理得好，项目推广就会很顺利。

4．项目验收策略

项目实施应有始有终，项目经理必须推动项目验收。项目验收的基本条件是：系统已经正式投入生产运行，原旧系统关闭，各项业务均在系统中正常处理。在项目验收时，可采取以下验收策略：

① 分阶段验收；

② 取得使用部门意见，为项目验收创造条件；

③ 项目总结会就是项目验收会；

④ 起草验收报告，形成既定事实；

⑤ 宣布项目结束。

5.5.5 实施计划

“人定胜天”，这句成语用在 ERP 项目实施中再恰当不过了。项目成功的关键因素是人，包括实施顾问和公司的项目组以及公司的内部员工，还包括潜在的项目利益攸关人。那么作为重要资源的人，如何在 ERP 项目中发挥更大的效率，取得项目的成功呢？俗话说“一个萝卜一个坑”，用于描述企业的人力资源状况也再恰当不过。企业不养没有价值的人，每个人在企业中都担当了不同的角色。那么从项目的实施出发，要求企业的一把手，必须要求各个部门的领导和关键岗位人员参与，必须各个部门投入人员组建内部实施团队，那么如何协调人力资源呢？如何达到人力资源利用的最大化呢？从项目启动时项目组织架构的设立，就明确了关键用户，譬如作为内部顾问的主要人员和作为关键用户的辅助人员，都是全程参与项目实施，是项目组专职人员。但对于非专职人员的项目资源的调动则更为关键，如各部门的负责人、各部门的最终用户，如何能高效利用？如何能达到项目在调研分析、方案设计、系统建立和上线实施应用各个阶段的效果不打折扣呢？让 ERP 系统在公司从头到脚各个业务流程中顺畅运作呢？事情是员工来做的，员工不熟悉 ERP 系统、不熟悉业务和流程肯定是不能胜任的，那么就必须要求全公司人员都在项目的各个阶段参与和投入，也就是全员参与。ERP 是个全员参与的项目，但公司的日常运作要照旧，公司还有突发的事情需要处理，不可能要求公司停止运转，再进行项目实施，也不可能要求公司偏废业务支持项目，这些都是不可取的，业务是公司盈利来源，不能偏废，那么如何能有效利用公司的人力资源呢？如何让员工做好项目工作和本职工作的平衡呢？如何才能保证企业员工在不同的阶段都能够有效的投入，达到效益的最大化呢？比如调研阶段，如何保证公司业务和需求能在短时间内被充分挖掘，而不浪费资源？如何保证在方案设计阶段有决定权的部门负责人在百忙中投入到各个业务方案的细节决策讨论中呢？再比如，如何让用户在系统建立阶段充分投入到系统的各项纷繁复杂的测试工作，从而保证系统上线的有效应用？这就要求顾问方和客户方双方的项目经理在各个项目阶段开始之前进行通盘考虑，甚至在项目的启动阶段就已经做好项目从始至终所有的计划和策略，包括调研访谈详细计划、方案设计讨论详细计划、二次开发详细计划、项目培训详细计划、数据收集详细计划、全面系统测试计划和上线切换策略与计划。

为什么在项目启动阶段制订项目全程计划更为合理呢？从项目的开始，就可以让公司高层和部门负责人以及公司其他业务人员充分认识项目的重要性和计划性，充分认识 ERP 项目不是需要领导和员工无限投入，也不是可以不闻不问的项目。由于 ERP 项目往往公司投入巨大，作为公司高层都会比较关注，但关注什么，怎么关注，因人而异，不同公司区别较大。那么从项目的投入和产出角度，给项目一个全面貌的和各阶段的计划展示和成果预期效果往往更佳。只有保证过程是正确的，才能最终导出正确的结果。从这个角度出发，让公司高层关注计划首肯计划，必要关注项目过程是合情合理的，项目组织公司人员的投入在公司内也变得“合法”。当然部分计划与过程中业务方案的相关设计则可以不必在项目启动开始就确定，比如上线切换详细计划和策略，可以通过项目中期方案确定后再进一步确认投入公司资源。

那么如何将项目全程计划和各个阶段详细计划完整展现出来呢？计划中涉及的任务、时间、地点、人员如何布置？ERP 实施犹如指导一场战争，要求指挥官必须做好每场战役的精密部署，在具体战斗中则要求战士毫无保留的执行到底。其实现代项目管理思想正是来源于第二次世界大战中总结出来的先进思想。我国古老的战争理论也指出，"兵马未动，粮草先行"，也是"预则立"的思想。以下则从项目过程的需求分析、方案设计、系统建立和上线与支持 5 个阶段所要求的详细计划展开说明。

1．调研详细计划

从调研访谈的详细计划说起，调研内容必须详细划分各个明细的业务流程，并指明各个业务流程的主要调研部门和辅助部门，部门主要参与人员和其他参与人员，负责跟进的内部顾问和关键用户，当然不能遗漏调研的具体时间和地点。调研场所的重要性往往被忽视，笔者曾经多次遇到客户方随意变更地点的情况，这实际会给其他公司人员造成项目组准备不充分和组织工作无效的印象，增加会议成本。

同时项目组必须保证计划的提前发布，以便各部门进行充分准备。发布计划的同时必须要求实施顾问同时发布已经准备好的详细业务调研问卷，并对调研问题进行必要的解释，同时要求调研主要对象在调研会议前对调研问题进行反馈。从调研工作展开来讲，则需要项目经理不仅考虑实施顾问准备时间，也要充分考虑调研对象的反馈时间，并在过程中要求顾问根据各个调研对象对问卷的反应，做到不断跟进。保证最终业务调研全面细致，没有遗漏。调研结束后，由关键用户编写调研会议纪要，同时实施顾问根据调研结果编写调研分析报告。在过程中，对不清楚的业务流程和问题与关键用户和业务部门进行交流，并最终出具报告，由业务部门负责人对报告进行确认。调研分析报告的确认作为项目调研阶段的里程碑，也标志着项目调研阶段的结束和下一个阶段的开始。

2．方案设计阶段的详细讨论计划和二次开发详细计划

相对于调研详细计划，方案设计阶段则涉及复杂的公司业务方案抉择，各个部门的负责人和业务骨干则需要更多地参与 ERP 业务方案的讨论和决策，花费更多的时间和精力，这就要求项目经理必须在项目实施之初制订方案设计和讨论的详细计划，部门负责人和骨干人员必须参与其中。实施顾问根据前阶段调研和需求，按照 ERP 业务的标准流程设计企业的未来 ERP 业务流程和业务处理方案，但这些方案是否完全符合公司高层和各部门的意愿，是否完全适合该企业的业务运作，则需要公司部门负责人、各部门业务骨干和各业务负责关键用户对 ERP 解决方案进行充分的学习、理解和掌握，并提出合理化建议。

实施顾问对 ERP 方案的设计从企业高层的角度，站在第三方的立场，并充分考虑企业全局资源的最优化，但 ERP 实施应用涉及业务深层次问题，覆盖整个公司各个部门的业务和利益，则需要高层和部门负责人进行平衡和决策。由于针对企业某一特殊业务，ERP 业务解决方案和流程往往不止一个两个，甚至更多，ERP 顾问则需要从不同角度进行分析对比，排比可选方案，分析各个方案的利弊和优缺点。与客户方各部门负责人和业务顾问以及关键用户进行充分的解释和说明，并经过方案讨论会进行确定。

对于业务方案，由于各个企业的实际情况不同，对实际业务的处理存在差异，有些是为了简化工作提高效率，牺牲业务的监控；有些是为了提高业务流程的可控，降低业务和财务风险则需要牺牲一定的工作效率，增加业务流中部分节点的工作量等，这都需要 ERP 顾问和客户方人员在方案讲解和讨论时，进行深入分析和说明。与客户方各部门权衡利弊，形成最终的方案。

方案设计中，由于企业实情和需求千差万别，没有一个标准 ERP 软件的功能完全满足客户的特殊需求，往往客户针对 ERP 软件提出二次开发的需求，这时则需要顾问针对二次开发需求进行深入的挖掘，找出客户的深层次需求和原因。从以往实施项目我们发现，某个具体客户方部门或业务人员往往从自身的角度出发，没有进行深入的分析，二次开发的需求只是问题的表象，抑或客户方存在某些错误的观念，认为既然请了咨询公司，没有做不到的事情，片面认为是咨询公司回避工作、担心承担太多工作等情况。从前一种情况看，则需要咨询公司的顾问发挥业务专长，从第三方的角度深入挖掘，从业务的源头开始查找和解决问题。我们通常说的"透过现象看本质"，就必须通过深入调研，以"打破沙锅问到底"的决心，才有可能真正找到问题的根源，对症下药。对于后一种情况，则需要实施方和客户方建立更多的信任，抑或从实施合同中对 ERP 二次开发内容和工作进行明确的定义，避免由于双方的沟通问题产生信任危机，最终导致的结果是双方的利益都受到了损害。

即便已经找到客户需求问题的根源，而现有的 ERP 标准功能确实无法满足用户的需求时，还不能立即下达开发的指令。毕竟成熟的 ERP 软件系统已经过了生产商的严格测试才推向市场，特别是大型 ERP 软件，如 Oracle、SAP，每个业务模块都是高度集成和统一的。每个 ERP 二次开发之前，都需要对开发进行可行性的分析，特别是对原系统有流程和结构的较大调整时，可行性分析更是必不可少的重要一环。行业内人士通常把 ERP 二次开发比喻为一把双刃剑。二次开发所引发的业务效率、系统稳定性、开发逻辑与原系统机制的冲突和融合等现象，在此不一一列举。这就要求二次开发必须严格遵循软件工程的方法进行。任何偷工减料的短视行为都会为日后系统埋下隐患。

目前几乎每个 ERP 项目都或多或少存在二次开发，从二次开发工作的开展，就不得不提到各个项目计划中详细计划的其中一项，就是二次开发的详细计划。这项详细计划由于涉及更多的技术问题，一般由顾问方项目组的开发技术组长负责。二次开发的详细计划，包括详细二次开发业务调研和分析、需求定义、详细设计、代码编写和测试、集成测试和上线等几个方面，除了详细设计和代码编写外，其余各项工作都要求关键用户和业务骨干及最终用户的参与，对客户方而言无疑也是一项工作量繁重的任务，也是不可或缺的工作任务。

作为方案设计阶段的里程碑，方案设计总结汇报会，浓缩了整个项目从调研到设计阶段的调研、详细解决方案（包括二次开发方案）的所有工作，将项目前期的主要成果向企业各个层面进行汇报，也成为下一阶段工作开始的标志。

3. 系统培训详细计划

从项目调研阶段开始至项目上线阶段结束，项目培训贯穿了项目的整个周期，项目系统培训是 ERP 项目成功与失败的关键因素。要使用户能从理解 ERP 理论开始到完全掌握 ERP 软件的详细操作，就必须进行全面的培训。根据以往的 ERP 项目实施经验，我们也都知道，培训必须贯穿项目的始终，才能使用户达到业务熟悉、操作熟练的程度。项目应用成功，大部分来自于用户对业务的正确理解和准确操作。套用企业管理流行的一句话，"一流的员工不是招进来的，而是培训出来的”。这句话在ERP项目实施中同样适用。但大部分的项目因为项目周期短暂，往往忽视培训的投入，培训人员、场所、环境、教材、器材等都没有很好地准备，导致大部分培训流于形式，加上培训管理不善、参与培训人员缺乏主动性，导致项目培训的效果大打折扣。企业用户对ERP的学习往往也是“三天打鱼，两天晒网”。而到了系统开始切换上线后，公司业务真刀真枪上线时，员工才发现大部分业务不会操作，临时抱佛脚的大有人在，关键用户和顾问到处“救火”的情况时有发生。

毕竟ERP项目对于企业而言是一项投入巨大的项目，公司已经并将为之付出大量的成本，公司上下非常重视，所以必须建立必要的激励机制，同时除了公司层面和项目层面建立激励机制之外，如何有效执行，靠什么保障呢？从上述培训问题导致项目问题出发，建立项目完整的培训体系是非常重要的。不管是项目开始的ERP原理培训、功能培训、操作培训、操作手册编写、上岗培训、岗位指引等还是到最后的上线指导培训，都将其纳入项目完整的培训体系中。当中还包括对IT专业技术支持的软件开发员和数据库管理员的技术培训等。全面覆盖公司的所有层面。

针对如此庞大的培训过程，则要求项目经理编制详细的培训计划，涵盖项目各个阶段的多轮次培训和各单项的详细培训计划，同时还应该包括培训后的测验和上岗考试、操作手册的编写、岗位操作指引编写等内容，计划必须根据每次培训的课程和内容，专门指定讲师（一般由负责顾问担任）、培训教材（由负责讲师专门编写）、培训场所（指定专人负责）、培训器材用品（如投影仪、远程视频等工具及计算机、局域网或互联网等）、培训软件环境（与公司产品应用环境相同）、培训对象（一般为关键用户、最终用户、骨干业务人员、部门负责人等）、培训时间（必须保证主要岗位人员都参与）。通过日常上机测验和上岗考试对培训效果进行跟踪，将ERP培训与上岗考试和个人绩效挂钩，并将其作为员工上岗的重要指标之一。

操作手册和岗位业务指引的编写对关键用户提出了更高的要求，关键用户不仅参与全部的项目过程，而且承载ERP知识转移的重任，通过操作手册和岗位业务指引建立企业自身的ERP规范和管理体系。

行业有句流行语“进去了如果是垃圾，出来的也是垃圾”。可想而知用户的正确操作对ERP数据的准确性有不可言喻的重要性。只有业务数据的准确，才能保证项目的成功实施。

4．数据收集详细计划

经过项目详细方案设计的确认，项目进入了系统建立阶段。在方案设计的确认完成后，基础数据的收集就摆上了项目日程，一个项目实施涉及的企业基础数据甚为庞大，解决方案的不同，对数据的要求也不相同。一般静态基础数据包括物料编码信息、产品清单信息、产品工艺信息、计划信息、采购信息、库存信息、生产信息、销售信息、供应商信息、客户信息、财务基础数据（包括会计科目信息、资产信息、成本信息）等。系统上线切换的业务数据量更为庞大。

作为业务运作基础的数据收集，数据的及时性、有效性、一致性和准确性则是非常关键的。要求项目经理统筹规划，具体落实，布置到人。指定每项数据的要求完成日期、导入方式及明确责任人和负责顾问，由顾问负责并指导关键用户和最终用户进行具体每项数据的收集。业务数据涉及多个部门时，更要安排好具体负责部门和相关配合部门，保证计划按时完成，确保上线数据完整，从而保证数据达到上线要求。

安排数据收集计划的同时，也要求顾问根据各自负责的业务模块，编写并发布数据收集方案，明确数据收集规范的数据格式，指导用户严格按制定的数据方案和数据格式提交最终数据结果。开始前安排顾问对数据收集方案和格式进行详细讲解，以达到用户对数据格式的理解与项目规范要求一致。

收集计划中导入方式的选择不同，可以分为手工录入、接口导入等方式。根据数据量的大小和复杂程度不同可由项目组进行选择。对采用接口导入方式的数据，计划编排必须保证接口导入的技术可行性和导入数据与接口的一致性。这就要求计划编排必须提前考虑技术人员进行接口导入代码的编写和测试。此工作可以由技术开发组长进行安排。

对于企业历史比较悠久的公司，其庞大的基础数据量是非常惊人的。而且旧的历史数据的格式，不管是手工数据还是旧软件系统的数据都与 ERP 数据的格式要求存在不一致的地方，则需要在系统建立阶段开始前，甚至提前到解决方案设计阶段开始时，就要开始历史数据的清理工作，以保证在上线前能完成所有数据的清理工作。如物料编码的清理、物料清单的清理、供应商和客户的往来账清理等，由于原公司基础管理的薄弱，导致数据的清理工作耗费的人力和工时巨大。

5．全面系统测试计划

系统建立阶段的另一项重要工作就是系统的建立和测试，系统的搭建和设置完全基于解决方案的设计，所以必须在前一阶段完成的基础上开展。系统建立后，如何检验系统的正确，是否严格按照详细业务方案的设计流程进行业务的处理，必须经过严格的层层测试和把关，项目必须制订严格、全面的测试计划，包括单元测试、用户验收测试、集成测试和模拟测试等。测试方案和策略（系统测试业务用例和数据等）的负责顾问、测试时间、测试环境、测试人员、关键用户、参与用户、测试指导顾问等都要求在测试计划中全部体现，系统即可以开展全面的测试工作。经过测试后，由测试人员填写测试报告，以测试计划要求的测试方案为蓝本，填写具体测试业务的结果数据与模拟用户的预计结果进行对比，对错误的结果进行分析并查明原因，给予纠正。全面测试计划中，集成测试和模拟测试则必须在单元测试和 UAT 测试完全正确之后进行。对于这两项测试要求，项目组进行精心的准备，包括系统环境、测试数据、人员安排、场所、时间等。按业务流程指定不同人员进行。测试人员必须是在前期参与项目培训合格的操作员。集成测试和模拟测试以完成企业所有业务的闭环处理、输出各项报表，并输出最终财务报表为完成标志。测试报告的最终审核确认，代表测试工作的全面结束。测试报告作为系统建立阶段的里程碑，也标志着系统建立阶段的顺利完成。

6．系统上线切换策略和计划

经过了需求分析、方案设计和系统建立阶段，完成需求调研、详细方案设计、系统设置和数据收集工作，也就完成了项目的主体工作。到此时，可谓“万事俱备只欠东风”。系统上线前的最主要工作，也就剩下最后的切换初始化工作。这时，指导初始化工作的系统上线切换策略和计划，也就是解决系统如何初始化、什么数据何时初始化、哪些数据先录入哪些数据后录入、采用什么方式录入以及由谁来负责录入等问题。初始化对各项业务的初始化时间的先后顺序要求较为严格。这阶段大量的准备工作，在数据收集计划已经完成，则切换计划要求，明确具体上线时间，由上线时间点倒推各项业务数据初始化的各个时间点、具体业务员、部门负责人、关键用户、最终用户和负责指导顾问。通过切换策略和计划，对业务人员进行具体详尽的指导。保证系统初始化的一次性成功。

系统上线切换策略和计划经过上线讨论会议由项目组和公司各个部门、各个层面深入讨论、全面沟通达成一致，并在项目上线动员会前统一发布，各部门的具体业务员根据上线切换策略和计划，按照策略指引按部就班地完成各项初始化工作。当各项准备工作都已就绪后，在全公司召开项目上线动员大会。项目上线动员会由客户方项目经理主持，对项目的全部情况向全公司进行汇报，并由公司高层进行全公司的最后上线动员。

项目动员大会的召开标志着项目上线阶段工作的完成，项目随之也进入了下一个阶段，也就是运行和维护的阶段。

纵观 ERP 项目实施的各个阶段，通过项目计划体系的运作，支持项目经理总揽全局，从时间、成本和质量不同角度对项目进行管理。对实施各阶段详细计划的管控，充分利用资源，控制项目成本和风险，把好项目质量关，以达到为客户创造良好的效益。

5.5.6　实施数据准备

说到数据在 ERP 项目中的重要性，大家常挂在嘴边的一句话是“三分技术、七分管理、十二分数据”，以此来表达对数据的高度重视。经验表明，作为管理改造工程的 ERP 项目，花在系统实现和技术准备上的时间并不多，80%以上的时间是花在贯穿全程的三大任务上，即全程的宣传培训、全程的数据准备和全程的管理变革。这三个“全程”缺一不可，其中尤以数据准备工作量最大。

1．进行 ERP 系统上线前数据准备

第一步：明确有哪些数据要准备

我们可以简单地将 ERP 实施所要准备的数据分为两大类：静态数据和动态数据，也可称为基础数据和事务数据。

静态数据是指开展业务活动所需要的基础数据，如物料基本信息及客户、供应商数据、财务的科目体系等。其特点是它在整个数据的生命周期中基本保持不变，同时它是动态数据的基础，公司所有业务人员通过调用静态数据来保持同一数据在整个系统中的唯一性。

动态数据是指每笔业务发生时产生的事务处理信息，例如销售订单、采购订单、生成指令等。动态数据按照时点来分，又可以分为期初数据和日常数据。其中上线时点的数据对 ERP 上线前的数据准备尤其重要，它代表系统在期初上线这样的时间点上，公司动态数据的当前状态，我们称其为期初数据（或者称为初始数据）。期初数据既包括上线时点所有物料库存的数量、金额，财务科目的余额，也包括那些未完未结的业务单据，像未交货的销售订单、未付款的采购订单等。

我们可以将数据的分类和数据准备的先后次序列表，并对每项数据设计一个收集表，下发到各部门，摸底调查。在所有的数据中，物料数据是数量最多、分布最广的。这里所指的物料包含的范围很广，既包括原材料、半成品、产成品，也包括设备、固定资产等。物料分类则是根据物料的某些属性对物料进行归类。所以要首先把工作重心放在物料数据准备上。

第二步：制定编码规则和完成基础数据收集

在明确有哪些数据要准备后，就可以着手编码了。实际上，数据准备工作中最难的是制定编码规则，这也是最占用时间的工作。一个考虑周全的编码体系需要跨部门反复讨论。不同的数据可能有不同的编码结构，但必须遵循共同的编码原则：

① 唯一性

必须保证一个编码对象仅被赋予一个代码，一个代码只反映一个编码对象。

② 实用性

编码体系应当符合企业的业务特点和管理需求，既充分考虑企业发展对信息编码的需求又兼顾企业的现状。要从实用性出发，掌握好编码的颗粒度，过细的编码不实用，过粗的编码不管用。

③ 统一的编码结构

编码由一个或者若干不同分类角度的分类码构成，统一的编码结构含义如下：任何对象在其整个生命周期内标识码保持不变，所有分类码具有相同的编码结构。

④ 标准化

编码应提高标准化程度，充分考虑到与外部环境的接轨而尽可能与相关国家、行业标准相吻合，例如使用国家标准所确定的行业分类作为行业编码，邮政编码作为地区编码等。

⑤ 便于 ERP 系统处理

由于编码将在计算机信息处理系统中得以实现，故编码应当符合数据处理的要求，便于用计算机处理。

⑥ 易用性

编码应尽可能好记易用，所以要在满足要求的情况下尽可能的短小，常用的编码应尽量避免字母与数字混合，以提高录入效率。

完成编码规则后，依据编码规则逐条确定静态数据和编码，从而完成整个静态基础数据的整理工作。

第三步：期初数据准备和系统上线

有了基础数据，就有了 ERP 运行的基础。但 ERP 上线后，系统里的数据是不是能够反映现实情况，就要看期初数据能不能及时准确地录入系统了。

由于期初数据反映的是上线那个时间点的数据，因此过早准备是没有意义的，这些事务处理数据都是动态的，每天都在变化。完成期初数据准备需要更精密的时间表，通常会这样安排计划：

- 根据 ERP 项目的实施进度，确认上线时间，并进行项目管控。
- 在上线之前一个月内进行全面的库存盘点，并在财务上进行盘盈盘亏处理。盘点时使用新的编码规则。
- 要求各业务部门在上线之前尽可能处理完未结清的订单和应收应付单据，以减少手工和系统切换的难度，同时也降低日后对账的工作量。

- 在上线之前两周，集中人力将静态数据导入或者录入系统。
- 在上线时点将库存期初、科目余额和未结单据录入系统。可视数据量的多少适当提前或者滞后录入，但要保持系统中的数据与实际情况相符。
- 在上线后的一个月内，通过核对手工账和实物，检查系统数据是否准确，并查出差异所在，进行调整。

2．数据生命周期管理

至此，整个 ERP 项目上线之前的数据准备宣告完成，但作为一个完整的系统，上线还只是 ERP 应用的开始。相比前期的痛苦，上线后保持数据的“纯洁”更显得重要。在系统运行期间，还要做到以下几点：

- 成立专门的编码维护部门，根据编码规则添加新的编码。
- 上线后，需要对部分业务流程和操作规程进行调整，以适应系统内的数据流转。
- 应用管理员及时处理系统中的异常数据。
- 定期对数据备份，确保数据完整，在出现数据灾难时可以恢复到最近一个数据点，最大限度地减少损失。
- 清理垃圾数据和已经失效的数据。
- 根据业务和管理的需要，增加新的数据项或者更改原数据定义等。

3．保证数据质量的方法

数据质量是数据的生命，因为错误的数据没有任何现实的意义，反而是系统无法上线或者掉线的导火索。保证数据质量是时时刻刻要做的事情。在这方面，经验更显宝贵，不过我们还是可以探询出一些成型的方法。

在上线前做数据收集时，要事先做好下发表格。如果数据量较少，可以用 Excel 模板做表格，并锁定不允许修改的部分，以利于汇总、排序。如果数据量比较大，最好另编写一个小程序，以自动控制重复的数据，同时便于同步检查。

在上线时，先通过管理措施减少期初数据量，再对每一条期初数据都力保准确。要尽早对账，因为越晚对账数据的差异越大，越难对得上。

在上线后，要从管理上严格要求业务处理与数据录入同步进行，不能积压单据一次性补录。

做好以上几点，可以控制住数据质量。但不管如何努力，数据都不大可能百分之百的准确。我们所谈的数据准确是指数据的错误率控制在可以接受的范围之内，并逐步求精。企业要有一套高效的管理制度保证及时发现并处理数据差异。在 ERP 实施期间，企业要为数据的损失做好“买单”的准备，有时重复工作是不可避免的，也可能会因处理账实不符而需要财务费用。在 ERP 应用期间，短期的对不上账，只要是控制在范围之内，就可以接受，俗话说“一段浊水、一段清水”，只要坚持严格管理和定期核查，数据质量很快就会提高。

咨询公司有一套数据质量的评估方法，在系统运行一段时间后做数据评估是提高数据质量必不可少的工作。实际上，不少企业通过数据评估，往往能够发现以前所忽视的管理上的问题，经过几轮调整后，企业实施 ERP 的效益就体现出来了。

案例分析：三菱电梯ERP成功实施

上海三菱电梯有限公司是由上海机电实业有限公司、日本三菱电机株式会社、中国机械进出口（集团）有限公司、香港菱电（集团）有限公司合资的电梯制造、经营企业，员工1 770余人，2001年产品销售额31亿元人民币。

从1996年至今，以ERP为核心的信息化管理系统已经由点到面逐渐扩展到三菱的主要业务流程中。多年的ERP应用，与那些项目半途夭折的企业，管理和系统两张皮的企业，以及刚刚完成系统切换就“广发英雄帖”的企业相比，三菱对管理信息系统的依赖，以及对信息化的认知程度，都体现了时间积累起来的成熟心态。他们认为，从企业的角度看，ERP是最大的信息化系统。作为企业管理的一个主要手段，企业不仅要构筑ERP系统，还要在此基础上形成企业管理的信息化模型，还要不断优化业务流程。

起初，三菱模模糊糊提出了200个需求问题，其中90%的需求都被ERP的标准功能覆盖。当然，管理系统与企业现有系统的集成也是必须考虑的因素。三菱选择R/3时，也考证了它与CAD/CAM系统的可集成性。

管理软件只能支持同时代最先进的管理思想。当年，三菱选择R/3系统时，R/3还没有集成客户关系管理、供应链管理以及电子商务系统等，但是三菱在这些方面朦胧的管理需求促使他们认定，必须选择一个能不断发展、不断增进新管理理念的软件。他们了解到SAP不但有软件的开发能力，还有软件系统的设计能力和管理设计能力。因此，他们认为R/3是一个能不断发展的软件。三菱的很多人认为，SAP在一定程度上引领了他们的信息化管理方向。

三菱人把1996年至2002年之间的ERP实施、使用历程分为三个阶段，第一阶段是软件通用模块的实施阶段；第二阶段是企业特有模块实施阶段；第三阶段就是利用已经实施的系统进行管理流程再造以追求效率和效益最大化的阶段。三菱人认为，真正的流程再造必须发生在系统模块上线以后。这种观点显然有悖于企业通常听到的在软件选型前就必须进行流程再造的说法。

基于这种思路，三菱的流程再造是这样进行的：对于那些阻碍软件推进的流程，坚决去掉或改掉；而那些能“蒙混过关”的，先“混”过去，到系统上线后，再来集中精力按照轻重缓急逐步更改。目前，他们已经步入流程不断再造的阶段。随着计算机系统的应用，不合理的流程逐渐显现或被发现。即使是基层业务人员也会提出朴素的流程再造要求：“用了计算机，为什么还要这样麻烦？不能改一下吗？”显然，这种关于企业业务流程的持续优化再造，很难依靠外在的力量。三菱自己的实施队伍在这个时候开始发挥作用。

为了保证ERP项目的成功，在项目实施前，三菱先“忍痛割爱”圈出那些不能做的环节，这也是他们在开发使用了6年之后，也仅仅用了20%的R/3功能的原因之一。不能做的理由，主要是因为企业的基础数据不标准、基础管理不规范。三菱的能力计划就是一开始被放弃的模块之一。事实证明，绕过这个模块是明智之举，否则很可能会阻隔下一个流程，最后导致系统的失败。现在，随着基础的不断完善，这一模块就可以重新配置进系统。

三菱的成功经验：

1. 选型成功。

ERP 系统自上线开始，从无到有，再逐步连锁反应触及相关管理业务，这是一个连续的进程。这个过程一直前行，没有终点。所以企业在选型之初就应该有所规划，考虑系统上线后的持续实施及其相关的技术和管理咨询。三菱电梯在系统上线之初，就将其定义为自己的“终身伴侣”，是明智之举。

2. 取舍得当，优质的系统咨询服务。

由于 ERP 软件是一个很大的系统，企业往往只用其中的一部分功能，三菱 2002 年时也只用了其中的 20%。对于大部分有待开发的功能，开始时企业不可能也没有必要全部掌握，因此随着应用的深入，项目实施中的技术咨询不可缺少。另外，管理软件还涉及管理流程问题。从系统的角度看，什么样的流程最合理，从哪个角度去推进，需求分析怎么进行，怎么去跟业务人员沟通协调等一系列问题，对系统不熟悉的人不可能给出最佳答案，因此也需要专业人士的管理咨询。

在这样一个长期的实施过程中，沟通良好、回应迅速、不间断是包括三菱在内的所有用户对咨询服务的期望。显然，只有本地化的服务队伍，才能较好地满足这样的期望。因此，在选择管理软件，尤其是选择国外软件时，本地化服务必须强调。

3. 主体实施意识明确。

如果将衡量项目成功的标准定在 100 分，那么从选型到购买系统，只能占到 10 分；企业的流程在系统中走通，能得到 20～30 分；在企业里让每个人都能使用系统，这才过了及格线，达到 60～70 分的水平；还有最后 30 分，需要利用系统这个手段去改造不合理的流程，增加新的管理内容，使管理效率更高。从三菱的角度看，最关键的就是后面 30 分——系统的推行和后续实施。这是他们达到全面、高效、标准化管理目的的关键环节，因此，这 30 分的工作应该以自己的力量为主。

时下流行一种说法，让企业把不熟悉的 ERP 交给专业的 IT 公司来实施，实施失败的风险让 IT 公司来承担。其实，这不是一种明智的风险防范方法。首先，这种方法从主观上削弱了企业与实施公司的配合力度，另外，系统上线后的后续实施和应用，企业不可能终身绑定外来的顾问咨询。同时，由于外来顾问管理权限的限制，没有能力很好协调企业内业务流程优化的复杂关系。有的实施公司总经理亲自到所服务企业挂帅信息化主管，也就是因为这些原因不得已而为之。但是，如果该实施公司的客户不止一个，那它的总经理岂不分身乏术了吗？

应用 ERP 的出发点，决定了 ERP 实施的意识。那些把 ERP 当成装点门面的企业，或对 ERP 认识不清的企业，或由于某些压力被迫选择 ERP 的企业，只会把它作为一个短期项目来做，系统一上线，就宣告大功告成。真正把 ERP 当成企业信息化管理的基础架构而自主提出实施需求的企业，就会把它看成支持企业运营的终身项目。因此，他们很自然地树立了项目实施的主人翁意识。在项目一开始，三菱就向 SAP 明确表态：项目实施失败责任不用 SAP 承担，SAP 的职责就是跟他们很好配合，通过前期项目实施，帮他们培养团队。在项目实施中，三菱一直强调主体地位。负责项目实施的信息管理部在系统上线后将作为企业的管理职能部门长期存在，因此，这些做项目的人要通过项目的熏陶，具备三种素质：第一，熟悉相关业务；第二，具有现代管理知识；第三，很好的信息技术背景。基于这种指导思想，三菱ERP 实施的第一期，主要以 SAP 的项目经理为主，三菱在财务、销售、生产计划和物料管理等模块都派有专人负责学习和配合。做到项目第二期，实施角色已经发生变换，以三菱的人马为主，SAP 的项目经理只起咨询作用。

4. 真正的流程再造发生在系统模块上线以后。

三菱对于“真正的流程再造发生在系统模块上线以后”的解释是，企业需要进行再造的流程分为 A、B、C 三种。A 类流程是本来就认定的不合理流程；B 类流程在没有上系统前是合理流程，但是系统不能支持，如果不改掉，将影响系统推进；C 类流程是已经存在，系统也能够支持，但是没有获得最好效应的流程。三菱认为选型前的流程再造显然只能去掉或修改 A、B 两类流程，而企业大量需要优化的是 C 类流程。如果把前两种看成信息化中的流程再造，那就把流程再造看得太简单了。第三种流程再造不可能在选型前进行，因为系统没有上线运行前很难被发现，这样的流程咨询人员，在系统实施前无法找到，而且没有系统的依托，这种再造也无法进行。同时，这种流程再造也不可能在模块实施中进行，否则反复修改会影响实施进度。三菱认为模块实施时的最大目标就是争取在最短时间里实现上线。不影响系统推进的 C 类流程，可以放在上线后再去进行优化再造。

（案例改编自：http://wenku.baidu.com/view/8f64de0f6c85ec3a87c2c55d.html）

关键字

业务流程重组（Business Process Reengineering，BPR）

计算机辅助制造（Computer Aided Manufacturing，CAM）

决策支持系统（Decision Support System，DSS）

客户关系管理（Customer Relationship Management，CRM）

思考题

1. ERP 实施要具备哪些基本条件?
2. ERP 规划的原则是什么?
3. ERP 项目规划的主要工作是什么?
4. ERP 软件有哪些获取方式?
5. ERP 软件选型原则是什么? 企业如何进行 ERP 选型工作?
6. ERP 选型指标有哪些?
7. 哪些元素导致 ERP 实施不可控?
8. ERP 实施策略是什么?
9. ERP 实施指导思想是什么?
10. 简述项目组织的分类及特点。

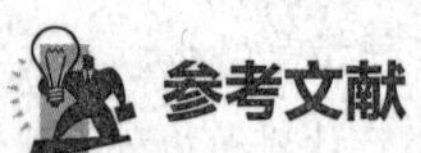

参考文献

闪四清. ERP 系统原理和实施（第 3 版）. 北京：清华大学出版社，2012.

李键，董锴，王颖纯. 企业资源计划（ERP）及其应用（第 4 版）. 北京：电子工业出版社，2013.

周跃进. 企业资源管理控制一体化. 北京：机械工业出版社，2011.

陈兵. 倍增式经营：企业资源高效利用黄金法则. 北京：凤凰出版社，2011.

童继龙，童继明. P 道理——ERP 项目实施手记. 北京：清华大学出版社，2011.

罗鸿，王忠民. ERP 原理・设计・实施（第 3 版）. 北京：电子工业出版社，2005.

曹汉平，王强. 信息系统开发与 IT 项目管理. 北京：清华大学出版社，2006.

傅德彬. ERP 实施宝典. 北京：国防工业出版社，2004.

陈庄. ERP 原理与应用教程. 北京：电子工业出版社，2006.

第 6 章　顾问视角：管理诊断与 ERP 导入

教学知识点

- 管理咨询和企业诊断的思路和方法。
- 业务流程重组的核心内容和工作思路。
- ERP 系统的导入步骤。
- ERP 系统应用与改善。

导入案例

小海马的故事

小海马有一天做了一个梦，梦见自己拥有了七座金山。从美梦中醒来，小海马觉得这个梦是一个神秘的启示：我现在全部的财富是七个金币，但总有一天，这七个金币会变成七座金山。于是它毅然决然地离开了自己的家，带着仅有的七个金币，去寻找梦中的七座金山，虽然它并不知道七座金山到底在哪里。海马在大海里艰难地游了很久，然而金山并没有出现。出现在眼前的是一条鳗鱼。鳗鱼问："海马兄弟，看你匆匆忙忙的，你干什么去?"海马骄傲地说："我去寻找属于我自己的七座金山。只是……我游得太慢了。""那你真是太幸运了。对于如何提高你的速度，我恰好有一个完整的解决方案。"鳗鱼说，"只要你给我四个金币，我就给你一个鳍，有了这个鳍，你游起来就会快得多。"海马戴上了用四个金币换来的鳍，发现自己游动的速度果然提高了一倍。海马欢快地游着，心里想，也许金山马上就出现在眼前了。然而金山并没有出现，出现在海马眼前的是一个水母。水母问："小海马，看你急匆匆的样子，你想要到哪里去？"海马骄傲地说："我去寻找属于我自己的七座金山。只是……我游得太慢了?""那你真是太幸运了。对于如何提高你的速度，我有一个完善的解决方案。"水母说，"你看，这是一个喷气式快速滑行艇，你只要给我三个金币，我就把它给你。它可以在大海上飞快地行驶，你想到哪里就能到哪里。"海马用剩下的三个金币买下这个小艇。它发现，这个神奇的小艇使它的速度一下子提高了五倍。它想，用不了多久，金山就会出现在眼前了。然而金山还是没有出现，出现在海马眼前的，是一条大鲨鱼。大鲨鱼对它说："你太幸运了。对于如何提高你的速度，我恰好有一套彻底的解决方案。我本身就是一条在大海里飞快行驶的大船，你要搭乘我这艘大船，你就会节省大量的时间。"大鲨鱼说完，就张开了大嘴。"那太好了。谢谢你，鲨鱼先生!"小海马一边说一边钻进了鲨鱼的口里，向鲨鱼的肚子深处欢快地游去……

看完了这个故事，我们回过头来看我们的企业管理。混乱的战略极可能使企业陷入一种可怕的“商业浪漫主义”之中。像这种没有明确目的和战略定位的想法，表面上是“通向金山之路”，其实是“通向鲨鱼之路”！如果没有明确的战略，没有明确的可行性分析，许多企业家做出的决策往往是不切实际的，可能做出错误的决定让企业蒙受巨大的损失。甚至做出了正确的决定，但自己也不知道方向和策略在哪里，而导致最终的失败。小海马就是这样，它的目的是“金山”。我们不管这个目的对不对，能不能实现。如果它确定了这个目的，那么，它就要研究发现“金山”的策略，进行发现“金山”可行性分析，而不是将所有的七个金币全部用来投资购买各种不切实际的东西，甚至还搭上了自己的生命。

对企业家来说，如果要考虑实施 ERP，就不能轻信“鳗鱼”“水母”甚至“鲨鱼”的话，他们都有他们的目的。需要深入思考和研究企业投资战略，选择合适的咨询顾问进行 ERP 的可行性分析。

讨论：

（1）企业推行信息化过程中，如果把小海马比喻成 ERP 实施企业，那鳗鱼、水母、鲨鱼分别代表什么参与主体？

（2）从这个故事可以得到什么启示？

（案例改编自：豆瓣网 http://www.douban.com/group/topic/15992025/）

管理诊断，由具有丰富经营理论知识和实践经验的专家与企业有关人员密切配合，应用科学的方法找出企业经营战略和经营管理上存在的问题，分析产生问题的原因，提出改进方案（建议）；当受诊企业接受改进方案（建议）后，则负责培训人员，帮助指导企业实施改进方案。企业诊断是推动企业健康发展的一种经济管理活动。

6.1 管理诊断

企业通过管理诊断，有利于企业战略和企业信息化战略规划的实现。管理诊断方法包括标杆分析法、鱼骨图、业务流程分析、信息流程分析等。

6.1.1 企业战略与信息化战略

实现企业经营战略需要信息化的支持，信息化战略为企业经营战略服务。企业信息化战略规划是从组织的宗旨、目标和战略出发，对企业内外信息资源进行统一规划、管理与应用，从而规范组织内部管理，提高工作效率和顾客满意度，最终为企业获取竞争优势，实现企业的长远发展。它从企业全局出发，为了实现企业的长期发展战略，规划一个基本的信息体系结构，统一规划和利用企业的信息资源，利用信息控制企业行为，辅助企业进行决策，帮助企业实现战略目标。研究表明，企业战略规划与信息技术战略规划的联系程度对战略规划目标的实现有重大影响。

为了对信息化战略进行系统规划从而实现其价值，Handerson（1989）提出的一整套进行信息系统战略规划的思考框架，帮助企业如何检查企业经营战略与信息架构之间的一致性，称为战略一致性模型（Strategic Alignment Model，SAM），如图 6-1 所示。

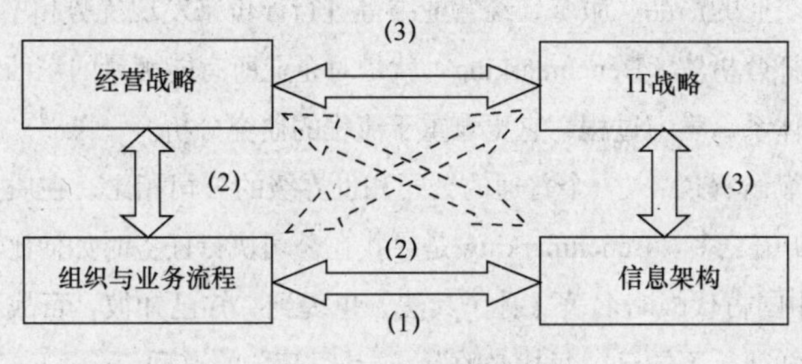

图 6-1　战略一致性模型

该模型划分为企业（图 6-1 左）和信息技术（图 6-1 右）两个领域。同时将企业分为企业经营战略以及组织架构与业务流程，IT 分为 IT 战略和信息架构，即 IT 基础设施和流程，这四部分之间相互关联、相互影响。

企业战略明确界定：①企业范围，即企业参与竞争的领域，它决定了企业的产品、顾客、经营范围和竞争力量（包括供应商、替代者、可能的进入者）等。②核心竞争力。③经营方式，即企业进入特定市场时是独市、联盟、合作还是外包。

组织架构和流程包括：①组织管理结构，即责任和授权架构，包括诸如组织有多少层次，决策权是集中还是分散等。②流程，指关键业务功能将如何操作或流转，本质上就是价值链。很多情况下流程的重组依赖于 IT 的改变，IT 技术的更高效使用常要求对商业过程进行重新设计。

IT 战略包括：①技术范围，包括对组织而言关键的技术，如电子图形处理、机器人、多媒体等。②系统竞争力，指对于企业战略的创建和扩展至关重要的信息技术特性，如信息连通性、可访问性、可靠性、传输速度等。③IT 治理方式，指技术的所有形式或者技术联盟的可能性，如 ERP 等 IT 应用系统是自行建立还是购买等。

IT 基础设施是指应用、数据、软件和硬件在一个整合平台上的选择、优先级和政策。流程包括主要 IT 功能和实现的设计，如应用开发、系统管理控制或操作流程。

在遵循这一模型制定企业信息化战略时，需要将所有的战略目标和措施都一一列出。基于此，在所有应用系统中找出比较集中和迫切需要的系统，进而制定出企业信息化战略。

简单来说，ERP 需求分析首选从支持企业战略开始，咨询顾问的首要工作便是进行企业战略分析。

6.1.2　诊断方法

1. 标杆分析法（Benchmarking）

（1）标杆分析法定义

标杆分析法（Benchmarking），又称基准化分析，就是将本企业各项活动与从事该项活动最佳者进行比较，从而提出行动方法，以弥补自身的不足。Benchmarking 是将本企业经营的各方面状况和环节与竞争对手或行业内外一流的企业进行对照分析的过程，是一种评价自身企业和研究其他组织的手段，是将外部企业的持久业绩作为自身企业的内部发展目标并将外界的最佳做法移植到本企业的经营环节中去的一种方法。实施 Benchmarking 的公司必须不断对竞争对手或一流企业的产品、服务、经营业绩等进行评价来发现优势和不足。

总的来说，标杆分析法（Benchmarking）就是对企业所有能衡量的东西给出一个参考值，它可以是一种管理体系、学习过程，它更着重于流程的研究分析。

菲利普・科特勒解释说："一个普通的公司和世界级的公司相比，在质量、速度和成本绩效上的差距高达 10 倍之多。Benchmarking 是寻找在公司执行任务时如何比其他公司更出色的一门艺术。"其实中国古代战略名著《孙子兵法》也提到"知己知彼，百战不殆；不知彼而知己，一胜一负；不知彼，不知己，每战必败"。这是很简单的道理。

（2）标杆分析法步骤

① 做竞争对手的 Benchmarking，有助于确定和比较竞争对手经营战略的组成要素。

② 通过对行业内外一流企业的 Benchmarking，可以从任何行业中最佳的企业、公司那里得到有价值的情报，以便改进本企业的内部经营，建立起相应的赶超目标。

③ 做跨行业的技术性的 Benchmarking，有助于技术和工艺方面的跨行业渗透。

④ 通过对竞争对手的 Benchmarking，与客户的需求作对比分析，可发现本公司的不足，从而将市场、竞争力和目标的设定结合在一起。

⑤ 通过对竞争对手的 Benchmarking，可进一步确定企业的竞争力、竞争情报、竞争决策及其相互关系，作为进行研究对比的三大基点。

（3）标杆分析法的层次和类型

根据所针对的企业运作层面不同，将 Benchmarking 分为 3 类，即战略层的 Benchmarking、操作层的 Benchmarking 和管理层的 Benchmarking。战略层的 Benchmarking 是将本公司的战略和对照公司的战略进行比较，找出成功战略中的关键因素。操作层的 benchmarking 主要集中在比较成本和产品的差异性，重点是功能分析，一般与竞争性成本和竞争性差异有关。管理层的 Benchmarking 涉及企业支撑功能的分析，主要包括人力资源管理、营销规划、管理信息系统等（MIS）。其特点是较难用定量指标来衡量。

标杆分析根据选择的标杆对象与欲评量的作业流程的不同，一般可分为以下 3 种类型：

内部流程标杆分析：指一个组织内部不同部门、据点、分支机构的相同作业流程的相互评量比较，主要目的在于迅速采取措施解决顾客问题。以图书馆为例，比较总馆与各分馆间参考服务的作业流程，可寻找出全馆内最佳参考服务典范与解决参考服务过程中所共同遭遇的问题。图书馆内部流程标杆分析较容易搜集到丰富的资料，通常可以提供 15%改善的机会，呈现图书馆问题所在的清晰图像。内部流程标杆分析的最大优点在于所需的资料和信息易于取得，并且获得的信息不必经过费心的翻译便可以转换到本身的部门内，故不存在资料鸿沟（data gaps）的问题。另外，在分化程度过高的企业内，内部流程标杆分析还可以促进事业单位或部门间的沟通。内部流程标杆分析的缺点则是视野狭隘，不易找到最佳作业典范，并且学习的对象局限在组织内部，很难为组织带来创新性的突破。另外，若是有内部倾轧的问题存在的话，易于造成偏见，无法虚心求教。

外部竞争性流程标杆分析：以组织同业竞争者的产品、服务、作业流程作为评量比较的标杆，试图找出自身的优势或弱点。以图书馆为例，以同性质、声誉卓著的图书馆同业为标杆，比较彼此图书采购流程的差异，进而采纳仿效对方的优点，即为竞争性流程标杆分析的做法。此种标杆分析需要充分配合的标杆伙伴（Benchmarking Partner），通常可以提供20%～25%的改善机会。除了信息极具竞争价值之外，外部竞争性流程标杆分析的另一优点与内部流程标杆分析相同，那就是企业本身与竞争对手的做法在比较上会较为容易，并且一旦需要将对手的流程转换到自身企业时也不会有太大的困难。一般而言，作为学习对象的竞争对手即使采用的技术或作业方式与企业本身不尽相同，至少也极为类似，所以从对手那获得的信息可以很快地运用在本身的组织内。但竞争性流程标杆分析的最大缺点是相关信息搜集困难。

功能性流程标杆分析：功能性流程标杆分析的对象不限同业，而是选择一特定功能或作业流程，针对在这个领域内已建立卓越性的机构，进行标杆分析。这种标杆分析的主要标杆不是机构，而是该组织的某一项典范作业流程。以图书馆为例，为提升馆员人力资源管理效能，应向以人力资源管理极享盛名的企业取经，即为一种功能性流程标杆分析。此种标杆分析经常可以引导突破性的思考，有助于创新服务与作业流程的提出。功能性流程标杆分析最大的优点在于协助企业去激发出许多极具创意的经营思路。但来自产业外界截然不同的观念与做法，很容易对处于自身产业封闭环境下的企业造成莫大的刺激，进而激发许多创新性的做法，使企业内原有的运作方式发生重大转变。功能性流程标杆分析的另外一个优点是容易寻求到真正的最佳作业典范。毕竟“人外有人，天外有天”。功能性标杆管理的缺点则是在资料的搜集上可能受限于距离遥远（对方可能在不同的国家），企业必须投入较多的资源来进行初级资料的搜集或是加入付费的企管顾问数据库，否则就只能透过次级资料来分析。虽然如此，由于功能性流程标杆分析可以激发组织进行创新性的突破，因此尽管实行困难，它仍然被普遍认为最具长期的报酬与效益。

（4）标杆分析法的实施流程

一般的 Benchmarking 流程包括：

① 实施 Benchmarking 主要有确定内容、选择目标、收集分析数据、确定行动目标、实施计划和跟踪结果。

② 确定要进行 Benchmarking 的具体项目。

③ 选择目标。确定了进行 Benchmarking 的环节后，就要选择具体的 Benchmarking 对象。通常，竞争对手和行业领先企业是 Benchmarking 的首选对象。

④ 收集分析数据，包括本企业的情况和被 Benchmarking 企业（可以是竞争对手，也可以是非竞争对手）的情况。分析数据必须建立在充分了解本公司目前的状况以及被 Benchmarking 的企业状况的基础之上，数据必须主要是针对企业的经营过程和活动，而不仅仅是针对经营结果。

⑤ 确定行动计划。找到差距后进一步要做的是确定缩短差距的行动目标和应采取的行动措施，这些目标和措施必须融合到企业的经营计划中。

⑥ 实施计划并跟踪结果。Benchmarking 是发现不足，改进经营并达到最佳效果的一种有

效手段，整个过程必须包括定期衡量评估达到目标的程度。如果没有达到目标，就需修正行动措施。最后要注意的是研究较大的流程需花费比较多的资源，且注意力分散容易失去焦点，研究较小的流程则所能获得的改善成果比较有限，两者需要平衡。

下面是一个确定 Benchmarking 学习的适当流程范围例子，如表 6-1 所示。

表 6-1　标杆分析法示例

流程	范围太大	范围太小	适当
客户服务	客服中心业务	接听电话礼仪	客户抱怨处理
人力资源开发与管理	人力资源管理	员工请假流程	人员招聘流程 教育训练规划执行
物流与后勤	物品入库与分销配送	物料编号方式	库存管理
服务	医院服务系统	挂号流程规定	门诊服务流程

2. 鱼骨图

（1）鱼骨图的由来

问题的特性总是受到一些因素的影响，咨询顾问使用的时候一般是通过头脑风暴找出这些因素，并将它们与特性值一起，按相互关联性整理而成的层次分明、条理清楚，并标出重要因素的图形就叫特性要因图。因其形状如鱼骨，所以又叫鱼骨图，它是一种透过现象看本质的分析方法。

（2）鱼骨图的类型

① 整理问题型鱼骨图（各要素与特性值间不存在原因关系，而是结构构成关系）

② 原因型鱼骨图（鱼头在右，特性值通常以“为什么……”来写）

③ 对策型鱼骨图（鱼头在左，特性值通常以“如何提高/改善……”来写）

（3）鱼骨图制作

制作鱼骨图分两个步骤：分析问题原因/结构、绘制鱼骨图。

① 分析问题原因/结构

A. 针对问题点，选择层级方法（如人机料法环）。

B. 按头脑风暴分别对各层级、类别找出所有可能原因（因素）。

C. 将找出的各要素进行归类、整理，明确其从属关系。

D. 分析选取重要因素。

E. 检查各要素的描述方法，确保语法简明、意思明确。

分析要点：

a. 确定大要因（大骨）时，现场作业一般从“人机料法环”着手，管理类问题一般从“人事时地物”层级，应视具体情况决定。

b. 大要因必须用中性词描述（不说明好坏），中、小要因必须使用价值判断（如……不良）。

c. 脑力激荡时，应尽可能多而全地找出所有可能原因，而不仅限于自己能完全掌控或正在执行的内容。对人的原因，宜从行动而非思想态度方面着手分析。

d. 中要因跟特性值、小要因跟中要因间有直接的原因-问题关系，小要因应分析至可以直接下对策。

e. 如果某种原因可同时归属于两种或两种以上因素，请以关联性最强者为准（必要时考虑三现主义：即现时到现场看现物，通过相对条件的比较，找出相关性最强的要因归类）。

f. 选取重要原因时，不要超过 7 项，且原因应标示在最末端。

② 鱼骨图绘图过程

A. 填写鱼头（按为什么不好的方式描述），画出主骨。

B. 画出大骨，填写大要因。

C. 画出中骨、小骨，填写中小要因。

D. 用特殊符号标示重要因素。

要点：绘图时，应保证大骨与主骨成 60 度夹角，中骨与主骨平行

（4）鱼骨图使用步骤

① 查找要解决的问题。

② 把问题写在鱼骨的头上。

③ 召集同事共同讨论问题出现的可能原因，尽可能多地找出问题。

④ 把相同的问题分组，在鱼骨上标出。

⑤ 根据不同问题征求大家的意见，总结出正确的原因。

⑥ 拿出任何一个问题，研究为什么会产生这样的问题。

⑦ 针对问题的答案再问为什么，这样至少深入 5 个层次（连续问 5 个问题）。

⑧ 当深入第 5 个层次后，认为无法继续进行时，列出这些问题的原因，而后列出至少 20 个解决方法。

（5）鱼骨图案例

作为咨询人员常用的进行因果分析的一种方法，其特点是简捷实用，比较直观。现以某炼油厂情况作为实例，采用鱼骨图分析法对其市场营销问题进行解析（如图 6-2 所示）。

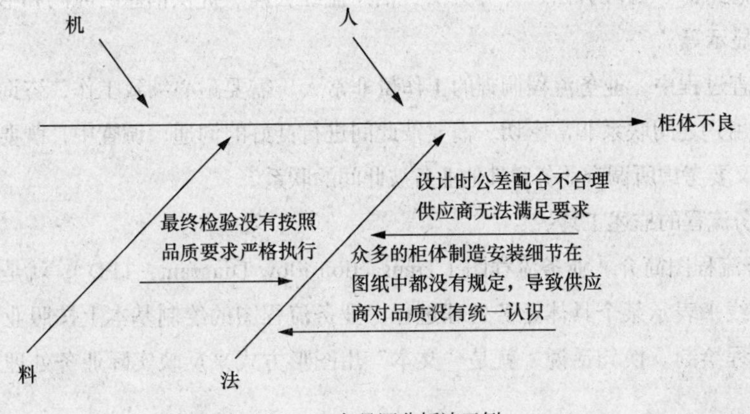

图 6-2　鱼骨图分析法示例

图中的“鱼头”表示需要解决的问题，即该炼油厂产品在市场中所占份额少。根据现场

调查，可以把产生该炼油厂市场营销问题的原因概括为 5 类，即人员、渠道、广告、竞争和其他。在每一类中包括若干产生这些原因的可能因素，如营销人员数量少、销售点少、缺少宣传策略、进口油广告攻势等。将 5 类原因及其相关因素分别以鱼骨分布态势展开，形成鱼骨分析图。

下一步的工作是找出产生问题的主要原因，为此可以根据现场调查的数据，计算出每种原因或相关因素在产生问题过程中所占的比重，以百分数表示。例如，通过计算发现，“营销人员数量少”在产生问题过程中所占比重为 35%，“广告宣传差”为 18%，“小包装少”为 25%，三者在产生问题过程中共占 78%的比重，可以被认为是导致该炼油厂产品市场份额少的主要原因。如果我们针对这三大因素提出改进方案，就可以解决整个问题的 78%。该案例也反映了“20:80 原则”，即根据经验规律，20%的原因往往产生 80%的问题，如果由于条件限制，不能 100%解决问题，只要抓住全部原因的 20%，就能够取得 80%解决问题的成效。

3．业务流程分析

业务流程分析（Business Process Analysis，BPA）的目的是形成合理、科学的业务流程。在分析现有业务流程的基础上进行业务流程重组（BPR），产生新的更为合理的业务流程。咨询顾问进行业务流程分析的主要工具是业务流程图（Transaction Flow Diagram，TFD），它是一个反映企业业务处理过程的“流水账本”。BPA 帮助确定流程工作与合作建模的基本要素，更好地分析理解其同其他要素的关系，例如业务目标、业务策略、面对的问题、产生的影响、组织机构参与者或者相关的企业架构。咨询顾问首先要进行业务流程的调查，掌握业务流程调查的方法。

（1）业务流程调查

① 任务。业务流程调查主要任务是调查系统中各环节的业务活动，掌握业务的内容、作用，信息的输入、输出，数据存储和信息的处理方法及过程等。它是掌握现行系统状况，确立系统逻辑模型不可缺少的环节。

② 方法。调查业务流程应顺着原系统信息流动的过程逐步地进行，内容包括各环节的处理业务、信息来源、处理方法、计算方法、信息流经去向、提供信息的时间和形态（报告、单据、屏幕显示等）。

系统调查过程中，业务流程调查的工作量非常大，需要耐心细致工作，咨询顾问、系统开发人员与用户之间联系非常密切，需要彼此间进行良好的沟通，调查中，既要完成好自身工作任务，又要考虑所调查业务与其他业务彼此间的联系。

（2）业务流程的描述工具

① 业务流程图简介。业务流程图（Transaction Flow Diagram，TFD），就是用一些规定的符号及连线来表示某个具体业务处理过程。业务流程图的绘制基本上按照业务的实际处理步骤和过程绘制。换句话说，就是“文本”用图形方式来反映实际业务处理过程的“流水账”。

② 业务流程图图例及画法。业务流程图图例没有统一标准，但在同一系统开发过程中所使用图例应是一致的。画法如图 6-3 所示：

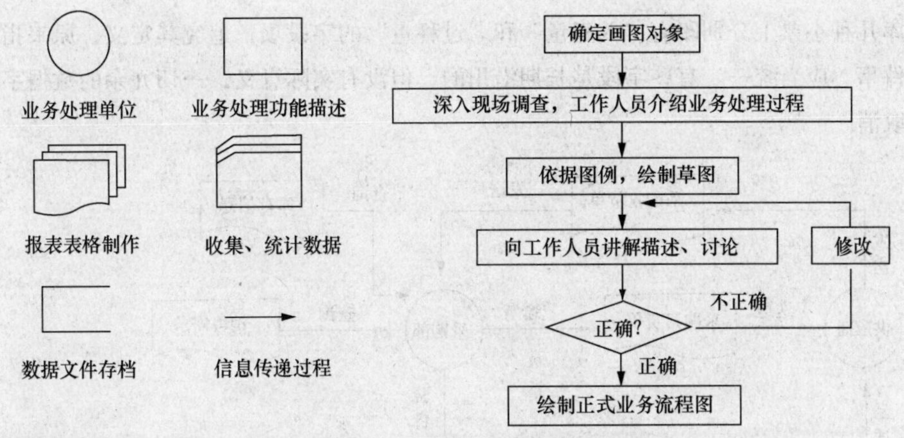

图 6-3 业务流程图的图例

（3）业务流程分析的步骤

根据对组织结构图和业务功能体系图的分析，可决定下一步重点调查的部门，然后对该部门的业务信息、业务流程等进行详细调查。流程分析的目的是了解各个业务流程的过程，明确各个部门之间的业务关系，明确每个业务处理的意义，为业务流程的合理化改造提供建议，为系统的数据流程变化提供依据。

业务流程分析是要将企业具体的业务活动过程（内容、步骤等）描述出来，并对此优化。

① 绘制各部门的业务流程图。

② 与各部门业务人员讨论业务流程图是否符合实际情况。

③ 分析业务流程中存在的问题（有无不合理流程/环节）。

④ 与各部门业务人员讨论，提出改进方案。

⑤ 将新业务流程图提交决策者，以便确定合理的、切合实际的业务流程。

业务流程案例。经过调研，某企业采购部的业务流程如下：采购部查询库存信息及用户需求，若商品的库存量不能满足用户的需要，则编制相应的采购订货单，并交送给供应商提出订货请求。供应商按订单要求发货给该公司采购部，并附上采购收货单。公司检验人员在验货后，发现货物不合格，将货物退回供应商；如果合格则送交库房。库房管理员再进一步审核货物是否合格，如果合格则登记流水账和库存账目；如果不合格则交由主管审核后退回供应商。

由此，可画出如图 6-4 所示的业务流程图。

4．信息流程分析

信息流程是记录业务流程中作业事件形成的数据流，维护、更新于企业业务活动相关的资源、参与者、作业地点等实体最新数据，反映业务活动效率以及投入、产出的经济关系，向信息使用者报告对计划、组织、执行、控制和评价业务流程有用的信息。

（1）信息流程分析内容

在业务流分析的基础上，对每一个小流程做输入、处理和输出处理，还要进一步做信息流程分析。通常的办法是收集所有相关的票据，描绘票据上的字段项的来龙去脉，核查每一项信息的定义和用途，对那些定义不清、用词多样的信息要规范化。比如，某企业的出入库几种小票上分别印有“入库量”和“过秤量”的字段项，追究其定义，原来指的是同一件事，应当统一。有些字段是长期沿用的，但没有实际意义，一切冗余的数据字段都应当取消。

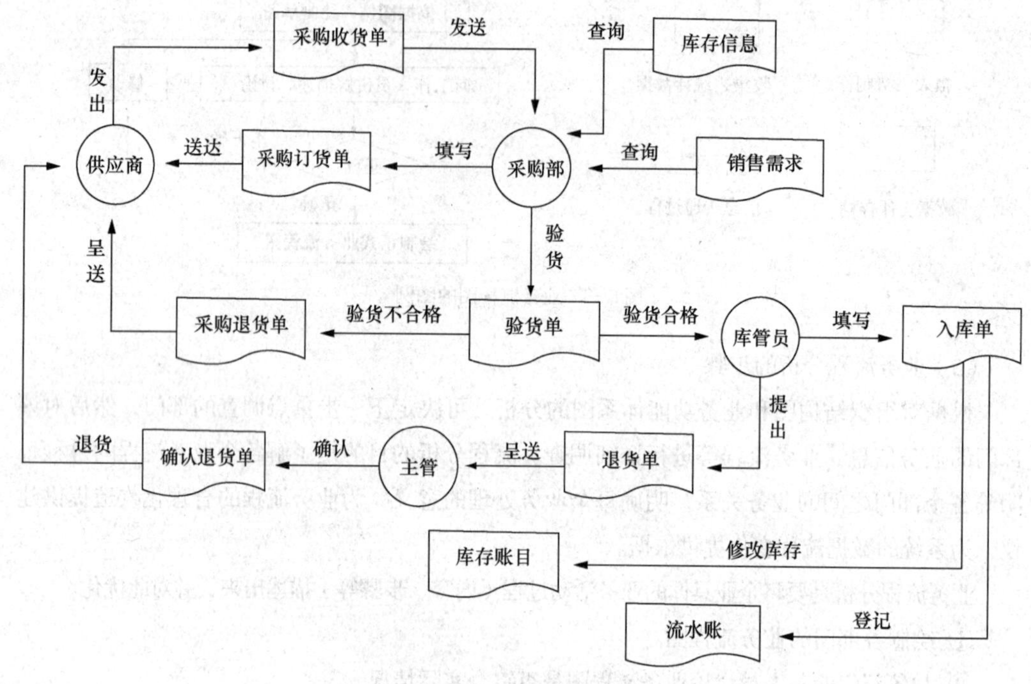

图 6-4　采购业务流程图

分析信息的来龙去脉，有助于找出信息的集成关系，借助管理信息系统消除重复劳动和无效作业。分析票据上信息的构成，有助于在选择软件时对比 ERP 产品提供的相关报表格式和内容是否能够满足企业管理的需要。

在信息处理上，有一些事务是有两重性的，例如，物料从仓库到车间，对仓库来讲是“发料”，对车间来讲是“领料”，在一个出库事务中同时发生。从大的范围来讲，企业的销售订单在客户方是采购订单，企业的采购订单对供应商来讲是销售订单，都是同一项事务处理的两个交易方。信息系统可以通过一次操作同时生成相关双方的单据。

有些业务可能有多种处理方案（多种信息流程），例如，在销售作业中，买方、收货方、付款方、出具发票方和发票寄往地址等会有多种组合，都要一一列出，作为 ERP 产品选型时对产品功能考察的依据。

（2）信息流程案例

对某仓库管理的业务流程调查后发现，若库房里的货品由于自然或其他原因而破损，且不可用的，需进行报损处理，即将这些货品清除出库房。具体报损流程如图 6-5 所示。

由库房相关人员定期按库存计划编制需要对货物进行报损处理的报损清单，交给主管确认、审核。主管审核后确定清单上的货品必须报损，则进行报损处理，并根据报损清单登记流水账，同时修改库存台账；若报损单上的货品不符合报损要求，则将报损单退回库房。由此，可绘制报损业务的业务流程图和信息流程图（见图 6-6）。

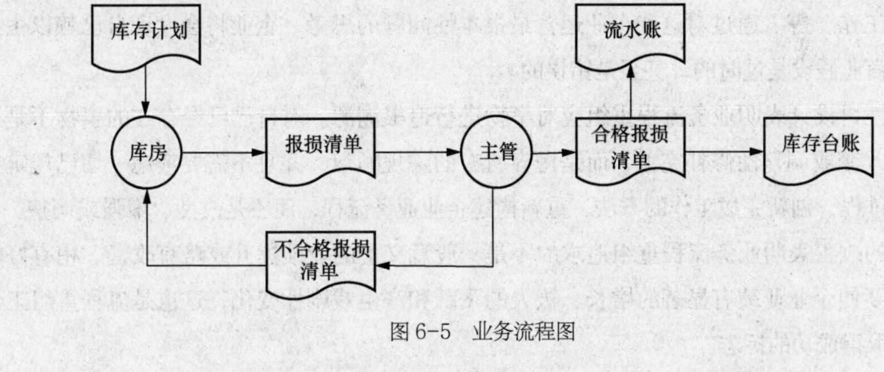

图 6-5　业务流程图

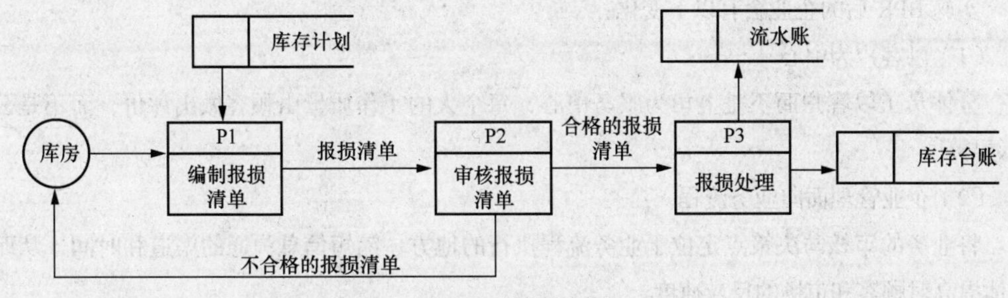

图 6-6　数据流程图

6.2　业务流程重组

企业管理现代化是现代管理思想、现代化组织管理方法和手段的结合体。ERP 这种反映现代管理思想的软件系统的实施，必然要求有相应的管理组织和方法与之相适应。因此，ERP 与业务流程重组的结合是必然趋势。不同行业、不同性质的企业，流程重组的形式不可能完全相同，企业可根据自身经营实际情况选择合适的流程改进方法和改进顺序。

6.2.1　业务流程重组核心内容

业务流程重组（Business Process Re-engineering，BPR）理论是当今企业和管理学界研究的热点，是于 1990 年首先由美国著名企业管理大师迈克尔·汉默先生提出，美国的一些大公司，如 IBM、科达、通用汽车、福特汽车等纷纷推行 BPR，试图利用它发展壮大自己。实践证明，这些大企业实施 BPR 以后，取得了巨大成功。

BPR 的奠基人 Michael Hammer 和 James Champy 认为，BPR 是对企业的业务流程作根本性的思考和彻底重建，其目的是在成本、质量、服务和速度等方面取得显著的改善，使得企业能最大限度地适应以顾客（Customer）、竞争（Competition）、变化（Change）为特征的现代企业经营环境。这个定义中，根本性、彻底性、显著的和业务流程成为备受关注的 4 个核心内容。

根本性再思考表明业务流程重组所关注的是企业核心问题，如“我们为什么要做现在这项工作”“我们为什么要采用这种方式来完成这项工作”“我们为什么必须由我们而不是别人来做这份工作”等。通过对这些企业运营最根本性问题的思考，企业将会发现自己赖以生存或运营的商业假设是过时的，甚至是错误的。

彻底性再设计表明业务流程重组应对事物进行追根溯源。对自己已经存在的事物不是进行肤浅的改变或调整性修补完善，而是抛弃所有的陈规陋习，并且不需要考虑一切已规定好的结构与过程，创新完成工作的方法，重新构建企业业务流程，而不是改良、增强或调整。

显著的改善表明业务流程重组追求的不是一般意义上的业绩提升或略有改善、稍有好转等，而是要使企业业绩有显著的增长、极大的飞跃和产生戏剧性变化，这也是流程重组工作的特点和取得成功的标志。

实施 BPR 后的企业会有以下变化：

（1）以客户为中心

全体员工以客户而不是上司为服务中心，每个人的工作质量由顾客做出评价，而不是公司领导。

（2）企业管理面向业务流程

将业务的审核与决策点定位于业务流程执行的地方，缩短信息沟通的渠道和时间，从而整体提高对顾客和市场的反应速度。

（3）注重整体流程最优化的系统思想

按照整体流程最优化的目标重新设计业务流程中的各项活动，强调流程中每一个环节的活动尽可能实现增值最大化，尽可能减少无效的或非增值的活动。

（4）重视发挥每个人在整个业务流程中的作用

提倡团队合作精神，并将个人的成功与其所处的流程的成功当作一个整体来考虑。

（5）强调面向客户和供应商来整合企业业务流程

企业在实施 BPR 的过程中，不仅要考虑企业内部的业务流程还要对企业自身与客户、供应商组成的整个价值链的业务流程进行重新设计，并尽量实现企业与外部只有一个接触点，使企业与供应商的接口界面化、流程化。

（6）利用信息技术手段协调分散与集中的矛盾

在设计和优化企业业务流程时，强调尽可能利用信息技术手段实现信息的一次处理与共享机制，将串行工作流程改造成为并行工作流程，协调分散与集中之间的矛盾。

业务流程重组的主要做法

BPR 作为一种重新设计工作方式、设计工作流程的思想，是具有普遍意义的，但在具体做法上，必须根据本企业的实际情况来进行。其中一些主要方法有：

（1）合并相关工作或工作组。如果一项工作被分成几个部分，而每一部分再细分，分别由不同的人来完成，那么每一个人都会出现责任心不强、效率低下等现象。而且，一旦某一环节出现问题，不但不易于查明原因，更不利于整体的工作进展。在这种情况下，企业可以把相关工作合并或把整项工作都由一个人来完成，这样，既提高了效率，又使工人有了工作成就感，从而鼓舞了士气。如果合并后的工作仍需几个人共同担当或工作比较复杂，则成立团队，由团队成员共同负责一项从头到尾的工作，还可以建立数据库和信息交换中心来对工作进行指导。在这种工作流程中，大家一起拥有信息，一起出主意想办法，能够更快更好地做出正确判断。

（2）工作流程的各个步骤按其自然顺序进行。在传统的组织中，工作在细分化了的组织单位间流动，一个步骤未完成，下一步骤就开始不了，这种直线化的工作流程使得工作时间大为加长。如果按照工作本身的自然顺序，是可以同时进行或交叉进行的。这种非直线化工作方式可大大加快工作速度。

（3）根据同一业务在不同工作中的地位设置不同工作方式。传统的做法是，对某一业务按同一种工作方式处理，因此要对这项业务设计出在最困难、最复杂中工作所运用的处理方法，把这种方法运用到所有适用于这一业务的工作过程中。这样做存在着很大的复杂性和困难，因此，可以根据不同的工作设置出对这一业务若干处理方式，这样就可以大大提高效率，也使工作变得简捷。

（4）模糊组织界线。在传统的组织中，工作完全按部门划分。为了使各部门工作不发生摩擦，又增加了许多协调工作。BPR 可以使严格划分的组织界线模糊甚至超越组织界线。如根据超级市场信息网传送的销售和库存情况，决定什么时候生产多少、送货多少，并不一味依靠销售部门进行统计，同样，这也就避免了很多协调工作。

6.2.2 流程设计

企业业务流程设计原则在于，提高流程运行质量，满足顾客的需求。

1．企业流程设计的前提为遵循环境要求原则

企业在一个特定的环境中运营，必然要受到环境的约束。企业的主要环境约束为政府的法律法规。企业流程设计的前提是必须考虑政府的法律法规，例如健康、安全、环保等因素，因此，企业的产品设计流程中必须增加健康、安全、环保设计，生产流程中必须考虑环保流程。

2．企业流程设计的核心原则是以顾客满意为中心原则

企业流程是企业为实现既定目标而开展的系列活动，要以提高产品和服务满足顾客需要的能力为中心。2000 版 ISO9000 目标标准规定的 8 项质量管理原则中第一条原则是：以顾客为中心。顾客的要求一般可表述为：在适当的时间、方便的地方，以低的价格获得高质量的产品和服务，因此可以归纳评价顾客满意的 4 个指标为：产品质量 Q、服务质量 S（售前、售中、售后、客户关系管理）、产品价格 C（管理费用、低成本优势）、响应时间 T（新产品设计开发延滞时间、交货延滞时间）。顾客满意的 4 个指标是企业业务流程质量的评估标准，对流程质量的要求是在保证产品质量和服务质量的前提下，降低流程成本，提高流程速度。

3．企业业务流程的资源约束原则

企业的资源主要为组织资源和技术资源。组织资源包括人（决策者、员工）、顾客、渠道（供应商、销售商）、知识、制度和文化等。技术资源包括信息技术、设计技术、生产技术、仪器设备等。企业的业务流程必然要受到企业组织资源和技术资源的约束，产品或服务相同的企业，资源不同，企业业务流程方式不同。企业应充分分析企业的资源约束，设计符合实际条件的企业业务流程。

企业必须把握自己的核心竞争力，根据自己的核心竞争能力确定企业的核心业务工作内容。

6.2.3 流程改进

1．流程改进方法

目前，业务流程改进有两种方法，即系统化改造法和全新设计法。其中，系统化改造法以现有流程为基础，通过对现有流程的消除浪费、简化、整合以及自动化等活动来完成重新设计的工作。全新设计法是从流程所要取得的结果出发，从零开始设计新流程。这两种流程优化方式的选择取决于企业的具体情况和外部环境。一般来说，外部经营环境相对稳定时，企业趋向于采取系统化改造法，以短期改进为主；在外部经营环境处于剧烈波动状况时，企业趋向于采取全新设计法，着眼于长远发展而进行比较大幅度的改进工作。从多数单位的具体情况来说，比较适宜的方式是采取系统化改造法，而且最好用流程图形式表现出来。

在企业客户服务流程中，多数问题出在客户的诉求需要经过多个环节才能得到响应。然而对于网络化的企业来说，其管理理念之一是对客户需求的“快速响应”，这种多环节的运作模式显然不适应。于是，基于信息化平台的新的客户服务流程就必须加以改进。

优化后的流程可表述为：在客户信息进入新系统后，其诉求立刻在企业诊断系统中得到响应，诊断系统直接向各相关部门发出指令，指挥相关部门解决客户的具体要求。同时，整个服务过程进入知识库，供故障研究与分类部门进行深入分析和总结。这样，一个自动化的“快速响应”系统就形成了。

2．业务流程改进顺序

常见的业务流程改进的工作顺序是，首先进行组织建设。组织建设是业务流程改进的前提，因而需要建立由专业人员参加的业务流程改进执行小组，并任命一位具有高层决策权的领导担任小组负责人。

执行小组的主要职责包括描述、分析和诊断现有的业务流程，提出改进计划，制订并细化新流程的设计或改造方案，最终落实新方案。

有了项目小组之后，就要制定企业业务流程改进目标，明确列出业务流程改进的范围，启动业务流程改进工作：首先是执行小组组织企业各级员工描述企业流程现状，进行岗位职责描述，绘制流程；其次是分析并找出阻碍目标实现的制约因素；最后执行小组向企业领导汇报并得到确认后，开始设计业务流程改进方案。初步方案出台后，还要研讨与分析比较新的流程效率与效益以及可行性，从而确定改进方案。

6.2.4 流程重组案例

福特汽车公司是美国三大汽车巨头之一，但在 20 世纪 80 年代初，福特像许多美国大企业一样面临着日本竞争对手的挑战，想方设法削减管理费和各种行政开支是他们面对竞争的主要对策。公司位于北美的应付账款部有 500 多名员工，负责审核并签发供应商供货账单的应付款项。按照传统的观念，这么大的一家汽车公司，业务量如此庞大，有 500 多名员工处理应付账款合情合理。当时曾有人想到，要设法利用计算机等设备，使办公能实现一定程度的自动化，提高 20%的效率就很不错了。

促使福特公司认真考虑“应付账款”工作的是日本马自达汽车公司。马自达公司是福特公司参股的一家公司，尽管规模远小于福特公司，但也有一定的规模。马自达公司负责应付账款工作的只有 5 个职员。5:500，这个比例让福特公司经理再也无法泰然处之了，应付账款部本身只是负责核对“三证”，符则付，不符则查，查清再付。整个工作大体上是围着“三证”转，自动化也帮不了太大的忙。应付账款本身不是一个流程，但采购却是一个业务流程。思绪集中到流程上，重组的火花就渐渐产生了。重组后的业务流程完全改变了应付账款部的工作和应付账款部本身。现在应付账款部只有 125 人（仅为原来的 25%），而且不再负责应付账款的付款授权，这意味着业务流程重组工程为福特公司的应付账款部门节减了 75%的人力资源。

福特汽车公司应付账款部门的工作就是接收采购部门送来的采购订单副本、仓库的收货单和供应商的发票，然后将三类票据在一起进行核对，查看其中的 14 项数据是否相符，绝大部分时间被耗费在这 14 项数据由于种种原因造成的不相符上。业务处理流程如图 6-7 所示。

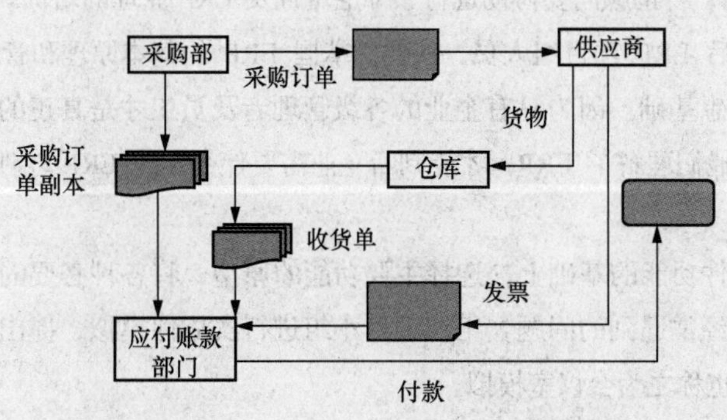

图 6-7 重组前的流程

业务重组后，应付账款部门不再需要发票，需要核实的数据项减少为三项：零部件名称、数量和供应商代码，采购部门和仓库分别将采购订单和收货确认信息输入到计算机系统后，由计算机进行电子数据匹配。最后结果是：应付账款部门的员工减少了 75%，并非原计划的 20%。重组改进后的公司业务流程如图 6-8 所示。

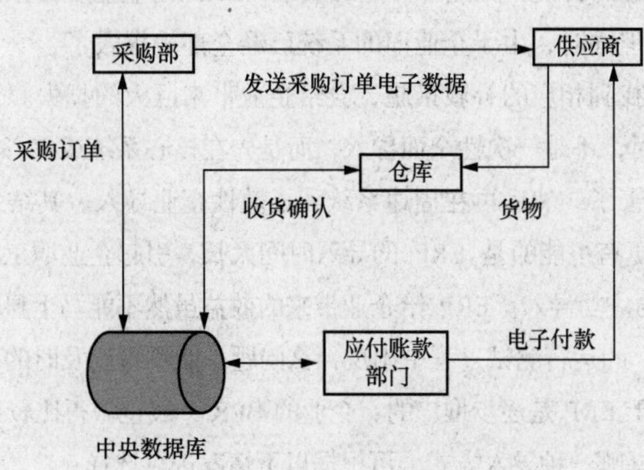

图 6-8 重组后的流程

6.3 ERP 导入与改善

近来，随着网络环境及技术的成熟，ERP 的导入成为企业的重中之重，被视为企业生存和与其他企业竞争的基础。但由于企业 ERP 的导入是全面性的整合，涉及企业财务、库存、供应链等多个层面，再加上导入本身就是相当复杂的，因此，对于 ERP 的导入，企业总是慎之又慎。

不同企业的架构、对变革的态度不同，因此在导入 ERP 的决策也不同，企业可根据实际情况选择适合自己的导入方法，每种方法都有其机会点及威力点，同时在导入 ERP 后，企业还应对 ERP 系统不断改善、持续改进。

6.3.1 ERP 系统导入

在 ERP 导入前，咨询顾问要协助进行领导层培训及 ERP 原理的培训。主要的培训对象是企业高层领导及今后 ERP 项目组人员，使他们掌握 ERP 的基本原理和管理思想。这是 ERP 系统应用成功的思想基础。因为只有企业的各级管理者及员工才是真正的使用者，真正了解企业的需求，只有他们理解了 ERP，才能判断企业需要什么样的 ERP 软件，才能更有效率地运用 ERP。

在基本掌握软件功能的基础上，选择主要功能的原型，将各种必要的数据录入系统，带着企业日常工作中经常遇到的问题，组织项目小组进行实战性模拟，提出解决方案。模拟可集中在机房进行，也称之为会议室模拟。

进行了一段时间的测试和模拟运行之后，针对模拟中出现的问题，项目小组会提出一些相应的解决方案，在这个阶段就要将与之对应的工作准则与工作规程初步制定出来，并在以后的实践中不断完善，这时就可在企业内部正式导入 ERP 系统。

ERP 的导入方式主要有两种：一是一次导入方式；二是分阶段导入方式。一次导入方式是指在整个企业组织构架和业务流程中同时导入 ERP 系统。其结果是时间短、速度快，在很短时间内完成新旧系统的转换，产生革命性的效果，ERP 对企业所带来的协调性、整合性的成效马上显露出来。但同时，由于企业旧的系统已经全部被摧毁了，一旦企业业务流程出现了什么问题，将很难找到相应的补救措施，会给企业带来巨大的损失。分阶段导入方式，是指在企业导入 ERP 时，不是一次性全面导入，而是先在核心系统或核心流程和核心企业中导入并运行测试修正完善了，然后再在周边系统和松散性企业导入。其结果是导入的时间比较长，投入的费用大，更有可能的是 ERP 的导入时间太长，引起企业职工的积极性下降甚至不满，从而影响 ERP 的成功导入。ERP 给企业带来的效益虽然不能马上显现，但由于新旧系统在同时运行，在 ERP 的运行测试过程中出现什么问题，能够得到及时的处理，而不会给企业带来大的损失，又由于 ERP 是逐步推广的，企业的 BPR 一般也做得比较好，ERP 与企业磨合性较好。企业究竟选择哪一种导入方式，可根据以下情况进行选择：

第一，企业规模小，或者企业刚刚创业起步可选择一次导入方式。企业规模大，经营业务多、业务流程复杂可选择分阶段导入。

第二，企业组织架构简单，没有子公司或分公司，或者虽然有子公司和分公司，但数量少且关系简单明了，可选择一次导入方式。相反企业组织架构庞杂，有大量的子公司和分公司，且总公司和分公司及其子公司之间以及分公司和子公司内部之间的关系过于复杂，可选择分阶段的导入方式，更有利于成功。

第三，企业经营比较规范，管理水平比较先进，尤其是已实施了 ISO9000 的企业，其 BPR 已经做得能适于 ERP 的导入要求，可以采用一次导入方式。而对于一些经营比较混乱，管理技术、手段比较落后，想借此 ERP 的导入改变企业现状的企业一般应选择分阶段导入方式。

第四，核心系统由于其资源数据服务的共享程度高应该一次导入 ERP，而不能把有资源服务共享的组织或系统进行分阶段导入，否则会导致数据共享的难度高，甚至出错。反之，周边系统其共享程度差，分阶段导入时新旧系统的同时运行并不影响企业的顺利运营，则选择分阶段的导入方式。

第五，如果企业有跨国子公司或分公司，因各国的文化、制度背景不同，采用分阶段的导入方式，更有利于磨合和扩充成功。

6.3.2 ERP 应用推广

一个新系统被应用到企业后，ERP 咨询顾问的工作其实并没有完全结束，而是将转入到业绩评价和下一步的后期支持阶段。这是因为有必要对系统实施的结果作一个小结和自我评价，以判断是否达到了最初的目标，从而在此基础上制定下一步的工作方向。还有就是由于市场竞争形势的发展，将会不断有新的需求提出，再加之系统的更新换代、计算机技术的进步都会对原有系统构成新的挑战，所以，无论如何，都必须在巩固的基础上，通过自我业绩评价，制定下一目标，再进行改进，不断地巩固和提高。总体来说，咨询顾问的工作尚需协助企业建立企业绩效监控系统和帮助企业建立自我完善的机制。

6.3.3 ERP 系统改善

成功上线 ERP 后，并不等于就是为企业“ERP”画上了句号。实质上，ERP 系统实施是个持续改善的过程。

1. 数据的准确性问题。保证数据的准确是企业信息化成功的关键。企业 ERP 系统上线后，很多情况会导致基础数据的不准确。其主要原因包括思想上的麻痹、人员的调动、培训不足等。所以，在企业后续改善时，要不定时抽查数据、核查数据。

2. 流程的巩固。万事万物都有惯性，人也不例外。新的流程对员工来说，还是个新的事物，员工还没有养成习惯，所以，要防止员工的工作流程“死灰复燃”“旧病复发”。

3. 新进人员的培训。随着企业的发展，人员的流动是非常正常的事情。每年，企业会从市场上招聘一大批新人进来，又会有一大批旧人离去。如何让新人能够非常快的进入角色，熟悉 ERP 系统的理念和操作，是一个大问题。

4. 不要追求时髦，随意扩大功能模块。有些企业看前期的实施效果比较好，ERP 系统刚上线不久，就要上线客户关系管理，上线电子商务。员工对 ERP 系统还没有全部消化，就让他们去了解、学习新的实物，这是对员工耐性的一个挑战。

5. 不要随意削减人员。ERP 上线后，由于效率提高，有可能会产生人浮于事的情况。这时，企业不能削减员工，否则，容易造成员工对 ERP 系统的排斥，可以安排其他岗位。

6. 一定要坚持“一把手工程”。ERP 系统实施时，“一把手”是促进项目成功的非常关键的因素；企业上线成功后，“一把手”仍然非常重要。“一把手”不定时地查询系统资料，有利于促进员工对 ERP 责任心。

6.3.4 ERP 持续改进的策略

1. 数据改进策略

针对 ERP 实施过程中所出现的数据问题进行持续改进的具体措施如下：

（1）对基础数据进行收集、整合，保证基础数据的准确、及时、有效。基础数据所涉及的面非常广，以致准备工作的难度非常大，涵盖了企业所有可见信息和不可见信息。另外，基础数据准备的工作量非常大，各类信息的记录数从几个到几十万个不等，而每条记录所包含的字段有时可以多达几十个。在数据准备阶段的工作是日后系统的正常运行和有效的持续改进的重要基础。

（2）制定基础数据管理制度。一要成立专门的跨职能数据小组，理顺企业信息流。因为数据准备是一项庞大而烦琐的工作，所以首先要充分了解企业的信息流情况。跨职能数据小组在数据前期准备阶段要面临的第一个问题就是确定工作范围，考虑以何种组织形式来进行这项工作，以便搞清楚有哪些数据需要准备。因此，成立专门的跨职能数据小组来分析确定数据准备的范围，制订工作计划，确定数据收集方法有助于提高数据准备的工作效率。二要规范数据，采用统一的数据存储格式。原始的数据录入，在系统内部确定统一的录入格式。计划、生产、销售、采购、仓库等部门基础数据录入的效率和准确度是 ERP 系统运作的关键问题。注意在上线切换点将库存初始数据、科目余额和未结单据录入系统，要保证系统中的数据与实际情况相符。

（3）运行过程中的基础数据的清理。数据清理主要通过数据检测、清除数据的错误和不一致性以改善数据的质量。首先，分析系统数据，并对数据进行检查。数据检查可从以下三方面着手：一是完整性检查，包括记录数量、类型的完整性和字段的完整性。二是正确性检查，因为不同的行业、不同业务部门的实际情况各有所不同，所以要制定各自不同的检查原则。三是唯一性检查，主要从两个角度来考虑，一方面是考虑是否多物一码，即多个对象都采用了同一个编码；另一方面是考虑是否一物多码，即一个对象有多个编码。

其次，重新修订编码规则。根据预定义的清理规则及相关数据清理算法重新修订编码规则。给数据修订编码是为了确保系统数据的唯一性。一个考虑周全的编码体系需要不同部门之间的反复研究讨论。不同的数据有不同的编码结构，既要符合企业的业务特点和管理要求，又要兼顾企业的现状，同时还要尽可能符合易记的原则，以提高录入的效率。

同时，要修正错误数据。主要是手工或自动地修正检测错误数据记录或处理重复记录。

（4）持续保持数据“纯洁”

保持数据的“纯洁”就是要求对数据进行持续的维护，对重要数据的变动实行动态跟踪管理，这有助于保持数据准确的延续性。而清晰定义各个数据操作员的权限，对于企业基础数据的日常维护和综合数据模块运行稳定性是极为重要的，对于关键业务数据保密性的要求及重要业务数据更改的权限，都必须严格定义。

2．人员改进策略

（1）完善企业管理模式，为 ERP 系统的持续改进提供组织上的保障。ERP 是基于科学管理的信息平台，整个思想理论框架十分明晰，其最大优势在于能够帮助企业消除一切冗余的物流、资金流、信息传递方式，而使物流、资金流和信息流以最优化方式进行信息综合集成。企业管理模式优化，才能使 ERP 系统真正发挥其作用并产生效益。

（2）企业项目中心支持小组与外部专家结合，实施项目管理。ERP 的实施一般是采用项目管理的方法，当 ERP 系统成功上线后，系统的改进、优化与升级还可以参照项目管理的方法，在依靠外部专家的基础上，成立项目中心支持小组，就是培养内部人才。企业对内部人员进行再教育和培训能为 ERP 系统的持续改进提供强大的动力支持，同时也是一种根本的保证。

（3）人员再培训，提高人员素质。人作为 ERP 系统实施中最重要的关键成功因素，人的持续改进对 ERP 系统来说非常重要。观念层面上应使人员认识到自己在整个 ERP 系统中所担任的角色，认识到各自工作的重要性，使员工从思想上接受新的工作方式，最大限度地减少人员对 ERP 系统使用的抵触情绪，以便减少输入数据的错误，减少 ERP 系统的错误。技术上，做好知识转移工作，使内部人员从软件供应商和咨询方汲取专业的知识、经验和技能，逐步熟悉 ERP 系统，熟练操作 ERP 系统，同时能根据企业实际对系统做必要的维护。

案例分析：长城计算机公司BPR与ERP的实施

长城计算机公司在成立之初的几年内得到飞速的发展，但是企业管理系统却没有相应地做出彻底改造。目前，部门与部门之间基本依靠报表、电话、电子邮件等手段进行沟通，但没有适当的企业级集成系统的支持。当公司发展到有成百上千个产品类型，需要成千上万种物料支持时，这种管理方式越来越暴露出明显的缺点，并已不能适应企业的管理现状和未来的发展。为此，BPR/ERP 项目小组在公司各个事业部门支持下，以及与 ERP 咨询顾问的共同努力下，分析总结公司在生产、销售、经营和管理中存在的问题，结论如下：

（1）生产基地集中，产品需要进行复杂的全国范围内调拨。

（2）经营管理费用居高不下，资金结算周期长，回笼速度慢。

（3）产品寿命周期越来越短，个性化服务将成为发展方向。

（4）粗放的成本合作方式。

（5）企业管理没有标准化和流程化。

以上问题都是在流程再造时需要解决的问题。流程再造之后，能更好地将最优的业务流程结合到 ERP 中去，为实施 ERP 服务。

为此，长城计算机成立项目咨询顾问小组，分为 FI（财务管理）顾问组、CO（成本控制）顾问组、MM（物料管理）顾问组、PP（生产计划）顾问组、SD（销售分销）顾问组、技术顾问组、项目检查组。

咨询顾问小组的主要工作有：

（1）主持项目的管理与培训工作。

（2）负责和协助业务流程的调查分析与优化重组工作。

（3）负责和协助ERP系统的分步实施工作。

（4）对推进小组、职能小组与IT技术支持小组的工作进展给出咨询意见，并协助把握项目的执行进度和质量。

项目的咨询顾问来自IBM（中国）的SAP系统顾问，大多都具有多年的ERP实施经验。BPR的根本思路在于，通过对流程中的非增值环节进行清除（Eliminate）、简化（Simplify）、整合（Integrate）、自动化（Automate）来提高流程效率，使得流程更加合理与容易操作。

在业务流程描述分析阶段，项目小组充分考虑长城计算机公司整体存在的问题（见原因部分），再把问题归结到现存的流程上，从而面向流程对问题进行了分析。经过反复多次的调查、讨论、分析及审核，对流程总结出了几方面急需改进的问题：

（1）业务流程控制点不明确，对例外事项处理能力较弱。

长城计算机现有的业务流程已经具有完善的体系，但存在部门人员责、权、利不完全匹配的问题，缺乏对整个流程运作效率的监控。流程中有些地方环节繁杂，而有的地方存在空白，尤其在例外事项的处理方面，表现出流程的灵活性有待提高。例如，显示器事业部的物料采购部门，由于市场的波动，计划部门要经常对计划生产的产品规格、种类及数量进行调整，而物控和采购却不能很好地协调或控制，致使销售、生产和采购经常衔接不上。特别是对于非标准配置或某一产品的突发性订单，销售订单经过销售部门传递到生产计划部门，生产计划部门再传递到物料采购部门，采购部门还得传递到财务部门，这样哪一部门出现问题而耽搁就影响了交货的时间和效率。现有的业务流程对控制点还不明确，还不能对例外事项进行有效及时的处理。

（2）管理手段尚显落后，缺少信息共享机制。

长城计算机缺乏业务信息共享平台，各部门容易做到信息流的单方面、正向传递，难以实现逆向反馈与双向监控。例如，计划部门下达采购需求，但计划部门如果想了解计划的执行情况，知道哪一笔货已经办理采购、究竟已到货多少，就不得不向具体采购员进行询问，而采购员又得向物控员询问到货及库存的情况。有些情况下，由于没有共享的数据系统，计划部门看到仍未到货，会再次下达采购要求。在采购员看来，会以为是一次新的采购要求，自然可能引发重复申购和重复执行的问题。而采购人员又不能准确及时地掌握需采购的物料是否有库存、有多少库存，这样还得一一地按产品名称、型号、规格等去查产品库存，不仅不能准确把握，而且浪费了大量的时间，影响了工作效率。

（3）缺少科学的决策机制，决策主观性强。

由于缺少有效而准确及时的数据来源，各部门领导在决策时不可能亲自去查阅大量基本数据，更何况这些数据散布在企业各个部门，于是决策多依靠经验判断。这样就使决策缺乏依据和科学性，时间一长就会使经营决策出现重大偏差和失误。在激烈的市场竞争环境中，企业经营决策失误是不允许的。

（4）组织结构不合理，业务处理条块分割。

由于各事业部的采购和销售业务独立执行，各事业部的原材料及库存不能相互共享而导致库存及资金的大量浪费。同样，不能共享销售渠道和目标客户而导致销售费用增加和市场占有率减少。

组织结构及业务流程再造（仅以采购业务举例）

由于长城计算机的各个事业部采购业务条块分割，各自独立，而相同原材料经常不能共享，导致库存占有资金的浪费。为此项目小组在公司决策层的同意下，取消了各事业部的各自的采购职能，并同时成立了公司采购中心。采购中心全权负责公司各事业部的原材料采购业务，能很好地使采购业务面向"流程"来进行管理。

实施企业资源规划 ERP

长城计算机公司管理层综合考虑 ERP 项目的目标和需求，并综合考虑 ERP 应用软件的功能范围，决定采用 SAP R/3（简称 SAP 或 R/3 系统）作为 ERP 实施软件包，希望通过 ERP/SAP 的实施带动管理流程的标准化和简单化、工作流程的系统化和自动化。

SAP/ERP 的典型应用包括销售和分销（SD）、物料管理（MM）、生产计划管理（PP）、财务管理（FI）、成本控制（CO）、人力资源管理（HR）、项目管理（PS）、工厂维护管理（PM）、资产管理（AM）、资金管理（TR）、质量管理（QM）等功能。它们彼此数据高度共享，功能紧密集成，互相配合构成整个企业的管理流程。各模块间同时也存在一定的独立性，因此也可以在一定的条件下独立实施。

根据长城计算机的实际情况，ERP 的实施范围包括长城计算机公司总部、显示器事业部、计算机事业部及电源事业部。系统采用 SAP R/3 系统软件，并首先实施销售和分销（SD）、物料管理（MM）、生产计划管理（PP）、财务管理（FD）、成本控制（CO）。就业务范围而言，项目实施不仅包括国内生产与销售，而且要包括长城公司所有的出口业务控制。系统实施必须考虑特殊流程处理：工厂之间的供需处理、OEM、外包业务、混合生产计划模式。

根据目前长城计算机的业务和需求状况，项目系统首先设计 5 大应用模块。

（1）销售和分销管理（Sales & Distribution，SD）。

（2）物料管理（Material Management，MM）。

（3）生产计划管理（Production Planning，PP）。

（4）财务会计（Finance，FI）。

（5）成本控制（Cost Control，CO）。

（案例改编自：百度文库 http://www.docin.com/p-791575469.html）

关键字

战略一致性模型（Strategic Alignment Model，SAM）

标杆分析法（Benchmarking）

业务流程重组（Business Process Re-engineering，BPR）

思考题

1. 简述 ERP 诊断方法及其内容。
2. 理解战略一致性模型。
3. 什么是标杆分析法？
4. 简述标杆分析法的实施流程。
5. 简述业务流程的分析步骤。
6. 简述业务流程重组的核心内容。
7. ERP 流程设计的原则有哪些？
8. 实施 ERP 后，企业会有哪些变化？
9. ERP 系统的导入方式是什么？
10. ERP 改进的策略有哪些？

参考文献

陈启申. ERP——从内部集成起步（第 3 版）. 北京: 电子工业出版社, 2012.

周玉清, 刘伯莹. ERP 与企业管理——理论、方法、系统（第 2 版）. 北京: 清华大学出版社, 2012.

第7章 开发商视角：ERP设计与定制

教学知识点

- 理解ERP项目需求的意义。
- 掌握ERP系统设计开发的主要内容。
- 了解主流ERP系统实现的技术手段。
- 掌握ERP系统开发的主要方法。
- 理解ERP系统二次开发意义。
- 了解ERP项目培训内容。

导入案例

关于SAP ERP系统二次开发的需求与实现

SAP公司是目前全球最大的ERP软件公司，是ERP解决方案的先驱。同时，SAP又是其ERP软件名称，是世界排名第一的ERP软件，拥有最先进的管理思想和最优秀的软件设计，可以解决各种行业和不同规模企业的资源计划和管理问题。SAP ERP系统（下文中简称为"系统"）是一款商务套装软件，涵盖了财务、生产、采购、库存、质量、销售、设备、项目、人力资源等企业经营的主要业务内容，SAP系统为这些业务开发了专业完善的功能模块，并可以进行灵活的配置，以适应各行各业、不同规模客户的需求。然而，每个企业管理都有其特别之处，ERP也非无所不能。为了更好地适应企业的管理需求，或是配合其他信息系统协同运作，必要的二次开发便是ERP系统提质升华的主要手段。

即便SAP已将其ERP产品打造为应用行业最广、业务功能最全的ERP系统，但仍为用户提供了全面、便捷的二次开发环境，以便满足客户提出的个性报表的需求；满足客户提出的个性表单打印的需求；满足客户在ERP系统标准功能和流程中提出的个性化控制的需求；满足客户提出的ERP系统标准功能缺失的程序开发需求；满足客户购置其他专业管理系统后，与ERP系统进行数据交换和业务协同的接口开发需求；应对以下必须通过二次开发来解决问题的情景。

当客户向ERP系统的实施或维护团队提出二次开发的需求时，如何判断这些需求是否合理，是否有更好的解决方式，是首先需要考虑的问题。下面将针对前文所提到的5类需求逐一分析，做出更为合理的判断，并提出解决问题的办法。

1. 个性报表的需求

SAP 已为客户预置了大量的查询报表，这些报表多为各类企业查询通用的数据时所使用。经过验证调优，SAP 不论数据的准确性还是查询速度，都是最值得信赖的。当客户提出新增报表要求时，首先需要了解客户为何需要这张报表，是在现有的报表中无法查询到需要的数据，还是缺少查询的条件，或是根本没有此类报表。

SAP 同样为客户预置了大量的表单打印格式，但基本不符合国人的格式要求和使用习惯，因此，针对购销合同、入出库单据、会计凭证等表单打印，基本上都要进行二次开发。表单打印与查询报表的主要区别在于，报表对于数据分析的灵活性要求更强，而表单打印对格式要求更为严格。进行表单打印开发前，必须与客户确认好表单的内容格式、纸张大小、打印机类型等。

ERP 系统内的表单打印开发工具有三种，分别是 ScriptForm、SmartForm 和 AdobeForm。其中前两种是 ERP 自带的免费工具，后者是前者的升级版本，除旧表单维护，新开发的表单不建议再使用 ScriptForm。如果客户购买了 AdobeForm，则建议优先使用该工具，可更快捷地实现更为复杂和美观的打印表单，并可以直接保存为 PDF 格式文件。

2. 在 ERP 系统标准功能和流程中提出个性化控制的需求

SAP 为客户在实施 ERP 系统标准程序中预留了丰富的增强接口，开发人员可根据客户要求找到相应的接口，进行开发，插入检查、控制和修改代码。ERP 系统增强接口种类有很多，常见的主要有两种。一种称为用户出口（User Exit），对应早期面向过程开发的程序设计下预留的客户定制函数，通过对这些函数的输入输出参数进行处理，编写适合客户自己业务的逻辑，以起到影响标准功能的流程和数据的作用。另一种称为 BAD（Business Add-In），是一种后期使用面向对象概念实现的功能增强，每个增强针对某一业务对象提供一组方法，实现相关业务不同处理阶段的检查、控制和修改等操作。SAP 对 FI 模块还有专门的增强方案，早期为会计凭证验证和替代，后又出现了 BTE（Business Transaction Events）。此外，还有一些增强是通过直接在标准程序代码过程中调用预留的 FORM 来实现的，这些 FORM 放在固定的模块池程序中，可由用户自己填写代码，标准程序通过语句“PERFORM 程序名称（FORM 名称）”调用执行。查找增强的途径有很多，最简单的方法当然是通过网络搜索，如果找不到，可以通过后台配置（SPRO）中的文档进行查找，也可以通过跟踪阅读标准程序等方法进行查找。实在找不到，可能真的没有预留需要的接口，只能修改标准程序代码，直接插入处理代码，或插入自定义增强，以备日后修改和管理。

3. ERP 系统标准功能缺失的程序开发需求

客户对 ERP 系统的需求往往是没有止境的，他们通常不会对 ERP 系统有一个明确的功能界定，认为花那么多钱买套 ERP，应该满足任何可以通过计算机处理的工作。这时需要需求人员擦亮眼睛，首先搞明白用户究竟想要解决什么问题，而不是需要什么功能；再判断这个要解决的问题是否有成熟独立的管理系统，和 ERP 系统标准功能关系是怎样的，是否与财务有关，数据量有多大，需要多少用户操作，以及是否与用户对操作的环境、网络、终端、界面等要求有关；最后权衡利弊，向客户说明在 ERP 开发是否可行，如果可行，工期多长，会对现有系统增加多少负荷，新增的用户需要向 SAP 付多少 Licenses 费用，此费用有时会远远大于直接实施一套成熟的专业管理软件。当确定要通过 ERP 系统开发实现，那一定是该功能与 ERP 标准功能有紧密的数据集成与交换关系，或是用户已经习惯于在这个系统上进行工作，而该功能又不会对系统带来太多的负担。

4. 与 ERP 系统进行数据交换和业务协同的接口开发需求

由于 ERP 系统在企业处于核心地位，客户购置实施了新的信息管理系统，大多需要与 ERP 系统进行接口交互，接口的内容通常包括：接收 ERP 系统的物料、客户、供应商等主数据，采购、生产、销售、维修、储运等订单数据，指导周边系统执行运作；上传 ERP 系统计量、投料、收货、发货、维修、运输等执行结果数据，ERP 收集后生成相应的会计账结果。如果客户添置的是数据仓库、商务智能等决策分析系统，则接口主要用于接收 ERP 系统的各类主数据及业务处理、财务记账结果，为该系统提供数据基础，生成分析报表。

企业信息化的发展，还会表现在企业之间数据的交换需求不断增多，甲方创建采购订单自动触发乙方生成销售订单，这类数据交换需求也需要在各自的 ERP 系统进行接口设计与开发才能实现。

5. 案例启示

通过对 SAP ERP 系统二次开发相关的需求分析、程序设计、工具使用、原则建议等方面进行了分析和阐述。可以看出，对 ERP 进行二次开发不但不可避免，而且是系统使用依赖度提升的一种表现。获取需要的分析数据，完善企业管理的业务流程，实现企业内各系统、企业 ERP 系统之间的协同作业，都需要不断通过二次开发完善 ERP 系统才能实现，二次开发使企业 ERP 系统发挥更为重要和丰富的作用。

讨论：

（1）SAP 公司如何为客户提供二次开发，会不会破坏软件的标准性？

（2）ERP 软件的二次开发可以避免吗？

（案例改编自：张璟. 关于 SAP ERP 系统二次开发的需求与实现[J]. 山西冶金，2015（2）：61-63）

购买成熟的 ERP 软件具有一定的局限性，但在 ERP 实施时企业用户可以基于标准的 ERP 产品与开发商根据自身特定的需求进行适当的调整，使得上线的系统针对性更强，真正解决企业的实际问题，提高 ERP 的效率。在 ERP 市场激烈竞争的今天，绝大多数的开发商也非常热衷于通过这样的“量身定制”提高客户的满意度，为自己扩展更广泛的市场。ERP 软件的定制就是根据用户的具体需求为其“量身定做”仅仅适合其自身的软件产品，是管理理论和管理经验的具体化、逻辑化；是根据企业自身管理模式和流程甚至更多被实际证明了行之有效的管理规律的落地。企业自身的管理经验将体现在软件的思想、流程、报表内容、统计分析项目、管理层级、信息决策中。这样“定制”出来的软件可以高效地与企业实际接轨，大大提高资金使用率、提高员工的工作效率、降低成本。

7.1 ERP 系统规划分析

开发商在真正开始为企业设计开发其所需要的 ERP 系统之前，首先要对整个 ERP 项目的情况进行整体规划，并根据开发设计的需要进一步明确用户的需求，把用户的商业性需求转换为技术性的需求。

7.1.1 ERP 系统规划

开发商首先要为设计开发 ERP 系统制订一个可靠的计划。规划阶段主要进行以下 3 项活动：

1. 界定要开发的系统模块。开发商的系统分析员必须识别和选择要开发的系统模块。企业典型的做法是组织考察所有提出的系统模块并运用业务影响或关键成功因素来对这些系统模块进行优先序排序。

首先，我们要分析 ERP 系统所支持组织的战略目标，如果系统分析员能正确回答，则说明所开发的系统是必须开发的；不正确的回答注定会导致错误的、失败的系统，会浪费组织大量的人、财、物资源。要想知道组织的战略目标，可采用关键成功因素（Critical Success Factor，CSF）法进行分析，关键成功因素是一种对组织的成功起关键作用的因素，决策的信息需求往往来自于这些关键性成功因素。

关键成功因素法就是要识别连接于系统目标的主要数据类型及其关系，它所使用的工具是树枝因果图（也称鱼骨图），如图 7-1 所示。由图可以看出，某企业有一个目标是缩短造船周期，图中矩形框中标注的是影响该目标实现的关键因素，横线上所注的是影响这些因素的子因素。企业可从此图找出最关键的影响因素。

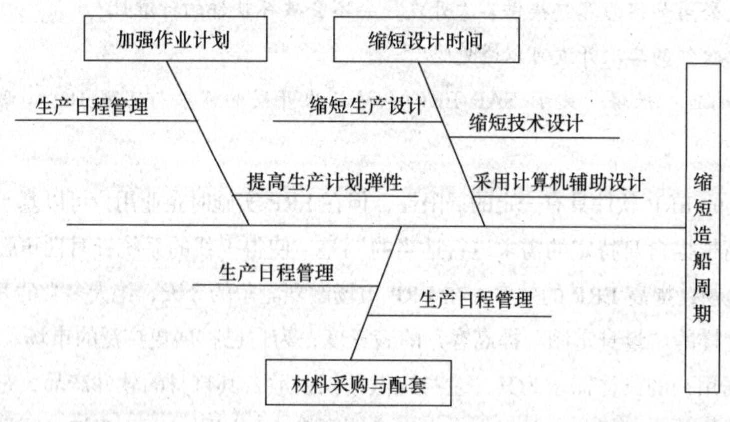

图 7-1 缩短造船周期的鱼骨因果图

2. 确定 ERP 项目范围。开发商的系统开发人员必须要定义 ERP 项目的范围并且为项目开发编写 ERP 项目范围说明书。项目范围制定时要明确定义高层系统的需求，该范围常常提出系统最基本的定义，项目范围通常在书面的项目范围文件中定义。设定项目范围非常重要，最重要的原因是它能帮助系统开发人员和组织消除范围蔓延和功能蔓延。范围蔓延指的是项目范围增大到超出原技术所设定的范围。功能蔓延指的是组织会不断要求开发者增加一些最初需求所不包含的功能。

3. 制订 ERP 项目计划。一个完整且详细的项目计划是整个系统开发工作开始的重要标志。项目计划定义系统开发中全部要完成的活动及这些活动所涉及的谁在什么时间做什么事情的问题，包括所有要实施的活动、完成这些活动所需的人力、时间和成本。项目计划是保证准时交付一个完成的、成功的信息系统的指导性力量。图 7-2 所示的是完成一个项目的甘特图的例子。一般而言，完成这一系统开发工作需要一个项目经理，他是这个项目计划和管理方面的专家，他们定义和开发项目计划并跟踪计划以保证所有关键项目里程碑准时完成。项目里程碑表达的是某些活动完成的关键日期。例如，完成计划阶段可能就是一个项目里程碑事件。

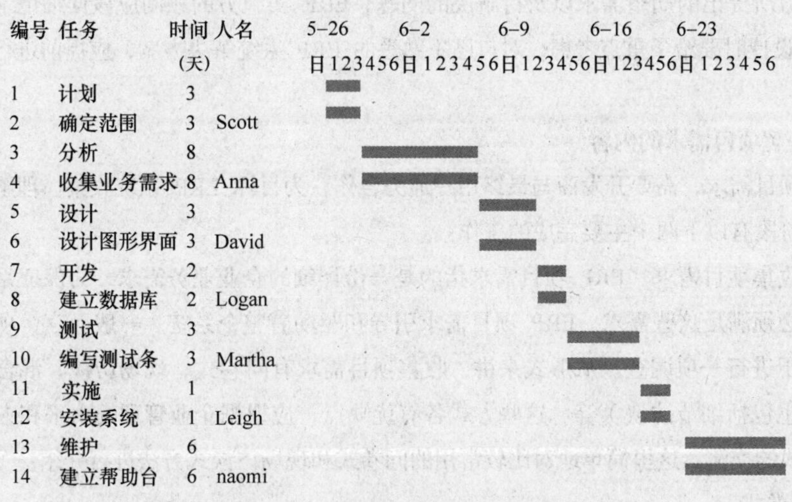

图 7-2　某系统开发的项目计划

7.1.2　ERP 系统分析

ERP 系统分析阶段的主要任务就是进行项目需求分析。正确理解项目需求是获得有效的“量身定制”的 ERP 系统十分重要的前提。理解项目需求是指在充分了解客户情况，包括客户生产、财务以及管理流程后，与客户一起讨论对项目的具体要求，针对其现行体制中的不足以及目前所需的信息，制定出一套用户对项目的需求方案。理解项目需求阶段是开发商与用户沟通的重要阶段。理解项目需求要完全以企业的需要以及实际情况为出发点，因此为企业合理地实施系统提供了基本保障。

1．理解项目需求的作用

需求是一切工程活动的基础。例如，设计活动一定是依据需求而开展的；在产品集成活动中，各个组件之间的接口必须满足事先确定的接口需求，否则会造成接口不匹配；验证活动也是检验获得的产品和产品组件能不能满足各自事先定义好的需求规格；确认活动是为了确保产品可以满足客户的需求以及实际操作场景的要求。此外，需求也是项目计划活动的关键输入。比如，项目的规模估计、成本估算等必须参考需求来进行。

理解项目需求对于 ERP 系统实施具有非常重要的作用：

（1）从业务层面了解企业的概况与业务流程。通过理解项目需求，可以加深对企业整体运营情况的了解，如企业背景、主要生产特点（包括主要生产的产品）、组织架构、人员职责等。如果是上市公司，可以通过企业的网站下载财务报告等相关信息，加快对企业的了解。

（2）对相关模块人员的岗位和职责进行了解。在理解项目需求的过程中，企业与开发商之间沟通会加大，进而了解企业的一些潜在文化，识别企业人员对 ERP 系统实施的态度（是积极支持，还是无所谓，或者消极抵触等），有助于顾问在日后的沟通中有效避免项目实施的阻力。无数项目经验告诉我们，在 ERP 系统项目实施过程中有效的沟通是十分重要的。

（3）除了熟悉企业的业务流程与人员职责之外，通过理解需求可以了解企业对 ERP 系统的期望。企业实施 ERP 系统是为了解决企业的某些需求或者是优化企业的一些问题，所以，对于企业方所提出的期望需求以及待解决的问题，ERP 实施方的顾问应该详细记录，在未来 ERP 系统设计时要给予重点考虑，对自己不熟悉的 ERP 系统解决方案，应提前进行方案熟悉与准备。

2．理解项目需求的内容

理解项目需求，需要开发商与最终用户通力合作，为目标 ERP 系统收集、理解和表达需求。这一阶段有以下两个主要完成的工作：

（1）收集项目需求。ERP 项目需求指的是一份详细的企业业务需求，为保证系统开发成功，系统必须满足这些需求。ERP 项目需求引导和驱动着整个系统。一般而言，项目需求的收集类似于进行一项调查。从形式来讲，收集项目需求有问卷式、现场访谈、混合式（既包括问卷，也包括细节访谈）等。这些方式各有优缺点，应根据企业管理的水平和人员素质进行不同方式的交流。这里简单地对比较常用的问卷式和现场访谈式方法进行介绍：

- 问卷式

一般 ERP 系统实施方，根据多年的实施经验，总结出理解需求的标准问卷。这些问题一般与 ERP 系统的设计有关。问卷式适合企业管理水平、人员素质较高的情况。否则，在一些企业管理水平、人员素质较低的情况下，则易引起企业方相关人员的反感。因为做这类型的问卷类似于让企业方做试卷，很可能填写的内容不全面。也使得企业方与实施方之间缺少了很好的沟通机会。

- 现场访谈式

现场访谈式一般是不可缺少的理解需求的方式。这种方式，要求 ERP 实施方顾问有较强的项目经验。实施方顾问根据理解需求计划，进行详细访谈。需做好引导，将实施方关心的问题，让企业方透彻、清楚地阐述出来。同时要求实施方顾问有速记的能力，将这些访谈的回答，快速而准确地记录下来。尤其是一些重要的问题，要认真沟通和详细记录。访谈式的缺点在于，所提出的问题可能不全面，不系统，缺失一些重要的问题；另外，若不能很好引导，回答的问题与项目无关，将影响访谈效率与效果。很多情况中，ERP 实施方顾问是以之前的问卷为依据，进一步开展现场访谈，这样的现场访谈式是问卷式的很好补充和完善。

（2）对需求进行排序。一旦定义了全部的项目需求，就要将它们按重要性进行优先序排列，并且以正式的可充分理解文件（一般称为需求定义文件）正式确定下来。企业用户对需求定义文件签字认可。签字表明用户批准所有的项目需求。一般来说，项目计划最重要的里程碑之一就是系统用户对项目需求的签字。

如果对项目需求掌握得不明确或不充分，那么在评价项目需求时要考虑的关键事情之一就是确定误差的代价。在需求确认阶段，发现一个错误并进行修正的代价相对而言是较少的，因为实际必须做的事情是修改一些文字材料和浪费一些人力。然而如果在后续的阶段发现一个错误，修改起来的代价就会变得难以置信的巨大，不得不修改实际系统。图 7-3 显示的是系统开发生命周期修改错误的成本随发现错误的推迟呈现指数阻尼正弦曲线增长趋势。

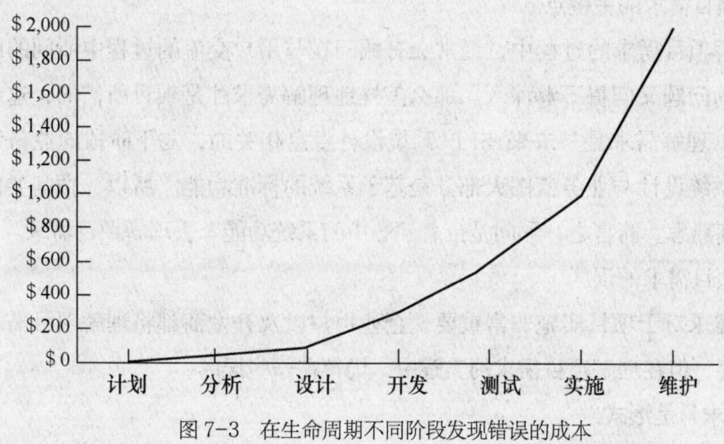

图 7-3　在生命周期不同阶段发现错误的成本

3．理解项目需求的过程

理解项目需求的过程，主要分成前期准备阶段以及正式理解阶段。

（1）前期的准备

提前熟悉企业的业务概况 可以通过以下途径来快速了解企业的现况，如企业网站、信息披露（如上市公司）、售前资料（如工作说明书）等。

编制需求理解计划。以生产计划模块为例，在培训产品的标准功能时（ERP 概况培训），一般会按组织架构、基础数据、计划管理、车间执行等几个部分来介绍，同样在编制需求理解计划时也可按这几部分来制订需求理解计划，保证工作思路的一致性（未来在制订业务蓝图、系统实现阶段的单元测试等均可按这几部分）。需求理解计划应包括：①需求理解的内容（问卷）；②需求理解的时间；③需求理解的准备工作（要求客户方，如准备表单、记录、文件等）；④需求理解的参加人员。

（2）正式理解阶段

在准备好理解计划后，就进行正式理解需求阶段。根据我们的一些实践经验，以下因素会影响需求理解的质量。①理解需求的对象：应该是企业的骨干，对所理解的需求对应的业务范围十分熟悉；否则会影响理解需求效果。②理解需求的场地：为了保证理解需求的效果，除了现场方式之外，避免在客户的办公室交流，主要是办公室环境不安静，而且办公室往往有被谈话对象的业务，不能做到专注，另外调查对象在办公室里有可能有一定的约束不能畅所欲言。所以，最好在一个会议室里，小范围内进行详细讨论。③理解需求的几个步骤：首先，顾问进驻调研地点后，应召开调研前的会议，双方人员的自我介绍。其次，顾问应说明需求调研的范围、目的与意义，引起客户的重视，并取得客户的支持。然后，进入需求调研，并在需求调研结束后，再次召开参与人员的会议，通报需求调研的内容与结果，目的是让双方确定需求调研内容是否完整与正确，形成当日需求调研的会议纪要。最后整理需求调研记录，形成最后的需求调研报告。与客户确定报告内容，是否有比较重大的遗漏，是否需要补充调研等。

4．理解项目需求的关键点及误区

在理解项目需求的过程中要把握以下关键点，并注意可能存在的误区。

（1）理解项目需求的关键点

在实际理解项目需求的过程中，经常会有顾问在与用户交流的过程中所问的问题与项目无关，而相关的问题又问得不够深入。那么怎样地理解需求才是项目所需的，这里有一个非常重要的原则：理解需求是与未来 ERP 系统设计息息相关的，与下阶段的业务蓝图设计相关。而未来的系统设计与业务蓝图大部分是基于系统的标准功能。所以，顾问要做到对系统的标准功能特别熟悉。简言之，顾问是带着“心中的系统功能”去理解项目需求。

（2）理解项目需求的误区

理解项目需求对于项目实施非常重要。企业用户以及开发商都将理解项目需求作为一项必需的工作内容，但在理解项目需求的实践中，仍存在一些误区。

- 理解需求只是形式

有一些 ERP 项目往往经历选取几家单位试点、一期推广和二期推广等实施过程。存在一些顾问没有参加试点，而直接进入推广项目。而推广项目的业务蓝图往往参照试点单位，于是这些推广项目的需求理解往往流于形式。使得理解需求在某种意义上就是走走过场。甚至于有些企业方反映，他们的企业理解需求只有一天就完成了。这些表象反映理解需求不被重视，顾问往往认为只负责推广 ERP 的标准功能就可以了。

- 需求越少越好

有些顾问对自己的技术水平不够自信，担心用户提出比较复杂的需求，所以，在理解需求阶段，对一些需求故意不去调研，甚至回避用户的一些需求。理解需求阶段，并非系统实现阶段，不需要出具详细的解决方案。此时的任务是充分了解企业的业务现状，只有充分了解需求，识别重要的需求，才能真正做到日后设计的系统方案满足需求。

7.2 ERP 系统设计开发

开发商一旦理解了企业的 ERP 项目需求就可以进入到 ERP 系统设计开发阶段。

7.2.1 ERP 系统设计

ERP 系统开发阶段的主要目标是构建一个如何运行所计划的技术性蓝图。在上述项目需求分析阶段，最终用户和信息技术专家一起从逻辑观点出发形成拟开发系统的项目需求，但产生的项目需求文档没有考虑支持系统的技术或技术框架。当进入设计阶段时，项目小组要从物理或技术的观点考虑 ERP 系统，即接受需求分析阶段产生的项目需求，并且定义设计阶段中的支持技术框架。以下是在 ERP 系统设计阶段将要做的主要工作。

1．设计技术框架

技术框架定义了系统运行所需的硬件、软件和通信设备。大部分系统运行在由雇员使用的工作站和运行应用软件的服务器所组成的计算机网络上。通信上要求可以访问因特网和允许最终用户拨号连接远程服务器。在选择最终技术框架之前，应该代表性地探究几种不同的技术框架。一般来说，企业所选的技术框架有以下几种：

（1）非集中式架构。一个非集中式架构包括信息共享很少或没有信息共享的系统（见图 7-4）。概括地说，这种架构产生于用户或部门开发的独立系统或应用软件，他们没有任何的中央控制。这种架构给用户开发满足他们需要的应用软件以及保持对软件的控制的自由。但是这种架构通常允许数据复写，频繁地导致数据的不一致。另一个主要缺点是，因为有太多独立的系统，共享应用程序和信息非常困难。而且，对于组织来说，与许多卖主建立保修和服务合同比只与一家或少数几家要贵得多。

图 7-4　非集中式架构

（2）集中式架构。一个集中式架构在一个中心区域或者中心主机中共享信息系统。这种架构决定了信息系统架构是集成的、整合的。因为典型的架构、应用软件和信息被存放在公司单一的主机上（如图 7-5 所示）。集中式架构最大的优点就是它给予了高度的控制，使得以下两方面变得很容易：一是高度保持了硬件、软件和程序与操作的标准；二是高度控制对信息的存取。但集中式架构的缺点是缺乏灵活性、适应能力低。

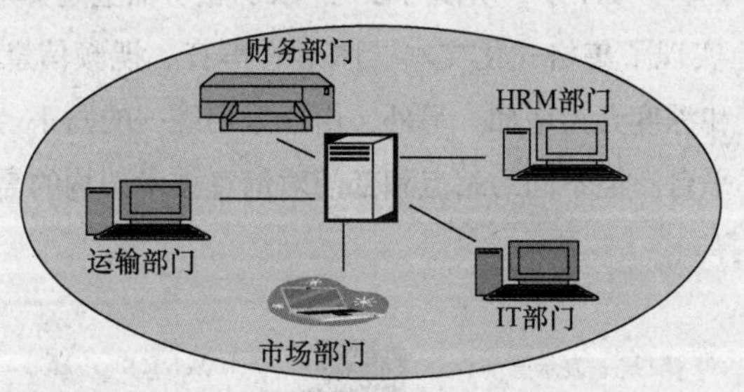

图 7-5　集中式架构

（3）分布式架构。分布式架构是指通过网络分配 IT 系统的信息和处理能力。通过分布式架构将所有的信息系统连接起来，使所有地点都能够共享信息和应用程序（如图 7-6 所示），也称为资源共享式计算模式。分布式架构的主要优点在于处理活动能够分配给最有效率的地点。

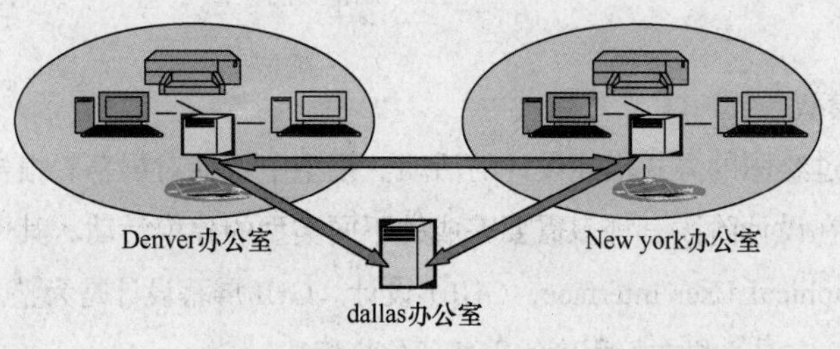

图 7-6　分布式架构

客户机/服务器（Client/Server，C/S）模式是分布式架构后来发展起来的一种计算模式。网络系统上的计算机系统分成客户机与服务器两类。如图 7-7 所示。其中服务器可能包括文件服务器、数据库服务器、打印服务器、专用服务器等。网络节点上的其他计算机系统成为客户机。C/S 架构的基础概念是应用程序被分配在客户机和服务器上。一套信息系统在将处理和所有信息存储集中在服务器的同时，将功能分配到网络上互联的计算机。

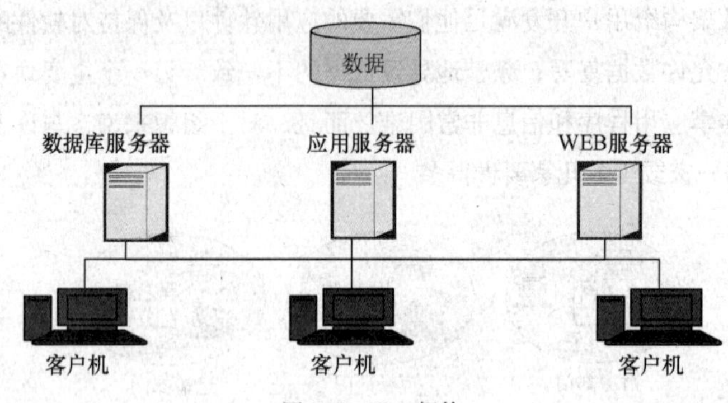

图 7-7　C/S 架构

由图 7-7 可见，C/S 架构的主要优点就是它可以从服务器上卸载应用程序和信息。但随之而来的缺点是，因为处理发生在许多客户端，客户机和服务器之间的交互非常频繁，信息必须在服务器和客户端之间快速流动，所以系统的复杂性大大增加，客户机/服务器在网络性能上需要配置很大的承载量。随着 Internet 的飞速发展与广泛应用，越来越多的组织利用互联网技术来建设自己的管理信息系统。该模式实际上是一种多层客户机/服务器结构，如图 7-8 所示。该模式的优点是由于基于 HTTP，所以可以对 Web 服务器上超文本文件进行操作，使得管理信息系统在技术上实现了集格式化文本、图形、声音、视频信息为一体的高度交互环境，使信息处理的广度和深度大为增加。另外，由于采用统一的与平台无关的通信协议，可独立于计算机的软硬件平台。但不同的站点和部门对信息技术架构的需求不同，所以应根据企业的实际需要进行选择。

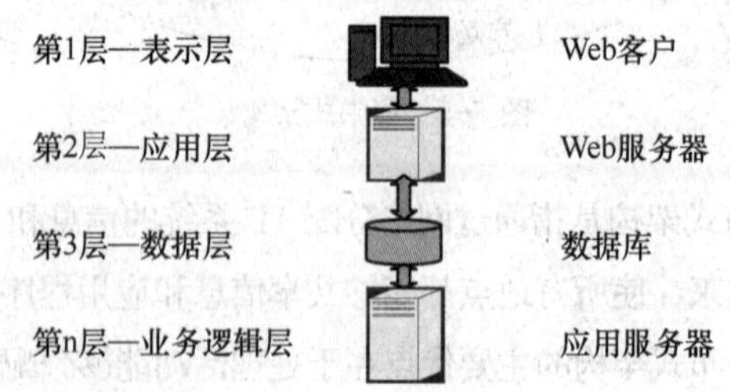

图 7-8　B/S 架构

2．设计系统模型

建模是一种通过绘图的方式描述设计的活动。模型中包括对屏幕、报告、软件和数据库等每件事的描述。在设计阶段有许多需要完成的不同类型的建模活动，其中具有代表性的是图形用户界面（Graphical User Interface，GUI）设计。GUI 屏幕设计是为整个系统建立信息系统屏幕模型的能力，它是人机友好程度的重要评价指标。

7.2.2 ERP 系统开发

ERP 系统开发需要利用设计阶段所产生的详细设计资料，并将它们转化为实际系统。这一阶段的标志就是从逻辑设计转换到物理实现。这一阶段包含两个主要活动。

1. 建立系统技术框架

为了建立系统，就必须建立运行系统的平台。在开发阶段，需要购买和装备所需的设备，以支持在设计阶段所设计的技术框架。每个 ERP 开发商都有自己的实施途径，如果想详细了解这些理论知识，可以向项目管理办公室（Project Management Office，PMO）、实施商或 ERP 厂商等索要相关的资料。

一般而言，ERP 系统技术框架设计遵循以下原则：

（1）科学实用原则。该原则是系统架构的根本出发点，立足于科学技术，一切以满足公司真实的业务需要为架构目的。

（2）经济性原则。尽量利用现有资源，坚持在先进、高性能前提下合理投资，确保在成本最低的情况下获得最大的经济效益和社会效益。

（3）安全可靠性原则。最大可能地减少因系统架构故障而造成业务无法正常运行的情况，同时，设计中还要规划安全体系的建设，提高系统的整体安全性。

（4）先进成熟性原则。在 IT 技术飞速发展的今天，规划的产品和技术应具有一定的前瞻性，能够适应未来一段时间内企业业务需求和技术发展的趋势。同时，应该兼顾产品和技术的成熟性，保证系统架构的整体安全性。

（5）开放与可扩展性原则。系统的架构应尽可能地使用开放式的技术，并充分考虑可扩展性，满足不断发展变化的企业业务和技术需求。

（6）统一标准化原则。尽可能采用业界公认的行业或技术标准，降低实施和管理复杂度。

2. 建立数据库

数据处理是 ERP 系统的基础，只有把数据处理技术与管理结合起来，才能真正发挥 ERP 系统的作用。按照标准的设计方法，ERP 系统数据库建设分为 5 个阶段：需求分析、概念结构设计、逻辑结构设计、物理结构设计、数据库实施及数据库运行和维护。

（1）数据库的需求分析阶段的任务是明确用户的需求，使得需求分析结果准确反映用户的实际需求。这将直接决定 ERP 系统设计结果的合理性和适用性。

（2）数据库的概念结构设计阶段的任务是根据用户的需求设计数据库的数据模型。它是整个 ERP 系统的信息结构。概念结构设计的方法包括：自顶向下、自底向上、逐步扩张和混合策略。建立综合性的 E-R 图。概念模型独立于具体的数据库管理系统，这一阶段是在需求分析的基础上，设计出能够满足用户需求的各种实体以及它们之间的关系，可用 E-R 图来表示。建立综合性的 E-R 图，能够化解冲突并产生一个能够被所有用户共同理解和接受的概念模型。如 ERP 系统中的工资管理子系统在设计规划中涉及的实体有部门、人事、工资、操作员。

（3）数据库逻辑结构设计阶段的任务是将概念结构设计阶段完成的概念模型转换成能被选定的数据库管理系统（DBMS）支持的数据模型。数据模型可以由实体联系模型转换而来。

将 E-R 模型转换为关系数据模型时可以遵循以下原则：每一实体集对应一个关系模式；实体间的联系一般对应一个关系，联系名作为对应的关系名，不带有属性的联系可以去掉；实体和联系中关键字对应的属性在关系模式中仍作为关键字。

（4）数据库物理设计阶段的任务是按照逻辑设计阶段的数据模型构建现实的数据库。不同的数据库产品所提供的物理环境、存取方法和存储结构有很大差别，能供设计人员使用的设计变量、参数范围也很不相同，因此没有通用的物理设计方法可遵循，只能给出一般的设计内容和原则。设计优化的物理数据库结构，能在数据库上运行的各种事务响应时间短、存储空间利用率高、事务吞吐率大。具体内容有：库文件的组织形式、存储介质的分配、存取路径的选择以及确定数据库的存储结构等。

目前 ERP 系统比较常见的数据库是 SQL Sever 和 My SQL。SQL Sever 数据库是微软开发的，数据存储量比较大，而且保存的数据稳定、安全。My SQL 数据库，数据存储量也比较大（但比 SQL Sever 略小），主要有存储速度快的优势。它是瑞典的一家公司开发的，后被 SUN 公司（java 的开发公司）收购，后 SUN 又被 Oracle 收购，而 Oracle 本身是做数据库起家的，主要经营的就是 Oracle 数据库，不可能会把很多精力放在 My SQL 的产品完善上，所以现在 My SQL 在 ERP 软件中占的比例越来越少，现在通常用作网站的数据存储。此外还有 Access 和 Oracle 数据库在 ERP 中也有应用。Access 数据库，简单易用，但存储量很小，而且不稳定，安全性不可靠，主要应用于非常小的软件，中大型的软件根本用不了。Oracle 数据库，是 Oracle 公司的看家产品，又称巨型数据库，数据存储量非常大，目前是世界上最大的数据库，但操作相当复杂，而且成本极高，所以一般中小型软件不会考虑，只有超大型的软件可能选择 Oracle 作为数据库。

7.2.3 ERP 系统测试

开发出来的 ERP 系统要经过测试才可以交给用户。系统测试是为了发现错误而执行程序的过程，它不仅是系统开发阶段的有机组成部分，而且在整个项目工程中占据相当大的比重。系统测试是系统质量保证的关键环节，直接影响着系统的质量评估。系统测试不仅要讲究策略，更要讲究时效性。验收测试作为系统测试过程的最后一个环节，对系统质量、系统的可交付性和项目的实施周期起到“一锤定音”的作用。

1．ERP 验收测试的现状

验收测试是一种有效性测试或合格性测试。它是以用户为主，软件开发人员、实施人员和质量保证人员共同参与的测试。ERP 作为提高企业管理创新能力的有力工具，其定义、设计、开发、实施和应用的过程遵循一定的规律。这些规律表现在系统过程控制、质量保证和系统测试等方面。验收测试关系到 ERP 能否成功验收，能否平滑步入维护期，能否快速实现效益。ERP 验收测试的全面性、效率性、科学性、规范性、彻底性在广大制造业企业和 ERP 开发商中还是一个崭新的话题。

当前很多人对 ERP 验收测试工作存在一些误解：

（1）由于 ERP 系统通常比较复杂且规模巨大，人们可能更多地关注它多变的需求定义、个性化解决方案、定制化开发过程，却轻视了项目的验收工作。这些“只重视开题和过程，不重视结题和维护”的做法，最直接的后果就是，形成了一个个延期工程或“烂尾”项目。

（2）ERP 实施工作做好了，用户企业可以把系统“跑起来”了，文档移交了，客户签字了，还有什么必要做验收测试。这种误解源于对验收测试的目的、流程、方法和意义缺乏认识。

（3）验收测试是用户企业的事，与开发商无关。事实上，只有两者密切配合，才能提高测试效率。

（4）将验收测试理解成给用户做演示。验收测试要讲究策略，不是走走过场，而是有计划，有步骤地执行活动，要进行科学的用例设计。

（5）验收测试就是验证系统的正确性。验收测试和其他的测试一样，既要验证系统的正确性，又要发现系统错误。只不过，验收测试是以确认系统功能是否满足需求为主。

2．ERP 验收测试的流程及方法原则

系统包括程序、数据和文档。ERP 验收测试的对象应当涵盖这三个方面。验收测试的主体要以用户企业为主，ERP 系统开发商应积极配合；或以第三方测试为主，用户和系统开发商共同配合。

ERP 验收测试过程中，系统实施人员要适时配合和敦促用户做好验收测试的各项准备工作，按计划、按步骤执行验收测试，形成规范的测试文档，客观地分析和评估测试结果，并跟踪不合格现象。对系统问题要分级分类管理，必要时要进行回归测试，确保所有问题能得到关闭，最终成功通过验收。

在测试方法上，由于验收阶段的特殊性，一般以黑盒测试和配置复审为主，以自动化测试和特殊性能测试为辅，用户、软件开发实施人员和质量保证人员共同参与。

ERP 验收测试要注意以下几个原则问题：

（1）验收测试始终要以双方确认的 ERP 需求规格说明和技术合同为准，确认各项需求是否得到满足，各项合同条款是否得到贯彻执行。

（2）验收测试和单元测试、集成测试不同，它是以验证系统的正确性为主，而不是以发现系统错误为主。

（3）对验收测试中发现的系统错误要分级分类处理，直到通过验收为止。

（4）验收测试中的用例设计要具有全面性、多维性、效率性，能以最少的时间在最大程度上确认系统的功能和性能是否满足要求。

7.3 ERP 系统开发的方法

尽管各家企业的 ERP 项目需求、ERP 项目实现条件等诸多要素都不尽相同，但在 ERP 系统开发过程中开发商却可以遵循一定的系统开发方法。所谓的系统开发方法是指为获取某一对象而组织人们思维的活动，以及实现这个过程必须采取的步骤和途径。ERP 系统的开发是一项复杂的系统工程工作。它涉及的知识面广、部门多，至今还没有一种完全有效的方法来很好地适应其开发，但每一种方法都有自己的适应面。以下将介绍集中主要的系统开发方法。

7.3.1 结构化生命周期方法

生命周期法（Life Cycle）是最传统的一种方法，用在复杂的大中型项目的开发。该方法是用系统的思想和系统工程的方法，按用户至上的原则，结构化、模块化自上而下对系统进行分析与设计。该方法首先用结构化分析（Structured Analysis，SA）对软件进行需求分析，然后用结构化设计方法（Structured Development，SD）进行总体设计，最后是结构化编程（Structured Programming，SP）。

1．结构化生命周期法的基本思想

结构化的意思是企图使开发工作标准化。结构化开发的目标是有序、高效、高可靠性和少错误。在系统工程技术中，控制系统复杂性的两个基本手段是“分解”和“抽象”。对于一个复杂的问题，由于人的理解力、记忆力均有限，所以不可能触及到问题的所有方面以及全部细节。为了将复杂性降低到人可以掌握的程度，可以把大问题分割成若干个小问题，然后分别解决，这就是“分解”。分解也可以分层进行，即先考虑问题最本质的属性，暂时把细节忽略，以后再逐步添加细节，直至涉及最详细的内容，这就是“抽象”。

结构化生命周期法的基本思路如图 7-9 所示。对于一个复杂的系统 X，如何理解和表达它的功能呢？结构化方法使用了“自顶向下、逐步求精”的方式，X 系统被分解成三个子系统：1、2、3。如果子系统仍然复杂，就继续分解为 1.1、1.2、1.3 等子系统，如此继续下去，直到子系统（或模块）足够简单，能够清楚地被理解和表达为止。图 7-9 中体现了分解和抽象的原则，它使人们不至于一下子陷入细节，而是有控制地、逐步地了解更多的细节，这有助于理解问题。图中顶层抽象地描述了整个系统，底层具体地画出了软件的每一个细节，中间层则是从抽象到具体的逐步过渡。按照这样的方法，无论问题多么复杂，分析工作都可以有计划、有步骤、有条不紊地进行。

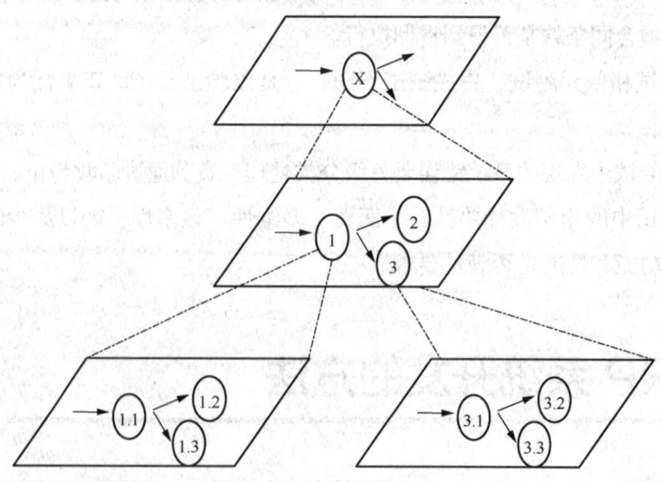

图 7-9 结构化生命周期法的基本思路

2．结构化生命周期法的优点

结构化生命周期法的优点表现在以下 5 个方面：

（1）建立面向用户的观点。强调用户是整个系统开发的起源和最终归宿，即用户的参与程度和满意程度是系统成功的关键。

（2）严格区分工作阶段。强调将整个系统的开发过程分成若干个阶段，每个阶段都有明确的任务和目标以及预期要达到的阶段成果。

（3）自顶向下进行开发。在生命周期的前三个阶段，结构化生命周期坚持自顶向下对系统进行结构化划分。在进行系统调查或理顺管理业务时，从最顶层的管理业务入手，逐步深入到最基层。在分析问题时，首先站在整体的角度，将各项具体的业务和组织放到整体中加以考察。在系统设计时，先考虑系统整体的优化，然后再考虑局部的优化问题。在系统实施阶段，则是自底向上逐步实施。

（4）工作文件的标准化和文档化。该方法非常重视文档工作，在系统生命周期的每一个工作阶段都要有详细的文字资料记录。工作文档标准化的好处是为研制工作过程中工作的交接和今后的系统维护提供了原始资料，可以避免工作中的一些缺陷和漏洞。

（5）采用图表工具描述系统。结构化方法在描述方式上尽量运用图形表示，使系统简明易懂，如运用数据流程图等工具。

3．结构化生命周期法的不足

结构化生命周期法也有明显的不足甚至是明显的缺陷，具体表现在以下几个方面：

（1）所需文档资料数量大。使用结构化方法必须编写数据流程图、数据字典、系统说明书等大量文档资料，这些文档需要占用大量的人力、物力和时间；同时文档需不断修改，在修改过程中也难以保证文档的一致性。

（2）人机交互界面表达难。管理信息系统是人机交互的系统，所以人机交互是用户最为关心的问题之一，但是结构化生命周期法在理解、表达人机交互界面方面的能力明显不足，数据流程图和逐步分解技术都没有较好表达交互界面的功能。

（3）用户信息反馈慢。结构化分析方法为目标系统描述了一个模型，但这个模型是概念上的，因此，在澄清和确定用户需求方面能起的作用是很有限的。

（4）开发周期长。该方法的开发周期过长，而且一旦用户的需求发生变化，系统将很难做出调整。由于固定顺序，前期工作所出现的误差越到后期修正或纠偏的代价就越大。

7.3.2 原型法

20 世纪 60 年代末至 70 年代初，出现了“软件危机”，为了对软件开发项目进行有效管理，信息系统开发生命周期法诞生了。由于开发过程规范、层次清晰，系统开发生命周期法得到广泛应用，但这种方法的应用前提是需要在早期就确定用户的需求，而且不允许修改，这对于很多应用系统（如商业信息系统）来说是不现实的。用户需求定义方面的错误是信息系统开发中出现的后果最严重的错误。在此背景下，提出了基于循环模型的快速原型法。

1．原型法（Prototyping）的提出背景

“软件危机”出现于 20 世纪 70 年代初，“软件危机”的表现为：软件开发速度满足不了实际需求，软件成本在计算机系统总成本中所占比例逐年上升，软件产品的质量不可靠，软件难以维护，没有适当的文档资料，开发进度难以控制。

产生“软件危机”的原因在于：用户需求不明确，缺乏正确的理论指导，软件规模越来越大且复杂度也越来越高。那么如何解决“软件危机”呢？人们越来越重视软件开发方法的研究，通过多年的研究和努力，软件开发方法走向两个方面：一方面是着重研究与机器本身相关的软件开发工具，即高级语言及软件开发环境；另一方面，着重研究软件设计和规格说明等。这时系统开发生命周期（Systems Development Life Cycle，SDLC）应运而生。它是一种用于规划、执行和控制信息系统开发项目的组织和管理方法，是工程学的原理在信息系统开发中的具体应用。

正如前所述，生命周期法是一种结构化方法，把信息系统开发视为一个生命周期，把软件看作人工制品，必然有其产生、成长、成熟、运作、消亡的生命过程。生命周期法把系统开发分为多个阶段，一般分为 5 个阶段：系统规划、系统分析、系统设计、系统实施、系统运行与维护。严格按阶段进行，每个阶段都有明确的目标和任务。每一阶段完成以后，要完成相应的文档资料，作为本阶段工作的总结，也作为下一阶段的依据。这种方法特别强调阶段完整性和开发的顺序性，它要求开发者首先确定系统的完整需求和全部功能。

生命周期法具有明显的优点。它采用系统观点和系统工程方法，自顶向下进行分析与设计并自下而上实施。开发过程阶段清楚，任务明确，并有标准的图、表、说明等组成各阶段的文档资料。生命周期法引入了用户观点，适用于大型信息系统的开发，将逻辑设计与物理设计分开。

但是，生命周期法的应用前提是严格的需求定义方法和策略。需求定义（the Definition of Requirement ）方法是一种严格的、预先定义的方法。从理论上讲，一个负责分析设计的项目小组应完全彻底地预先指出对应用来说是合理的业务需求，并期待用户进行审查、评价和认可，并在此基础上顺利开展工作。

这种严谨的需求定义方法是在一定假设的前提下形成的，它们是：

（1）所有的需求能被预先定义

这一假设的确切含义是，在没有系统实际工作经验的情况下，所有的系统需求在逻辑上是可以预先说明的。在某种情况下，虽然不能保证项目参加者个人都能确知系统需求和逻辑模型，但通过大多数人对系统的建议和合理判断，完全可以描述一个明确的系统需求，所有需求都能被准确预先定义。

但实际情况，需求定义方法假设的有效性是比较脆弱的。现实中，往往提供详细说明材料的人不是本领域的专业权威和职业分析人员；去定义复杂度甚高的事情又是十分困难的；大多数用户绝非面面俱到，只能是有选择性的说明。即使预先定义工作做得很好，往往系统仍旧需要进一步修改和经过若干次反复，这是因为以下的事实是经常存在的：①个人对系统的认识往往与实际不完全吻合；②实地观察和使用系统会刺激用户对系统提出新的需求；③观看和经历会修改和取消对系统的事先需求。

（2）项目参加者之间能够清晰而准确地通信

严格需求定义方法的又一项重要假设是：在系统开发的进程中，项目组、项目经理、分析人员、用户开发人员、审计人员、保密分析员、数据管理员、人际关系专家等都能够清晰而有效地进行通信。虽然每个人都有自己的专业、观点和行动，但用图形、描述文档等工具，使得大家可能得到清晰、有效的沟通。

而实际情况往往是复杂的，对于共同的约定，每个人往往会有自己的解释和理解，对规格说明上应该有而尚未有的规定和说明，会有各种意见或加进个人看法。而文字叙述，如英语或汉语及其他文字描述，并非一种准确的通信工具，即使提供了结构化的文字语言，如结构化英语以及判定表、树等较严格的通信的高级方式，当然这较叙述性的文字描述肯定是一种改进，减少了模糊性，但它仍然缺乏精确的技术上的通信语言的“严密性”“专业性”和“行业性”。

因此，在多学科、多行业人员之间架起通信的桥梁是困难的。人们早就认识到，相互间通信的有效性的损失乃是开发过程中失败的主要原因之一。

（3）静态描述、图形模型对应用系统的反映是充分的

使用预先定义技术时，主要的通信工具是定义报告，包括工作报告和最终报告。采用叙述文字、图形模型、逻辑规则、数据字典等形式，这些具体形式因各自的技术有所不同，但其作用是相似的。

所有技术工具的共同特点是：它们都是被动的通信工具和静止的通信工具，不能表演，因而无法体现所建议的应用系统的动态特性，而要求用户根据一些静态的信息和静止的画面来认可系统则似乎近于苛求。

因此，严格定义技术本质上是一种静止、被动的技术，要它们来描述一个有“生命”的系统是困难的。理解和评价一个应用系统的最好方式，应该是去体验它，而不仅仅是去阅读和讨论它。

综合上述各点可见，严格需求定义的合理性在许多情况下并不满足，因此建立在脆弱基础上的开发策略在实施中一旦导致系统的失败就绝非意外之事。为了更好地处理由于缺乏支持严格方法的假设而给项目带来的风险，需要探求一种变通的方法。

解决需求定义不断变化问题的一种思路是在获得一组基本的需求后，快速地加以“实现”。随着用户或开发人员对系统理解的加深而不断地对这些需求进行补充和细化。系统的定义是在逐步发展的过程中进行的，而不是一开始就预见一切，这就是原型法。

原型法是指在获取一组基本的需求定义后，利用高级软件工具可视化的开发环境，快速地建立一个目标系统的最初版本，并把它交给用户试用、补充和修改，再进行新的版本开发。反复进行这个过程，直到得出系统的“精确解”，即用户满意为止。经过这样一个反复补充和修改过程，应用系统“最初版本”就逐步演变为系统“最终版本”。简言之，原型法就是不断地运行系统“原型”来进行启发、揭示、判断、修改和完善的系统开发方法。

2．原型法的开发过程

原型法的开发过程是：针对用户的初步需求，先开发一个原型让用户使用，然后根据用户使用情况的意见反馈，对原型系统不断修改，使它逐步接近并最终达到开发目标。用原型法开发系统可以分为4个步骤：

（1）用户需求描述。这一阶段不像结构化方法那样要详细定义和描述用户需求，而是要在很短的时间内分析用户的主要功能要求和实现这些要求的数据规范、报告格式、人机交互界面要求等，并用适当的方法描述出来。

（2）建立初始原型。借助快速开发工具，在很短的时间内开发出一个系统初始原型。只

要求这个原型满足第一阶段提出的基本需求，是一个可实际运行的系统。

（3）使用原型系统。用户在开发人员的协助下，运行原型系统，评价系统的优点和不足，进一步明确用户需求，提出修改原型系统的具体意见。

（4）修改和完善原型。根据用户的意见，尽快修改原型系统，并再次交给用户使用。

原型法开发系统工作流程如图 7-10 所示，最后两步是反复进行的，直至提交出用户满意的系统。

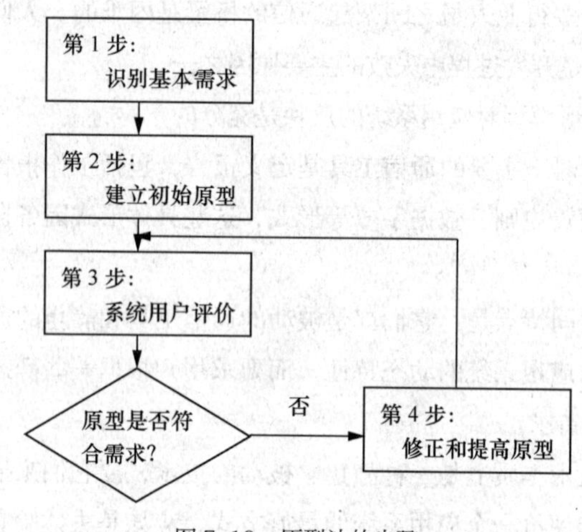

图 7-10　原型法的步骤

3．原型法的优点

（1）鼓励系统用户的积极参与。首先，也是最重要的，原型法鼓励系统用户积极参与开发过程，它允许系统用户考察并使用目标系统的工作模型。

（2）有助于解决系统用户之间的差异。在原型法开发过程中，有许多系统用户都参与定义需求和评审原型的过程。

（3）能给系统用户一个对最终系统的直观感受。尤其对用户界面，原型法提供了最终系统将怎样运行的直观感受。当用户了解了最终系统将怎样运行，他们将更容易看到成功的希望。

（4）帮助确定技术上的可行性。概念检验原型很适合确定系统的技术可行性。

（5）有助于推广目标系统的思想。原型有助于破除阻碍推广系统的因素。许多人不想使用新系统是由于旧的系统看上去仍然运行良好，而且他们害怕新系统不能完全满足自己的期望和工作。如果提供了一个原型能够证明新系统是成功的，那么他们就会接受或者购买它。

4．原型法的缺点

（1）导致人们认为最终系统将很快产生。当一个原型完成后，许多人都认为最终系统将很快产生，但这是不现实的，因为原型一般只是局部系统的实现。

（2）没有给出系统运行环境的说明。原型法很少考虑可靠的操作条件，因为大部分原型是针对某个模块的，一旦大面积推广，可能会缺少可靠的操作条件。因此，在建立原型时，除了考虑界面和过程外，还要考虑运行环境。

（3）导致项目小组忽略完整的测试和系统文档。很多人认为在使用原型法进行系统开发时，可以放弃测试和建立文档，因为毕竟他们对原型已经进行了测试。但这种想法是错误的。

7.3.3 面向对象方法

1．面向对象方法概述

“对象（Object Oriented）”一词，早在19世纪就由现象学大师胡塞尔提出并定义。对象是世界中的物体在人脑中的映象，是人的意识之所以为意识的反映，是作为一种概念而存在的先念的东西，它还包括人的意愿。例如，当我们认识到一种新的物体，它叫树，于是在我们的意识当中就形成了树的概念。这个概念会一直存在于我们的思维当中，并不会因为这棵树被砍掉而消失。这个概念就是现实世界当中的物体在我们意识当中的映象。我们对它还可以有我们自己的意愿，虽然我们并不需要付诸实现——只要在你的脑中想着把这棵树砍掉做成桌子、凳子等——我们就把它叫作意向。于是，对象就是客观世界中物体在人脑中的映象及人的意向。只要这个对象存在我们的思维意识当中，我们就可以借此判断同类的东西。譬如，当我们看到另外一棵树时，并不会因为所见的第一棵树不在了失去了供参照的模板而不认识这棵树了。当我们接触某些新事物时，我们的意识就会为这些事物确立一个对象。当然这个过程是怎么形成的，那就不是我们所能讨论的问题了。上面所说的对象研究的是一般意义上的问题，因而它可以外推到一切事物。我们经常所说的“对象”，一般指的是解决信息领域内所遇到问题的方法。特别是应用软件技术来解决问题的方法，如我们经常碰到的面向对象的编程（Object-Oriented Programming）、面向对象的分析（Object-Oriented Analysis）、面向对象的设计（Object-Oriented Design）等。应用前面所介绍的关于对象的概念，可以对这些问题做进一步的分析。在面对较复杂的系统，我们可以将它作为一个对象来进行分析。一个系统（解决某个问题的全套解决方案）作为一个对象，可以由多个部分组成。同样，这个对象也可以由多个对象组成。对于同类的事物，可以由一个对象来表示。这样做的益处是显而易见的，它灵活而高效，可以大大减轻设计人员的工作量，简化实际的模型。举一个例子，在关系型数据库的设计当中，我们可以把一个元组当作对象，给它定义一组操作方法。这些方法将适用于所有元组，从而我们不必在更大的范围内去细致考虑不同的元组（如判断一个元素是否合法），因为它们有一组公共的面向本身的方法，它们“自己”可以“解决”自己的问题。更上一层的对象可以是一个表、视图等。表对象在元组对象的基础上又有它们自己的方法，如增加、删除等。从这个层面上讲，它也只需要做“自己”的事情，因为有元组对象的支持，它无须去考虑像元素是否合法这类的事情。甚至，有时为了满足我们还可以将元素或表群当作对象并定义它们自己的方法。这样，更能显示面向对象的优势。

上面所讨论的可以说是面向对象的分析方法。在具体的设计过程当中，还应该采用适当的方式，因为面向对象的思想固然很先进，如果做得不好的话，同样不能达到预期的效果。这主要表现在处理对象与对象的关系上没有做好，对象与对象的层次不分明。如上面所举的关系型数据库的例子，如果在元组层面上的对象过多地考虑一个表对象的因素，或一个表层面上对象过多地考虑一个元组对象的因素，甚至去考虑元素层面上的因素，这些都不是好的面向对象的设计方法。这一点，在语言实现方面，Java比C++更有优势，因为它不允许多重继承，从而使对象之间的关系更明确。谁也不会否认C++的功能更强大，但是它也要因此付出巨大代价——当现在代码库发展到一定程度、一定规模时，各对象之间的层次关系将变得异常复杂，给后继使用者的学习、理解带来很大的困难，应用上很难把握。另外，虽然 C++具备面向对象的处理能力，但它还是保留了很多面向过程的东西。用 C++完全可以不用面向对象的思想来进行程序设计，当然人们不会这样去做——除了那些只是把 C++看成 C 扩充的初学者，这就为以后的发展埋下了隐患。在这一方面，Java 的限制更多一点。就这一点还远远不够。搞开发的是人，开发方法是由人决定的。要应用面向对象的方法开发出优秀的软件，必须要求开发人员具有良好的面向对象的思想。好的工程师可以利用适当的工具开发出优秀的软件，而不在乎他所使用的语言工具——Java、C++、Object Pascal、Ada 等。

面向对象方法（Object-Oriented Method）是一种把面向对象的思想应用于软件开发过程中，指导开发活动的系统方法，简称 OO（Object Oriented）方法，是建立在“对象”概念基础上的方法学。对象是由数据和容许的操作组成的封装体，与客观实体有直接对应关系，一个对象类定义了具有相似性质的一组对象。继承性是对具有层次关系的类的属性和操作进行共享的一种方式。所谓面向对象就是基于对象概念，以对象为中心，以类和继承为构造机制，来认识、理解、刻画客观世界和设计、构建相应的软件系统。

2．面向对象方法的具体实施步骤：

（1）面向对象分析：从问题陈述入手，分析和构造所关心的现实世界问题域的模型，并用相应的符号系统表示。模型必须是简洁、明确的抽象目标系统必须做的事，而不是如何做。分析步骤为：

- 确定问题域，包括定义论域，选择论域，根据需要细化和增加论域。
- 区分类和对象，包括定义对象，定义类、命名。
- 区分整体对象以及组成部分，确定类的关系以及结构。
- 定义属性，包括确定属性，安排属性。
- 定义服务，包括确定对象状态，确定所需服务，确定消息联结。
- 确定附加的系统约束。

（2）面向对象设计：面向对象的设计与传统的以功能分解为主的设计有所不同。具体设计步骤为：

- 应用面向对象分析，对用其他方法得到的系统分析的结果进行改进和完善。
- 设计交互过程和用户接口。
- 设计任务管理，根据前一步骤确定是否需要多重任务，确定并发性，确定以何种方式驱动任务，设计子系统以及任务之间的协调与通信方式，确定优先级。
- 设计全局资源，确定边界条件，确定任务或子系统的软、硬件分配。
- 对象设计。

（3）面向对象实现：使用面向对象语言实现面向对象的设计相对比较容易。如果用非面向对象语言实现面向对象的设计时，特别需要注意和规定保留程序的面向对象结构。

传统的面向功能的方法学中，强调的是确定和分解系统功能，这种做法虽然是目标的最直接的实现方式，但是由于功能是软件系统中最不稳定、最容易变化的方面，因而使系统难以维护和扩展。面向对象设计首先强调来自域的对象，然后围绕对象设置属性和操作。用面向对象设计，其结构源于客观世界稳定的对象结构。因而与传统软件设计方法相比，明显提高了软件的生产率、可靠性、易重用性、易维护性等方面的效果。

面向对象方法目前得到了普遍的关注，被认为是针对软件危机的最佳对策，很多组织都希望把面向对象技术作为解决生产率问题的有效方法，但是实际运用的情况却不甚理想。产生这种现象的原因有很多，但很大一方面是因为人们对面向对象的方法理解有误，在使用面向对象方法之前未将它的优势和局限性与实际使用环境和商业目标进行匹配分析，对可能产生的风险认识不够，从而导致好的方法并未产生合适的作用。

面向对象方法存在潜在的优势，它带来的好处覆盖整个软件生命周期，例如提高可复用性和可扩展性，但是同时它也存在一定的局限性，例如：

- 要求前期在培训、教育和工具上有较大的投资。
- 效益需要较长的周期才能体现。
- 多态和聚集的使用增加了系统的复杂度，非常不利于系统缺陷的检查。
- 面向对象迭代的本质要求更多的测试工作等。

7.3.4 计算机辅助软件工程

早期，人们进行系统开发的主要手段是手工工作方式，系统开发的速度和质量主要取决于系统分析人员、程序设计人员等的个人经验和水平。这种工作方式的弊端是系统开发周期长、工作效率低、质量得不到保证、数据一致性差、文档不规范、系统维护工作量大等。20 世纪 80 年代迅速发展起来的软件开发技术领域——计算机辅助软件工程（Computer Aided Software Engineering，CASE）使得制约信息系统开发的瓶颈被打破，为实现系统开发自动化提供了途径。

计算机辅助软件工程原来是指用来支持管理系统开发的、由各种计算机辅助软件和工具组成的大型综合性软件开发环境，随着各种工具和软件技术的产生、发展、完善和不断集成，逐步由单纯的辅助开发环境转化为一种相对独立的方法论。

1. 计算机辅助软件工程的基本思想

CASE 方法解决系统开发问题的基本思想是：结合系统开发的各种具体方法，在完成对目标系统规划和详细调查后，如果系统开发过程的每一步都相对独立且彼此形成对应关系，则整个系统开发就可以应用专门的软件开发工具和集成开发环境（CASE 工具、CASE 系统、CASE 工具箱、CASE 工作台等）来实现。

系统开发过程中的对应关系与所采用的具体系统开发方法有关，大致包括：结构化方法中的业务流程分析，数据流程分析，功能模块设计，程序实现，业务功能一览表，数据分析、指标体系，数据/过程分析，数据分布和数据库设计，数据库系统等；面向对象开发方法中的问题抽象，属性、结构和方法定义，对象分类，确定范式，程序实现等。

在实际开发过程中，上述对应关系不一定完全一一对应，利用 CASE 方法开发的结果之间可能无法实现平滑的衔接，仍然需要开发人员根据实际进行修改、补充。因此，CASE 方法具有以下特点：

（1）实际开发一个系统时，必须根据所采用的开发方法，结合 CASE 工具和环境进行。

（2）作为一种辅助性的开发方法，CASE 可以为系统开发过程中的具体工作，如各类图表、程序及文档的生成，提供快速自动化的工具和途径。

（3）CASE 环境的使用改变了系统开发中思维方式、工作流程和实现途径，与其他系统开发方法存在很大差别，因而称为一种方法论。

2．计算机辅助软件工程开发环境

CASE 作为一个通用的软件支持环境，它应能支持所有软件开发过程的全部技术工作及其管理工作。CASE 的集成软件工具能够为系统开发过程提供全面的支持，其作用包括：生成图形表示的系统需求和设计规格说明；检查、分析相交叉引用的系统信息；存储、管理并报告系统信息和项目管理信息；建立系统的原型并模拟系统的工作原理；生成系统的代码及有关的文档；实施标准化的和规格化；对程序进行测试、验证和分析；连接外部词典和数据库。

为了提供全面的软件开发支持，一个完整的 CASE 环境应具有的功能包括：图形功能、查询功能、中心信息库、高度集成化的工具包、对软件开发生命周期的全面覆盖、支持建立系统的原型、代码的自动生成等。这些工具可分为以下 3 种类型：

（1）系统需求分析工具

此工具是在系统分析阶段用来严格定义需求规格的工具，能将逻辑模型清晰地表达出来。该阶段的工具有原型构造工具、数据流程图绘制与分析工具、数据字典生成工具等。

（2）系统设计工具

设计工具是用来进行系统设计的，如系统结构图设计工具、数据库设计工具、图形界面设计工具等。

（3）软件生产工具

该类工具主要用于最后的软件设计和编程工作。

这些工具集成在统一的 CASE 环境中，就可以通过一个公共接口，实现工具之间数据的传递，连接系统开发和维护过程中的各个步骤，最后在统一的软、硬件平台上实现系统的全部开发工作。

3．CASE 方法的特点

CASE 方法的特点主要有以下几点：

（1）解决了从客观对象到软件系统的映射问题，支持系统开发全过程。

（2）提高了软件质量和软件重用性。

（3）系统开发具有较高的自动化水平，缩短了系统开发周期。

（4）简化了软件开发的管理和维护。

（5）自动生成开发过程中标准化、规范化的统一格式文档，减少了随意性，提高了文档的质量。

（6）自动化的工具使开发者从繁杂的分析设计图表和程序编写工作中解脱出来。

7.4 ERP 系统用户化和二次开发

交付的 ERP 系统只是一个阶段性的工作，真正 ERP 的核心并不在这里。对于设计开发部门而言，ERP 系统上线貌似标志着工作任务完成，但对一个 ERP 项目实施企业来说，真正的实施之路才刚刚开始。在越发强调服务重要性的今天，ERP 系统开发商不应在 ERP 系统提交之后就不再过问企业的 ERP 实施情况，而应协助企业进行 ERP 项目实施，尤其是在 ERP 系统刚刚提交阶段的用户化和二次开发中要发挥重要作用。

7.4.1 ERP 系统客户化和二次开发的必要性

引进代表世界上最先进的管理思想和方法的 ERP 系统，是很多企业在面对信息技术进步以及激烈市场竞争多元化的不二之选。许多国内外著名公司基于自身的信息技术并根据企业整合的方法论开发出完整且复杂的 ERP 系统，堪称企业参考模型的最佳典范。但是企业的业务流程与企业的文化特质是互不相同的，在导入 ERP 的过程中经常会产生 ERP 无法满足企业本身需求或与企业产生不合适的状况，因而产生了 ERP 用户化和二次开发的问题。所以在实施 ERP 系统的过程中用户化和二次开发就成为必不可少的组成部分。

据资料显示，ERP 最早是从制造业开始做起，而国内制造业最早是从 MRPⅡ开始做起，这也是 ERP 的前身，那里的 MRPⅡ是为了更好地管理好企业的数据，更加准确地说是企业的生产制造及供应链的管理。随着市场竞争的加剧，早在几年前实施的 ERP 系统已经不能完全支撑企业的业务，对于 CIO 来讲，现有的阶段已经不是重新做 ERP 系统的实施，而是在 ERP 系统现有的基础上如何更加有效地发挥系统本身的价值及其满足业务的需求已经成为的首要任务，而在 ERP 应用过程当中做好用户化和二次开发显得非常重要。

“我们知道，上线 ERP 工程只是一个阶段性的工作，真正 ERP 的核心不并在这里，ERP 的上线这个阶段针对软件公司是完成了任务，但对一个企业的路刚刚开始。”业内某著名 ERP 实施专家指出。纵观现状，现阶段的 ERP 系统已经满足了企业业务的基本需求，但是对于企业的个性化需求很难以满足，对于 CIO 来讲 ERP 系统不外乎几种形式：第一，企业购买现有的 IT 服务商的产品，如用友、金蝶、ORACEL 等的产品；第二，企业自主开发针对适于企业的实际情况产品；第三，选用一部分的软件服务商产品，然后结合企业自身的技术人员进行开发。这三种方式成就了 CIO 选择 ERP 二次开发最基本的模式。

现阶段，随着企业业务强烈的需求，传统的“进、销、存”三种模式的生产已经不能满足企业业务的正常需求，企业需要更加精准的决策工具来帮助企业在竞争中取得胜利。据一份调查资料显示，全球 75%的 CIO 在 2010 年开始选用 BI 系统，同时企业对于 CRM 同样也是越来越青睐。我们知道 BI 的分析需要底层数据的支持，没有数据的支持，BI 就是一层“空架”，从 ERP 数据读取数据然后经 BI 工具进行分析，得出一套科学、合理的报表，为企业的决策层提供有利的市场工具。现阶段的现状是不同的 BI 服务商提供了大量标准的 BI 和 ERP 的接口工具，但目前在 ERP 领域的发展中，还没有一个非常成型或者是标准的 BI 出现，这就导致了企业 CIO 在做 BI 时，要对 ERP 系统进行必要的客户化和二次开发。不仅仅是 BI，CRM、SCM 等实施同样也需要和 ERP 进行融合。因此，ERP 的客户化和二次开发在企业中显得尤为重要。

客户化和二次开发的作用如图 7-11 所示。

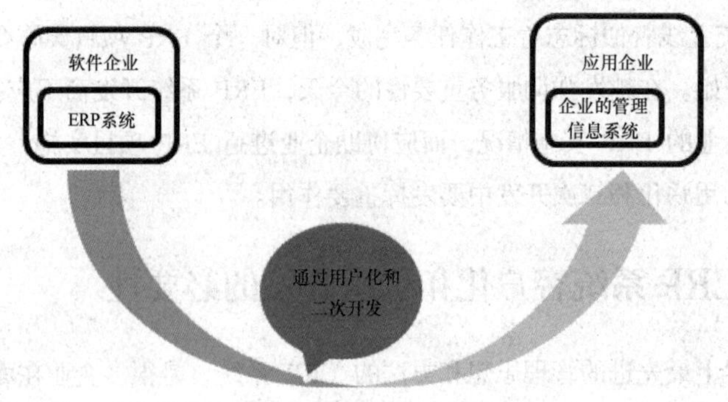

图 7-11　用户化和二次开发的作用

7.4.2　用户化和二次开发的含义

当企业需求无法直接通过软件设计研发部门所提交的 ERP 系统得到实现，且企业所确定的需求是不能做出让步的时候，我们必须通过和适当调整 ERP 系统来使企业需求得以满足。用户化和二次开发是这种情况下经常采取的解决问题的形式。用户化和二次开发是两个容易搞混的概念，客户在项目的实施中对此往往不能很好的区分，但是如果不加以区分地将它们混为一谈则会出现很多弊端。从工作量和难易度看，用户化远远小于二次开发，而且它们各自适用的原则、步骤都是不同的。

1．用户化的含义

一般将不涉及 ERP 系统中具体程序变动的称为用户化。实施用户化需要项目实施小组的批准。如修改报表格式，软件如果有报表生成功能或采用第四代语言，任何业务人员不需要有很多计算机知识就可以自行设置。

2．二次开发的含义

一般将涉及 ERP 系统中具体程序变动的调整称为二次开发，即引入成熟、套装软件形式针对用户实施 ERP 时，对于不适用的软件功能所进行的修改。虽然通过调整系统参数的方式也可以部门地满足用户的需求，但很多情况下，系统通过可调整参数所达到的灵活性非常有限。若用户的业务需求无法通过系统参数调整得以实现，就必须通过系统二次开发来实现。

7.4.3　用户化和二次开发的任务

尽管用户化和二次开发在含义上不尽相同，但它们的目标都是为了使 ERP 系统更能契合应用企业的实际情况，满足应用企业的实际需求，为应用企业带来实在的效益。通过用户化和二次开发主要解决以下问题：

1．国外软件的本土化

每个国家在历史、地理、政治、经济、文化等方面的条件各不相同，而反映到企业中，必然使企业在管理模式、管理方法等方面有所不同，所以企业自然会对 ERP 这样的管理系统提出不同的要求。而这些要求对大部分国外软件来说是无法完全实现的。这就产生了对软件进行用户化和二次开发的需求。这种用户化和二次开发常常是可以在多家国内企业广泛使用的，具有本地化的特点。对其程序要求具有产品软件的质量水平和技术支持水平，才能满足用户的需要。

2. 满足不同行业的需求

某种软件产品的存在依赖于需求和市场。企业信息化发展到今天，行业细分需求特点日益明显。以制造业为例，企业用户已经不仅仅满足于财务管理、进销存管理，更要求对生产制造过程进行现代化管理，以提高核心竞争力。而这方面的需求具有鲜明的行业特点：同样是制造业，机械、电子、医药、冶金、化工、纺织、汽车等对 ERP 软件的要求是不同的。即使同为汽车行业，总装厂、零部件厂、毛坯厂对软件功能的要求也各有不同。

3. 适应不同的企业战略

一个 ERP 系统是一个通行的解决方案，它的设计反映了对企业通行业务的基本原则。供应商试图使系统反映最佳的操作，但是这“最佳”的含义往往是由供应商而不是由顾客定义的。在多数情况下，系统能使企业的业务运行比使用前效率更高，但是在有些情况下，系统的设计恰恰违背了企业的最佳效益。因此，在具体实施 ERP 以前，必定需要对企业、企业所处的行业、企业的客户以及竞争对手等因素进行具体分析，对业务进行合理的分析和调整来保持并加强企业的核心竞争力。当 ERP 的某些理念与企业的核心竞争力有冲突时，需要对 ERP 系统进行适当的调整。通过合理的配置，甚至于二次开发来满足企业的需求，而不是一味地修正企业自身来适应系统。

4. 适应用户企业的特殊需要

有些使用 ERP 系统的公司是集团企业，作为集团企业的成员可能在不同的时期分别使用了自己的 ERP 系统，或者类似的信息系统，而作为统一管理这些成员公司的母公司，出于信息化管理的需要，必然希望能对这些不同的 ERP 系统的信息进行汇总管理，这就必然要求各个成员公司的 ERP 系统能够提供母公司要求的格式的数据。这些数据经常是系统本身不能提供或者不能按要求的格式提供的，这就必然涉及用户化或二次开发工作。所以，在使用不同软件的集团公司中就常常需要进行接口程序的用户化或二次开发工作。另外，每个企业的生产过程是不一样的，对生产过程的管理与控制也是千差万别的，所以就往往会提出本企业的一些特殊要求。这些要求可能是部分流程逻辑的改变，也可能是一些特殊格式的报表，但是其共同的主旨是适应企业独特的需要，对通用软件进行用户化或二次开发。

7.4.4 二次开发的风险

ERP 项目涉及企业的管理、生产、经营等方面，对于企业的竞争、生存起着非常重要的作用。在 ERP 系统二次开发中将对部分程序进行改动，所以 ERP 二次开发存在一定风险，一旦出问题将会给企业带来灭顶之灾。因此企业在选择是否对 ERP 系统进行二次开发之前要对可能存在的风险有所了解。

1. ERP 的二次开发通常会涉及软件模块的改动，要增加或修改软件的功能，一般需要专业的程序开发人员和软件实施顾问完成，需要借助软件商提供支持二次开发的工具，还可能需要有软件的源程序。这些可能需要支付额外的费用，而且并不是每个软件供应商都愿意提供源代码。一般来说，二次开发应该尽量减少或避免。

2. 易造成系统的不稳定或崩溃。ERP 系统是个错综复杂的系统，各个模块是个有机的整体。若要修改其中的一个功能，其影响的不单单是现在这个功能，还可能影响到其他功能。

3. 影响项目实施周期。二次开发的时间一般比较长，由于受开发人员的技术水平及和业务人员的沟通等因素的影响，如果让业务真正的用技术来实现，需要一定的时间让技术和业务人员共同沟通才能完成，所以，做二次开发时，CIO 要充分排好时间的周期。

4. 二次维护和升级风险大。对于 ERP 二次开发的项目如果已经改动了企业原 ERP 系统的核心代码，以后如果核心的人员流失，对于企业有着大的损失，同时，所需要的升级、安全等风险也将进一步加大。

7.4.5 二次开发的注意要点

ERP 二次开发存在很多的风险，但 ERP 的二次开发又必须做，那么作为 CIO 应该怎么办？如果因为害怕担风险，而不能去做好用系统满足企业业务的需求，那么系统的价值也将无法体现。企业的 CIO 在做 ERP 二次开发时究竟需要注意哪些问题，笔者认为有以下几点：

1. 不要修改核心代码，做好原有 ERP 备份

一般来说，把数据从 ERP 中导出，利用二次开发的程序进行处理后，再导入系统。这是一个比较稳妥的方法。一般来说，软件升级时数据导入导出部分变动不会太大，而且即使有变化，也容易进行相应的维护。而一旦直接修改了核心代码，过上两年，想升级可就难了。

2. 做好 ERP 二次开发成本控制

据资料显示，二次开发成本是一个考核 CIO 非常直接的指标。它包括有形成本与无形成本。有形的如二次开发的 ERP 软件的授权费用、实施费用等；无形的如企业投入的精力、时间成本及在系统转换过程中可能对正常企业的影响。作为企业 CIO 要尽自己的最大努力把这个成本降低到最少。

业内资深专家曾经指出：“CIO 对于企业的 ERP 二次开发前期要做一个良好的规划，要对二次开发的成本做出一个大致的预算，如总项目金额的 5%等。预算做出以后就需要进行跟踪控制。在软件选型阶段，就可以发现一些明显的二次开发需求，CIO 最好能够把这时候的二次开发成本推给软件供应商。”

3. 为企业争取尽可能大的利益

CIO 和软件服务商在 ERP 二次开发“沟通”过程中，应尽可能争取最大的利益。任何企业应用信息系统都会遇到升级的困惑，CIO 在和服务商签署合同时，就应该把二次开发的成本、利益都想到，尽可能地让服务商和企业一起做好二次开发，这样可以在系统和企业业务的熟知程度方面做到“互利互补”。

4. 寻找二次开发合作伙伴

如果不用服务商所提供的服务或者是企业自身开发的系统，那么就需要 CIO 去寻找二次开发合作伙伴。选择合作伙伴要选同行业做得有成功案例的。CIO 多去参考备选合作伙伴的用户使用情况，同时要结合企业 IT 部门自身的情况，选择合适的二次开发合作伙伴。

5. 避免开发人员流失，项目陷入困境

人才一直是企业最大的财富，对于 CIO 来讲，道理也是一样，IT 人才在 IT 部门对于企业同样重要。在企业 ERP 二次开发的过程当中，如果 IT 人员流失，对于 ERP 二次开发项目非常不利，容易让项目进入一个死循环，而且在进行人才招聘时，过多的招聘环节也会使项目的总体进度变慢，拖延企业有利的时机。如何留住人才是每一个 CIO 在 ERP 二次开发中所要考虑的一个重要问题。

6．系统少改最好，但完全不改的可能性也很低

ERP 系统本身汇集了很多大公司优秀的生产管理经验，因此，对于 CIO 来讲，尽可能地对系统少改，但市场是不断变化的，业务是不断变化的，ERP 也是需要变化的，同时，会出现新管理需求，ERP 不改的可能性非常小。但我们认为，核心不应该改动。既然二次开发存在一些管理上的困扰，所以“能够少改别多改，若能不改胜少改”的原则绝对是正确的。但是，在成熟套装软件实际实施的过程中，二次开发往往是无法避免的，较小规模的如新增或修改原有的报表程序，较大的可能会新增原本不存在于系统中的字段或文件档案，并新增或修改原有录入或作业处理程序。

ERP 二次开发也是为了服务于此管理系统而为企业的管理目标服务，如果离开这个目标一味受制于业务部门的需求，只会使 ERP 这个管理系统越来越难以管理，最终造成管理的混乱而不是提升。因此做 ERP 开发前，必须进行规划，确认此开发是否对企业管理有所提升，是否有利于业务流程的顺畅。

7.5 ERP 项目培训

ERP 项目培训在 ERP 实施中是十分重要的。如果实施 ERP 出现挫折，几乎可以肯定是出自人的问题，而不是计算机的程序问题或技术上的其他问题。使用 ERP 最成功的企业是通过把人送到企业以外的学习班学习，并为留在企业内的人提供教育课程等途径来完成教育计划。

7.5.1 培训的重要性

从项目调研阶段开始至项目上线阶段结束，项目培训贯穿了项目的整个周期，项目系统培训是 ERP 项目成功与失败的关键因素。要使用户能从理解 ERP 理论开始到完全掌握 ERP 软件的详细操作，就必须进行全面的培训。从以往的 ERP 项目实施经验中我们知道，培训必须贯穿项目的始终，才能使用户达到业务熟悉、操作熟练的程度。项目应用成功，大部分来自于用户对业务的正确理解和准确操作。套用企业管理流行的一句话，“一流的员工不是招进来的，而是培训出来的”。在 ERP 项目实施中同样适用。但大部分的项目因为项目周期的短暂，往往忽视培训的投入，培训人员、场所、环境、教材、器材等都没有很好地准备，导致大部分培训流于形式，加上培训管理不善、参与培训人员缺乏主动性，导致项目培训的效果大打折扣。企业用户对 ERP 的学习往往也是“三天打鱼，两天晒网”。而到了系统开始切换上线后，公司业务真刀真枪上线时，员工才发现大部分业务不会操作，临时抱佛脚的大有人在，关键用户和顾问到处“救火”的情况时有发生。

毕竟 ERP 项目对于企业而言是一项投入巨大的项目，公司已经并将为之付出大量的成本，公司上下不能不说非常重视。必须建立必要的激励机制，同时除了公司层面和项目层面建立激励机制之外，如何有效执行，靠什么保障呢?从上述培训问题导致项目问题出发，建立项目完整的培训体系是非常重要的。不管是项目开始的 ERP 原理培训、功能培训、操作培训、操作手册编写、上岗培训、岗位指引等到最后的上线指导培训，都将其纳入到项目完整的培训体系中。当中还包括对 IT 专业技术支持的软件开发员和数据库管理员的技术培训等。可谓全面覆盖了公司的所有层面。

针对如此庞大的培训过程，则要求项目经理编制详细的培训计划，涵盖项目各个阶段的多轮次培训和各单项的详细培训计划，同时还应该包括培训后的测验和上岗考试、操作手册的编写、岗位操作指引编写等内容。计划必须根据每次培训的课程和内容，专门指定讲师（一般由负责顾问担任）、培训教材（由负责讲师专门编写）、培训场所（指定专人负责）、培训器材用品（如投影仪、远程视频等工具及计算机、局域网或互联网等）、培训软件环境（与公司产品应用环境相同）、培训对象（一般为关键用户、最终用户、骨干业务人员、部门负责人等）、培训时间（必须保证主要岗位人员都参与）。通过日常上机测验和上岗考试对培训效果进行跟踪，将 ERP 培训与上岗考试和个人绩效挂钩，作为员工上岗的重要指标之一。

操作手册和岗位业务指引的编写对关键用户提出了更高的要求，关键用户不仅参与全部的项目过程，而且承载了 ERP 知识转移的重任，通过操作手册和岗位业务指引建立企业自身的 ERP 规范和管理体系。

行业有句流行语“进去的如果是垃圾，出来的也是垃圾”。可想而知用户的正确操作对 ERP 数据的准确性有不可言喻的重要性。只有业务数据的准确，才能保证项目的成功实施。

7.5.2 培训的对象

在 ERP 实施中最先接受教育的应该是总经理和上层的经理。因为他们的领导对 ERP 的成功是绝对关键的。教育计划为他们准备了需要掌握的原则，以便他们在安装和使用 ERP 中应用，为掌握更多的 ERP 知识，管理下层工作人员奠定坚实的基础。

有些企业把实施 ERP 的责任局限在生产和库存控制的负责人和少数部门经理的身上，而没有上层领导的参与，这将导致他们的 ERP 系统遇到不必要的严重风险，系统不能实现预期的目标，人们很快就会失去兴趣。更糟的是，当经理希望使用 ERP 这种科学管理工具的时候，却发现他们已经失去了 ERP 为他们提供的宝贵的管理良机。

因此，加强对管理人员的培训，培养业务人员对 ERP 的认识是很重要的。我们要从分析、判断、管理控制的角度去培训，对于从事不同工作的对象需要提供不同的培训计划，同时也要加强系列化的培训教育，使培训贯穿在整个实施过程中。培训、培训、再培训是实施 ERP 系统的必要手段。

经过培训的企业领导除了要对 ERP 有个全面的认识外，还必须认识到以下几点：

1. ERP 项目具有长期性、艰巨性、复杂性、阶段性的特点。企业领导必须时刻保持清醒的头脑。

2. 咨询、监督、培训贯穿 ERP。从立项到实施的始终，它们直接关系到 ERP 项目实施的质量，甚至成败。

3. 必要的资金保证。资金不足而仓促上马的唯一结果是浪费更多的资金。

7.5.3 培训的目标

培训是信息应用的重要环节，建立信息培训机构是 ERP 得以正常运行的保证。例如，车间班组的信息人员是企业信息工作的主要群体，也是企业内部调离、升职流动量最大的群体，不断地培训这个群体才能确保企业信息系统的正常运行。

培训含有教育和训练两重意义。前者侧重于哲理和概念，讨论 ERP 系统的原理和运行机制，如何运用 ERP 系统解决经营生产业务中发生的问题，主要说明"为什么要这样做，有什么必要，有什么效益"，是一种面向业务的培训。后者侧重于应用方法，主要说明"怎样做"，是一种面向软件的培训，一般安排在"教育"之后，结合 ERP 软件的实施进行。ERP 同手工管理的主要区别之一在于它是一种规范化的系统，它要求各级管理人员有严肃的工作作风，要求各个岗位人员都要用严谨的态度对待各种信息。

ERP 模式中，每一项数据、名词和术语都有严密的定义，每一项事务处理都有严格的程序。它要求每个人员不仅知道本岗位的工作要求，还要了解本岗位的工作质量对其他岗位工作的影响，从全局和系统的观点来理解和做好本职工作。各岗位人员只有对 ERP 有了系统的理解和统一的认识，明白了实施 ERP 的必要性和目标效益，变被动的"要我干"为主动的"我要干"，在实施 ERP 的过程中才能齐心协力、步调一致。因此，我们必须十分重视和突出培训工作。在培训工作中我们要防止单纯讲解软件和技术问题，忽视观念更新和行为规范方面的教育；重视对人员的培训，实质上是把提高人的素质，调动人的积极性作为搞好企业管理的第一位工作。ERP 软件的功能再强，还要靠人去运用，而 ERP 的威力只有在人们学会运用它时才能真正发挥出来。

7.5.4 培训的内容

培养企业自己的软、硬件技术队伍，是系统有效运行的重要条件。在 ERP 实施过程中，培训是十分重要的环节，培训工作要贯穿实施的全过程，培训工作要分层次不断深化。从内容上可分为 ERP 理论培训、计算机和网络知识培训、应用软件使用培训等，从人员上可分为企业领导层培训、工程项目工作组培训、计算机专业人员培训和业务管理人员培训。针对不同的对象，培训可分为：

1. 对 ERP 系统管理理念的培训

在完成立项分析并初步决定应用 ERP 之后，需要对企业高层领导及今后 ERP 项目组人员组织进行 ERP 应用理念培训，这是 ERP 系统应用成功的思想基础。这是极其重要而又被企业经常忽视的一个阶段，即 ERP 应用前的"洗脑"阶段。这种培训就是我们在选型时对企业高层领导做的培训。培训目的之一是让他们形成共识，理解为什么 ERP 是管理改造项目，离不开高层领导的支持；目的之二是让他们对 ERP 有一个正确的预期。

2．对项目小组的培训

对项目小组的培训包括项目管理的培训、实施方法的培训、ERP 软件功能的培训。ERP 实施对企业来说也是一个大型项目，成功的 ERP 实施离不开成功的项目管理，所以项目小组成员必须了解项目管理的一般概念和方法。

3．对最终用户软件操作的培训

对最终用户软件操作的培训就是让用户知道怎么操作软件才是企业最能够接受的。

4．对技术人员的培训

对技术人员的培训包括对系统管理员培训（基本的 ERP 知识的介绍、网络的建立、如何辅导企业员工进行 ERP 操作、ERP 系统中服务器和客户端的配置安装等）和开发人员的培训（程序的编写、编码的编写）等。

5．对新流程的培训

ERP 实施中技术虽然很重要，工作量也很大，但却并不是最难的。最难的是 ERP 实施必须对管理做很大改变，即进行业务流程重组。这样，ERP 实施完成后，企业员工都面临着全新业务流程。

6．对数据分析的培训

ERP 系统正常运行后，会有很多有用的数据。如果这些数据不能利用，就不会很好地发挥 ERP 系统的作用，所以我们必须教企业如何去分析数据，为企业决策提供依据。为了进行扩大培训，企业应当建立一支教员队伍，结合本企业的实际例子，编制适合本企业用的培训教材与讲义。从企业外部请专家和软件公司的实施指导顾问在项目实施时是必要的，但是企业外的专家顾问只能起到一种催化剂的作用，而本企业的教员由于熟悉企业情况，可以对比现行管理，说明 ERP 系统如何解决手工管理解决不了的问题，而且现身说法的讲述，更容易被企业人员所接受。培训不怕重复。我们可以用不同的方式从不同的角度反复讲解和讨论。接受过培训的人员其工作岗位应当稳定，培训后要立即投入实施工作。培训完毕应有考核，颁发结业证书并给予奖励。我们可以通过誓师大会、动员会、发“上岗证”等方式使企业人人重视 ERP 系统的培训与实施。

总之，培训效果是一个极其重要的因素，培训工作要贯穿整个实施过程，我们应始终给予高度重视。

案例分析：企业在线 ERP 系统二次开发问题的探讨分析

随着信息技术的进步和激烈市场竞争的多元化，企业采用引进 ERP 这种具有最先进的管理思想和方法的信息系统，以提高企业的整体效率和市场竞争能力。尽管国内外一些著名公司基于自身的信息技术并根据企业整合的方法论开发出完整且复杂的在线 ERP 系统，但由于各企业都有自己独特的管理理念与企业文化特点，必然会存在一些无法满足企业本身需求或与企业产生不适合的情况，虽然系统通过参数可调的形式可以部分满足不同用户的需求，但很多情况下还是达不到要求，就需要改动原有程序甚至修改原始数据库结构的二次开发来完成。

1. 在线 ERP 系统二次开发的产生原因

（1）用户不愿意改变现有的操作习惯

对于任何一套 ERP 软件产品为了具有较强的通用性，软件功能是标准的，流程设置是规范化的。但企业实施 ERP 时，除了在业务流程等方面具有个性化需求外，还存在着一些不涉及业务流程的、由企业的特殊性产生的操作习惯需求，而提出了大量的二次开发。

（2）企业不合理的管理制度造成的特殊流程需求

主要表现在企业想把现有的手工流程、手工作业一成不变地搬到 ERP 中去，而不分析 ERP 现有的流程与本企业原有的流程的优劣性，固执地坚持采用目前的管理手段、管理习惯，要进行二次开发来满足其需求。

（3）ERP 软件确实无法满足的需求

在线 ERP 系统是一个套装软件，属于行业通用的，而每个企业有其自身的特点，确实存在着一些个性的业务流程需求，要进行二次开发，既要吸纳软件中的先进管理思想，也要保持企业的特色。

（4）接口需求

企业的信息化建设涉及多套系统，如某企业软件系统包括 Pro/E、CAD、PDM、CAPP 等，而各系统的数据之间存在信息共享，产生系统接口需求，二次开发也成为必然的。

（5）新的需求产生

随着项目的实施，企业人员对信息系统有了更深的了解，应用不断深入，对信息系统产品就会提出更多的要求，来提升企业管理水平。

2. 在线 ERP 系统二次开发的可能带来的风险

（1）在线 ERP 系统二次开发会增加系统升级的难度

ERP 供应商会阶段性地对系统新功能扩充，推出新的版本。系统的升级只针对标准版的，不会考虑到用户化和二次开发部分，所以系统二次开发工作大部分要重新修改或者开发，有些甚至无法再升级了，这是二次开发的最致命弊端。

（2）在线 ERP 系统二次开发会降低系统稳定性

成熟 ERP 软件是由优秀的团队经过数年或者数十年的开发研制并在大批用户的验证下成长的，具有较高的稳定性。而二次开发只对单一用户的需求，对某局部的更改往往因为没有考虑对全局的影响而殃及整个系统的稳定性，并且二次开发的测试和试运行时间有限，出现 BUG 的概率较大，系统复杂度以及耦合度增大，降低系统的稳定性。

（3）二次开发有时会偏离企业实施在线 ERP 系统获得管理水平的提升、优化企业流程的最初目标

二次开发需求往往会使在线 ERP 系统合理的逻辑屈服于企业固有的、习惯的工作方法，也会因提高不同部门员工使用系统的效率，而影响流程的稳定性。

（4）二次开发要求会增加 ERP 项目的成本

因为软件的规模效应，产品软件的价格相对于其功能是相当低的。而二次开发只针对唯一用户，所以这些程序开发的全部成本由其承担，即使由企业自行二次开发，也要投入人力、物力，势必增加 ERP 项目的成本。

3．ERP二次开发的风险控制

尽管各企业ERP二次开发是不尽相同的，但必须把握好二次开发的原则：实施ERP二次开发项目的目的是提升企业的管理水平，优化企业的流程。因提升个别工作效率而会影响业务流程的稳定性，坚决不做；因工作效率提升，并未对业务流程以及管理水平有帮忙的开发，尽量少做。基于此原则，针对二次开发风险的控制做以下总结。

（1）对整个企业的业务进行IT规划，二次开发要求的合理性分析，要有所取舍

对于机械制造企业，会涉及CAD、PDM、CAPP、ERP、MES系统，并存在接口集成等，因此要根据企业的实际，从业务流程的整体角度去考虑，而不是从某个功能点或某个业务部门去考虑。企业不应过多地强调自身的特点，毕竟ERP中的管理流程是从许多企业中提炼出来的，具有一定的先进性和合理性。而有些特殊之处是由于企业流程自身的不合理产生的，应通过ERP的实施，对企业的业务流程进行优化或重组，而不是一味修改软件以适应不合理的流程。

（2）尽量利用原有的“闲置”字段，避免改动数据库结构

对于那些会牵涉新增字段或档案，而影响到原有数据库结构的开发，尽量利用系统原有的“闲置”字段，不要轻易新增字段或文件档案。如确实需要的要与原开发商进行确认，以避免二次开发与产品发展方向重叠或冲突，降低日后版本升级的困扰。

（3）不要随意修改核心代码，新功能自成模块

要严格遵守不修改核心代码这一原则。如果必须开发，则应尽量使得二次开发的功能模块独立于原来的在线ERP系统。这样当在线ERP系统版本更新时，二次开发出来的模块无需修改或者只需较少修改就可以应用于高版本的在线ERP系统。

（4）建立二次开发的规范

ERP是一项庞杂的系统工程，ERP二次开发要建立一套完整的开发流程、开发标准。新扩充的字段、新建程序的命名制定统一规范，并且要预留扩充空间。公用组件不建议修改，程序的编写应采用继承的方式。

（5）加强IT队伍建设，避免开发人员流失

培养一支既懂管理科学又懂信息技术的复合型、专业化人才队伍是企业信息化建设的重中之重。留住IT人才也是规避企业ERP二次开发风险的策略。

4．结语

企业在线ERP系统二次开发具有十分重要的意义，该文旨在从中总结出一些普遍性的经验和教训，对提高ERP实施的成功率和实施效益具有参考价值，从而使得ERP能够真正发挥作用，提高企业的核心竞争力，推动企业的发展。

（案例改编自：http://www.china-saas.com/a/zuixindongtai2/20150310/935.html）

关键字

项目需求（Project Requirements）

生命周期（Life Cycle）

原型法（Prototype Method）

面向对象（Object Oriented）

计算机辅助软件工程（Computer Aided Software Engineering）

二次开发（Redevelopment）

思考题

1. 理解 ERP 项目需求的意义。
2. 简述项目需求的内容。
3. ERP 系统设计阶段主要工作有哪些?
4. 简述 ERP 验收测试的流程及方法原则。
5. ERP 开发的主要方法。
6. 原型法实施 ERP 的好处有哪些?
7. 简述结构化生命周期方法的优点。
8. 系统开发的方法有哪些?
9. 为什么要进行 ERP 二次开发。
10. 简述 ERP 项目培训的必要性。

参考文献

陈启申. 成功实施 ERP 的规范流程: 知理 · 知己 · 知彼 · 知用. 北京: 电子工业出版社, 2009.

田俊国. ERP 项目管理散记. 北京: 清华大学出版社, 2009.

乐立俊. SAP 后勤模块实施攻略: SAP 在生产、采购、销售、物流中的应用. 北京: 机械工业出版社, 2013.

第8章 监理视角：ERP项目管控与评价

教学知识点

- ERP 项目绩效评价的意义和效益分析。
- ERP 项目绩效评价的基本思路和方法。
- ERP 项目监理的体系结构和工作内容。
- ERP 应用评价体系和方法。

导入案例

东阿阿胶股份有限公司 ERP 应用评价

案例背景

东阿阿胶集团有限公司（以下简称东阿阿胶）拥有 7 个成员企业、3 个分厂，其核心企业东阿阿胶股份有限公司是全国最大的阿胶生产企业，但随着竞争的激烈，这一优势地位正在面临严峻的挑战。由于近年来，以阿胶为原料的产品技术含量有限、进入壁垒低，导致大量的企业涌入这一行业。到目前为止，全国生产阿胶的厂商有几十个，大家都在使出浑身解数，提高市场份额。如何保持龙头地位是一直困扰东阿阿胶的问题。

ERP 选型与实施

在第二次的 ERP 软件选型时，东阿阿胶及时总结教训，由分管集团信息化建设的副总经理和集团信息中心主任为首，成立了专门的软件选型小组。该小组制定了三项原则：一是严格实行招标制度，邀请有关专家进行多家分析和比较；二是认真考察 ERP 生产厂商；三是确保软件选型避免流于形式，一定要脚踏实地，避免徇私舞弊情况的发生。经过对国内外数家 ERP 软件提供商的考察、分析和比较，东阿阿胶最终选择了和佳公司的 ERP 产品。该产品不仅可以在 Windows NT + SQL Server 中、小型平台上运行，而且可以在 Unix、OS/400 + DB2 / UDB、Sybase、Oracle、Informix 等中、大型平台上运行。该公司具有成功实施大中型企业 ERP 用户的经验，在业内有着较高的声誉。

ERP 项目实施的效益

东阿阿胶 ERP 项目的实施成效，已经在财务、生产、库存及销售等管理方面得到体现，将资金需求计划纳入到管理层的高度，实现了对资金运用的有效监控；对生产流程和生产过程进行了重新规划、理顺，形成了对产品生产过程的严格控制与跟踪；对销售发货及业务流程进行了规范和整顿；对库存管理进行了整顿，按照严格标准划分了货区、货位，并对库存物资进行了分类，做到了科学管理；对企业的组织机构进行了重新规划，实现了组织机构扁平化。这些举措取得了较为明显的效果，不仅提高了企业管理水平，也获得了可观的效益，这些效益主要表现在以下两个方面。

（1）直接经济效益

利润率、成本费用利润率、流动资金周转率、总资产周转率、总资产报酬率、存货周转率、应收账款周转率等指标均有明显提升。

（2）间接效益

建立了以财务管理为中心的企业管理新机制，实现了决策科学化、规范化管理，决策靠数据，调研论证有依据，减少了决策的简单化、盲目化和失误，实现了全面计划管理，提高了整个企业计算机管理系统和软件应用系统的集成度，彻底解决了信息"孤岛"现象等。

讨论：

（1）ERP 选型对 ERP 实施效益有影响吗？

（2）ERP 软件的效益可以从哪些方面衡量？

（案例改编自：百度文库 http://wenku.baidu.com/view/5a885f360b4c2e3f5727639d.html）

对于任何一件事，成功总是相对的，而非绝对的。孩子们得到一件喜欢的玩具是成功；学生的成功可能来自考试得了高分；职位的升迁对员工来说往往意味着成功，所以成功的判断标准是目标得到了实现。本章结合 ERP 项目特点，讲述 ERP 项目评价、监理的相关内容。

8.1 ERP 项目特点

归纳起来，ERP 实施项目有六大特点。

1．目标柔韧

IT 项目最大的特点就是其需求规格不容易完整确切地表述。不像盖大楼，所有的东西事先都有确切地设计图纸；也不像机械加工，螺钉、螺母的规格都有严格的约定和国家标准，事先还会有非常具体的设计，完工后又有非常好的验收标准，甲乙双方有共同的约定可遵循。而 IT 项目则不同，其目标的柔性很大，项目的范围不容易界定，用户所理解的 ERP 系统实施成功的标准和供应商所理解的标准往往有很大的出入。原因在于：第一，用户经常受到经验和专业能力的限制，很难确切地、完整地表达自己的需求，换句话说，客户往往不知道自己想要什么。第二，ERP 项目实施过程本质上是一种服务过程，实施顾问给客户提供的是服务，而客户得到的则是一种体验，客户体验的感受成为对供应商实施顾问服务的一种客观评价，这个评价中掺杂着很大的感性成分和个性成分。例如，关于产品易用性的评价，客户学会了，操作熟练了，他可能就说好用；客户没学会，操作别扭，他可能就说不好用。这个案例告诉我们，软件的易用性在很大程度上存在感性成分，但扎实的客户培训能够有效地弥补软件设计上的易用性曲线。

目标柔韧对所有项目管理者来讲都是很麻烦的事情，所以，这类项目要实施成功，项目经理就要更加注重除满足软件固有功能之外的影响——客户评价的因素，这个因素有时候会起到决定性作用。业内有一个不争的事实：软件产品很难做到无懈可击，客户只要存心找茬，总是能找出来的。可见，目标柔韧这个固有的特性本身是造成很多软件项目失败的原因。

2．综合性强

IT 行业具有很强的渗透性和带动作用，是国民经济发展的带动力量，所以，国务院机构改革把信息产业部归并为工业和信息化部。信息化已逐步渗透到国民经济第一、第二、第三产业以及社会生活的各个领域，并有效地推动了产业结构调整，促进了产业技术改造，提高了人们的生活水平，为产业发展和整个社会生活带来了革命性的变化。

软件产品和信息技术都是为推动企业管理进步或者技术改进的工具。因此，这个工作必须和其所服务的对象紧密结合，脱离了具体业务的信息系统只能当作一种游戏。也就是说，信息技术项目需要的人才一般要有一定的行业背景，对项目经理和业务骨干的综合素质要求很高，优秀的项目经理必须是既有计算机专业知识又有行业知识的复合型人才。如果 ERP 项目经理对所服务企业的行业背景不甚了解，对企业商业模式的理解不够深刻，是很难帮助企业提升管理水平的。

3．跨组织性

ERP 项目组最大的特点是它由两个甚至更多的组织组成。项目组中既有供应商的实施顾问和项目经理，又有客户自己的各级领导、应用人员和项目经理，有时候还会有项目监理等第三方代表。这类项目中，项目经理是临时性的，团队成员是兼职参与项目的，如果没有当前这个项目的实施，所有的团队成员都有他们自己本职的工作，ERP 项目实施的工作任务是凭空添加出来的，这就给项目组的协调和项目任务的落实带来一定困难。

在跨组织项目组中，要想顺利推进项目，严格的工作分工和责任指派、严肃的纪律保障和团队成员间的相互信任非常重要。

4．过程不易监控

ERP 实施项目和传统的实施项目最大的不同是其中间结果的质量很难鉴定，而且中间结果和最终结果之间的联系不直接。譬如盖房子，从打地基起到盖完五层，人人都能看见和看懂它的进度。ERP 项目实施则不同，如调研阶段的结果就是一个几十页的 Word 文档，这些文档的优劣只有专家才能评价，所以，软件开发和实施的过程只有具备专业知识的人才能够真正看懂。这就使得 ERP 实施项目的过程检视和过程评审有一定难度，因为外行是看不懂的，甚至客户方也是看不懂的。

正因为 ERP 实施项目过程不易监控，过程管理就显得至关重要，稍有不慎，就会造成大量返工或工作遗漏，从而影响整个项目的进度、质量和投资。

5．伴随着管理变革

ERP 实施项目失败率很高的另一个原因却在项目之外，那就是 ERP 项目实施常常伴随着企业的管理变革。相当比例的失败项目，与其说是 ERP 项目实施的失败，还不如说是企业内部管理变革的失败。

因为 ERP 本身是一个新的信息化管理手段，使用这种管理手段和办公方式必然会冲击企业固有的管理模式。信息化的管理手段和传统管理手段之间的冲突，通常是很剧烈的，有时甚至会涉及企业内部高层权力的再分配，触动一部分人的既得利益。ERP 项目实施顾问动辄会有意无意地卷入企业内部的这些矛盾中。从这个意义上讲，ERP 实施过程就是企业内部的管理模式变更的过程。

6．受文化影响大

每个项目都是在一种或多种企业文化形式的背景下运行的，所以企业文化会影响 ERP 项目的实施成败。最为明显的就是企业的执行力文化，企业良好的执行力会对 ERP 项目的顺利实施起到作用，而在执行力不好的企业实施 ERP，则如逆水行舟，举步维艰。有时候，企业文化对项目成败的影响甚至是决定性的，在保守的企业文化氛围笼罩下，中层干部和基层人员缺乏创新能力，几十年如一日地干同样的事情，从来没有改变过，也从来没有怀疑过它的合理性，更不打算优化现有的流程和制度。遇到这种情况，ERP 要想落地生根，阻力就会较大，失败的风险就会大一些。

8.2 ERP 项目绩效评价

复杂多变的环境、激烈的市场竞争促使了 ERP 的快速发展，ERP 对于企业生存发展的战略意义和重要性与日俱增，企业对 ERP 的价值也寄予了很高的期望。在近 20 年的发展变化中，尽管企业在实施、应用 ERP 方面已经取得了显著的成就，但是仍然面临着诸多问题。ERP 绩效管理及绩效评价成为这诸多问题中备受业界关注的焦点。评价不仅是结果的显示，也是信息化战略实施的导航系统，系统控制的仪表盘，项目过程管理的指示器。

8.2.1 绩效评价的意义

1．ERP 应用绩效的界定

ERP 系统应用绩效评价的研究是对企业实施 ERP 系统后的工作成绩及效率效果进行评议和考核，评价的目的是从企业实施 ERP 系统的目的和战略出发，考察 ERP 系统应用给企业经营和管理带来的影响。

2．研究 ERP 应用绩效评价的意义

总的来说，中国企业的 ERP 实施及应用水平与西方发达国家还有很大的差距。主要原因在于国内外企业实施 ERP 的基础与背景不同。

国外企业从 20 世纪初就开始致力于企业内部管理水平的改善，陆续采用了泰勒的科学管理法、质量统计控制法、库存控制法、生产计划和作业排序的优化法、全面质量管理等一系列科学管理方法，企业内部已经建立了较强的管理基础。从外部环境看，社会化分工协作体系和行业供应链结构也已经经历了一个长时间的合理化重组，且在应用上有了浑厚的积淀。在此基础上，ERP 管理模式的引入和信息技术的应用，则如虎添翼，使 ERP 的应用“水到渠成”，并取得了巨大的经济效益和管理效益。

而我国多数企业应用 MRPⅡ/ERP 要比西方国家迟了至少 10 年，存在缺乏扎实的科学管理基础、内部管理基础薄弱、业务流程不够合理等问题。此外，还存在缺乏综合型人才、缺乏统一的规范和标准以及外部支撑配套环境尚未形成等问题。

根据大型企业信息化建设的跟踪调查结果，显示实施和应用 ERP 系统的企业中，只有少数的企业开始进入成熟的应用阶段。而大多数企业信息系统的使用仍然停留在表面的应用层面，企业还不能把管理和信息系统两者充分地结合起来，使信息系统更好地为管理服务。非常多的企业在一腔热情之中对 ERP 系统的软件及其配套硬件上投入了非常巨大的成本，ERP 系统在一个大型企业的上线往往需要上千万资金的投入，同时企业在人力资源和组织结构上也投入了很大的改革成本和机会成本，但是却没有得到理想的应用效果，导致投入和产出不能对称或根本无法量化的困局。

因此，深入研究我国企业 ERP 的实施应用过程，为其提供系统、可行的指导方案，降低系统实施的风险，从而提高实施成功率，就显得极为必要和迫切。

从另一方面来看，ERP 系统应用绩效评价研究，不但能完善现有实施绩效评价体系，而且能推动企业个体的信息化战略变革，提升综合竞争力。从 ERP 系统实施的过程来看，多数企业在实施过程和日常应用中遇到了很多问题，换言之，对 ERP 系统应用绩效的定期评估和测评本身就是 ERP 项目管理的一部分。因此，对 ERP 系统的应用进行绩效评价便成为当务之急。

3．ERP 系统应用绩效评价的特点

对信息系统的成功进行定义和评价一直是信息系统研究领域最具挑战的问题之一。很多学者认为，信息系统是一种社会技术系统，对信息系统的评价不是一个简单的技术项目评估问题，而是一个复杂的社会过程。ERP 是一种集财务管理模块、生产控制管理模块、物流管理模块以及人力资源管理模块为一体的综合控制管理系统，其复杂性和对企业的影响度超过了以往任何一种单一功能的信息系统，对 ERP 系统应用绩效的评价也变得更加复杂和困难。ERP 的成功实施不仅在于企业的财务因素，更重要的是在于高层管理人员的支持、企业内部流程以及企业员工素质等非财务因素。因此，在对 ERP 环境下企业绩效进行评价时，需要考虑的不仅是财务因素，更重要的是非财务因素。另外，由于 ERP 给企业带来的效益不仅仅是直接效益，更多还是大量的无形效益、间接效益、长期效益以及滞后效益，这使得对 ERP 系统应用绩效的评价更加复杂。因此，单纯靠单一的绩效评价体系和方法已经不能满足其要求。此外，ERP 系统应用绩效评价既要定性地反映企业应用 ERP 后在管理方面有哪些明显的改进、提高和创新，又要利用相关的经济指标定量地反映企业综合能力和管理过程中状况的改进与提高，重点应突出企业管理创新。ERP 应用绩效的评价具有以下特点：

（1）ERP 的定义存在不确定性，很难清楚界定应用绩效的范围

当初，GartnerGroup 是通过一系列的功能标准来界定 ERP 系统。超越 MRPⅡ范围的集成功能、支持混合方式的制造环境、支持能动的监控能力、支持开放的客户机/服务器计算环境……这不仅仅是描述 ERP 系统的。从企业应用的角度看，ERP 系统应包括哪些功能、实现哪些信息的集成等还缺乏一个明确的范畴。同时，从总体上看，国内企业信息化水平参差不齐，能够完整实施 MRPⅡ、实现物流同资金流集成的企业不多，更谈不上全局级应用 ERP

了。实际上，很多企业仅仅使用进销存系统或闭环 MRP，或者只实施了 ERP 的少数几个模块，仅仅停留在局部（部门级）的应用，这样就很难确定哪些效益是 ERP 系统产生的。

（2）ERP 属于企业全局级的应用，所产生的整体效益、评价范围难以明确界定

信息化投入和产出之间存在一个难解的数量关系，信息是通过渗透、激活和协调其他生产要素发挥作用，而 ERP 系统通过将整个企业的资源纳入管理，影响企业运作的各个方面，提高整体运作效率，这是信息集成的优势所在。然而能够带来全局整体效益的因素很多。例如，有些企业在实施 ERP 系统的同时，也在开展企业流程再造、全面素质管理等，这些管理的变革都能带来企业整体的效益，很难清楚界定哪些效益是由实施 ERP 带来的。同时，各评价要素之间的关系错综复杂，有过程的，有结果的，有些甚至互为因果，如何认识这些要素的属性，理清它们之间的关系，是选取 ERP 应用绩效指标评价的关键。

（3）ERP 应用具有特殊的技术经济特点

① ERP 应用既可以产生直接效益，又可以产生间接效益；既可以形成有形利益，又可以形成无形利益；既可以带来战术利益，又可以带来战略利益。

② ERP 系统发挥作用的时间较长，有明显的滞后效应。

③ ERP 应用几乎影响企业生产经营的各个方面，可能对企业的生存发展产生根本性影响，所以 ERP 所产生的绩效和对企业的影响就很难被确定和量化，传统的项目技术经济评价体系不适合对现代企业的 ERP 应用进行评价。

④ ERP 的应用绩效受行业特点、企业发展阶段等各种因素的影响。对于不同行业的企业和处于不同发展阶段的企业来说，ERP 系统应用的绩效所体现的形式各不相同，具有明显的个性化特征。例如，制造类企业应用 ERP 系统所带来的零部件缺件率降低、生产周期缩短等，不可能在零售类企业的 ERP 应用绩效中体现出来。因此，对于 ERP 实施效果评价缺乏统一的标准，在这种情况下，就要求评价的指标体系具有很高的灵活性、个性特征和创新性，整体框架具有一定的延续性。

（4）ERP 绩效监控具有动态性

ERP 作为一项投资，往往伴随着漫长的投资回报，在业绩提升方面的潜在利益不能在短期内实现。有国外学者曾指出企业会因为 ERP 的实施而持续一段时间的混乱状态，企业的业绩也会较实施前差，企业不会在 ERP 实施后当即产生效益，必须等到员工熟练系统或企业流程顺畅后，效果才会逐步显现，ERP 大约需要 2～5 年甚至更久才会对企业业绩产生正面影响。这些研究表明 ERP 的绩效监控具有动态的特性，在不同的时期，评价指标体系必定不能相同，并且要剔除宏观因素或其他重大事件的影响，以免降低 ERP 实施行为对企业业绩影响的能力。

8.2.2 ERP 系统实施的驱动因素分析

本节主要从三个方面展开讨论，即驱动因素、过程因素和成败因素研究。因素研究是贯穿 ERP 实施绩效研究的重要内容，驱动因素与 ERP 系统的预期利益紧密相关；过程因素影响着 ERP 系统的有效实施；成败决定因素是构成 ERP 绩效评价指标的直接来源。其中，ERP 实施的高失败率使其成败因素成为理论和企业界的研究热点。

1．实施 ERP 的驱动因素

企业实施 ERP 是企业自身发展的一种需要，在这个阶段中企业大多在管理上出现了这样或那样的矛盾，如生产计划变化频繁、库存严重积压、市场信息传递不及时、产品设计更改频繁等问题。这些问题已严重制约了企业的发展，必须切实解决好这些管理问题，全面提升企业的管理水平、发挥管理效益，才能使企业不至于在激烈的市场竞争中被淘汰。

目前，专门针对 ERP 实施的驱动因素的研究并不多，有代表性的观点主要集中在两个方面，一是认为驱动因素主要有 5 点，依次为竞争动机、效率动机、技术动机、经营动机和战略动机。另有学者以制度理论、资源依赖理论、资源基础理论、交易成本理论为研究架构基础，建立了一个“决定企业实施 ERP 系统”的完整整合模型，其中决定实施 ERP 系统的 3 项考虑变量为制度压力变量（竞争者压力、协作厂商压力）、效率压力变量（低成本策略、差异化策略）、抗拒压力动机变量（建构成本、软件差异、异入方式、ERP 出现时间、公司成立时间、公司组织规模），这些评价指标较为全面地反映了 ERP 实施的驱动因素。

2．ERP 有效实施的过程因素

IT 的应用一般遵循 6 个阶段：初始期、采用期、适应期、接受期、常规期、扩散期。学者 P.S.Rajagopal（2002）将这一模型应用到 ERP 的实施上，建立了过程因素决定模型（见图 8-1）。

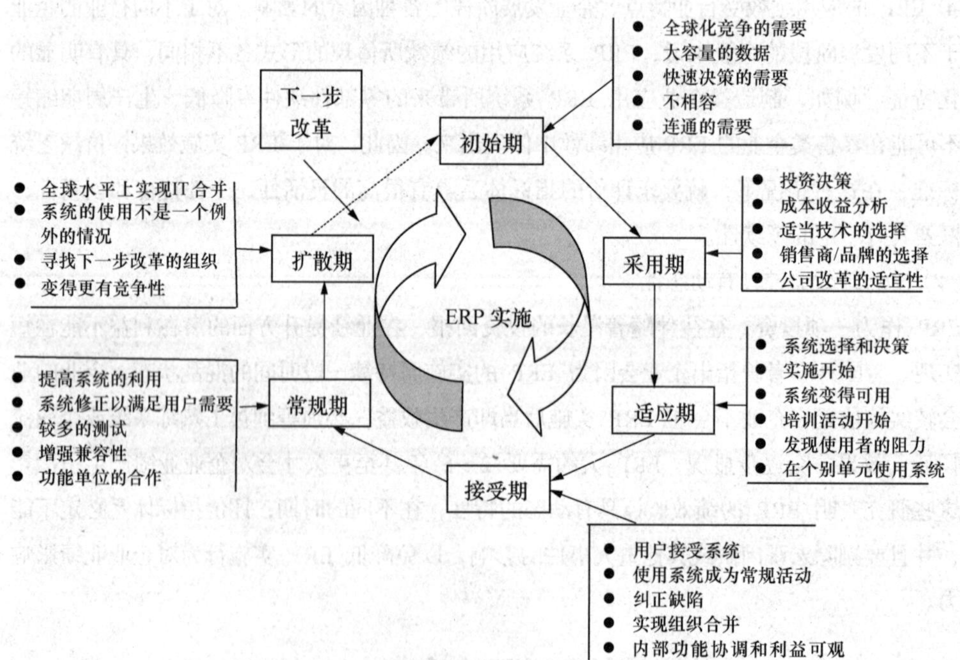

图 8-1　ERP 实施的过程模型及各阶段的影响因素

3．ERP 实施成败的决定因素

关于 ERP 实施成败的决定因素，国外的研究多从组织因素着手。总的说来，主要的影响因素见图 8-2。

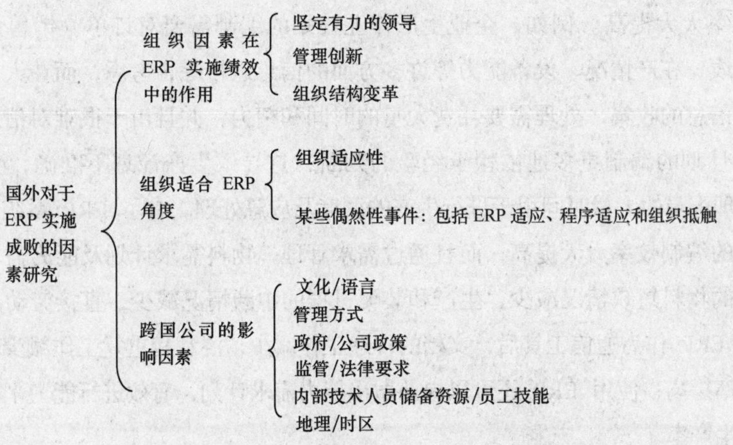

图 8-2　国外对于 ERP 实施成败影响因素的研究

国内对于 ERP 实施成败影响因素的研究也大多采用实证研究的方法，确定领导因素、业务流程重组、项目管理、变革管理和外部支持 5 类因素作为中国企业 ERP 实施的关键成功因素。其中，业务流程重组和变革管理对中国企业成功实施 ERP 的影响最大。外部支持的一个子因素——咨询公司的帮助被证实在中国企业 ERP 实施过程中作用不明显。另有学者研究表明，ERP 实施过程是 ERP 实施绩效最重要也是最直接的决定因素，企业先天条件虽然不显著影响 ERP 实施绩效，但它对 ERP 实施过程产生显著的正向作用。

8.2.3　ERP 系统应用效益分析

要对企业 ERP 应用的绩效进行科学评价，首先必须对 ERP 系统应用可能给企业带来的效益有比较全面的认识，在此基础上才能建立起科学的评价体系。

1. ERP 的信息效率效应和信息协同效应

德威特（Dewett）和琼斯（Jones）提出，信息技术在企业中的普遍应用可以产生信息效率效应和信息协同效应。

所谓信息效率效应，是指应用信息技术可以提高信息的收集、传递、处理和运用效率，节约所需的时间和成本；所谓信息协同效应，是指应用信息技术可以将各业务流程、各部门及单个个人的信息进行汇总整合，实现高度的信息集成，以跨越部门及组织的边界，被更多的人所共享和利用，产生一种“1+1>2”的效应。作为信息技术应用于企业管理的典型代表，ERP 在企业管理中的应用同样可以产生强大的信息效率效应和信息协同效应。

（1）ERP 的信息效率效应

ERP 在企业内部构建了一个信息化的管理平台，其功能范围覆盖了包括采购、销售、库存、财务、生产运作、质量管理、人力资源管理等几乎所有的管理领域，大大提高了信息的收集、传递、处理及运用的效率，实现了业务流程的再造，减少了部门及员工的数量，有效降低了企业的运作成本，产生强大的信息效率效应。ERP 的信息效率效应主要体现在两个方面：管理与生产效率的提高和企业运营成本的降低。

① 管理与生产效率的提高。使用 ERP 系统之后，企业原有的人工管理平台被电子化的 ERP 管理平台所取代，企业的计划、采购、库存、销售、财务及人力资源管理等主要业务流

程的处理效率大大提高。例如，企业生产作业计划的编制需要对订单、销售预测、库存状况、工艺路线、在产情况、设备能力等许多方面的信息进行综合考虑，而在人工管理的条件下，对这些信息的收集、处理需要耗费大量的时间和精力，并且由于很难对信息进行精确的处理，使得计划的编制更多地依赖于经验的判断，这导致生产计划不准确，生产负荷不均衡，生产管理人员的大量时间用于进行生产的调度及应急处理。有了 ERP 系统以后，不仅生产作业计划的编制效率大大提高，而且通过需求管理、物料需求计划及能力需求计划，使得生产过程中的物料短缺情况减少，生产和装配过程的中断情况减少，直接劳动力的生产率得到提高；以 ERP 作为通信工具后，文档的传递工作减少，混乱和重复工作减少，从而使间接劳动的生产率提高；使用 ERP 还可以提前做出能力需求计划，有效进行能力平衡，从而减少加班以提高生产率。

② 运营成本的降低。运营成本是企业为了维持正常的生产经营活动而产生的支出，它的高低直接影响到该企业的生产和盈利能力。运营成本主要包括采购成本、库存投资成本、制造成本、管理费用、营销费用等企业运营需要的各种费用。通过使用 ERP 系统，企业能够记录各种不同生产过程的运营成本，最重要的是企业能够了解为何会产生这些运营成本及不同业务状态下运营成本的变动情况，从而为降低运营成本提供良好的分析基础。与此同时，由于 ERP 系统使用了许多自动化的业务流程，企业在逐步减少人工处理信息的过程中能相应降低其在劳动力上的投入，从而使运营成本下降。

（2）ERP 的信息协同效应

ERP 能实现企业内部信息的高度集成与共享，使任何业务部门的管理人员在进行业务处理时，都能及时获取其他业务流程或部门的相关信息，从而提高效率，降低业务处理成本。同时，ERP 还支持企业间的电子数据交换，在一定程度上支持了企业间的协同运作，因此，ERP 能够在企业内部部门之间以及企业之间产生强大的信息协同效应。

实现信息集成就是一项数据或信息，由一个部门一位员工负责，在规定的时间录入到系统里去，存储在指定的数据库中，按照一定的运算方法进行加工处理。也就是说，同样的数据或信息不再需要第二个部门或任何其他员工再录入一遍。这样可以减少重复劳动，提高效率，避免差错。

做到信息集成本身不是最终目的，实现信息集成是为了信息共享。所有与某项业务流程有关的授权人员都可以从指定的数据库中调用原始数据和加工处理后的信息，按照一定的格式显示在所有相应的记录和报表上。实时地了解到相关信息对提高企业的响应速度是至关重要的。不同岗位的员工都是根据同一个数据源，及时采取必要的决策和措施，提高企业的应变能力和竞争力。

信息的集成与共享能实现集成化的应用，为企业决策建立起完善的数据处理体系和信息共享机制。

不过，在实际应用中，很难严格地区分 ERP 应用所带来的某种效益是来源于信息效率效应还是来源于信息协同效应。事实上，ERP 应用所带来的许多效益都是信息效率效应与信息协同效应共同作用的结果。据美国生产与库存控制学会（American Production and Inventory Control Society，APICS）统计，使用一个 MRPⅡ/ERP 系统，平均可以为企业带来以下经济效益：库存下降 30%～50%；延期交货减少 80%；采购提前期缩短 50%；停工待料减少 60%；制造成本降低 12%；管理人员减少 10%；生产能力提高 10%～15%。而这些效益有许多都是 ERP 的信息效率效应与信息协同效应的共同体现。

2．ERP 的直接效益和间接效益

ERP 系统不仅仅带来企业业绩的提高，更重要的是引进了先进的管理思想、管理模式、管理机制、管理方法，促进了企业管理的变革。一般而言，人们更多地将 ERP 应用为企业带来的效益分为直接的效益和间接的效益两个方面。直接的效益一般表现为企业实施 ERP 以后各种经营业绩的改革。直接的效益大多可以从定量的角度进行分析。间接的效益更多地反映了企业的行为实践，其中许多间接效益是无法直接量化的。相对于直接效益来说，间接的应用效益更为深刻，两者有密切的关系，但又并非总是完全一致。有时，企业虽然没有好的行为实践作为支持，但是也可能有好的业绩表现，不过这种好的业绩表现肯定是脆弱的、暂时的；相反，如果一个企业有好的行为实践，其业绩表现则必然会越来越好。

（1）直接的效益

ERP 系统应用所带来的直接的效益主要体现在以下方面：

① 全面降低企业运作成本

首先，ERP 能有效降低企业的采购成本。ERP 把供应商视为自己的外部工厂，通过采购计划与供应商建立长期稳定、双方受益的合作关系。这样确保了物料供应，又为采购人员节省了大量的时间和精力，使其不再陷于对繁杂的采购业务本身的处理，而可以有较多的时间和精力对采购工作进行有价值的分析。采购计划法既提高了采购效率，又降低了采购成本。

其次，应用 ERP 系统可降低原材料、在制品与成品的库存量。使用 ERP 系统之后，由于有了好的需求计划，企业在生产经营的各个环节可以在恰当的时间得到恰当的物料，从而可以不必保持很多的库存。根据统计资料，在使用 ERP 系统之后，库存量一般可以降低 30%～50%。应用 ERP 系统可降低库存管理费用。库存量的降低还导致库存管理费用的降低。其中库存管理费用包括仓库维护费用、管理人员费用、保险费用、物料损失和失盗等。库存管理费用通常占库存总投资的 25%。应用 ERP 系统可减少库存损耗。一方面，库存量减少，库存损耗也随之减少；另一方面，ERP 对库存记录的准确度有相当高的要求，为了保证库存记录的准确性，需要实行循环盘点等方法，因而能够及时发现造成库存损耗的原因，并及时予以消除，从而可以使库存损耗减少。

再者，由于提高了管理效率，ERP 在提高企业整体管理水平的同时，能有效减少各类管理人员（财务人员、库存管理人员、销售与市场人员、人力资源管理人员、一般的 IT 人员等）的数量，从而降低人力资源成本。

最后，由于强化了生产作业管理，损失和返工费用下降；信息的高度共享与自动传输减少了各类报告的数量及其复制、印刷的费用，降低了行政管理成本以及工具和设备的维护成本，总运输成本减少。可以说 ERP 对企业运作成本的降低是全面的、普遍性的。

② 提高效率，增强企业创新学习能力

使用 ERP 之后，由于减少了生产过程的物料短缺，减少了生产和装配过程的中断，劳动生产率得到提高。各种实时业务信息都集中存储在中央数据库中，通过 ERP 所提供的信息分类、过滤和汇总机制，业务人员和领导层能随时获取自己所关心的各种信息，减少了文档生成及传递的工作量，减少了信息的重复输入，从而带来了工作效率的大幅提高。例如，在ERP 系统支持下，客户发票处理时间大大加快，订单及时录入率提高，订单精确性提高使重复性的电话减少，这些都带来了工作效率的提高。此外，使用 ERP 系统，可以提前做出能力需求计划，有利于合理安排生产作业计划，从而加班减少 50%～90%。

同时通过企业 ERP 专业培训，以及 IT 技术方面的知识培训和管理学知识的培训，使得员工的学习能力大幅提高。特别是业务流程重组，也可使企业立足管理创新，增强企业的创新能力和学习能力。

③ 改善客户服务水平，提高产品销售量，增加利润

ERP 系统作为计划、控制和通信的工具，使得市场销售和生产制造部门可以在决策以及日常活动中有效地相互配合，从而可以缩短生产提前期，迅速响应客户需求，并按期交货。客户服务水平的提高将带来销售量的提高，从而带来销售收入的提高。同时在市场预测准确率、订单准确率等指标的变化上也有较多体现。

根据上述分析，新增加的利润就等于库存成本降低所产生的利润、采购成本降低产生的利润、生产率提高产生的利润、产品销售量提高产生的利润之和。这也是传统意义上人们所说的信息系统给企业带来的可量化投资的一个回报。

④ 提高产品质量，增强企业发展能力

在 ERP 环境下，企业的员工在自己的岗位上按部就班地按统一的计划做自己的工作，企业的生产摆脱了混乱、物料短缺的问题，工作有条不紊地进行。企业的工作质量提高了，产品质量也可以得到相应提高。事实上，ISO 9000 系列所认证的正是企业的工作质量，而对于ERP 来说，质量管理则是必要的功能模块。因此，质量管理更有了技术上的保证，也增强了企业可持续发展能力。

⑤ 财务成本降低，增加可用的流动资金，增强企业资本运营能力

库存成本、采购成本降低，生产率、销售量提高，可用的流动资金势必会增加；由于客户服务水平的提高和需求反应时间的缩短，应收账款减少；由于 ERP 系统能够准确及时地反映出企业和供应商及客户的往来信息，企业能加强对流动资金的管理，尽可能地提早收回应收账款，在合理范围内延迟应付账款的支付，从而增加现金总收益。

⑥ 提高信息准确率和信息及时率

信息准确率和信息及时率是反映企业信息资源利用的主要指标。通过企业的业务模式创新和业务流程的优化以及管理人员素质的提高，可以大大提高信息准确率和信息及时率。

（2）间接的效益

ERP 系统应用所带来的间接的效益主要体现在以下方面：

① 加强企业管理，提升企业形象

企业管理包括管理理念、协同商务、基础管理、员工素质 4 个方面。通过 ERP 的应用，上至企业高层，下至一般的管理人员，他们都能不同程度地接受一些新的管理思想，并转变观念落到实处。通过信息化，企业基础管理人员和员工素质也会得到大幅度的提高，表现在企业的规章制度、工作文档、基础数据、个人能力和行为准则方面。

企业形象包括企业经营决策、管理规范、商业信誉和行为影响 4 个方面。企业有了 ERP 系统，我们就能够准确分析企业的生产经营状况，这给企业的采购、交货、财务、成本等方面的处理速度和准确率带来了极大的提高，从而为企业的生产经营决策提供了更可靠的决策依据。同时，通过 ERP 项目的实施，还将促使企业业务规范、管理规范、组织规范、流程规范和个人行为规范等，通过这些规范将在很大程度上推动企业创新和可持续发展，提升企业形象和行为形象。

② 对企业战略的支持

每个企业都有自己的发展战略与竞争战略。ERP 系统的实施如果能与企业的战略相结合，则可为企业经营战略的实施提供有力的支持。在这种情况下，ERP 系统有可能会成为企业的战略信息系统（Strategic Information System，SIS）。

例如当企业实施成本领先战略时，ERP 系统的应用能有效降低整个供应链上各环节的成本，如采购成本、库存成本、生产成本、销售成本、人力资源成本等，从而对企业的成本领先战略提供强有力的支持。

企业采用差异化战略时，ERP 系统也能提供一定的支持。在 ERP 系统的支持下，销售人员在接受订单时，就能够给客户准确的承诺。同时，ERP 系统应用能显著提高产品的按期交货率，缩短对客户需求响应的时间，这一切能使企业给客户提供一种有别于竞争对手的良好的服务，是企业差异化战略的一种体现。

ERP 系统能够支持多国家、多地区、多语种、多币制、多工厂的应用，能支持不同的生产计划模式和混合型的生产管理环境，这对企业实施国际化战略以及多元化的发展战略也能提供有效的支持。

此外，ERP 系统对企业的联盟战略、扩张战略、前后向一体化战略等也都提供相应的支持。

③ ERP 系统对企业流程再造和管理变革的支持

ERP 的成功实施往往需要对企业原有业务流程进行重组，这一点已被大多数研究者所接受。ERP 是先进管理思想和现代信息技术相结合的产物，而 ERP 中的先进管理思想集中体现在高效标准的业务流程和遍布于其中的各个关键业务控制点上。任何 ERP 的实施都会对企业的业务流程优化给予充分的重视与考虑。因此，ERP 的实施也可以说是一个结合先进思想和自身实际并采用一些技术手段来进行企业管理和业务变革的过程。

ERP 系统对企业流程再造和变革管理的支持主要表现在：①流程的透明度和规范化程度提高。理顺和规范业务流程，消除业务处理过程中的重复劳动，实现业务处理的标准化，提供数据集成，企业管理的基础工作得到加强，工作的质量进一步得到保证。②企业职能部门精简，中高层管理人员减少。BPR 的核心是组织从“职能型”向“流程型”转变。BPR 通过打破原有的职能和部门界限，重新组织企业的业务流程，把原来分散的活动用流程的观点优化后组织起来，创造出新的“流”，为工作流的过程管理提供条件。BPR 将企业的整个组织结构从“金字塔式”向“扁平式”结构转变，以提高企业对市场变化的灵敏度。ERP 的出现实现了交易链的扁平化，与之适应的企业组织结构也应作相应的变革，改革的基本思路应当适应交易链的扁平化要求，遵循“精简、统一、效能”的原则，即减少管理层次，增加管理幅度，企业高层领导与基层的执行者直接联系，及时、全面地把握信息，灵活应变，从而使组织更具灵活性、适应性和创新性，节约人力资本，降低管理费用，增强企业市场竞争力。

④ ERP 系统对人员素质提高和企业文化建设的支持

ERP 项目的实施与应用过程是导入思想、树立观念和改变工作方式的过程，是对企业管理的一次彻底改造，是对企业文化的重新塑造。

在实施和应用 ERP 的过程中，通过人员的培训和对系统的持续应用，人员素质逐步提高，人员的竞争意识和学习意识得到了加强。在提高工作效率后，员工有更多的机会和时间参加培训和自我学习。通过实施和应用 ERP，企业建立了一支既熟悉现代管理又能熟练应用信息技术的复合型员工队伍。企业的竞争力主要体现在人才优势上，而员工素质是实施 ERP 系统的先决条件，素质的提高也是应用 ERP 系统后的必然效果。

企业文化决定了组织的决策模式，指导组织行为并规范所有成员的个人行为。企业文化在可见层次是“我们在这里做事的方式”，而在深层次则包含信念、价值观及在整个组织中人们待人接物的态度。企业文化的持久性和影响深度确保了组织行为的延续性，显然企业文化是组织的一项重要资产。对于 ERP 这样的大工程来说，不仅会改变企业员工的行为，同时不可避免地会触动企业员工的信念、价值观等，也就是触及到企业文化层次。

ERP 系统是追求精细化管理的信息系统，引入 ERP 后，各职能部门的工作划分更加明确，即责任、权限、任务明确。追求 ERP 精细化管理有助于员工改变过去那种自由散漫的工作习惯，形成精益求精的工作作风。

ERP 也是面向业务流程的信息系统，强调流程之间、部门之间、员工之间的协调配合，提倡团队协作精神。ERP 系统的应用，改变了企业中的本位观，使企业整体合作的意识和作用加强，有助于员工之间团队协作精神及创新精神的增强，有助力于员工树立全局观念及增强责任心。例如，在 ERP 系统中，在市场销售、库存管理与生产制造部门之间就形成了从未有过的、深刻的合作，各部门协同努力满足客户需求，赢得市场。

⑤ 提高企业生活质量

成功应用 ERP 系统的用户都体会到他们企业的生活质量得到了明显的改善。这方面的收益几乎是出乎预料的。其实原因很简单，好的运营计划使公司的整体工作协调起来，执行一个协调的运营计划当然要比被一个混乱的计划所驱使要愉快得多。例如在生产过程中，人们的工作更有秩序，时间花在按部就班地执行计划上，而不是忙于对出乎意料的情况做出紧急反应，按部就班的工作使人们体验到了企业生活质量的改善。

8.3 ERP 项目监理

ERP 实施是一个高风险项目：在大型的 ERP 实施项目中，CIO 们面临着项目环境、组织变革、流程调整、技术决策、项目管理等种种风险，面对历史项目的失败教训以及业界对 ERP 实施成功率之低的恐惧，如何控制和化解这些问题，自然就想到引入项目监理。

8.3.1 ERP 监理含义

ERP 项目的监理不仅在形式上，更在理论和方法及其策略上与其他项目有着很大的不同，传统的监理方法体系常被概括为“三控两管一协调”，即质量控制、进度控制、投资控制、合同管理、信息管理和协调，这些来源于土建工程监理的方法，适用于现场工作项目，但是对于技术含量较高的 ERP 项目监理（I）应该是在传统监理的理论（T）上以企业管理（M）为核心，同时 ERP 项目属于计算机软件实施的项目，因此需软件工程和检测技术（S）作为工具。当然 ERP 监理并不是三者简单相加，而是一个动态函数关系 $I=f(T, M, S)$，可进一步通过动力学来分析其内在关系。

8.3.2 ERP 监理体系结构

从 ERP 监理体系结构可以看出 ERP 监理没有传统监理的理论就谈不上监理，在“三控两管一协调”中，监理的协调是保证项目“和谐”开展的重要手段，而企业管理是 ERP 项目的核心，脱离具体企业的业务管理监理就会失效。大型的 ERP 项目本质上是管理项目，而不是技术工程项目，它面临复杂需求界定问题、系统迁移问题、系统优化问题以及大量的内部沟通和外部沟通工作，对于游离于科学与艺术之间的企业管理工作来说，还很难形成一套标准提供给监理来检验项目双方的工作，尤其在我们当前企业界处于剧烈的变革时期，许多不确定因素此消彼长的时候，把企业的管理信息化工作做出结构化的标准，即变为可编码化的知识，是比较困难的。在当前 ERP 项目监理隐含较多的意会知识时，监理工作很大程度上将取决于担任监理的人员技术经验和艺术协调能力，从而对 ERP 项目监理人员提出了更高的要求，需建立系统的基于方法论的思维方式。

ERP 项目监理的方法论的基础是监理方需在项目相关者的多方博弈中起到消除因信息不对称而出现的“囚徒困境”，保证各方的收益最大化，从而保证项目的成功，其终极目标是为企业带来价值，因此我们在探讨方法论时就要“以终为始”，明确“灯塔”和“指南针”。

8.3.3 监理的五个阶段

ERP 项目的“以终为始”就是在项目开始时明确项目的终极目标，即在监理的开始就要为项目的验收提供相应的规范、标准和验收清单，这样一方面可保证 ERP 项目知识转移及进行过程控制，另一方面可为项目验收提前做好准备。其中 ERP 项目的验收清单可按项目的生命周期分 5 个阶段列出，具体如下。

1．业务蓝图设计阶段

① 综述：项目组的组成结构及负责人员、项目的阶段目标、阶段工作清单、阶段文档清单。

② 企业理念与定位：公司发展目标、项目背景、项目的目标及说明。

③ 管理模式：明确管理架构。

④ 用户培训：主要包括培训计划、培训教材、培训成绩。

⑤ 部门、岗位职责描述：包括部门、岗位职责描述，参加人员清单。

⑥ 管理制度：包括内部各部门（财务、生产、采购、库存、质检、客服）的管理制度。

⑦ 业务蓝图：包括业务蓝图、差异分析、模块蓝图技术实验阶段报告、系统图、凭证流图。

⑧ 用户调查表：用户满意度调查分析表。

2．实施阶段

① ERP 实施所需硬软件环境设置（包括硬件平台、软件、数据库、网络等），硬件系统评估、安全性说明，安装说明手册、安装过程中的问题及解决说明。

② 系统二次开发：单据、报表开发需求，k/3 数据交换程序，客服用户接口系统，其他开发需求（如设备查询），用户报表测试文档，二次开发的源代码等。

③ 单元测试：用户操作手册、单元测试文档、测试评价日志、测试报告。

④ 数据导入：主数据收集及导入记录、期初数据及导入记录、数据导入的要求。

⑤ 用户培训：培训教材，培训计划及成绩。

⑥ 集成测试：集成测试文档，测试脚本，问题记录、问题解决情况，测试报告。

3．系统评估及修正阶段

① 系统试运行：系统切换策略解决。

② 系统评价日志。

4．系统上线阶段系统试运行问题记录

① 系统日常维护：系统配置文档，系统运行管理制度（含系统数据备份规章制度，主数据维护规章制度，建立新用户的规章制度等），用户维护手册，用户权限表等。

② 用户调查表：上线后用户满意度调查。

③ 系统运行报告：系统日常问题记录及解决，系统月结报告，测试报告，系统运行报告。

④ 用户培训：中高层管理人员培训计划及培训记录。

5．收尾阶段

① 系统支持：系统支持计划及服务保证说明。

② 项目总体评估报告。

③ 项目关键问题报告。

④ 用户系统功能及需求完成情况总结表。

6．项目日常管理

① 项目计划：工作分解结构（WBS）、滚动计划前期的工作计划（Control List）。

② 会议记录（Meeting Minutes）。

③ 每周工作汇报。

④ 项目进度报告及监理报告。

⑤ 关键问题（Issue Log）。

8.3.4 监理收尾

ERP 项目的收尾往往是比较艰难的阶段，因为系统刚上线，大多是新旧系统并行，无形中加大了业务部门的工作量，同时很多旧的习惯需要改，还有 ERP 系统的优势还没有得到体现，因此部门经理在签字验收时会比较犹豫。为了消除这种担心，需制定系统日常运作和支持体系，保证 ERP 系统从项目顺利地转入运作。项目结束的标志是验收大会的召开，相应的检查包括验收清单及系统运行报告和监理报告。

ERP 项目的验收仅仅是项目的一个里程碑，项目组解散后，组员会得到新的工作安排，这时项目组将延伸为虚拟组织，成为 ERP 系统的支持体系，作为监理同样将延伸到 ERP 的效果评估。因 ERP 项目的效果往往要经过几年的运行才能体现，所以项目验收后的“以终为始”是 ERP 系统流程优化、功能完善、人员提升的开始。

总之，基于项目生命周期的“以终为始”的监理方法，强调项目开始时的“胸有成竹”和“意在笔先”，同时更注重项目结束后的持续跟进，这样 ERP 项目才能一路走好。

8.3.5 ERP 监理内容

对于 ERP 信息系统工程监理的内容，工业和信息化部正式颁布的《信息系统工程监理暂行规定》第九条规定是对信息系统工程的质量、进度和投资进行监督，对项目合同和文档资料进行管理，协调有关单位间的工作关系。根据应用系统工程的实际状况，可以概括为“四控制”（即质量控制、进度控制、投资控制和变更控制）、“三管理”（合同管理、安全管理和信息管理）和“一协调”。

1．质量控制

质量控制要贯穿于项目建设中，从可行性研究、设计、建设准备、开发、实施、竣工、启用及用后维护的全过程。质量控制主要包括组织设计方案评比，进行设计方案磋商及图纸审核，控制设计变更；在实施前通过承建单位资质审查等；在实施中通过多种控制手段检查监督标准、规范的贯彻；通过阶段验收和竣工验收把好质量关等。

2．进度控制

进度控制首先要在建设前期通过周密分析研究确定合理的工期目标，并在实施前将工期要求纳入承建合同；在软件开发、实施阶段通过运筹学、网络计划技术等科学手段，审查、修改实施组织设计和进度计划，做好协调与监督，排除干扰，使单项工程及其分阶段目标工期逐步实现，最终保证项目建设总工期的实现。

3．投资控制

投资控制的任务主要是在建设前期进行可行性研究，协助业主单位正确地进行投资决策，在设计阶段对设计方案、设计标准、总预算进行审查；在建设准备阶段协助确定标底和合同造价；在实施阶段审核设计变更，核实已完成的工程量，进行工程进度款签证和索赔控制；在工程竣工阶段审核工程结算。

4．变更控制

变更控制主要内容是接收应用软件系统建设过程中的变更申请，收集变更信息资料，对发生的所有变更情况按照一定的程序进行处理，并对变更的内容、方式、范围、影响进行评估和控制。

5．合同管理

合同管理是进行投资控制、工期控制和质量控制的手段。因为合同是监理单位站在公正立场采取各种控制、协调与监督措施，履行纠纷调解职责的依据，也是实施三大目标控制的出发点和归宿。

6．安全管理

信息系统安全管理的作用是保证业主在 ERP 信息系统工程项目建设过程中，保证信息系统的安全在可用性、保密性、完整性与 ERP 信息系统工程的可维护性技术环节上没有冲突；在投资控制的前提下，确保信息系统安全设计上没有漏洞；督促业主的 ERP 信息系统工程应用人员在安全管理制度和安全规范下严格执行安全操作和管理，树立安全意识；监督承建单位按照技术标准和建设方案实施，检查承建单位是否存在设计过程中的安全隐患行为或现象等。

7．信息管理

确保项目信息管理工作规范化，保证项目信息的准确性、完整性和可用性，确保项目信息交流、信息沟通渠道畅通，规范信息组织及信息管理，为项目实施管理及决策提供信息依据。

8．协调

协调贯穿在整个 ERP 信息系统工程从设计到实施再到验收的全过程。协调主要采用现场和会议方式进行协调。

总之，四控三管一协调，构成了应用信息系统监理工作的主要内容。为完满地完成监理基本任务，监理单位首先要协助业主单位确定合理、优化、经济的三大目标，同时要充分估计项目实施过程中可能遇到的风险，进行细致的风险分析与估计，研究防止和排除干扰的措施以及风险补救对策，使三大目标及其实现过程建立在合理水平和科学预测基础之上。其次要将既定目标准确、完整、具体地体现在合同条款中，绝不能有含糊、笼统和有漏洞的表述。最后才是在信息工程建设实施中进行主动的、不间断的、动态的跟踪和纠偏管理。

8.4 ERP 应用评价

成功与否有一个衡量的标准，即目标是否得到了实现。评价企业 ERP 系统应用是否成功应从企业上马 ERP 系统时制定的标准考虑，主要方法有 ABC 评价法和标杆评价体系。

8.4.1 评价的意义

ERP 项目不同于工程项目之处主要体现在以下三点。

第一，ERP 的投资不是一次性的过程，除了购买硬件和软件的费用之外，随之而来的维护和服务将是一项常年性的投入，特别是由信息化而引发的对企业整体人员基本素质的要求更是需要一个长期的培训投资过程。因此，项目监理在评估信息化投入时，一定要有全局的成本观，包括资源成本、管理成本、技术支持的成本和最终使用的成本等。

第二，信息化是一个综合性的项目，涉及企业的方方面面，因此很难有一个绝对化的指标来说明其产生的回报。这样就容易造成“信息化项目中只有投入，没有产出”的错觉，使得管理者不能明确重点，要么盲目投入，要么不愿意投入。

第三，信息化的建设，尤其是 ERP 项目的建设是一个长期的过程，企业会经历一个痛苦的转变过程，旧的管理模式不可能在一夜之间被打破，新的管理模式也不可能在一夜之间被确立，双方的磨合和逐步的替换会将企业的管理工作量大大增加，其间很多没有预计的成本将不断产生。由于这种投资的特殊性，很多管理者在投资之初并没有做好充分的准备，因此往往会出现项目的拖延甚至半途而废，结果是必须增加更多的投入以弥补失败的损失，很多管理者感慨“花了很多钱造就了一个吃钱的系统”。其实，避免这个后果很简单，就是在引入之前就明确企业需要产生什么样的信息回报，也就是要建立一个完善的评价体系，以量化的标准来判断应该做什么，从而清楚该怎么做。

项目监理对 ERP 项目的实施做应用评价，也可称之为实施评价或者绩效评价，主要是对企业实施 ERP 系统后的工作成绩及效益效果进行评议和考核。应用评价的目的是通过考核，检查实施 ERP 系统的成效以改进工作。从项目监理的视角来看，应用评价可以被比作是企业的“生命力”。ERP 的应用评价是帮助企业实现预定的战略目标，并且进一步树立新的、更高的目标。我们应当认识到，ERP 的业绩评价主要是一项企业为了改进自身管理水平而进行的经常性工作，不是政府行为。达到 A 级企业标准只是管理进步的结果，而不是目的，只是一个“里程碑”，而不是终点，应当用不满足的精神来对待业绩评价工作。

8.4.2 ABC 评价法

1977 年，MRPⅡ创造人奥列弗·怀特（OliverWight）提出了一个用于评价 MRPⅡ系统应用效果的评价指标体系——ABCD 检测表。最早的 ABCD 检测表由 20 个问题组成，按技术、数据准确性和系统使用情况分成三组。每个问题均以“是”或“否”的形式来回答。第二版的检测表扩充为 25 个问题，且增加了一个分组内容：教育和培训。

1988 年，怀特公司的继任总裁戈达德（W.E.Goddard）在 APICS（美国生产与库存管理协会）年会上提出一个新的考核规则（第三版检测表），汲取了 JIT 的内容，把考核内容分为总体效果、计划与控制过程、数据管理、进取不懈过程、计划与控制评价、企业工作评价 6 个主题，列出了 35 个问题，增加了产品开发与设计、质量管理、分销资源计划、同客户和供应商的合作关系、降低成本等方面的考核内容。但第三版的 ABCD 检测表流传不广。

第四版的 ABCD 检测表于 1993 年由 OliverWight 公司推出。这已经不是一个人甚至几个人的工作了，而是集中了十几年来数百家公司的研究和实施应用人员的经验。这个检测表也已不再是几十个问题的表，而是按基本的企业功能划分成以下 5 章：战略规划、人的因素和协作精神、全面质量管理和持续不断的改进、新产品开发、计划和控制过程。ABCD 检测表的这种变化，反映了各种管理思想相互融合的趋势。第四版 ABCD 检测表由于其涉及面太广、内容浩繁，在实际应用中采用较少。

在 ABCD 检测表演进过程的各个版本中，第二版的 ABCD 的检测表流传很广，使用也很方便，如表 8-1 所示。

表 8-1 第二版 ABCD 检测表

指标分组	问题
技术	主生产计划及物料需求计划的计划时区是周或更短
	主生产计划以物料需求计划至少每周运行一次
	系统具有确认和跟踪计划订单的能力
	主生产计划以可见的方式管理而不是自动生成的
	系统包括能力需求计划
	系统日常派工单
	系统包括投入/产出控制
数据完整性	库存记录准确度达到 95%或更高
	物料清单准确度达到 98%或更高
	工艺路线准确度达到 95%或更高
教育和培训	至少 80%的员工参与了初始教育
	有继续教育和培训的计划
	不再使用缺料表
	供应商按时交货率达到 95%以上
	使用采购计划法
	车间按时交货率达到 95%或更高
	主生产计划完成率达到 95%或更高
	定期（至少每月一次）召开总经理及各主要部门经理参加的生产规划会议
	有以书面形式表述的主生产计划策略，并坚持执行
	系统不仅用于订单编制，也用于排产
	生产、市场、工程、财务各部门及决策层的关键人员充分理解 ERP
	高层领导确实使用 ERP 进行管理
	能有效地控制和实施工程改变
	在库存减少、生产率提高及客户服务水平 3 项中至少有 2 项获得明显改善
	运营系统用于此物料计划过程
总分	

应用 MRPⅡ或 ERP 的企业每年都应当运用 ABCD 检测表至少进行两次自检。对于 25 个问题中的每一个问题，评价人员应当取得一致的意见。对任何一个得到否定答案的问题，应当考虑以下问题：是什么原因导致了否定的答案？解决问题的最好方法是什么？何时能够解决问题？要确定时间，不能放任拖延。

自检评分按 100 分计，每题 4 分。如果有的问题对有的企业不适用，可将其所占的分数分配到其他问题。根据评分结果，90 分以上为 A 级，71 分～90 分为 B 级，50 分～70 分为 C 级，低于 50 分为 D 级。其中 A 级企业相当于实现了物流与资金流、信息流集成，B 级企业相当于实现了闭环 MRP，C 级企业相当于实现了 MRP，而 D 级企业仅仅是一个数据处理系统。

从 ABCD 检测表的内容，不难看出，这些指标主要涉及企业的运作，也就是针对实施系统的过程、使用系统的情况、数据的准确性等方面进行检测，但很少涉及企业实施后获得的效果。这种规范实施过程，并从企业运作的角度来考核实施效果，简化信息化要素复杂关系，具有很好的借鉴意义。

8.4.3 标杆评价体系

1996 年，美国一所著名的标准化研究机构（Bench marking Partners）受 SAP 公司之邀，对用户项目的投资回报情况进行了全面调研，同时提出了一套 ERP 项目评价体系。在这套评价体系中，包括项目驱动因素、事务处理指标和关键成功因素三个方面的内容。

1．项目驱动因素

对不同行业的研究表明，实施 ERP 项目主要有三种驱动因素。对于那些市场较为成熟、产品变化相对稳定的行业，比如化工、半成品加工业等，驱动它们实施 ERP 的原因是业务成本的降低。对于那些产品急剧变化、市场高速增长的行业，比如高新技术行业、电子行业等，这些项目关注的是提高响应市场和技术的能力。对于那些综合性的集团型企业，它们关注的是全面、高速和标准化的管理流程。对项目驱动因素的评价，实际上就是为整个项目寻找到了一个基点和一个总体目标。

2．事务处理指标

对于事务处理的评价，可以分为战略性收益和经济性收益。战略性收益是从企业战略的角度来考虑项目的收益，比如业务处理的集成性、信息利用度、对客户的响应度和灵活度、成本和业务活动以及新应用的基础架构等。经济性收益是用价值来评价项目引起的业务流程变化而产生的效益，包括财务管理、人员管理、IT 成本、库存管理、订单管理和供应链管理等。

3．关键成功因素

根据 ERP 项目实施的过程，对关键成功因素的评价是从项目管理、高层支持、培训、管理改革、合作伙伴管理和流程重组等方面进行的，其中又包括对每个因素具体化的衡量，比如项目管理的衡量指标就有资源、团队、技能和管理；高层支持的衡量指标有目标、活动等参与度指标；培训有费用、内容和时间；管理改革的衡量指标有交流度、期望度、阻力和可见度等；合作伙伴管理的衡量指标有角色、价格和经验等，流程重组的衡量指标则有费用和时间。

该评价体系由三个层面构成，即评估目标、关键要素、关键绩效指标。比如销售和分销是评估的目标，销售周期管理、订单履行、仓库管理和运输管理是在行业中实现这一目标的关键要素，而对这些关键要素，必须有可量化的绩效指标来明确地进行衡量，比如订单输入时间、及时交付率、最佳销售时间和询价周期等，这些关键绩效指标又有相关的行业基准和实施经验作为参考，以帮助用户在实施过程中把握方向，保证项目的成功。

案例分析：基于平衡计分卡的 ERP 项目绩效评价案例

W 公司是徐州地区一家专门从事散料搬动核心装置及设备研发设计生产与销售的高新技术企业。该公司在信息化建设前，除仓库系统化管理外，采购、销售、生产、计划与技术等全都由 Excel 编制单据，数据与指令的下达仍采用纸质方式，准确性差、可控制性较低及信息传递不及时，导致大量工作重复，且常常因为统计口径不一致而无法直接获得真实准确的数据。这对销售的统计分析、财务的成本核算与往来账务处理、生产计划的编制与跟踪，都造成了极大的困扰。由于核心业务数据散存于各部门内部，因而逐渐形成了部门级的信息孤岛。为解决公司上述问题，公司于 2012 年 9 月下旬开始实施 ERP 项目建设，于次年 6 月优化、调整完毕，顺利使用。该公司 ERP 项目使用一年多以来，是否如企业所愿，带来内部流程的优化及管理效率的提升？现对其 ERP 实施后的效果进行绩效考评，采用的方法即为平衡计分卡法。

（一）W 公司 ERP 项目绩效评价过程

1. 确定评价指标体系

首先，成立评价专家小组，该小组成员包括企业管理人员、关键模块负责人、ERP 的一线工作人员以及 W 公司部分客户代表。专家组成员均熟悉 W 公司整体经营运作情况，了解公司关键活动，同时又了解 ERP 项目，这就为建立科学的评价指标体系打下了基础。

然后，以专家组为核心，集思广益收集意见，讨论确定 ERP 项目的评价指标体系。对于确定的评价指标体系，做到尽量使之符合公司特点，且可量化操作。最终确定的 W 公司 ERP 项目的评价指标体系为 4 个一级指标、10 个二级指标、25 个三级指标。指标体系确定后，再借助 YAAHP 软件构建层次结构模型。

2. 确定指标权重

层次结构模型建立后，需要确定指标在各层次结构中的权重，此时一般采用 1～9 级标度对指标的重要程度进行赋值，再通过两两比较确定同一层次指标间的判断矩阵，以此确定各具体指标相对于目标指标的重要程度。在具体操作上可采用问卷调查法，设计问卷调查表，由项目评价专家组打分。其中目标层各指标评分情况由专家讨论确定，而二级、三级指标评分情况较目标层稍显复杂，先由各位专家分别填写问卷调查表，将自己对各指标重要程度的理解表达出来。调查问卷收集后发现，不同层面的专家对不同指标重要程度的理解存在较大分歧，于是组织进一步讨论，对专家组打分情况进行合理赋值，每一维度对应的部门专家意见较为重要，可赋 60%比重；管理层对公司各部门情况较为熟悉，可占 10%比重；其余部门各占 5%的比重。例如在确定财务维度指标时，将财务人员的打分作为主要参考依据，占 60%比重；管理层有 4 人，打分取平均值，占 10%比重；其余部门的意见各占到 5%。最后形成各层次指标的评分表，对其结果进行讨论修改，最终形成统一意见，将结果汇总，再进行指标权重计算。评分结果出来后，利用 YAAHP 层次分析法软件进行权重计算。

3. 计算综合评价值

因平衡计分卡中的指标类型不同，度量标准也不同，所以无法对指标进行直接比较，不能直接拿来加权平均。为了能把不同的指标放在一起计算分析，我们引入规范值概念，其计算公式为：规范值 fij=实际值/目标值。最终，我们将指标评价值规范在［0，1］区间，这实质上相当于对数据进行了标准化处理。

笔者按照设计的指标体系，通过现场调研、访谈和问卷调查了解公司的基本情况，得到 W 公司 ERP 使用后的第一手资料数据。其中，各指标历史值来源于 W 公司历史最佳值，将之与实施 ERP 后的效益进行对比。目标值的界定可以是公司的既定目标、历史最佳绩效、同行业的平均水平，或者来源于竞争企业。本书所选取的目标指标是依据该公司所订立的三年计划总结出来的该公司既定目标指标。而实际值来源于 W 公司 2014 年 1 月至 6 月期间数据信息。这些数据分为定量与定性两类，其中定量指标可从 ERP 系统直接或间接计算获得。在数据处理上，取 6 个月数据的平均值。完成上述程序后，再进行数据汇总，形成 W 公司定量指标的规范值。

对于定性指标，一般采用访谈及问卷调查，结合专家组意见，也用打分的办法来确定。本次调查共发放问卷 50 份，回收 48 份，其中有效问卷 45 份，调查范围覆盖了 W 公司财务部、采购部、销售部、仓储部、生产车间、研发中心 6 个部门。

在确定指标权重及指标实际值、规范值的基础上，依据公式，借助 Excel 软件计算各层指标的加权平均值，最终得到 W 公司 ERP 项目综合评价值：M=0.7870。

（二）W 公司 ERP 项目绩效评价结果分析及建议

1. ERP 项目实施效果评价及分析

W 公司综合评价值 M=0.7870，介于 0.7 与 0.8 之间，对比公司历史值及同类型企业综合评价值来看，属于中等偏上水平，说明 ERP 项目确实带来 W 公司生产效率及管理水平的提高，但还有较大的上升空间，需继续优化和改进。

（1）财务层面。在平衡计分卡的 4 个方面（财务、内部业务流程、学习与成长、客户）中，财务无疑是核心层面，因此，W 公司将财务指标的权重比例定得最高，达到 0.3569，说明该公司非常重视 ERP 项目的实施给公司绩效（财务指标）带来的影响。而二级指标中，发展能力所占权重最高，表明该公司非常重视 ERP 项目的实施给公司带来的长远影响，期望公司能可持续发展。

从各指标的具体数据来看，W 公司实施 ERP 项目后，带来了财务指标不同程度的提高，尤其是营运能力总体提高，运营效率有所提升。其中通过应收应付系统，实现往来账款的精细管理，改善了销售统计工作，克服了订单跟踪困难，实现了销售与往来账款余额的实时动态反馈，加速了资金回笼，减少了发生坏账的可能性，使得企业应收账款周转率显著提高。通过实施 ERP 供应链计划运算，对采购、外协及生产进度的追踪，在途、在制与通用件数量的精确统计，实现精细成本核算与分析，使得生产和采购适时、适量，既降低公司库存占用，又减少了停工待料损失。同时，方便调度作业，能快速响应客户需求，加速了企业存货的周转速度，使得企业库存积压情况有所改善。由于生产成本的有效降低，客户产品需求的准时保证，带来了企业净利润及总资产增长率的显著提高。

（2）内部业务流程层面。ERP 实施后最显著的变化就是优化企业内部业务流程，其指标权重定为 0.3064，反映了其重要性。从该层面指标权重可以看出，业务流程的改进优化和效率的持续提高是关键，这与 W 公司在信息化建设前存在的突出问题相关。此前业务流程影响了效率，导致某些车间出现停工待料、生产混乱等情况，既影响产品生产进度与合格率，又造成财务上成本核算的困难，形成生产上的浪费，制约了企业成本控制。

从各指标的具体数据来看，W 公司实施 ERP 项目一年多以来，建立了企业运营管理平台，支撑产、供、销及财务业务开展，监控业务执行，全面展现正常运营状态，为企业领导做出合理决策提供了数据保证，全面提高了企业的经营管理水平，实现了各项业务的规范化管理。表现最为突出的是，梳理和优化了物资采购、生产领用、生产入库、产品销售、仓库盘点等各类基础流程，实现流程全过程管理，大大提高了产品合格率，基本保证了按需生产、按需采购、准时完工，也提高了订单执行率，基本实现了如期交货。同时，通过细化各业务线管理，有效控制企业各类费用、成本，保证了基础数据、物料清单、成本核算的准确率，降低了成本的差异率，保证了成本核算数据的准确度，为企业进行成本控制提供了保障。

（3）学习与成长层面。W 公司是一家高新技术企业，对企业而言，技术研发尤为关键，故而重视学习与成长，加大对研发支出力度，不断增强开发新产品能力，从而可使得企业在竞争中立于不败之地。

实施 ERP 项目后，企业可通过 ERP 人力资源管理模块，对员工进行动态实时监控与反馈。从各指标的具体数据来看，人均培训费用增长率所占比重为 0.0836，是几个指标中最低的，企业培训费用计划额度较少，表明企业对员工培训的重视度不够。结合其他指标值可以看出，一家以人为本的高新技术企业，并未做到充分关注员工，以致与员工相关的指标值都相对较低，例如员工建议采纳率为 40%，员工满意度仅为 55%，用户 ERP 接受度为 70%等。根据调查发现，多数员工对企业在发展中过度追求利润，要求员工高强度工作存在不满情绪，且企业对员工提出的建议多数置之不理。长此以往，矛盾越积越多，既影响 ERP 在企业的整体推行效果，又不利于员工创新意识与忠诚度的提高，最终会阻碍企业发展。故在下一阶段中，企业应多关心员工健康，加大培训支出，多听取员工意见，提高员工对企业的满意度和创新意识。

（4）客户层面。W 公司在发展的十余年间，持续注重技术创新，部分主营产品技术水平已经处于国内领先地位，有了一批稳定的客户，所以在指标权重中，客户未占据最突出的位置。从二级指标权重可以看出，反映客户忠诚度的指标比重较高，为 0.6853，说明 W 公司重视客户关系、注意客户的稳定性，而订购的产品能否及时交货、产品质量能否得到保障，以及售后服务工作做得如何直接决定客户的稳定性。从指标的具体数据看，W 公司实施 ERP 项目后，能够快速响应客户需求，加快内部信息流和物流速度，如期履行客户合同，产品按期交付，提高了客户满意度与稳定性。但三级指标值反映出企业新产品的购买率偏低，仅为 63%，需要企业多关注客户的个性化需求，争取客户对新产品的认可，拓展更多新客户。

2. 改进建议

根据各指标计算出的数据以及上述的分析，为 W 公司 ERP 项目实施提出以下改进建议：

（1）加强各部门间的沟通。ERP 项目是一项复杂的系统工程，要想提高使用效率，充分发挥它的优势，需要企业统一认识、统一目标、增加沟通、精诚协作。

（2）注重业务流程的优化。经调查得知，EPR 系统上线后，很多指标未达到预期目标，且常出现系统运行不稳定，系统与需求不匹配等情况，这些都阻碍系统在日常运行中的应用，因而企业业务流程还需进一步优化，以此提高 ERP 系统使用效果。

（3）重视员工培训。从上述指标可以看出，企业重视创新，但却忽视了员工个体发展。企业只有关心员工，认真、踏实地做好培训工作，提高员工对 ERP 的认知度，努力培养具有管理和IT技术相结合的复合型人才，才能有效推广应用ERP、提高ERP使用效率。

（4）注重客户个性化需求。从以上指标值可以看出，企业新产品的购买率偏低，需要企业多关注客户的个性化需求，开发新产品，提高产品质量，争取客户对新产品的认可，拓展更多新客户。

（5）重视基础数据，ERP 是建立在企业业务流程数据准确性和时效性基础之上的管理软件，只有重视基础数据的准确性才能得到有效的分析数据，为企业做出下一步决策提供数据支持。

（案例改编自：财会月刊 http://www.ckyk.cn/periodical/previous_detail-JNPMCQJPH0.shtml）

关键字

及时制（Just in time，JIT）

定标赶超法（Bench marking）

平衡积分卡（Balanced Score Card，BSC）

投资回报率（Return On Investment，ROI）

关键绩效考评（key Performance Index，KPI）

思考题

1. 简述ERP应用绩效评价的意义。
2. ERP实施项目的特点有哪些?
3. 简述ERP应用绩效评价的特点。
4. ERP实施成败的决定因素有哪些?
5. 简述ERP系统应用效益的表现。
6. 简述ERP应用绩效评价方法有哪些？各自的优缺点是什么?
7. 简述ERP应用绩效评价的未来发展重点。
8. 简述ERP监理的含义。
9. ERP项目的监理包含哪些阶段?

参考文献

饶艳超. 我国ERP系统实施应用问题研究. 上海：上海财经大学出版社, 2005.

陈孟建. 企业资源计划（ERP）原理及应用. 北京：电子工业出版社, 2006.

曹汉平, 王强. 信息系统开发与IT项目管理. 北京：清华大学出版社, 2006.

胡彬主. ERP项目管理与实施. 北京：电子工业出版社, 2004.

第 9 章　ERP 综合实验

9.1　总体实验设计

一、实验目标

企业要提高竞争力，企业信息化建设是必由之路，ERP 为企业信息化建设提供了全面的集成的解决方案。《企业资源规划》这一课程对 ERP 的相关知识、相关原理和设计应用进行了深入讨论，通过对课程中实验的学习，学生能掌握 ERP 的基本原理以及基本的设计方法。

通过本实验课程，加深《企业资源规划》的理论教学和解决问题的能力。实验从企业资源规划 ERP 的经典案例入手，引出 ERP 的原理、分析、设计、实施问题的探讨和学习。通过这些知识的讲解，使学生能全面初步地掌握企业资源规划的过程和方法，使学习者能够对 ERP 有一个更为感性具体的认识，能借鉴 ERP 应用成功经验并运用到实际工作中去，为将来从事 ERP 相关的工作打下坚实的基础，以更好地适应社会对 ERP 应用人才的需要。

二、总体实验的体系结构设计

ERP 课程的教学内容、教学组织形式、教学方法、教学手段及其对学生的组织形式、学习方法等都是一种新的探索。本课程将 ERP 理论知识和相关知识的学习贯穿课程的始终，通过沙盘模拟对抗演练—ERP 理论学习—软件学习与操作—情景教学等多种形式，将学生置身于企业的虚拟环境之中，模拟企业的主要运作过程。让学生了解、认识企业复杂多变的生存环境，熟悉企业的业务流程，亲自体会并模拟企业的团队建设、经营管理、经营决策、营销策略和企业之间的竞争与协作等，通过对企业全方位的认识、参与，从而达到激发学生的学习兴趣，变被动学习为主动学习、自助学习的目的；更重要的是培养学生怎样将理论知识与企业实际运作紧密联系、学以致用的能力和分析问题、解决问题、进行科学决策的能力；通过 ERP 理论学习和模拟企业实际运作，还要求学生深刻理解 ERP 的管理理念和核心管理思想，为将来在实际工作中发挥作用打下一定的基础。具体来讲，ERP 实验的总体架构如图 9-1 所示。

该实验总体架构中，如何将科学的管理理论、财务理论、信息管理知识与企业的实际经营管理相结合，如何通过科学管理提高企业的经济效益和社会效益，是本实验课程的重点和难点内容。ERP 实验课程的主要教学内容包括如表 9-1 所示。

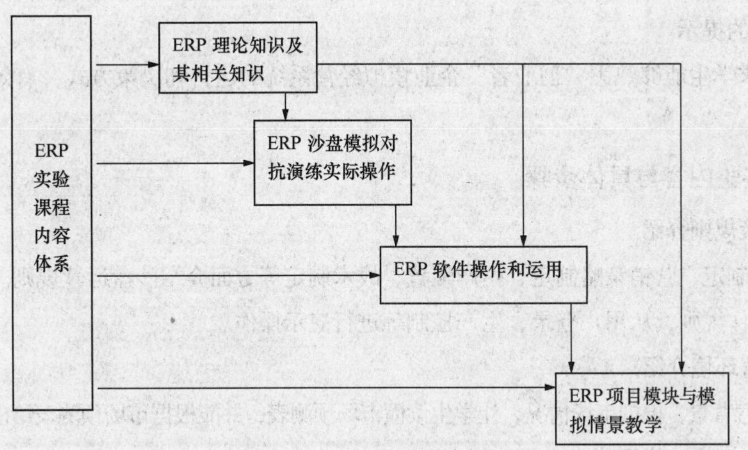

图 9-1 ERP 实验总体架构

表 9-1 ERP 实验内容

教学项目	教学组织形式	主要教学内容
沙盘模拟对抗演练	不同专业学生交叉分组（虚拟企业），各自扮演专业角色，以发挥专长，相互学习，共同提高。	1. 本课程所涉及的相关知识 2. 企业运作环境和背景介绍 3. 模拟对抗演练的组织和游戏规则 4. 企业起始年经营情况 5. 模拟企业生产经营全部过程和经营决策（一般要求连续经营 7 年以上） 6. 平时经营情况点评和课程结束前的总结
ERP 软件	学生自学与教师辅导相结合。以不同专业学生交叉分组组织自学、自助学习和按专业班级组织授课；课外辅导。	1. 企业生产经营特点、业务流程与基础数据的整理 2. ERP 企业管理信息系统初始化 3. 生产制造系统 4. 财务系统主要子系统及其账务处理 5. 进销存系统
情景教学	以个人或不同专业的交叉分组迷你企业，运用 ERP 软件分项目进行模拟操作。	1. 模拟某企业设计某产品物料清单 2. 模拟某企业生产流程和产销排程 3. 模拟某企业会计核算和账务处理 4. 模拟某企业购销存业务流程和账务处理

其中 ERP 沙盘模拟和情景教学可依各个学校的具体教学进度有所取舍。课内的实验重点应放在 ERP 软件的辅导上。

9.2 ERP 沙盘模拟对抗演练

实验一 沙盘导入与规则介绍

一、实验目的与基本要求

1. 对“创业者”企业模拟经营系统的运行环境、决策方式等进行介绍，对决策思路和技巧进行简单的提示。

2. 要求学生能够熟悉“创业者”企业模拟经营系统的运行和决策方式，有效进行后续的进程。

二、实验内容与具体步骤

1. 决策规则介绍。

从战略制定、营销策略制定、生产配置、战术制定等方面介绍沙盘运营规则。

介绍操作规则，从用户登录、生产控制等进行演示操作。

2. 运营环境介绍。

介绍运营背景，模拟市场情况，让学生读懂市场预测表，并能根据市场预测表给出总体战略。

3. 学生模拟3年运营。

学生进行角色分工，熟悉每一轮的操作规则，并理清沙盘规则，为下一轮决策制定依据。

实验结果：

学生对于沙盘运营有整体上的认识和把握，能够根据模拟情况做出后续比赛的预测报表，并能确定生产报表和主要的财务报表。

实验二　企业ERP沙盘模拟对抗

一、实验目的与基本要求

1. 使用“创业者”企业模拟经营系统进行模拟经营对抗。共进行 7 个回合，第一个回合2个学时，其余6个回合每个回合4个学时。

2. 了解制造型企业运行的相关协调、控制以及专业知识的应用，能够利用运筹学、预测与决策等知识进行决策活动，在多回合中能够调整思路，观察对手，提高应变能力。

二、实验内容与具体步骤

1. 分组登录系统。

学生分角色登录系统，给出公司名称和企业组织架构。

2. 制定战略计划，编写预测表。

根据模拟回合的总结预测，进行分回合对抗，并填写预测表和运营情况记录表。

3. 投广告费，拿订单，分组运营。

制定营销策略，集中竞单，分组运营，进行6～8回合的对抗。

4. 结果展示。

根据系统汇总报表，给出打分排名和权益值。

实验结果：

市场排名和权益等各项打分表。

实验三　模拟对抗过程总结答辩

一、实验目的与基本要求

1. 使学生能够较好地掌握沙盘竞赛中的决策方法与工具，并能够较为清晰地分析决策结果，锻炼学生的分析归纳能力，提高其理论知识在实际应用中的运用能力。

2. 能够对各环节的决策活动进行较为清晰的分析，并以小组汇报的方式进行集中讨论，最终汇报的成果形成一份小组的总结报告。

二、实验内容与具体步骤

1. 分组分角色汇报，辅以 PPT 演示。

学生根据比赛结果制作 PPT 汇报，汇报中包括运营情况总结与回顾，重点包括对抗经验介绍，得失总结，后续展望。

2. 回答教师提问

根据运营情况，回答教师提问。

实验结果：

小组分角色总结报告和汇报 PPT。

9.3 ERP 软件流程操作

实验一　企业进销存管理

一、实验目标

培养学生掌握 ERP 进销存管理的原理知识；理解企业进销存的基本流程及与其他模块的关系。通过实验，使学生熟练操作 ERP 系统的进销存模块，具备基本操作技能，同时培养学生综合训练、分析问题、解决问题的能力。

二、实验内容

1. 基础数据设置

1.1　基础档案设置

（1）部门及职员档案

编号	部门名称	职员编号	职员名称
01	采购部	0101	李钢
02	销售部	0201	林同
03	仓库	0301	薛明
04	装配车间	0401	刘华
05	成品车间	0501	朱丽

（2）客户档案、供应商档案（基础档案——往来单位）

客户编号	客户名称	供应商编号	供应商名称
01	洛阳轴承厂	01	南京钢铁厂
02	武汉钢窗厂	02	苏州轴承厂

续表

客户编号	客户名称	供应商编号	供应商名称
03	市物资公司	03	深圳机械批发公司
04	深圳电器批发公司		

（3）存货信息

A. 计量单位

计量单位组编码	计量单位组名称	计量单位组类别	计量单位编码	计量单位名称
	无换算组	无换算	01	吨
		无换算	02	套
		无换算	03	台
		无换算	04	把

B. 存货分类

分类编码	分类名称
1	原材料
101	原料及主要材料
102	外购半成品
2	燃料
3	低值易耗品
4	自制半成品
5	产成品

C. 存货档案

存货编码	名称	计量单位	所属分类	属性	税率（%）
10101	铸铁件	吨	101	外购、耗用	17
10201	轴承	套	102	外购、耗用	17
201	原煤	吨	2	外购、耗用	17
301	专用工具	把	3	外购、耗用	17
401	LY125 半	台	4	自制、在制、耗用、销售	17
501	LY125	台	5	自制、销售	17

（4）仓库档案

编码	名称	计价方法
1	原料库	移动平均
2	半成品库	全月平均
3	产成品库	全月平均

（5）收发类别

编码	名称	收发标志	编码	名称	收发标志
1	入库	收	2	出库	发
101	采购入库	收	201	销售出库	发
102	产成品入库	收	202	领料出库	发
103	半成品入库	收	203	调拨出库	发
104	调拨入库	收	204	盘亏出库	发
105	盘盈入库	收	205	其他出库	发
106	其他入库	收			

1.2　期初数据

采购期初数据：上月末从南京钢铁厂购进原煤 200 吨，入 1 号仓库，入库类别为 11 采购入库，暂估单价 6 000。

销售期初数据：上月发给武汉钢窗厂铸铁件 10 吨，从 1 号仓库出货，出库类别为销售出库。

库存期初数据

仓库	存货编码	存货名称	数量	单价
1	10101	铸铁件	200	3 100
1	10201	轴承	300	360
2	401	LY125 半	120	25 000
3	501	LY125	300	30 000

2．实验流程

2.1　采购业务处理

（1）向苏州轴承厂订购轴承 400 套，请填制采购订单并做审核。

（2）向苏州轴承厂采购的轴承已全部到货准备检验，请填制采购到货单。

（3）经过检验后发现采购的轴承有 10 套不符合要求需要退回厂家，请填制到货退回单。

（4）其余 390 套轴承验收入 1 号仓库，入库类别为采购入库，请填制采购入库单。

（5）收到苏州轴承厂开来的增值税专用发票，数量 390 套，发票单价为 355，请填制采购专用发票。

（6）对上述采购轴承的业务进行采购结算处理。

（7）本月向南京钢铁厂采购原煤 100 吨，货到验收入 1 号仓库，请通过订单到货及入库流程完成相关处理。

（8）本月收到南京钢铁厂开来采购原煤业务的专用发票，数量为 300 吨发票单价 6 100，请填制采购专用发票。

（9）对上述采购原煤的业务进行采购结算处理。

（10）向深圳机械批发公司订购专用工具数量 200，货到入 1 号库，发票没收到，请填制采购订单、到货单和入库单。

（11）期末工作

月末结账（按操作向导进行月末结账的工作）。

（12）账簿查询

查询未完成业务明细表、订单执行情况统计表、暂估入库余额表、入库明细表及发票明细表等。

2.2　销售业务处理

（1）当月10日销售给武汉钢窗厂LY125成品5台，填制销售订单并进行审核。

（2）根据销售合同将武汉钢窗厂的5台LY125成品从2号仓库出货，请填制销售发货单并审核。

（3）将上述销售业务进行销售开票处理，开具普通发票，单价为31 000。

（4）当月25日武汉钢窗厂退回1台LY125成品入1号仓库，填制销售退回单并审核（红字发货单）。

（5）根据客户和税务当局规定给对方开具红字普通发票。

（6）期末工作

月末结账（按操作向导进行月末结账的工作）。

（7）账簿查询

查询销售订单执行情况表、销售发货开票收款勾对表、销售明细账、销售明细表等。

2.3　库存业务处理

（1）从苏州轴承厂购进轴承（10201）400套，入1号仓库，入库类别为采购入库，单价355。

（2）从南京钢铁厂购进原煤200吨，入1号仓库，入库类别为11采购入库，单价6 000。

（3）退回苏州轴承厂10套轴承，从1号仓库退回厂家，入库类别为采购入库，单价355。

（4）销售给武汉钢窗厂LY125成品5台，从3号仓库出货，出库类别为销售出库。

（5）销售给市物资公司LY125半成品10台，从2号仓库出货，出库类别为销售出库。

（6）销售给武汉钢窗厂的LY125现退货2台，退回3号仓库，出库类别为销售出库。

（7）装配车间从1号仓库领用轴承250套，出库类别领料出库。

（8）成品车间完工产成品LY125 14台，入3号仓库，入库类别为产成品入库。

（9）装配车间完工自制半成品LY125半20台，入2号仓库，入库类别为半成品入库。

（10）月末仓库盘点发现轴承多1套，半成品LY125少1台。

（11）单据审核（单据列表界面进行相关单据的审核）。

（12）期末工作

月末结账（按操作向导进行月末结账的工作）。

（13）账簿查询。

- 现存量
- 流水账
- 库存台账查询

- 收发存汇总表
- 存货分布表

三、实验总结

实验总结是为了考查学生对 ERP 实验，尤其是对企业进销存流程的掌握程度。学生实验报告应包括如下内容：

1. 实验的基本内容记录
2. 实验的基本评价及体会
3. 课程学习能力测评
4. 主要参考文献

实验总结评价（教师）

实验成绩记录

在学生上机过程中，教师应熟悉 ERP 系统进销存的流程，并注意学生角色的转换。在具体应用时，可以先单模块运用，然后再将进销存模块联用。总的来说，进销存模块的总流程如下所示：

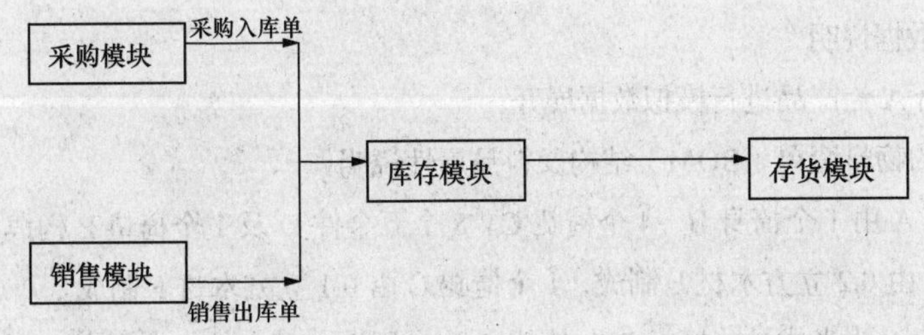

实验二　企业生产管理

一、实验目标

培养学生掌握 ERP 生产管理的原理知识；理解企业生产管理的基本流程及与其他模块的关系。通过实验，使学生熟练操作 ERP 系统的生产管理模块，具备基本操作技能，同时培养学生综合训练、分析问题、解决问题的能力；理解物料需求计划的编制过程及所需要的数据准备。

二、实验内容

1．基础数据设置

1.1　ERP 企业背景说明

- A 企业是一家以办公桌椅、文件柜为主要产品，面向订单生产的制造类企业，其基本组织结构如下：

销售部（分管成品库）

生产部（分管两个生产车间及半成品库）

采购部（分管原料库）

财务部

- 各部门主要职能描述：

销售部：负责制订销售预测计划，并对接到的客户订单进行系统录入及相应处理，形成销售需求信息。

成品库：负责系统中产成品的完工入库及销售出库业务，并对产成品库存信息进行相应维护。

生产部：负责制订满足销售需求的主生产计划及物料需求计划；维护自制件及产成品的相应工单与领料单；安排车间生产并进行成本核算。

半成品库：负责系统中半成品的出入库业务，并对半成品库存信息进行相应维护。

车间 1：按系统生成的领料单到对应仓库领取相应料品进行自制零部件的生产，生产完工送至半成品库。

车间 2：按系统生成的领料单到对应仓库领取相应料品进行最终产成品的生产。

采购部：负责依照系统制订的采购计划执行采购，并对采购单的执行情况进行跟踪。

原料库：负责系统中原材料与外购件的采购入库及生产领用出库业务，并对原料库存信息进行相应维护。

财务部：负责进行应收、应付账款及会计总账的相应处理。

1.2 基础数据说明

以办公桌椅 A 为产品进行模拟数据展开：

办公椅 A 的物料清单（BOM）结构及料品属性说明：

1 把办公椅 A 由 1 个椅身 B、4 个椅腿 C、8 个五金件 D 及 1 个椅垫 E 构成。

1 个椅身 B 由 0.2 立方木材 F 制成，1 个椅腿 C 由 0.1 立方木材 F 制成。

其中办公椅 A 为半成品，椅身 B 与椅腿 C 为自制件，五金件 D 与椅垫 E 为外购件，木材 F 为原材料。

当前数据信息：

1. 成品库现有 40 把办公椅 A 可用。
2. 半成品库现有 20 个椅身 B 可用。
3. 原料库现有 100 个五金件 D、30 立方木材 F 可用。
4. 一车间无在制品。
5. 二车间现 20 把办公椅 A 在制（已领料）。

办公椅 A 的成本数据：

直接材料成本：

五金件：单价为 1.00 元/个，用量为 8 个，成本为 8.00 元。

椅垫：单价为 12.00 元/只，用量为 1 个，成本为 12.00 元。

木材：单价为 50.00 元/方，用量为 0.6 方，成本为 30.00 元。

直接人工费用：

椅身：2.00 元，椅腿：0.5 元×4=2.00 元，办公椅：5.00 元，共 9 元。

制造费用：

椅身：4.00 元，椅腿：0.5 元×4=2.00 元，办公椅：5.00 元，共 11 元。

生产实际成本：原料成本+直接人工费用+制造费用=70.00 元

2．实验流程

销售部门接到一个新的客户订单进行系统录入及审核；

系统将订单纳入主生产排程系统由生产部门进行统一规划，形成主生产计划，并依此进行 MRP 展开，生成满足实际需求的相应料品的采购及生产规划信息；

采购部门执行采购，料品到货验收入库后系统形成应付账款由财务部进行相应处理；

生产车间按系统规划工单到对应仓库领取相应料品进行生产，产成品完工办理入库；

销售人员将产成品按订单交货期进行发货，系统形成应收账款由财务部门进行相应处理。

三、实验总结

实验总结是为了考查学生对 ERP 实验，尤其是对生产管理流程的掌握程度。学生实验报告应包括以下内容：

1. 实验的基本内容记录
2. 实验的基本评价及体会
3. 课程学习能力测评
4. 主要参考文献

实验总结评价（教师）

实验成绩记录

教师在指导学生上机实验时，如果能记清生产管理系统的流程，则在实验时一般不会出现问题。总的来说，生产管理系统的总流程如下。

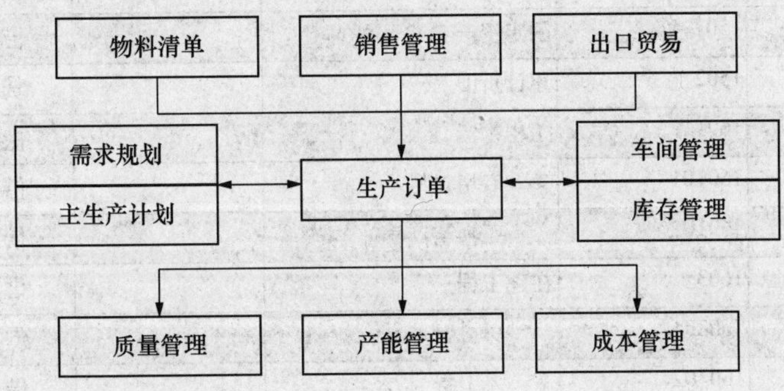

实验三　企业财务管理

一、实验目标

培养学生掌握 ERP 财务管理的原理知识；理解企业财务管理的基本流程及与其他模块的关系。通过实验，使学生熟练操作 ERP 系统的财务管理模块中的总账模块，具备基本操作技能，同时培养学生综合训练、分析问题、解决问题的能力。具体实验目标如下：

1. 掌握企业日常账务处理流程。
2. 掌握凭证的输入方法。
3. 掌握凭证的审核方法。
4. 掌握银行对账的方法。

5. 掌握月末结账的处理方法。

二、实验内容

1．基础数据设置

1.1　会计科目设置

级次	类型	科目编码	科目名称	辅助核算	方向	期初余额
1	资产	1001	现金		借	25 000
1	资产	1002	银行存款		借	1 000 000
2	资产	100201	建设银行		借	600 000
2	资产	100202	招商银行		借	400 000
1	资产	1111	应收票据	客户往来	借	
1	资产	1131	应收账款	客户往来	借	300 000
1	资产	1133	其他应收款		借	16 000
2	资产	113301	个人款	个人往来	借	16 000
2	资产	113302	单位款	客户往来	借	
1	资产	1151	预付账款	供应商往来	借	
1	资产	1211	原材料		借	300 000
1	资产	1243	库存商品		借	900 000
1	资产	1401	长期股权投资		借	2 000 000
2	资产	140101	股票投资		借	1 200 000
2	资产	140102	其他股权投资		借	800 000
1	资产	1501	固定资产		借	4 500 000
1	资产	1502	累计折旧		贷	600 000
1	资产	1601	工程物资		借	700 000
2	资产	160101	专用材料		借	600 000
2	资产	160102	工具与器具		借	100 000
1	资产	1603	在建工程		借	550 000
2	资产	160301	材料费		借	400 000
2	资产	160302	人工费		借	100 000
2	资产	160303	其他费用		借	50 000
1	负债	2111	应付票据	供应商往来	贷	
1	负债	2121	应付账款	供应商往来	贷	600 000
1	负债	2131	预收账款	客户往来	贷	
1	负债	2171	应交税金		贷	
2	负债	217101	应交增值税		贷	
3	负债	21710101	进项税额		贷	
3	负债	21710102	销项税额		贷	
2	负债	217102	应交所得税		贷	
1	权益	3101	实收资本		贷	8 000 000

续表

级次	类型	科目编码	科目名称	辅助核算	方向	期初余额
1	权益	3111	资本公积		贷	821 000
2	权益	311101	资本或（股本）溢价		贷	821 000
1	权益	3121	盈余公积		贷	270 000
2	权益	312101	法定盈余公积		贷	270 000
1	权益	3141	利润分配		贷	
1	成本	4101	生产成本		借	
2	成本	410101	材料成本		借	
2	成本	410102	人工成本		借	
2	成本	410103	其他		借	
1	成本	4105	制造费用		借	
1	损益	5101	主营业务收入	部门核算	贷	
1	损益	5501	营业费用		借	
2	损益	550101	工资		借	
2	损益	550102	福利费		借	
2	损益	550103	业务招待费	部门核算	借	
1	损益	5502	管理费用		借	
2	损益	550201	工资		借	
2	损益	550202	福利费		借	
2	损益	550203	办公费	部门核算	借	

注：会计科目调整完毕后需做指定科目，将 1001 指定为“现金总账”科目，将 1002 指定为“银行总账”科目（在“会计科目”界面—点击“编辑”—“指定科目”）

1.2 辅助核算目录设置

（1）部门、人员档案

部门编码	部门名称	部门人员编码	人员名称
01	行政部	0101	刘娟
02	财务部	0201	周政

（2）客户档案

省别编号	省别	地区编号	地区名称	客户编号	客户名称
1	省内	101	南京	101001	南京通用电器
		102	苏州		
		103	无锡	103001	无锡电子集团
2	省外	201	广东		
		202	辽宁		

（3）供应商档案

供应商编码	供应商名称
001	南纺股份
002	苏州建达

1.3 结算方式

结算方式编码	结算方式名称
01	南纺股份
02	苏州建达
03	电汇
04	银行承兑汇票

1.4 期初余额录入

各科目的期初数据见上述会计科目的余额，各辅助明细余额如下：

1131 应收账款余额—300 000

客户编码	摘要	方向	金额
101001	欠货款	借	100 000
103001	欠货款	借	200 000

113301 个人款余额—16 000

部门编码	职员编码	摘要	方向	余额
01	0101	借款	借	7 500
02	0201	借款	借	8 500

2121 应付账款余额—600 000

供应商编码	摘要	方向	金额
001	应付期初	贷	430 000
002	应付期初	贷	170 000

2．实验流程

（1）填制凭证

A. 从建设银行提现金 8 000 元备用（现金支票-8855）

B. 从南纺股份购进原材料 500 000 元，款未付（进项税率 17%）注：500 000 为无税价格

C. 财务部周政还款 8 500 元

D. 零星报销：行政部、财务部买办公用品各花费 1 200 元和 2 000 元；注：行政部、财务部报销入账“管理费用”的明细科目

（2）审核凭证

（3）记账

（4）期末处理

- 结转期间损益
- 结账

（5）账簿查询

- 定义并查询管理费用多栏账
- 练习查询出纳账簿、科目账及一系列辅助账

三、实验总结

实验总结是为了考查学生对 ERP 实验，尤其是对企业财务管理流程的掌握程度。学生实验报告应包括以下内容：

1. 实验的基本内容记录
2. 实验的基本评价及体会
3. 课程学习能力测评
4. 主要参考文献

实验总结评价（教师）

实验成绩记录

教师在指导学生上机实验时，如果能记清总账系统的流程，则在实验时一般不会出现问题。总的来说，总账系统的处理流程如下：

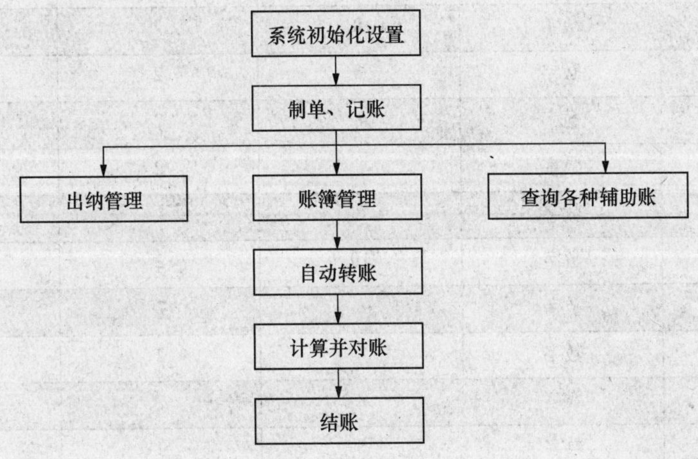

实验四　企业人力资源管理

一、实验目标

培养学生掌握 ERP 人力资源管理的相关原理性知识；理解企业人力资源管理的基本流程及与其他模块的关系。通过实验，使学生熟练操作 ERP 系统的人力资源管理模块，具备基本操作技能，同时培养学生综合训练、分析问题、解决问题的能力。

二、实验内容

1．基础数据设置

（1）部门档案的设置

编码	名称
01	办公室
02	财务部
03	销售部
04	生产车间

（2）人员档案的设置

人员编号	人员姓名	人员类别	行政部门	性别	开户行	账号
0101	王芳	在职人员	办公室	女	招商银行	320102345612231
0201	李丽	在职人员	财务部	女	招商银行	320102345612456
0301	林同	在职人员	销售部	男	招商银行	320102345612467
0401	王刚	在职人员	生产车间	男	招商银行	320102345612688

（3）工资项目的设置（请按下列信息设置好工资项目并对顺序进行相应调整）

工资项目	类型	长度	小数	增减项
基本工资	数字	8	2	增项
岗位工资	数字	8	2	增项
福利费	数字	8	2	增项
交补	数字	8	2	增项
加班费	数字	8	2	增项
奖金	数字	8	2	增项
应发合计	数字	10	2	增项
公积金	数字	8	2	减项
养老金	数字	8	2	减项
医保	数字	8	2	减项
纳税基数	数字	8	2	其他
代扣税	数字	10	2	减项
扣款合计	数字	10	2	减项
实发合计	数字	10	2	增项

（4）工资类别基本设置

- 增加公积金和养老金的公式（均为基本工资的 8%）、医保的公式（为基本工资的 2%）、纳税基数公式=基本工资+岗位工资+加班费-公积金-养老金-医保

- 录入人员工资数据：

编号	姓名	部门	基本工资	岗位工资	交补
0101	王芳	办公室	1 000	500	100
0201	李丽	财务部	1 200	500	100
0301	林同	销售部	1 500	500	200
0401	王刚	生产车间	800	600	100

（5）发放奖金基本设置

2. 实验流程

2.1 工资类别的日常处理

（1）扣缴所得税的设置与调整

（2）工资变动

（3）银行代发设置与数据输出

（4）工资签名表与工资发放条的设置与调整

（5）工资分摊

2.2 多次数发放工资类别的期末处理

三、实验总结

实验总结是为了考查学生对 ERP 实验，尤其是对企业人力资源管理流程的掌握程度。实验总结应包括以下内容：

1. 实验的基本内容记录
2. 实验的基本评价及体会
3. 课程学习能力测评
4. 主要参考文献

实验总结评价（教师）

实验成绩记录

9.4 ERP 情境教学

本小节实验可在 SAP B1 软件环境中进行，也可对基础资料略加修改后在用友 ERP-U8 软件中进行。

用户设置业务场景：

（1）创建销售员王兵，用户代码：XS020，在 SAP 系统中应用销售模块所有权限，库存模块查看权限，其他模块禁止权限。

（2）创建财务人员古情，用户代码：CW110，在 SAP 系统中应用财务模块所有权限，其他模块分配查看权限。

业务伙伴场景：

（1）公司销售部门开发了一个新的客户：北京好又多仓储超市，提出申请要求技术人员维护到系统中。

（2）公司根据市场管理的需要，在基础价格基础上，按照客户贡献价值的不同设置了相关销售折扣，其中，大客户按基础价格 1.1 因子比例销售、小客户按 1.5 因子比例销售、零售按 1.75 因子比例销售。

（3）公司针对大客户价格政策作出补充规定，2009.04.01 之前按照价格政策执行，2009.04.01 到年底按大客户价格的 5%OFF 折扣销售；并且规定 2009.04.01 之前销售数量在 100～999 按 2%OFF 折扣销售、1 000 及以上按 4%销售；规定 2009.04.01 之后的销售数量在 100～999 按 6%OFF 折扣销售、1 000 及以上按 8%销售。

（4）公司销售部门与北京好又多仓储超市客户签订了年度价格协议，该协议规销售商品统一按基础价格的 1.1 供货；打印机 A00001/A00002/A003 要提高市场占用率，公司计划按基础价格的 9.5 折报价；服务器 S10000 因产品特殊，将按基础价格减少 1 000 元供货。

（5）公司销售部门与北京好友多仓储超市签订补充协议规定，A00001/A00002/A003 这三种物料将以一次供货数量给予不同的折扣优惠：0～99 台 9.5 折、100～999 台 9.4 折、1000 台以上 9.2 折。

物料清单主数据场景：

（1）物料主数据中有高尔夫球杆（A1008），高尔夫球（A1007），发球座（A1014），可以单独销售，但客户有时会整套需求，比例关系见下表。请建立 BOM 表，以便利销售员选用。

上级/下级	物料编号	物料名称	数量比例	价格清单
上级	V001	高尔夫套件	1	
下级	A1008	高尔夫球杆	1	普通采购价格
下级	A1007	高尔夫球	6	普通采购价格
下级	A1014	发球座	1	普通采购价格

（2）公司业务扩展后，又做起了溜冰板的生意。做了一段时间后，发现溜冰板的生产只是简单的组装，因此决定自己生产。

上级/下级	物料编号	物料名称	数量比例	价格清单
上级	V002	溜冰板	1	
下级	A2001	溜冰板-轮子	4	普通客户售价
下级	A2002	溜冰板-板	1	普通采购价格
下级	A2003	溜冰板-轴	2	普通采购价格
下级	A2004	φ6 螺丝	8	普通采购价格

上级/下级	物料编号	物料名称	数量比例	价格清单
上级	A2001	溜冰板-轮子	1	
下级	A2008	溜冰板-轮子-轮胎	1	普通采购价格
下级	A2007	溜冰板-轮子-边框	1	普通采购价格
下级	A2005	φ8 螺丝	4	普通采购价格

（3）随着冰雪运动冰上高尔夫的兴起，公司发现越来越多的客户会同时订购高尔夫套件和滑冰板，但比例关系不固定。为便于销售员快速输入销售订单，销售部请技术工程师建立新的物料：冰上高尔夫套件（V900），同时请生产经理在 SBO 中创建冰上高尔夫套件（V900）的 BOM。

上级/下级	物料编号	物料名称	数量比例	价格清单
上级	V900	冰上高尔夫套件	1	
下级	V002	溜冰板	1	普通客户售价
下级	A1008	高尔夫球杆	1	普通采购价格
下级	A1007	高尔夫球	6	普通采购价格
下级	A1014	发球座	1	普通采购价格

库存物料主数据场景：

（1）OEC 中国有限公司新开发一种产品：激光打印机 HP1600P。基础价格 1800RMB。进行批次序列号管理以便跟踪产品质量。计量单位：台，尺寸：100cm×120cm×80cm。放在成品仓库保管，并且最小安全库存为 1 000 台。使用移动平均价格来统计存货账。该产品的发货方法为：反冲。

（2）OEC 中国有限公司为了生产激光打印机 HP1600P，需要采购原材料：激光喷头 QHB38-2094K。该原材料的计量单位为：个。采购包装单位为：箱，每箱个数为：12 个。供应商为珠海信达电子公司。供应商的目录编号为：QHB38。该原材料的库存评估的基础价格为 500RMB/个，评估方法为标准。计划方法为物料需求计划，采购提前期为 5 天。发货方法为：手动。

（3）OEC 中国有限公司为了生产激光打印机 HP1600P，还需要采购原材料：强化塑胶颗粒（灰白），该原材料的计量单位为公斤，采购计量单位为吨。基础价格为 10RMB/公斤。该原材料的包装方式为：1 吨 10 箱，每箱 100 公斤。管理者需要知道在原料采购时的具体箱数和公斤数。供应商为：广州嘉诚公司。

（4）OEC 中国有限公司生产的产品：激光喷头 QHB38-2094K。使用的原材料：激光喷头 QHB38-2094K，当该原材料在库存不足的情况下可以采用原材料：激光喷头 QHB38-2094G 来代替。原材料激光喷头 QHB38-2094G 与原材料激光喷头 QHB38-2094K 功能上没有什么区别，只是一个是精生产，另一个是普通生产，在成本上有点差别，激光喷头 QHB38-2094G 比原材料激光喷头 QHB38-2094K 低 40RMB/个。

（5）OEC 中国有限公司为了生产激光打印机 HP1600P，用到原材料：强化塑胶颗粒（灰白），由于广州嘉诚公司不再生产该原料，由其他供应商生产供应。

（6）OEC 中国有限公司为了跟踪产品激光打印机 HP1600P 的售后服务情况，需要统计每个月的服务工程师的差旅费用，为此，在系统定义了一个名为：激光打印机 HP1600P 服务费的人力类型的物料主数据。该物料的计量单位为：人天。基础价格为：300RMB/人天。

（7）由于电子产品科技更新较快，一段时间后，OEC 中国有限公司停止生产产品：激光打印机 HP1600P，但还有部分应收账款没有收回。一个月后，所有应收账款全部收回，并且不再接受该产品的售后服务请求。

价格清单场景：

（1）OEC 中国有限公司（新）中维护一套销售价格清单：

价格清单行	价格清单名称	基础价格清单名称	比例因子	舍入方法
价格清单 01	标准价格	标准价格	1	不舍入
价格清单 02	零售客户价格	标准价格	1.5	不舍入
价格清单 03	批发商价格	标准价格	1.3	不舍入
价格清单 04	大客户价格	批发商价格	0.9	舍入到十位金额

（2）OEC 中国有限公司（新）里的物料：激光打印机 HP1600P，价格清单设定为：标准价格，价格为：1000RMB，并将业务伙伴：C3000 的付款条款里的价格清单设定为大客户价格。双击每行价格清单查看弹出的物料：激光打印机 HP1600P，单位价格的变化情况。

（3）OEC 中国有限公司（新）为了激励大客户 C3000 购买激光打印机 HP1600P，特对其制定了特殊价格：1100RMB/台。创建一张给 C3000 的激光打印机 HP1600P 的销售单，看看销售单上价格是如何取得的。

（4）OEC 中国有限公司某日对销售价格做了调整：激光打印机 HP1600P 的标准价格由原来的 1 000RMB 调整为 950RMB。零售客户的价格比例由原来的 1.5 调整为 1.4。

（5）OEC 中国有限公司（新）经过一短时间对 C3000 的销售情况跟踪，发现 C3000 的采购量很少，不符合大客户的价格采购量，所以 OEC 中国有限公司对销售策略做了调整，不再执行大客户销售价格政策，C3000 的价格政策也由原来的大客户价格变成批发客户价格政策。

（6）OEC 中国有限公司（新）在撤销了大客户销售价格政策以后，销售量有所下滑，为了挽救市场，销售部决定对所有为“物料”类型物料组的物料进行打 9 折的优惠活动。

销售机会业务场景：

（1）公司销售员王勤（A004）与客户：石家庄汉德贸易公司联系，了解客户的需求，并了解到客户在 IT 设备上最近有 10 万左右的采购预算与计划，并与客户方联系人王晓东约定两天后来公司面谈，了解公司的产品。

（2）两天后公司销售员王勤（A004）与客户代表王晓东一起就公司产品作了第一次面对面的交流，向客户重点介绍了公司产品的特点与应用效果，并了解了客户具体的产品需求。客户代表表示要把相关情况汇报给公司相关负责人。

（3）客户代表王晓东把相关情况汇报后，客户负责人对产品比较感兴趣，要求公司派遣相关销售人员到办公地点谈判相关产品价格、付款条款问题。

（4）公司销售王勤应邀到客户现场与客户就产品的价格政策做了详细说明，双方对产品所能提供的价格折扣作了初步商讨，明确了感兴趣的产品及其数量。客户要求公司销售员明确对此报价。

（5）公司销售王勤针对会议讨论结果，对客户感兴趣的产品作了报价，并发给客户。

（6）客户接到报价后，认为价格仍然存在商讨空间，双方就价格作了进一步磋商，销售员并就超出自己权限范围的价格折让与公司领导协商后最终达成一致。

客户经过比价对公司报出的价格比较满意，正式向公司下达了订单，订单金额最终确定在11万左右。

销售报价业务场景：

（1）2009年2月1日北京龙发电子贸易有限公司（客户编号：C20000）通过我公司的销售员王勤咨询了产品 IBM Infoprint 1312 喷墨打印机（物料号：A00001）和产品华硕 Intel AMX 主板（物料号：C00001），要求提供一次2小时的现场服务，并初步确定订货意向。

（2）销售员王勤登录到 SBO 系统，按公司规定在系统的报价模块中录入客户要求的 A00001、C00001 物料以及服务（L10001），同时考虑到客户可能对其他打印机类型比较感兴趣，因此把其他打印机作为备选项报给客户，请客户参考。

（3）公司要求报价要遵循规范的格式报出，如下：

物料	数量	价格	……	总额
		硬件		
****	****	****	****	****
小计				****
		服务		
****	****	****	****	****
小计				****
		备选项		
****	****	****	****	****
总计				****

（4）王勤录入报价单后，经过销售经理审批通过，打印出报价单，然后再传真给北京龙发电子贸易有限公司的采购员李诚，并告知客户采购员此报价在一个月内有效。

（5）北京龙发电子贸易有限公司对价格不满意，与王勤联系要求 9 折价格采购；对备选的打印机感兴趣要求正式对此报价，列入采购范围。王勤与公司经理协商后，申请了 9 折销售价，重新修改了报价单，并传与北京龙发电子贸易有限公司。

（6）北京龙发电子贸易有限公司对新报价表示满意，确认向公司进行采购。

（7）王勤收到客户的报价确认后，在系统中把该报价确认为正式销售订单，要求公司内部组织发货。

（8）业务场景同上，但客户最终拒绝了本次报价，王勤按公司业务规定取消了本次报价。

销售审批业务场景：

（1）2009年2月5日，北京龙发电子贸易有限公司的采购员李诚打电话给销售员王勤，提出产品 IBM Infoprint 1312 喷墨打印机（物料号：A00001）订货200台和产品华硕 Intel AMX 主板（物料号：C00001）订货2 000件的需求，并向公司开始询价，要求王勤给出这两种产品的报价。

（2）王勤登录 SBO 系统查询到 IBM Infoprint 1312 喷墨打印机的基准售价为3 500元，产品华硕 Intel AMX 主板的售价也为3 500元。使用 SBO 系统的报价模块，录入报价单，系统根据预配置的审批业务流程激活审批流程。

（3）张涛在系统中看到王勤的报价申请后，在系统中查看本次申请，发现所报价格为公司最高对外售价，可以打9折对外报价，因此在系统中拒绝本次报价，并要求王勤重新修改报价。

（4）王勤在系统中收到销售经理的审批意见后，按照销售经理的意见修改报价，重新提请销售经理审批。

（5）张涛在系统中通过系统信息收到新的报价单后，同意本次报价。

（6）王勤根据审批结果，把该报价单添加为系统正式报价单并打印传真给北京龙发电子贸易有限公司的采购员李诚。

销售订单业务场景：

➢ 业务场景01——按库存销售

（1）当前业务公司为按库存销售型公司，公司规定在有效库存充足时可以下单；在有效库存不能满足订购的前提下，禁止订单的下达。

（2）销售员王勤接到客户：北京龙发电子贸易公司的订单，订购：（A00001）BM Infoprint 1312喷墨打印机1 000件、（C00001）华硕Intel AMX主板100件，以及10个小时的现场服务，并要求在订购日后10天发货。

（3）销售员王勤在系统中填写销售订单，并检查各项订购物料是否存在有效库存，发现A00001物料库存量不足，与客户联系后把订购数量调整为90。

（4）销售员王勤确认销售订单并打印后，把销售订单反馈给客户，并同步传递到仓库作为后续业务流程的依据。

➢ 业务场景02——按单生产下的销售

（1）当前业务公司为按订单生产型公司，公司在生产能力能够满足订购需求的情况下，接受销售订单。

（2）销售员王勤接到客户：北京龙发电子贸易公司的订单，订购：（A00001）BM Infoprint 1312喷墨打印机100件，并要求在订购日后一个月内发货。

（3）销售员王勤与生产部门联系，确认能否在一个月内生产完毕。

（4）销售员王勤经过与生产部门沟通，确认生产能力能够满足要求时，在系统中下达生产订单打印输出后，并把销售订单传递到生产部门通知生产部门备货生产。

➢ 业务场景03——信用控制

（1）客户订购量持续增多，导致客户的欠款增多，这种情况下如果客户出现问题不能及时回款，产生不良账款，将导致公司的财务风险。这种情况下公司应启用信用控制，对客户的信用预先作出评估，对超出信用的拒绝货物发出。

（2）公司为所有客户授予100 000元的信用额度，并启动信用控制。

（3）销售员王勤接到客户：北京龙发电子贸易公司的订单，订购：（A00001）BM Infoprint 1312喷墨打印机100件、（C00001）华硕Intel AMX主板100件。

（4）销售员王勤在SBO系统中录入客户订购物料，在添加保存时，系统告知该客户的欠款将超出该客户的信用，拒绝销售订单的生成。

（5）销售员王勤认为该客户一直合作良好，应给予更高的信用授权，以便业务的正常进行，因此把该问题反馈到销售经理，要求把该客户的信用提高到 200 000，并同时把该销售订单保存为草稿。

（6）销售经理研究后，认为该客户确实为公司优质资源，应给予更多的信用授权，因此通过公司内部的主数据维护流程，提请系统技术维护人员更改该客户的信用金额。

（7）销售员王勤在技术人员修改完信用限额后，把销售订单草稿从系统中查寻出并重新确认成正式销售订单，同步打印发给相关公司、后勤部门执行。

➢ 业务场景 04——根据销售订单创建采购

（1）部分贸易公司，尤其是外贸公司习惯于在接到客户订单后按照客户的订单要求从外部采购。本业务场景支持的是直接根据销售订单创建采购订单以便于采购顺利开展后续业务。

（2）销售员接到国外公司：（C70000）安捷公司的订单需求，订购：（P10001）"PC - P4 2.4G，DDR 512M，400G HD" 10 件、（P10002）"PC - P4 2.4G，DDR 1024M，400G HD" 10 件，要求在 14 个工作日内通过远洋货运发出。

（3）销售员王勤根据客户需求在系统中创建销售订单，并设置该客户要求的 SHIPDATE 时间以及客户的工作语言，按照客户的语言打印出相关单据，把相关销售订单传递到采购部门要求采购部门采购。

（4）采购部门在系统中查到相关销售订单，并通过销售订单的生产采购订单的按钮选项分配相关供应商生产草稿状态的采购订单。

➢ 业务场景 05——客户要求停止订单继续执行

（5）订单执行过程中，客户因为各种原因要求停止销售订单的继续执行。

公司业务人员与客户协商后，根据订单的状况进行相应的取消或关闭处理。

销售交货业务场景：

➢ 业务场景 01——按订单全额交货

（1）销售员王勤（A004）按客户：北京龙发电子贸易公司订货要求在系统中创建销售订单：订购：（A00001）BM Infoprint 1312 喷墨打印机 2 件、（C00001）华硕 Intel AMX 主板 2 件，并要求在订单下达后 5 个工作日内交付。

（2）销售员王勤打印该销售订单并把该订单传送到仓储部门，要求仓储部门及时按订单规定的送货地址送货。

（3）仓储部门责任人王丽（A006）接到销售订单后，检查仓库库存，在库存足够情况下按照该销售订单创建交货。

（4）王丽打印相关交货单，并把该交货单与货物一起交付运输责任人或外协运输单位按交货单地址送货。

➢ 业务场景 02——按订单部分交货

（1）销售员王勤（A004）按客户：北京龙发电子贸易公司订货要求在系统中创建销售订单：订购：（A00001）BM Infoprint 1312 喷墨打印机 2 件、（C00001）华硕 Intel AMX 主板 2 件，并要求在订单下达后 5 个工作日内完全交付，但在库存不足时允许部分交货。

（2）销售员王勤打印该销售订单并把该订单传送到仓储部门，要求仓储部门及时按订单规定的送货地址送货。

（3）仓储部门责任人王丽（A006）接到销售订单后，检查仓库库存，发现（A00001）IBM Infoprint 1312 只有 1 件，（C00001）华硕 Intel AMX 主板缺货，因该客户允许部分交货，因此根据订单创建（A00001）IBM Infoprint 1312 的销售交货单。

（4）王丽打印相关交货单，并把该交货单与货物一起交付运输责任人或外协运输单位按交货单地址送货。

➢ 业务场景 03——负库存销售

（1）在实际业务场景中，会出现入库与出库业务不能协调一致的情况，往往货物不能及时办理入库，但货物的出库又不能因等待入库手续的履行而停滞所采用的权宜方法。

（2）在该业务场景中，系统通过特别配置也允许在库存不足时创建销售交货，但该业务场景应针对实际业务场景进行分析，非必要情况下应禁止使用。

➢ 业务场景 04——客户要求退货（应收发票未确认）

（1）客户北京龙发电子贸易公司订购：（A00001）BM Infoprint 1312 喷墨打印机 2 件、（C00001）华硕 Intel AMX 主板 2 件，在收到货后发现（C00001）华硕 Intel AMX 主板 2 件存在质量问题，要求退货。

（2）销售员王勤接到客户退货请求后，确认货物存在问题，允许该部分物料退回公司，并通知仓库接收该部分退货。

（3）仓库管理员王丽（A006）接到该退回货物后，在系统中根据原销售发货单创建销售退货单，并打印单据传递到客户。

➢ 业务场景 05——客户要求交货（应收发票未确认）

（1）客户北京龙发电子贸易公司发现（A00001）IBM Infoprint 1312 喷墨打印机 1 件存在质量问题，要求退货。

（2）销售员王勤经过调查，确认该货物非因对方保管出现的故障，且在质量保证期内，因此通知仓库办理退货手续。

（3）仓库管理员王丽（A006）接到该退回货物后，在系统中直接创建销售退货单，并打印单据传递到客户。

➢ 业务场景 06——信用控制

（1）公司要求加强对客户：北京龙发电子贸易公司进行重点信用控制，在交货时如果超出该客户信用禁止发货。

（2）仓储部门责任人王丽（A006）接到销售订单后，创建销售交货，并检查信用状况，在本次交货超出信用时通知销售人员王勤。

（3）销售人员王勤在接到通知后，通知客户对前笔货款进行清理，并在货款付出后通知仓储部门发货。

仓储部门定期检查未清的销售订单，在客户货款得到清理情况下，重新创建交货发出货物。

销售应收发票业务场景：

➢ 业务场景 01——按交货创建应收发票

（1）销售员王勤（A004）按客户：北京龙发电子贸易公司订货要求在系统中创建销售订单，订购：（A00001）BM Infoprint 1312 喷墨打印机 2 件、（C00001）华硕 Intel AMX 主板 2

件，并要求在订单下达后 5 个工作日内交付。

（2）销售员王勤打印该销售订单并把该订单传送到仓储部门，要求仓储部门及时按订单规定的送货地址送货。

（3）仓储部门责任人王丽（A006）接到销售订单后，检查仓库库存，在库存足够情况下按照该销售订单创建交货，并打印相关交货单随货同行一份到客户，另一份到财务。

（4）财务宋凯（A005）接到交货单后根据交货单创建应收发票，增加销售收入、应收账款，并通过增值税控机打印增值税发票。

➢ 业务场景 02——按退货创建贷项凭证

（1）客户：北京龙发电子贸易公司在盘点仓库时发现（A00001）IBM Infoprint 1312 喷墨打印机 1 件存在质量问题，要求退货。

（2）销售员王勤经过调查，确认该货物非因对方保管出现的故障，且在质量保证期内，因此通知仓库办理退货手续。

（3）仓库管理员王丽（A006）接到该退回货物后，在系统中直接创建销售退货单，并打印单据传递到客户，同时传递一份退货单到财务。

（4）财务宋凯（A005）接退货单后，通过应收贷项凭证功能应收贷项发票，系统自动减少销售收入、应收账款，同时向税务机构申请，打印红字发票邮递给客户作为账务处理依据。

➢ 业务场景 03——按应收发票创建贷项凭证（发票出现错误）

（1）销售员王勤（A004）按客户：北京龙发电子贸易公司订货要求在系统中创建销售订单：订购：（A00001）BM Infoprint 1312 喷墨打印机 2 件、（C00001）华硕 Intel AMX 主板 2 件，并要求在订单下达后 5 个工作日内交付。

（2）销售员王勤打印该销售订单并把该订单传送到仓储部门，要求仓储部门及时按订单规定的送货地址送货。

（3）仓储部门责任人王丽（A006）接到销售订单后，检查仓库库存，在库存足够情况下按照该销售订单创建交货，并打印相关交货单随货同行一份到客户，另一份到财务。

（4）财务宋凯（A005）接到交货单后根据交货单创建应收发票，增加销售收入、应收账款，并通过增值税控机打印增值税发票邮递到客户。

（5）客户接到发票后，发现该发票存在问题，把发票退回到公司，并要求公司重新开具。

（6）财务宋凯（A005）接到退回的发票经过确认，发现该发票总金额、税款、不含税金额的相互运算关系不匹配，需要修改。

（7）财务宋凯（A005）在系统中填写根据该应收发票创建贷项凭证，系统自动冲销相关收入、应收、税金，同时也把原始发货库存冲回。

（8）财务宋凯（A005）在系统中找到相关应收发票单据，重新复制一份创建新的交货发票，并调整相关金额；但该发票由于没有根据交货创建，因此该应收发票不仅增加应收、收入、税金，也将导致库存减少。

（9）财务宋凯根据此新发票在增值税控系统中打印增值税发票并邮递到客户。

➢ 业务场景 04——客户把发票与货物同时退回

（1）销售员王勤（A004）按客户：北京龙发电子贸易公司订货要求在系统中创建销售订

单：订购：（A00001）BM Infoprint 1312 喷墨打印机 2 件、（C00001）华硕 Intel AMX 主板 2 件，并要求在订单下达后 5 个工作日内交付。

（2）销售员王勤打印该销售订单并把该订单传送到仓储部门，要求仓储部门及时按订单规定的送货地址送货。

（3）仓储部门责任人王丽（A006）接到销售订单后，检查仓库库存，在库存足够情况下按照该销售订单创建交货，并打印相关交货单随货同行一份到客户，另一份到财务。

（4）财务宋凯（A005）接到交货单后根据交货单创建应收发票，增加销售收入、应收账款，并通过增值税控机打印增值税发票邮递到客户。

（5）客户认为该批货物存在严重质量问题，把该批货物与发票一并退回公司。

财务据此创建应收贷项凭证，仓储不再填写相关退库凭证。

采购订单业务场景：

（1）2009 年 3 月 26 日，采购人员钱国钧根据 MRP 物料需求计划【方案号 200903】，向供应商 V80000 南京天地信息设备有限公司采购物料 C00006 10/100MB 网卡 675PCS，物料价格由供应商主数据关联的价格清单自动获得，要求交货日期为 2009 年 4 月 12 日。

（2）2009 年 3 月 26 日，采购人员钱国钧根据仓库部门提供经审批的采购申请：A00002 IBM Infoprint 1222 喷墨打印机 50PCS，作为临时性采购，向供应商 V1010 珠海信达电子公司下达采购订单要求交货日期为 2009 年 4 月 5 日，物料价格由供应商主数据关联的价格清单自动获得。

（3）2009 年 3 月 26 日，销售人员王勤接到客户订单对产品 A00005 HP Color Laser Jet 4 激光彩色打印机要货 180PCS，由于公司剩余存货不足并经公司管理层决定直接转成向供应商 V1010 珠海信达电子公司采购，并把对客户的交期作为对供应商的要求交货期 2009 年 4 月 20 日，物料价格由供应商主数据关联的价格清单自动获得。

（4）2009 年 3 月 26 日，采购人员钱国钧收到研发部门提供的采购请求：内存条，要求型号 DDR2 800 2G，数量 50PCS，要求交货时间 2009 年 4 月 7 日，由于产品正在测试阶段，所需采购物料并没有在系统中正式编码。钱国钧与各家供应商联系后，供应商 V80000 南京天地信息设备有限公司可以提供该产品，报价为 165 RMB/PCS，经价格管理员核准价格后在系统中下达采购订单。

采购入库业务场景：

（1）2009 年 4 月 3 日，供应商 V1010 珠海信达电子公司送货到司，分别对应第 89 号、第 90 号采购订单，相关物料、数量分别为：A00002 IBM Infoprint 1222 喷墨打印机 50PCS，A00005 HP Color Laser Jet 4 激光彩色打印机 100PCS，经质检人员抽检检验合格后，仓库人员陈强点料入库，并根据送货单和质检单在系统中办理采购收货业务。

（2）2009 年 4 月 3 日收到供应商 V60000 大连威海公司提供的货品，物料明细为 888888 IE 复刻版 10PCS 和 999999 双飞燕 MX 鼠标 30PCS，同时发生其他费用 100RMB，要求按数量分摊到物料成本。

2009 年 4 月 3 日收到 84 号、85 号收货采购订单的运费发票，金额为 300 RMB，需要分摊到对应收货采购订单的入库成本中。

（3）续业务场景一，2009 年 4 月 3 日，生产人员在实际领用过程中发现 A00005 HP Color

Laser Jet 4 激光彩色打印机出现不良品 5 件并退回仓库，由采购人员与供应商协商办理退货，根据合同约定供应商同意无条件退货。仓库人员陈强根据采购人员开具的退货单，安排不良品出库并由供应商带回。

采购应付发票业务场景：

场景 1：应付发票

（1）参照采购收货订单创建应付发票：采购人员收到供应商提供发票，提交财务，根据已有收货采购订单，对应在系统中录入应付发票。

（2）假设采购管理流程简单化，在收货的同时，直接收到供应商提供的应付发票。

场景 2：应付贷项凭证

（1）在收到应付发票后，发现货物存在质量问题，要求退货。

（2）在操作应付发票时发生失误，要求对应付发票进行冲销。

（3）月末盘点仓库，发现有货物存在质量问题，但由于时间久远，只有供货的供应商信息可查，要把该批物资退回供应商并抵扣该供应商应付账款。

场景 3：应付预留发票

在签订供货合同前，供应商与我司约定，先提供发票才能交货，本月收到该供应商提供的发票。

库存收发货业务场景：

（1）OEC 中国有限公司给 C30000 客户进行代加工生产一批产品：100 台激光打印机 HP1600P。原料：强化塑胶颗粒（灰白）100 公斤，由 C30000 客户提供并放在 OEC 中国有限公司的客供库管理。

（2）OEC 中国有限公司实验室为了检测产品：激光打印机 HP1600P 的打印次数寿命，从产品仓库领了一台到实验室做实验，实验后的打印机将报废。

（3）OEC 中国有限公司在上海有销售部门和仓库，需要将 20 台激光打印机 HP1600P 转到上海的仓库便于销售及时供货。

（4）OEC 中国有限公司为了生产激光打印机 HP1600P，需要用到 30cm（长）×50cm（宽）×55mm（厚）规格尺寸的钢板，而 OEC 中国有限公司购买的原料是钢卷：300m×1m×5mm，这样规格的钢卷重量为 2 吨，需要把这样的钢卷给外面的加工商加工成钢板，但是 OEC 中国有限公司为了检查加工商在加工过程中是否有合理损耗或偷料（提供的钢卷是 2 吨，实际回来的钢板是 1 吨），SBO 中采用以下方案处理：首先在系统通过转储将钢卷转到加工商仓库（实际货物也发出，记录钢卷编号），加工商加工后在系统登记收到的钢板的数量（张数）和对应的裁剪的钢卷编号。然后通过系统的自定义报表查询收到的该钢卷编号的重量和对应的钢板重量（单张重量×张数）之间的差值来分析是否合理损耗，如果在合理损耗内，可将加工商仓库内的钢卷通过库存交易-发货发掉（加工掉了）；如果不在合理范围内，应收回的钢卷数量再通过库存转储的方式收回到 OEC 中国有限公司的原料仓库。

物料需求计划场景：

为了降低库存，改变以前完全按库存生产的内部供给方式，加强供、产、销部门之间的联系，公司决定启用 SBO 系统中的 MRP 模块。根据 ERP 系统服务商咨询顾问的要求，企业需要设定以下的计划参数：

序号	内容	路径	备注
1）	消耗预测	管理 → 系统初始化 → 一般设置	库存→计划
2）	采购件默认供应商	库存 → 物料主数据	采购页面
3）	计划方法	库存 → 物料主数据	计划数据页面
	采购方法		
	订单周期		
	多重订单		
	经济批量		
	提前期		

（1）根据公司的产销形态，做下月按周的销售预测。根据按周的销售预测运行 MRP，使系统自动产生供给订单。数据如下：

物料编号	物料名称	下月第一周	下月第二周	下月第三周	下月第四周
A1007	高尔夫球	600	600	600	600

（2）公司接到客户深圳特达外贸公司（C60000）订购溜冰板（V002）1 000 块，要求发运日期为 3 月 20 日，客户对包装有特殊要求，不能使用库存数量以及正在生产的数量，需要单独生产。请根据此信息安排采购计划和生产计划。

（3）公司接到客户深圳特达外贸公司（C60000）订购高尔夫球（A1007）2 000 个，要求发运日期为 3 月 15 日。请运行 MRP，保证交货期。

生产发货场景：

（1）现在仓库没有溜冰板（V002）的库存，但根据销售情况，需要在 3 月 15 日生产出 60 件，根据经验损耗率，需要下单的数量是 63 件。创建标准生产订单。

（2）3 月 15 日入库的 63 件溜冰板（V002），有两件的轮子有问题，需要更换。创建特殊生产订单。

（3）3 月 15 日入库的 63 件溜冰板（V002），有 1 件报废品，需要把能用的零部件拆装入库。创建分装生产订单。

委外生产场景：

（1）某企业没有启用生产模块，出于配方的高度保密性，也没有在 SBO 中输入 BOM 数据。现在有一批产品需要委外给北京海龙电子公司（V10000）生产，具体数据如下：

上级/下级	物料编号	物料名称	数量	备注
上级	VC001	名发油漆	100	加工单价为 5 元/件
下级	A8001	油漆原料 1	90	普通采购价格
下级	A8002	油漆原料 2	100	普通采购价格

（2）公司业务扩展太快，溜冰板（V002）供不应求，生产能力成了瓶颈，但由于未来经济形势的不确定性，公司董事会没有批准扩大生产能力的提案。现在有 20000 件的溜冰板，公司来不及组装，需要外包给北京海龙电子公司（V10000），加工费是 1 元/件。